高等院校旅游专业系列教材

旅游统计学：原理与方法

郭 为 编著

南开大学出版社

天 津

图书在版编目(CIP)数据

旅游统计学:原理与方法 / 郭为编著. —天津:南开大学出版社,2013.5
(高等院校旅游专业系列教材)
ISBN 978-7-310-04167-1

Ⅰ.①旅… Ⅱ.①郭… Ⅲ.①旅游业－统计学－高等学校－教材 Ⅳ.①F590.32

中国版本图书馆 CIP 数据核字(2013)第 082012 号

版权所有　侵权必究

南开大学出版社出版发行
出版人:孙克强
地址:天津市南开区卫津路 94 号　邮政编码:300071
营销部电话:(022)23508339　23500755
营销部传真:(022)23508542　邮购部电话:(022)23502200

*

唐山天意印刷有限责任公司印刷
全国各地新华书店经销

*

2013 年 5 月第 1 版　2013 年 5 月第 1 次印刷
230×170 毫米　16 开本　23.5 印张　432 千字
定价:40.00 元

如遇图书印装质量问题,请与本社营销部联系调换,电话:(022)23507125

序 言

吾投身旅游，至今已近20年矣。于此光阴荏苒中，吾见证了中国旅游的发起与繁荣；吾亦相信，此过程仍将延续。

遗憾的是，随旅游事业之发展，旅游教育与研究之进展缓慢。至今，国人对旅游之研究仍落后国际远矣。此一落后，于方法更甚。

吾历几年，穷心力，阅统计之书；然阅之愈多，信心愈浅。每提笔而汗颜，心忧成字而同侪笑，亦惧成章而误学生。几经反悔，于吾生及友之鼓励下，遂决然。

人之生有涯，而知也无涯。吾浸淫统计之学数年，不解而用之也甚。吾将师之以原理乎？教之以方法乎？非也。二者合一。

如何分析旅游之数据，如何揭示旅游发展之规律，非先解读现象不可也；而解读现象，抽丝剥茧，非统计不可也。统计之用，数据之繁，智力难尽；非外物不借不可也。

于此书中，吾成统计原理之利，而着方法工具之用。尽吾知之所至，图生之能用所用。不愧于心也。

吾书特点有三，极简其理论，一是个案以告读者之方法，二是理论与数据合一，三。

吾书之对象为旅游专业之学生、政府旅游部门和企事业之从事数据分析之官长。

本书错漏难免，望以告余，假时以改之。

郭为　于青岛大学东院
2011年11月

目　录

序言 ·· 1
第一章　绪　论 ··· 1
　　1.1　统计学的历史和发展 ·· 1
　　1.2　什么是统计学和旅游统计学 ·· 5
　　1.3　旅游统计学中的几个基本概念 ··· 6
　　1.4　旅游统计指标与旅游统计指标体系 ··· 9
　　练习题 ·· 11
第二章　数据收集与统计分组 ··· 12
　　2.1　旅游统计调查方案 ··· 12
　　2.2　旅游统计调查的种类 ·· 19
　　2.3　旅游统计资料的分组 ·· 24
　　2.4　分配数列的概念和种类 ··· 25
　　2.5　直方图的绘制 ··· 33
　　练习题 ·· 39
第三章　数据的描述性统计分析 ·· 41
　　3.1　数据类型 ·· 41
　　3.2　数据的形态特征 ·· 42
　　3.3　数据的数值特征 ·· 42
　　3.4　软件处理：求均值指标和离散度指标 ·· 55
　　练习题 ·· 68
第四章　概　率 ·· 70
　　4.1　概率的基本概念 ·· 70
　　4.2　结果和一个事件的概率 ··· 72
　　4.3　事件的特性和概率计算 ··· 73
　　4.4　对概率的进一步说明：多变量实验与概率定义 ································· 75
　　练习题 ·· 78

第五章　随机变量和概率分布 ································ 81
5.1　随机变量与概率分布 ································ 81
5.2　随机变量的均值和方差 ······························ 83
5.2　二项概率分布 ······································ 84
5.3　二项概率的软件处理 ································ 86
练习题 ·· 88

第六章　正态分布 ·· 90
6.1　正态分布 ·· 90
6.2　标准正态分布 ······································ 92
6.3　二项分布的正态近似 ································ 96
6.4　软件处理 ··· 100
练习题 ··· 103

第七章　样本的变异性 ··································· 105
7.1　抽样分布 ··· 105
7.2　抽样分布的形态 ··································· 106
7.3　中心极限定理的运用 ······························· 109
7.4　t 分布 ·· 110
7.5　软件处理 ··· 113
练习题 ··· 119

第八章　估　计 ··· 120
8.1　点估计和点估计量 ································· 121
8.2　区间估计 ··· 122
8.3　软件处理 ··· 130
练习题 ··· 133

第九章　假设检验 ······································· 135
9.1　假设检验的概念和一般方法 ························· 135
9.2　正态分布的总体参数检验 ··························· 139
9.3　抽样、统计推断和假设检验的软件处理 ··············· 145
练习题 ··· 148

第十章　均值比较 ······································· 151
10.1　均值比较：大样本或总体呈正态分布 ················ 151
10.2　方差比较 ·· 154
10.3　均值比较：独立小样本 ···························· 156
10.4　均值比较：相依小样本 ···························· 159

10.5	比例值比较	161
10.6	软件处理	164
练习题		174

第十一章 卡方检验 176

11.1	卡方分布	176
11.2	卡方检验：列联表	179
11.3	软件处理	181
练习题		185

第十二章 F检验和方差分析 187

12.1	单因素方差分析	187
12.2	双因素方差分析	191
12.3	软件处理	196
练习题		202

第十三章 统计指数 205

13.1	指数的概念	205
13.2	旅游指数的种类	206
13.3	旅游综合指数	209
13.4	旅游数量指标综合指数	210
13.5	旅游质量指标综合指数	213
13.6	旅游平均指标指数	216
13.7	旅游平均指标对比指数	223
13.8	旅游指数体系与因素分解	227
13.9	定基指数、环比指数和综合指数的软件处理	232
练习题		237

第十四章 相关关系和回归 240

14.1	相关关系	240
14.2	回归分析	244
14.3	相关关系和回归分析的软件处理	251
练习题		258

第十五章 旅游卫星账户 261

15.1	旅游卫星账户介绍	261
15.2	旅游卫星账户基本概念和定义	266
15.3	访问者和旅游行程的特点	276
15.4	旅游卫星账户中的旅游支出	281

15.5　旅游产品和旅游活动的分类 …………………………………… 286
　　练习题 ………………………………………………………………… 298
参考答案 ………………………………………………………………… 299
附录1　我国旅游统计调查——以深圳市为例 …………………… 305
附录2　标准正态分布函数数值表 ………………………………… 345
附录3　旅游统计基本概念和主要指标解释 ……………………… 347
附录4　网络数据来源 ……………………………………………… 361
主要参考资料 …………………………………………………………… 365

第一章 绪 论

主要内容
- 统计学的发展
- 什么是统计学和旅游统计学
- 旅游统计学中的几个基本概念
- 旅游统计指标与旅游统计指标体系

1.1 统计学的历史和发展

统计学是随着统计工作的发展和统计科学的进步逐步建立和发展起来的一门学科。它被广泛应用于生物、天文、经济、社会、旅游、医学等各个领域。旅游统计学就是应用统计理论和方法对旅游经济现象作集中深入研究而逐步形成的一门统计学分支学科。因此，要考察旅游统计的产生和发展，首先要追溯一下统计学的历史。

统计实践活动先于统计学的产生。从结绳记事开始，就有了对自然社会现象的简单记事活动，有了统计的萌芽。从历史上看，统计实践活动自人类文明初期，即还没有文字的原始社会就有了。在奴隶社会，奴隶主为了对内统治和对外战争的需要，进行征兵、征税，开始了人口、土地和财产统计，我国古代的一些清醒的政治家、军事家早就意识到统计的重要性。在国外，古希腊、罗马时代，已开始了居民数和居民财产的统计工作。公元前3050年，埃及为建造"金字塔"，在全国进行人口和财产的调查。

统计广泛迅速的发展是在资本主义社会。资本主义社会取代封建社会后，经济文化有了很大的发展，社会分工日益发达，提出了对信息、情报和统计的新要求。统计逐步扩展到了更为广泛的领域，产生了诸如工业、农业、商业、银行、保险、交通、邮电、外贸、劳动、就业等各个方面形成的各种专业的社会经济统计。1830~1849年，欧洲出现"统计狂热"时期，各国相继成立了统计机关和统计研究机构，统计成为社会分工中的一种专门的行业。

17 世纪以后，随着统计实践的发展，丰富的实践经验上升为理论，并进一步指导实践，并出现了某些统计原理著作。统计学作为一门科学，从其发展过程考察，可以划分为三个时期（阶段），即古典统计学时期、近代统计学时期和现代统计学时期。

一、古典统计学时期

古典统计学时期是指 17 世纪中叶至 18 世纪中叶的统计学，这是统计学的创立时期。当时在理论上初步形成了一定的学术派别，其中具有代表性的学派主要有政治算术学派和国势学派。

1. 政治算术学派。产生于 17 世纪资本主义的英国，代表人物威廉·配第（W. Petty，1623～1687）。他在 1671～1676 年之间写成的《政治算术》一书里，利用实际资料，运用数字、重量和尺度的方法对英国、法国和荷兰三国的国情国力作了系统的数量对比分析，从而为统计学的形成和发展奠定了方法论基础。这里的"政治"是指政治经济学，"算术"是指统计方法。马克思称他为"政治经济学之父，在某种程度上也可以说是统计学的创始人"。

该学派的另一个有名人物是约翰·格朗特（John Graunt，1620～1674），17 世纪上半叶，英国多次发生严重的瘟疫，政府定期公布有关人口出生和死亡的数字。约翰·格朗特利用这些资料研究并发表了《关于死亡表的自然观察和政治观察》的论著。首次通过大量观察的方法，研究并发现了一系列人口统计规律。同时，还对英国伦敦市人口的出生率、死亡率和性别比例进行分类计算，编制了世界上第一张"死亡率"统计表。由于约翰·格朗特的这些研究成果，该书被许多统计学家誉为"真正统计科学的肇端"。

2. 国势学派。国势学派亦称记述学派，产生于 18 世纪。所谓国势学就是以文字来记述国家的显著事项的学说，提出这一学说的学派被称为记数学派，它的发源地是德国。代表人物康令（H. Conring，1606～1681）第一个在大学开设"国势学"课程，以叙述国家显著事项和国家政策关系为内容，奠定了国势学的基础。主要继承人阿亨瓦尔（G. Achenwall，1919～1772），其主要著作是《近代欧洲各国国势学概论》。它主要用对比分析的方法研究了解关于国家组织、领土、人口、资源财富等国情国力，比较各国实力的强弱，为德国的君主政体服务。1749 年他首先提出"统计学"，这一科学名词一直沿用至今。该学派在进行国势比较分析中，偏重事物性质的解释，而不注重数量对比和数量计算。随着资本主义的发展，对数量关系的计算变得越来越需要，学派发生了分裂，分化为图表学派和比较学派，其中图表学派逐渐发展为政府统计。

政治算术学派和国势学派都属于实质性的社会科学，共存了将近两百年，两派相互影响，相互争论，但总体上，政治算术学派的影响要大得多。

二、近代统计学时期

1. 社会统计学派。以 19 世纪比利时的凯特勒（A. Quetelet，1796～1874）为代表，著有《论人类》、《概率论书简》、《社会物理学》等著作。他把概率论引入了统计学，从而开辟了统计学的新领域。他最先提出，用数学中的大数定律——平均数定律，作为分析社会经济现象的一种工具。他提出，社会现象的发展并非偶然，而是具有其内在规律性的。但他在解释社会规律时，不能正确地把社会规律和自然规律区分开，提出社会规律和自然规律一样永恒不变的错误观点。

19 世纪后半叶，社会统计学派以德国为中心，由德国经济学家、统计学家克尼斯（K. G. A. Knies，1821～1898）创立，主要代表人物有恩格尔（C. L. E. Engel，1821～1896）、梅尔（G. V. Magr，1841～1925）等人。他们融合了国势学派与政治算术学派观点，沿着凯特勒的"基本统计理论"向前发展，但在学科性质上，他们认为统计学是一门社会科学，是研究社会现象变动原因和规律性的实质性科学，社会统计学派在研究对象上认为统计学是研究社会总体而不是个别的社会现象；而且认为由于社会现象的复杂性和整体性，必须对总体进行大量观察和分析，研究其内在联系，才能揭示现象内在规律。这是社会统计学派的"实质性科学"的显著特点。德国的社会统计学派在国际统计界占有一定的地位，对日本等国的统计学界都有一定影响。

社会经济的发展，要求统计学提供更多的统计方法；社会科学本身不断地向细分化和定量化发展，也要求统计学能提供更有效的调查整理、分析资料的方法。因此，社会统计学派也日益重视方法论的研究，出现了从实质性科学向方法论转化的趋势。但是，社会统计学派仍然强调在统计研究中必须以事物的质为前提和认识事物质的重要性，这同数理统计学的计量不计质的方法论性质有本质区别。

2. 数理统计学派。数理统计学派产生于 19 世纪中叶，它是在概率论已有相当发展的基础上，把概率论引进统计学而形成的。其奠基人是比利时的阿道夫·凯特勒（A. Quetelet，1796～1874），其著作主要有《论人类》、《概率论书简》、《社会制度》和《社会物理学》等。凯特勒师承法国数学家、统计学家拉普拉斯（P. S. Laplace，1794～1827），主张用研究自然科学的方法研究社会现象。他正式把古典概率论引进统计学，使统计学进入一个新的阶段。他最先用大数定律论证了社会生活现象纷繁复杂变化的偶然性中存在着一定的规律性，并提出了误差理论，在方法论方面解决了统计观测的准确性问题。

由于历史的局限性，凯特勒在研究社会问题过程中混淆了自然现象和社会现象的本质区别。对犯罪、道德等社会问题，用研究自然现象的观点和方法作出一些机械的、庸俗化的解释。但是，他把概率论引入统计学，使统计学在"政治算术"所建立的"算术"方法的基础上，在准确化道路上大大跨进了一步。为数理统计学的形成与发展奠定了基础。直到1867年，有人才把这一门既是数学、又是统计学的新生学科，命名为数理统计学。

起初数理统计学应用于社会经济领域，很快又应用于自然技术领域。它不仅促进社会经济统计学的形成和发展，而且促进自然技术统计学的形成与发展。随着时间的推移，上述各学派都有很大的发展，逐渐形成了现代的社会经济统计学、自然技术统计学和数理统计学。

三、现代统计学时期

现代统计学时期是指从20世纪初至今日的统计学快速发展时期。这一时期科学技术迅猛发展，社会发生了巨大变化，人类社会经历了两次世界大战，国际政治风云几番突变，统计科学在这一时期也出现了新的分化和组合。

这一时期，数理统计学由于广泛用于自然科学和工程技术而获得快速发展并进入了鼎盛时期。首先，它在随机抽样的基础上建立了推断统计的理论和方法。所谓推断统计，也即通过随机样本来推断总体数量特征的方法。这种方法源于英国数学家哥塞特（W. S. Gosset，1876~1937）的小样本t分布理论。其后由费雪尔（R. A. Fisher，1890~1962）加以充实，并由波兰统计学家尼曼（J. Neyman，1894~?）以及E. S. 皮尔生（Person，1895~?）等人进一步发展，建立了统计假设理论。后来美国统计学家瓦尔德（A. Wald，1902~1950）又将统计学中的估计和假设理论加以归纳，创立了"决策理论"；美国的威尔克斯（S. S. Wilks，1906~1964）、英国的威沙特（J. Wishart，1898~1956）等统计学家对样本分布理论又加以充实和发展；美国的科克伦（W. G. Coehran，1909~1980）等在1957年又提出了实验设计的理论和方法，进一步拓宽了统计学的研究范围。

20世纪60年代以后数理统计学发展有两个明显的趋势：（1）随着数学发展，数理统计学越来越广泛地应用数学方法。（2）出现了数理统计学新分支和以数理统计为基础的边缘学科，如抽样理论非参数统计、多变量分析和时间序列分析等；边缘学科如经济计量学、工程统计学等。由于数理统计学发展很快，在国际统计学术领域中的地位大大提高，因此，数理统计学派成为现代统计学的主流派。

这一时期，由于俄国十月社会主义革命胜利，在前苏联以及二战后的其他社会主义国家逐步建立和发展起来的社会经济统计学是以辩证唯物主义和历史唯物主义以及马克思主义政治经济学作为理论指导的。其学说渊源来自古典统计学和凯特勒确立的近代统计学，而且深受德国社会统计学派的影响。社会经济统计学在它产生后的半个多世纪里，实践上曾经为社会主义国家高度集中的计划经济服务，在理论上如分组理论、指数理论等也有不少建树，被认为是统计学史上又一次质的飞跃。

总之，为适应社会政治经济的发展和国家管理的需要，随着社会生产力的发展，统计学建立并发展起来。现在，整个国际社会都非常重视统计工作。对统计工作的重视程度，反映着一个国家乃至一个企业的科学管理水平。统计学应当为统计工作提供高水平的理论和方法，以适应当前社会主义市场经济建设的需要。

1.2 什么是统计学和旅游统计学

统计学是科学表达语言的一种方式。正确地使用统计方法，能够使我们从数据资料中获得准确的信息。这些方法主要包括三个方面：第一，审慎地搞清楚自己想要了解的问题；第二，采用合适的方法合理地收集数据；第三，准确地整理和分析这些数据；第四，找到相关的结论并与自己心中的设想比较。

统计学涉及数字、信息和图形，以及对数据信息的解释。它是人们在不确定情况下做出的一种决策。

统计学可以粗略地分为两部分：描述性统计和推断性统计。描述性统计是对数据进行简单的处理，它包括收集、演示和说明样本数据特征。推断性统计重在推断，它利用描述性统计得到数值，做出相关决定，得出关于总体的结论。

简单地说，统计学是收集、描述和解释数据的科学。

旅游统计学是统计学在旅游领域里的运用。中华人民共和国《旅游统计管理办法》第二条指出，旅游统计是对旅游企事业单位的经营、业务情况进行统计调查、统计分析，提供统计资料和咨询，实行统计监督。根据《旅游统计管理办法》的规定和旅游统计的特点，旅游统计可以概括为：准确、及时、全面、系统地收集、整理和分析旅游经济现象的统计资料，达到了解情况，发现问题。

就一次旅游统计活动来讲，一个完整的统计过程一般可分为三个阶段：

一、旅游统计调查

旅游统计调查就是根据统计设计方案的要求，采用科学的调查方法，对所要调查的旅游经济现象进行有计划地、系统地搜集资料的过程，主要有旅游统计调查方案的设计等。此为旅游统计调查活动的第一阶段，是认识旅游经济现象的起点，也是统计整理和统计分析的基础。统计调查担负着搜集基础资料的任务，所搜集的资料是否准确关系到统计工作的质量。

二、旅游统计整理

旅游统计整理是根据旅游统计的目的，对调查来的大量的旅游统计资料加工整理、汇总、列表，使之系统化、条理化的过程。它是统计工作过程的第二阶段，也即处于统计工作的中间环节，起着承前启后的作用，是旅游统计分析的前提。

统计整理的内容包括对统计资料中数据的审核，以保证数据的质量，为进一步的整理与分析打下基础；数据分组，将数据按需要进行分门别类；数据的表述，将数据用图表等形式展示出来，以便找出数据的初步特征，或者是方便别人看懂数据所要表达的问题。

三、旅游统计分析

旅游统计分析是将加工整理好的旅游统计资料加以分析研究，采用各种分析方法，计算各项综合指标，并利用各种分析方法，揭示现象的数量特征和内在联系，阐明现象的发展趋势和规律性，并根据分析研究做出科学的结论的过程。统计分析是统计工作的决定性环节。这是旅游统计工作的第三阶段，通过第三阶段，事物由感性认识上升到理性认识，从而达到对现象的本质和规律性的认识过程。

1.3 旅游统计学中的几个基本概念

一、总体与总体单位

统计总体是统计所研究对象的全体。凡是客观存在的、在同一种性质的基础上结合起来的许多个别单位的整体就是统计总体，简称总体。构成总体的这些个别单位称为总体单位。例如，所有的旅游企业就是一个总体，这是因为每个旅游企业都是客观存在的,且在性质上每个旅游企业的经济职能都是相同的，即都是从事旅游生产活动的基本单位，这就是说，它们是同性质的。这些旅游企业的集合构成了统计总体。对于该总体来说,总体单位就是每一个旅游企业。

统计总体按其单位是否可以计数，分为有限总体和无限总体。总体所包含的单位数可以是有限的，称为有限总体，如职工人数、企业数、商店数等；也可以是无限的，称为无限总体，如连续生产的某种产品的生产数量、大海里的鱼资源数等。对有限总体可以进行全面调查，也可以进行非全面调查。但对无限总体只能抽取一部分单位进行非全面调查，据以推断总体。

在推断统计中，统计总体又有全及总体和抽样总体之分。全及总体也即上述的统计研究的客观对象，是由具有某种共同性质的全部单位所组成的整体；抽样总体则是从上述总体中抽取部分单位所组成的整体，也称样本。总体和样本是全体与部分的关系。由于样本包含着总体的信息，所以，可以通过样本来推断总体的数量特征。

了解和学习总体与总体单位，必须注意两个方面：

1．构成总体的单位必须具有同质性，单位之间必须具有可加性，不能把不同质的单位混在总体之中。例如，研究旅游企业员工的工资水平，就只能将靠工资收入的员工列入统计总体的范围。同时，为了能正确反映员工的工资水平，只能对员工的工资收入进行考察，对员工由其他方法取得的收入就要加以排除。

2．总体与总体单位具有相对性，统计总体与总体单位不是固定不变的，总体的范围可大可小，单位可多可少，这要根据研究的目的和要求来确定。同一单位可以是总体也可以是总体单位。例如，要了解全国旅游企业职工的工资收入情况，那么全部旅游企业是总体，各个企业是总体单位。如果旨在了解某个旅游企业职工的工资收入情况，则该企业就成了总体，每个总体就变成了总体单位。

二、标志与指标

标志是用来说明总体单位属性或特征的名称。例如，当研究的总体是我国旅游业发展状况时，每个旅游企业就是一个总体单位，而企业的经济类型、隶属关系、职工人数、盈利能力等都是说明企业特征的标志。标志有以下两种基本分类：

1．按其特征不同，标志可分为品质标志和数量标志。品质标志是说明总体单位质的特征的，是不能用数值来表示的。比如，调查某旅游企业职工情况，该企业的每一个职工是总体单位，性别、民族、工种、籍贯等调查项目是说明总体单位特征的名称，是品质标志。而具体某个职工，如张某某，性别为男、民族为汉族、分工为计调员、籍贯为江苏海门等，就是在品质标志名称下的属性。数量标志是表示总体单位数量的特征，是可以用数量来表示的。比如，同样上面的问题如年龄、工资额等调查项目即为数量标志，而张某某年龄36岁、月工资额3450元，这是数量标志的具体表现，统计上称为标志值（或变量值）。

2. 按其是否具有可变性，标志又可分为不变标志和可变标志。在一个总体中，当某标志在每个总体单位身上的具体表现相同时，称此标志为不变标志。例如，在由男性旅游者组成的总体中，"性别"这个标志为不变标志。

指标综合反映统计总量数量特征的概念和数值，亦称为统计指标。一个完整的统计指标包括指标名称和指标数值两部分，它体现了事物质的规定性和量的规定性两个方面的特点。比如经统计调查知某县星级餐馆固定资产原值为300万元，这就是指标，是说明总体数量特征的，它包括指标名称即固定资产原值、指标数值即300万元两个方面。统计指标一般有三个特点：①统计指标都能用数字表示；②统计指标是说明总体综合特征的；③统计指标是反映一定社会经济范畴的数量。指标的分类方式也有两种：

一是按其反映的数量特点不同，指标可以分为数量指标和质量指标。反映现象总规模、总水平和工作总量的统计指标称为数量指标，如固定资产投资总额、职工总数、国内生产总值、旅游企业总数等。数量指标又称为总量指标，用绝对数表示。反映现象相对水平和工作质量的统计指标称为质量指标，如职工平均工资、资本利润率、人口密度、失业率等。质量指标是总量指标的派生指标，用相对数或平均数来表示，以反映现象之间的内在联系和对比关系。

二是按统计指标数值的表现形式不同，分为总量指标、相对指标和平均指标。数量指标就是总量指标。至于质量指标的数值表现形式又可分为两种情况，其中总体利润率、人口密度、失业率等，都是以相对数形式表示出来，这类指标称为相对指标；而职工平均工资、粮食的单位面积产量等，则是以平均数形式表现出来，这类指标就称为平均指标。

三、变异与变量

变异是指标志（包括品质标志和数量标志）的具体表现在总体各单位间的差异。这种差别可以是品质上的差别，也可以是数量上的差别。但严格地说，变异仅指品质标志的不同具体表现，如性别表现为男、女，民族表现为汉、满、回、苗等。而数量标志的不同具体表现则称为变量值（或称标志值），如某职工的年龄为42岁、工龄22年、月工资3200元等。统计中的变异是普遍存在的。

变量是指具有变异现象的数量标志，包括可变的数量标志和所有的统计指标，变量的具体取值叫变量值。

变量按其取值是否连续，可分为离散变量和连续变量。只能取整数的变量是离散变量，如人数、饭店数、机器台数等。在整数之间可以插入小数的是连续变量，如身高、体重、总产值、资金、利润等。

变量按其所受因素影响的不同，可分为确定性变量和随机性变量。由决定性因素影响所形成的变量称为确定性变量，确定性变量使变量按一定的方向呈上升或下降趋势变动，如增加旅游固定资本投入，能使旅游者人数增多，这是确定性因素的影响，但造成旅游者人数增多的因素是不确定的，因为除了旅游固定资本投入，还有国民经济、气候、环境等因素的影响。随机性变量是指变量值的变化受多种不确定因素的影响，其变化带有很大的偶然性的变量，如导游服务满意度调查，由于受偶然因素（天气、景点内旅游者人数、住宿条件、饭菜质量、旅游者的心情等）的影响，旅游者对导游的评价也会出现偏差，这是随机性因素的影响。

四、流量与存量

流量是指在一定时期内测算的量。流量具有时间量纲，必须指明具体时期段。比如，旅游消费额是某一时期用于旅游消费而支付的货币流量，旅游企业的营业收入额是指属于旅游部门的企业，包括旅行社（旅游公司）、旅游饭店（宾馆、旅馆）、旅游汽车公司、旅游商店、旅游餐馆等企业，在报告期内向旅游者提供旅游服务和旅游商品所取得的货币收入。

存量是指在一定时点上测算的量。对于存量不具有时间量纲，必须指明时点，如一定时点的人口数、资产与负债、居民存款余额等。

流量与存量相互依存，缺一不可。旅游经济中的许多流量都有其直接对应的存量，如旅游固定资产流量与旅游固定资产存量相对应。一般说来，存量是流量的前提和基础，而流量在一定程度上取决于存量的大小。因为一定时期的旅游经济流量，总是以其期初存量为基础或条件，期末存量是期初存量与本期流量的和。

1.4 旅游统计指标与旅游统计指标体系

一、旅游统计指标

旅游统计指标在旅游统计工作实践中是表明旅游经济现象在一定时间、地点条件下的规模、水平、速度、比例关系等。它是反映统计总体数量特征的科学概念和具体数值。前面已提到，旅游统计指标是由指标名称和指标数值所构成的。指标名称是指标质的规定，它反映一定的旅游经济范畴；指标数值是指指标量的规定，它是根据指标的内容所计算出来的具体数值。

单个旅游统计指标只能说明总体现象的一个侧面，由于旅游经济现象之间存在一定的联系，因此，各种旅游统计指标之间也存在着各种各样的联系。若干个相互联系的旅游统计指标组成一个整体就称为旅游统计指标体系。例如，职工创造的价值＝劳动生产率×职工人数，商品销售额＝商品价格×商品销售量，旅游者人数＝旅游者密度×旅游地面积，等等。旅游统计指标体系完整地反映旅游经济现象和过程，反映旅游经济现象的因果关系、依存关系、平衡关系等。利用旅游指标体系，在进行具体的统计分析时，当已知指标体系中若干指标的数值即可计算某个未知指标的数值。例如，上例中，已知职工创造的价值和职工人数指标数值，就能计算出劳动生产率的指标数值。

二、旅游统计指标体系

为了全面地反映旅游经济现象的情况，正确地说明问题，就需要运用众多的旅游统计指标加以反映。旅游经济是相互联系、相互制约的诸种旅游经济现象相结合的有机整体。全面反映旅游经济现象的众多的统计指标形成一个有机的体系，叫做旅游统计指标体系。旅游统计就是运用这一套完整的科学的旅游统计指标体系调查、整理和分析研究旅游经济现象中统计总体的数量特征及其相互关系的。

例如，对职工工资水平的变化情况，需要从以下四个方面进行具体分析：（1）工资总额在不同时期的增减速度；（2）每位职工的平均工资的变化；（3）物价指数的影响；（4）家庭负担人数的变化情况。又如，分析旅游企业的亏损和盈利情况，不仅要采用亏损面和亏损额这两个指标，还必须联系旅游企业的生产经营规模和产出规模（主要是销售收入和利税总额），要研究亏损企业亏损额相当于销售收入和利润总额比重这两个指标的变化，这样综合地、历史地分析情况，才能得到全面、正确的认识。

旅游统计指标体系的组成，取决于旅游产品生产过程的特点。它具体由以下列几部分组成：

1. 旅游产品实物量统计，即旅游人数统计。它包括：旅游人数指标、旅游人数的构成统计指标、旅游人数变动统计指标以及旅游者平均旅游天数和旅游者安全统计指标等；旅游产品价值量统计，就是旅游企业的旅游收入统计。旅游收入统计包括旅游收入与构成统计、旅游价格统计与旅游收入变动统计等指标。

2. 旅游资源及其利用情况统计。它包括：旅游对象资源量、构成及其利用情况统计指标；旅游饭店、旅游餐厅的数量、构成及其利用情况统计指标；

旅游车辆的数量、构成、利用情况以及车辆的维修和耗油统计指标等。

3．旅游劳动统计指标。它包括：旅游部门职工人数统计指标，包括职工人数、构成、变动统计指标，旅游职工出勤情况指标，服务质量指标与劳动效益指标；旅游部门职工工资与劳保福利统计指标，包括职工工资总额、平均工资、工资效益、劳保福利费总额等及其他统计指标；旅游人才统计培训指标，包括旅游职工培训统计指标和旅游人才专门培训统计指标。

4．旅游财务统计。它是从资金运动过程来对旅游企业的生产经营情况进行统计研究的，包括旅游企业固定资金统计、流动资金统计、成本与利润统计和经济效益统计等指标。

需要注意的是，旅游统计指标体系在一定时期内具有相对的稳定性，随着社会生产和国民经济的发展，旅游统计指标体系应作相应的改变和调整。

练习题

1．统计学产生与发展过程中曾有哪几个重要的学派？它们的历史贡献是什么？

2．什么是旅游统计学的研究对象？旅游统计工作包括哪些过程？如何理解旅游统计学的研究方法？

3．旅游统计工作包括几个步骤？它们各是什么？

4．什么是统计总体和总体单位？什么是标志和指标？什么是变异和变量？为什么说它们不是绝对的？试举例说明。

5．什么是旅游统计指标体系？旅游统计指标体系包括哪些内容？

第二章 数据收集与统计分组

主要内容
- 旅游统计调查
  了解调查的目的、调查项目等
- 旅游统计调查的种类
  了解普查、重点调查、典型调查和抽样调查
- 旅游统计资料分组
  了解品质分组、数量分组，单项数列、组距数列，组中值等
- 软件处理

2.1 旅游统计调查方案

在组织旅游调查之前，必须首先设计一个周密的调查方案。旅游统计调查方案包括以下六项基本内容。

一、确定调查目的

调查目的，是指为什么要进行调查，调查要解决什么问题。例如，成都生态旅游调查问卷，目的是为成都市生态旅游发展提供一些建议或意见；《中部地区旅游发展规划》客源市场调查问卷，则是为中部地区旅游发展规划的制定提供依据，所以问题都集中在中部地区的江西、安徽、河南、山西、湖北、湖南这六个省的旅游景点上。

二、确定调查对象和调查单位

确定调查对象，就是需要对研究的旅游现象进行明确总体界定，划清调查的范围。调查对象是由许多性质相同的调查单位所组成。确定调查对象，以防在调查工作中产生重复或遗漏。

三、确定调查项目

确定具体的调查项目涉及问卷设计中的问项。这些问项必须具有高度的相关性，都能够指向调查的目的。在具体拟定调查项目时须注意下列三个问题：

（1）旅游统计调查项目要少而精，只列入为实现调查目的所必需的项目。

（2）本着需要和可能的原则，只列入能够得到确定答案的项目。有些项目被调查者说不清楚或无法回答的，则不要列入。凡列入的调查项目，含义要具体明确，使人一看就懂，理解一致；有些项目根据需要可加注释，规定统一标准等。

（3）旅游统计调查项目之间尽可能保持联系，以便相互核对起到校验作用。在一次调查中，各个项目之间保持有一定的联系。

旅游统计调查项目一般是通过表格形式来反映的。在现实生活中，多数情况下是通过调查问卷来获取第一手统计资料的，因此，有必要阐述设计统计调查问卷一般需注意的一些问题。

1. 调查问卷的结构

一般来说，问卷的结构主要由封面信、指导语、问题、答案、编码等几个部分组成。

（1）封面信，即一封给被调查者的短信。它应该简明扼要地向被调查者说明该项调查的内容、调查的目的和意义、调查者的身份，并为被调查者保密，在信的结尾处一定要真诚地感谢被调查者的合作和帮助等。下面是一份酒店服务质量调查的封面信。

尊敬的女士/先生：

您好！

我们来自北京第二外国语学院和青岛大学，正在针对酒店服务质量及其影响因素问题进行一项调查。我们的调查独立于酒店管理方和顾客，所获得的信息仅用于酒店管理教学及科研。您对问卷中各项题目的认真回答，将对提高我们的研究质量有很大的价值。

请您拨冗阅读下述说明后再回答问题。对您的协助我们表示衷心感谢！

北京第二外国语学院 饭店管理系 青岛大学旅游学院

二零零九年十二月

Dear Madam/Sir,

We are researchers from Beijing International Studies University and Qing Dao University. We are conducting a research regarding service quality management in

Chinese hotel industry, all the data from the survey will be only used in teaching and research. Your cooperation will significantly increase our research quality.

　　Please read the following general instruction and Privacy Act information before you answer the questions.

　　Thank you very much!

Tourism college of Tsingdao University

Department of Hotel Management, Beijing International Studies University

12/6/2009

调研者声明

调研简介 GENERAL INSTRUCTION

本调查表中所得到的信息用于帮助独立的研究者获得酒店服务质量的信息，您的回答是完全自愿的。请认真阅读每道问题并选择相应的选项。The information acquired from this survey is used to help independent researchers acquiring hotel service quality information. Your responses are voluntary. Please answer each of the questions to the best of your ability. Read each item thoroughly. Please print your responses.

隐私信息 PRIVACY ACT INFORMATION

根据《中华人民共和国统计法》的规定，调查者有义务保护被调查者的隐私并保证不向任何一方泄露调研中获得的信息的内容。本问卷中获得的信息将只用于教学和科研的目的，不做它用。The information acquired from this survey is protected by Statistics Law of the People's Republic of China (adopted on May 15, 1996), the investigator are under obligation to protect privacy of the answers. The information will be only used for teaching and research.

调研负责人 Survey Supervisor 签名（signature）＿＿＿＿＿　＿＿＿＿＿

　　如果是访问问卷，在问卷封面信的下方还应印上有关其他内容。例如：
　　调查时间＿＿＿年＿＿＿月＿＿＿日 问卷编号＿＿＿＿＿＿
　　调查员姓名＿＿＿＿＿＿＿＿＿＿

被访者合作情况_____
核查员姓名_____

（2）指导语。指导语是对问卷填写方法的说明，即用来指导被调查者填写问卷的说明。它一般在封面信之后，并标有"填表说明"的标题，其内容应对填表的方法、要求、注意事项等作一个简明介绍。

（3）问题及答案。问题和答案是问卷的主体。问题分为特征问题、行为问题和态度问题三类。特征问题用以测量被调查者的基本情况；行为问题测量的是调查者过去发生的或正在进行的某些行为和事件。特征问题与行为问题统称为事实问题，它们是有关被调查者的客观事实。态度问题用以测量被调查者对某一事物的看法、认识、意愿等主观因素，态度问题是揭示某现象产生的直接原因和历史原因的关键一环。一个问卷中不一定必须同时具备三种类型的问题。从形式上看，问题可分为限定回答式和非限定回答式。

（4）编码。编码是指用计算功能识别的数码，对问题和答案进行转换，这样才能用计算机进行统计处理和分析。编码工作既可以在调查进行前设计问卷时进行，称为预编码，也可以在调查之后收回问卷时进行，称为后编码。编码一般应放在问卷每一页的最右边。

2．提问问题的格式

提问的问题有非限定式问题和限定式问题两种。非限定式问题由于不需要列出答案，所以其格式很简单。在设计时，只需要提出问题，然后在该问题下留出一定的空白即可。限定式问题的格式则不同，它需要列出问题和答案两部分。在设计中，其主要格式有下面几种。

（1）填空式。即在问题后面画一条横线，让回答者填写。它一般适合于回答者容易填写的问题，常常只需要填写数字。例如：

① 您的年龄：_____
② 请问您家有几口人？_____口

（2）二项式或是否式。即问题可供选择的答案只有两个，被调查者只能填其中一个答案。例如：

您的性别：
    ①男　　　　　　　　②女

（3）多项式。即问题可供选择的答案在两个以上，根据问卷的要求，被访者或只能选填其中一个，或可以选填其中几个答案。例如：

您的职业：
    ① 政府工作人员　　② 企业管理人员
    ③ 个体职业者　　　④ 服务人员

⑤ 工人　　⑥ 教师　　⑦ 农民　　⑧ 学生
⑨ 军人　　⑩ 其他

（4）矩阵式。即把两个或两个以上的问题集中起来，用一个矩阵来表示。如表 2-1 所示。

表 2-1　矩阵式格式

	满意	无所谓	不满意
您对本市的旅游景点			
您对本市的交通状况			
您对本市的环境绿化			

（5）直线式。主观态度方面的问题常常不容易一个一个地挑选，态度的两端构成是一个连续体。对于这种问题可以用直线式，让被访者在直线的任何一点上标出回答。如图 2-1 所示。

喜欢　_____　不喜欢

忧愁　_____　快乐

图 2-1　态度连续体图

（6）序列式。有些问题是需要被调查者对所给出的全部答案给出反应，并区分出重要程度。对于这类问题，可采用序列式。序列式有许多不同的格式，包括单选式和多选式两种。

例如：您获取旅游信息的主要来源和渠道（可多选）：
① 朋友介绍　　②电台、电视　　③ 书刊、杂志、报纸
④ 旅游中介组织等　　⑤ 互联网　　⑥ 其他

3．问卷设计应注意的问题

（1）问卷的开场白。问卷的开场白，必须慎重对待，要以亲切的口吻询问，措辞应精心设计，做到言简意明、亲切诚恳，使被查者自愿与之合作，认真填好问卷。

（2）问题的字眼（语言）。由于不同的字眼会对被调查者产生不同的影响，因此往往看起来差不多相同的问题，会因所用字眼不同，而使应答者产生不同的反应，得出不同的回答。故问题所用的字眼必须小心，以免影响答案的准确性。一般来说，在设计问题时应注意以下两点：

一是避免一般性问题。如问题的本来目的是求取某种特定资料，但由于问题过于一般化，使应答者所提供的答案资料无多大意义。

例如：某酒店想了解旅客对该酒店房租与服务是否满意，因而作以下询问：
你对本酒店是否感到满意？

这样的问题，显然不够具体。由于所需资料牵涉到房租与服务两个问题，故应分别询问，以免混乱，如：
你对本酒店的房租是否满意？
你对本酒店的送餐是否满意？

二是问卷的语言要口语化，符合人们交谈的习惯，避免书面化和文人腔调。

（3）问题的选择及顺序。通常问卷的头几个问题可采用开放式问题，旨在使应答者多多讲话、多发表意见，使应答者感到十分自在，不受拘束，能充分发挥自己的见解。当应答者话题多，其与调查者之间的陌生距离自然缩短。不过要留意，最初安排的开放式问题必须较易回答，不可具有高敏感性、困窘性问题。否则一开始就被拒绝回答的话，以后的问题就难以继续了。因此问题应是容易回答且具有趣味性，旨在提高应答者的兴趣。核心问题往往置于问卷中间部分，分类性问题，例如收入、职业、年龄通常置于问卷之末。

问卷问题在排列时需注意其内在逻辑性。在安排上应先易后难，从一个引起被调查者兴趣的问题开始，再问一般性的问题、需要思考的问题，而将敏感性问题放在最后。这样可以使被调查者能在前面答题的基础上，更好地理解难一些的题意，从而节省时间，保证调查质量。问卷中问题的顺序一般按下列规则排列：

- 容易回答的问题放前面，较难回答的问题放稍后，困窘性问题放后面，个人资料的事实性问题放卷尾。
- 封闭式问题放前面，自由式问题放后面。
- 要注意问题的逻辑顺序，按时间顺序、类别顺序等合理排列。
- 调查问卷必须方便数据统计分析，其结果能回答调查者所想了解的问题。

（4）在印刷正式调查问卷时，应注意其纸张及装订质量，保证调查问卷的整洁、庄重，让被调查者感觉到调查活动的正式、严肃。在展开大型调查活动前，最好预先在小范围内进行测试。其目的主要是为了发现问卷中存在歧义、解释不明确的地方，寻找封闭式问题额外选项，以及了解被调查者对调查问卷的反应情况，从而对调查问卷修改完善，以保证问卷调查活动的目的顺利实现。

四、确定调查时间和调查期限

调查时间是调查资料所属的时点或时期。从资料的性质来看，有的资料反映现象在某一时点上的状态，统计调查必须规定统一的时点。对普查来说，这一时点为标准时间,如我国第五次人口普查的标准时间定为 2000 年 11 月 1 日零时。有的资料反映现象在一段时期内发展过程的结果,统计调查则要明确资料所属时期的起讫(一月、一季、一年),所登记的资料指该时期第一天到最后一天的累计数字。例如,旅游局对旅游企业产量、产值、销售量、工资总额、利润税金等财务指标的普查,皆为每一年 1 月 1 日到 12 月 31 日的全年数字。

调查期限是调查工作进行的起讫时间(从开始到结束的时间),包括搜集资料和报送资料的整个工作所需的时间。为了保证资料的及时性,必须尽可能缩短调查期限。

五、制定旅游统计调查工作的组织实施计划

为了保证整个旅游统计调查工作的顺利进行,在旅游统计调查方案中还应该有一个周密的组织实施计划。其主要内容应该包括:旅游统计调查工作的领导机构设置、统计调查人员的组织、旅游调查资料表报送办法、旅游统计调查前的准备工作,包括宣传教育、干部培训、调查文件准备、调查经费的预算和开支办法、旅游统计调查方案的传达布置、试点及其他工作等。

值得注意的是,调查人员的素质往往直接影响到调查的质量,因此,在组织大型调查之前必须组织必要的专门的训练,落实经费的来源,制定切实可行的调查经费计划。整个统计调查方案的内容,就是对旅游统计调查的设计。这个方案不仅限于调查阶段的问题,也包括了旅游统计整理阶段汇总内容方面的问题。因此,应该把它看成特定统计过程的总体方案。由于我们的认识总有局限性,所以制定的调查方案是否符合实际,必须接受调查实践的检验。

旅游统计工作的调查方案设计要严格按照国家有关规定,不仅要有可行性,还要保证规范性。国家旅游局《旅游统计管理办法》第十一条明确规定,按规定程序批准的统计调查方案,必须在调查表的右上角标明表号、制表机关、批准或者备案机关、批准文号。对未标明上述字样的调查表,有关统计调查对象有权拒绝填报,各级旅游行政管理部门有权废止。

六、选择旅游统计调查方法

旅游统计调查方法是指搜集调查对象原始资料的方法,即调查者向被调查者搜集答案的方法。主要的方法有直接观察法、报告法、采访法和网上调查法等。

1. 直接观察法是调查人员到现场对被调查对象进行直接点数和计量。例如,在机场、车站、码头等交通点上直接查点到达的旅客人数,在游览点上直接清点游览高峰时容纳的游客人数等。此法的优点是能够保证所搜集的调查资料的

准确性，也有利于开展统计分析，但所需要花费的人力、物力和时间较大，而且无法用于对历史统计资料的搜集。

2. 报告法就是报告单位利用原始记录和核算资料作基础，向有关单位提供统计资料。我国现行的旅游统计报表制度就是采用报告法搜集资料逐级上报的。通过报告法所取得的资料虽然可靠性较高，但它的实施范围受到客观条件的限制。而且，有些旅游统计资料，也不需要或不可能采用报告法来取得。

3. 采访法又可分为询问法、被调查者自填法和通讯法。询问法是按照调查项目的要求向被调查者询问，将询问结果计入表内。例如，在交通运输工具上或在住宿点旅客有空闲时，适于作口头询问。被调查者自填法更应考虑在合适的场合使用，若在游览点上要求游客停下来花时间填写调查表，那是不受欢迎的。一般来说，选用旅客在旅馆办理离店结账手续的时间，把简单的调查表分发给他们请其当场填写，并不被认为是额外占用他们的时间。因此，一般旅客都不拒绝填写，调查表的回收率较高。通讯法一般是由统计工作机构将调查表格邮寄给调查者，然后被调查者将填答好的调查表寄回。实践证明，若调查表改用邮寄的办法取回，则其回收率要大大降低。

4. 网上调查法是利用现代信息网络来收集统计资料的方法。它通过网络向被调查单位和个人的网站发出调查提纲、表格或问卷，被调查者将在他们方便时亦通过网络向调查者发送信息。与传统调查方式相比，网上调查有其独特的优点：（1）需要的经费较少；（2）能在较大范围内进行调查；（3）传播快速且具有多媒体性；（4）调查结果客观性较高；（5）信息质量易检验和控制。这种调查方法符合市场经济追求经济效益的原则。

2.2 旅游统计调查的种类

旅游统计调查的种类，是指组织旅游统计调查，搜集旅游信息资料的方式方法，可从不同的角度作不同的分类。有几种常见的旅游统计调查方法需要了解。现列表说明各种调查的特点，见表 2-2 所示。

表 2-2　各类旅游统计调查的特点

	调查范围	调查时间	组织形式
统计报表	全面或非全面	经常	报表制度
普查	全面	一时	专门调查
抽样调查	非全面	经常或一时	专门调查
重点调查	非全面	经常或一时	报表或专门
典型调查	非全面	一时	专门调查

一、旅游统计报表制度

旅游统计报表是我国定期搜集旅游基本统计资料的一种重要的组织形式。旅游统计报表制度是按照国家或上级部门统一规定的表式、统一的指标项目和指标、统一的报送程序和报送时间，自下而上逐级提供旅游基本统计资料的一种调查方式。

旅游统计报表的主要特点是：（1）旅游统计报表的资料来源是建立在基层单位的各种原始记录的基础上，并且旅游统计表填报单位都要按照规定的表式和填报期限填写，从而保证了资料的一致性和及时性。（2）由于旅游统计报表是逐级上报和汇总的，各级领导部门能获得管辖范围内的报表资料，了解本地区、本部门的经济和社会发展情况。（3）由于各填报单位对报表中各项指标的解释和计算方法是一致的，所以便于对资料进行汇总。同时，由于旅游统计报表属于经常性调查，调查项目相对稳定，报表实施具有长期性和连续性，有利于保证完整的资料积累，并且可进行动态比较和系统分析。

旅游统计报表的主要种类有：

1. 国际旅游统计报表和国内旅游统计报表。这是按旅游统计报表填报的单位和统计范围不同划分的。国际旅游统计报表是指接待来华旅游者的旅游部门和单位填报的统计报表。我国接待来华旅游者的部门主要是：各省、自治区、直辖市旅游局，国际旅行社、中国旅行社、青年旅行社及其所属单位和中央部委所属的一类旅行社。国际旅游统计报表主要是由上述旅游局和旅行社填报的。国际旅游报表主要反映我国国际旅游事业发展情况。国内旅游统计报表是指组织接待国内旅游者的部门和单位填报的统计报表。我国接待国内旅游者的部门和单位是：全国各城市经各级人民政府的旅游主管部门同意，由工商行政管理部门批准注册并领取营业执照，经营国内旅游的旅行社、旅游服务公司。国内旅游统计报表是上述经营国内旅游的旅行社和旅游服务公司填报的，国内旅游统计报表主要反映我国国内旅游事业发展情况的。

2. 全面统计报表和非全面统计报表。旅游统计报表按调查范围不同可分为全面统计报表和非全面统计报表。全面统计报表要求调查对象中的每个单位都填报；非全面统计报表，只要求调查对象中的一部分单位填报。非全面调查填报的报表属于非全面统计报表。

3. 定期报表和年报。旅游统计报表按照报送周期长短的不同，可分为月报、季报和年报等。除年报外，其他报表都称为定期报表。旅游定期报表制度是按照统一规定的时间、内容、计算方法和程序，由旅游企事业单位报送相关的旅游行政管理部门，旅游行政管理部门自下而上逐级提供统计资料的一种全面统计调查。各种报表报送周期的长短和指标项目的详略有一定的关系。通常是报表报送的周期愈短，报送的指标项目宜简宜粗；反之，则指标项目就宜多宜细。年报反映了全年旅游事业发展状况，所以年报是编制旅游发展计划的主要依据。国际旅游统计年报是分析来华旅游者的构成、我国旅游设施建设以及旅行社的经营管理情况的主要依据。所以，年报具有指标多、分组细、统计范围广等特点。定期报表反映了年内某一时期旅游工作状况，它是各级旅游管理部门进行日常管理的主要依据，便于及时拿捏趋势，了解动向。

4. 基层报表和综合报表。旅游统计报表按填报单位不同，可分为基层报表和综合报表。基层报表是指独立核算的旅游企业根据原始记录，汇总整理向国家统计部门和上级主管部门提交的报表。编报基层报表的单位称为基层填报单位。例如，旅行社所属的各饭店向旅行社提交的报表。综合报表是指国家旅游局，省、自治区、直辖市旅游局、国旅、中旅、青旅总社和中央部委所属的一类旅行社提交的报表。综合报表是由各级国家统计部门和旅游主管部门根据基层报表汇总整理、编报的统计报表，其反映一个地区、一个部门或全国的基本情况。编报综合报表的单位则称为综合填报单位。

5. 基本统计报表和专业统计报表。这是按旅游统计报表的作用不同划分的。由国家统计局以及各级人民政府统计部门制发的统计报表是基本统计报表。由各级旅游部门为满足旅游管理需要而制发的业务报表是专业统计报表。基本统计报表反映了旅游事业发展的基本情况，为编制、检查和分析旅游计划完成情况提供依据。专业统计报表是为旅游业务管理而制发的，专业统计报表是基本统计报表的必要补充。

一般来说，旅游统计报表制度和其他统计报表制度一样，主要包括三部分内容。

（1）报表目录。报表目录是统计报表的一览表。它主要说明各种统计报表的表号、表名、报告期别、报送单位、统计范围、报送时间等。报表目录的作用，在于报送单位可以明确本单位在什么时间报送哪些报表。表 2-3 是深圳市旅游局制定的旅游统计报表目录示例。

（2）表式。表式主要说明各种统计报表的具体格式，包括表中要求填报指标和表末应填报的各项"补充资料"。由于旅游调查者有不同的要求、目的，为了全面收集和规范统计资料，必须规定统一的表式，便于进行汇总和分析。

（3）填表说明。填表说明是指填报报表时应遵守的各种事项。具体包括统计范围、指标解释和有关注意事项。

表 2-3　深圳市旅游局旅游统计报表目录

表号	表名	期别	表别	报送单位	统计范围	报送日期
基层统计报表 SD-FLY001 表	旅游单位基本情况表	年报	全面调查	所有旅游企事业单位和旅游行政管理部门	辖区内所有旅游企事业单位和旅游行政管理部门	年后 3 日前
SD-FLY002 表	旅行社外联、接待情况基层月报表	月报	全面调查	国际旅行社、国内旅行社	辖区内所有旅行社	月（年）后 5 日前

二、普查

普查是专门组织的一次性的全面调查。它有两个主要特点：第一，普查是一次性调查，主要用来调查属于一定时点上的旅游经济现象的总量；第二，普查是专门组织的全面调查，主要用来全面、系统地掌握旅游经济现象的统计资料。

普查的主要作用在于它能搜集到那些不宜用经常调查来搜集的全面、准确的统计资料。有利于旅游各部门之间相互配合，共同协作。利用普查资料，可以深入地反映和研究旅游经济、旅游文化等现象的发展状况，并为各级旅游机关制定方针、政策提供必要的统计资料，为经常性旅游统计报表和开展旅游统计抽样调查打下较好的基础，为国家旅游局进行宏观决策、制定长远旅游规划提供可靠的依据。

普查的具体方式有两种：一种是从上至下组织专门的普查机构和队伍对调查单位直接进行登记；另一种是利用调查单位的原始记录与核算资料，或者结合清仓盘点，颁发一系列调查表，由调查单位自行填报。

与其他统计调查方式相比，普查搜集资料的方法比较多样。（1）可以颁发调查表或普查表，由各调查单位自行填报，如旅游局对旅行社的定期普查多采取这种报告法；（2）可用直接观察，即由调查人员对所有调查单位进行计量和观察，如对某景区旅游者数目的调查可以采用数门票的方法；（3）可以派员询问，即由调查人员对被调查者采访以搜集资料，如社区调查法。

三、抽样调查

抽样调查也是一种非全面调查，它是在全部调查单位中按照随机原则抽取一部分单位进行调查，根据调查的结果推断总体的一种调查方法。例如，我们要调查来青旅游者对青岛市旅游服务质量的满意度，就要从来青的旅游者中随机抽取若干人进行调查,看他们的满意度,然后以此推断全部旅游者的满意度。

在旅游经济现象中，有很多现象是无法进行全面调查的，故须采用抽样方法调查；即使对可以用全面调查方式的现象来说，有时用抽样调查方式更加节约并能提高效率。现在世界上许多国家，无论自然科学试验或社会科学搜集资料，都广泛采用抽样调查方法。国家旅游局《旅游统计管理办法》第十三条明确规定:"旅游抽样调查主要包括对来华旅游的外国人、回国旅游的华侨、回内地旅游的港澳同胞、回祖国大陆旅游的台湾同胞在中国大陆消费情况及其一日游游客所占比重的抽样调查，大陆居民在国内及出境旅游情况的抽样调查，以及根据旅游业发展的需要组织实施的其他抽样调查。"

四、重点调查

重点调查是在调查对象范围内选择部分重点调查单位搜集统计资料的非全面调查。所谓重点单位，是指这些单位在全部总体中虽然数目不多，所占比重不大，但就调查的标志值来说却在总量中占很大的比重。通过对这部分重点单位的调查，可以从数量上说明整个总体在该标志总量方面的基本情况。例如，选择中国国际旅行社、港中旅和中青旅等重点旅游企业进行调查，能及时地了解到青岛市旅行社的基本情况，因为这些旅行社的年接待游客数量占青岛市全部年接待游客数量的绝大比重，可以满足调查任务所需要的资料。

重点调查的优点在于调查单位少，可以调查较多的项目和指标，了解较详细的情况，取得资料也及时，即用较少的人力和时间，取得较好的效果。当调查任务只要求掌握总体的基本情况，而且总体中确实存在重点单位时，采用重点调查是比较适宜的。但必须指出，由于重点单位与一般单位的差别较大，通常不能由重点调查的结果来推算整个调查总体的指标。

五、典型调查

典型调查就是在调查对象中有意识地选取若干具有典型意义的或有代表性的单位进行非全面调查。它是根据旅游统计调查的目的和要求，在全面分析研究旅游对象的基础上，选择少数具有代表性、具有示范作用的单位进行深入细致调查的一种旅游统计调查方法。

其主要特点是：第一，调查单位少，能深入实际，搜集详细的第一手数字资料；第二，由于典型单位是有意识选出的，对其进行调查，就能取得代表性较高的资料，因此挑选之前要对调查对象中所有单位进行全面分析和比较；第三，典型调查机动灵活，可节省人力和物力，提高调查的时效性。

典型调查的中心问题在于如何正确地选择典型单位，要保证被选中的单位具有充分代表性。根据调查研究目的的不同，选择典型单位的方法也不同。

如果是为了近似地估算总体的数值，可以在了解总体大略情况的基础上，把总体分成若干类型，从每一类型中按它在总体中所占比例的大小，选出若干典型单位进行调查。如果为了了解总体的一般数量表现，则可以选中等的典型单位作为调查单位。如果为了研究成功的经验和失败的教训，则可以选出先进的典型单位和后进的典型单位，或选择上、中、下各类典型单位进行调查、比较。

典型可以是单个的，也可以是整群的，或者先调查整群，再从整群中选出若干个体进行更加深入细致的调查。典型可以是临时选择的，也可以是比较固定的，以便进行连续调查，取得系统的调查资料，研究事物发展变化的趋势。

典型调查的具体方法通常有直接观察法、个别访问和开调查会。其中开调查会是最简单易行和比较可靠的方法。这种调查是讨论式的，即由调查者召集若干了解情况的人，按预定的调查提纲，提出问题展开讨论，把调查过程和研究过程结合起来，从中掌握第一手详细的材料，达到调查预期的效果。

2.3 旅游统计资料的分组

分组标志是统计分组的依据。正确选择分组标志，能使分组作用得以充分发挥，也是使统计研究获得正确结论的前提。正确选择分组标志，须考虑以下三点。

一、根据研究问题的目的来选择

统计研究的目的，决定了基本的分组标志。例如，对旅游企业进行研究，目的是了解旅游企业计划的完成情况，那就以旅游企业计划完成的程度作为分组标志；如果目的是要了解旅游企业内部结构，那就以部门作为分组标志；如果目的是了解旅游企业盈亏情况，那就以盈亏作为分组标志。

二、要选择最能反映被研究旅游现象本质特征的标志作为分组标志

比如，在研究旅游企业的现状、发展和盈利情况时，像按所有制的分组、按等级的分类都是最基本的分组或分类。又比如，在研究旅游企业规模划分时，新标准参照国际通行惯例，确定了以从业人员数、销售额和资产总额三项指标将企业进行归类。

三、要结合现象所处的具体历史条件或经济条件来选择

旅游经济现象随着时间、地点、条件的变化而变化，历史条件不同，事物特征也会有变化。因此，随着历史条件的变化，分组标志也应作相应改变。例如，在创建旅游卫星账户时，美国在旅游产品上的分类比中国详细、具体得多，美国的旅游需求表是按产品类型和旅游者类型来划分的，数据由美国劳动统计局进行的消费者花费调查得来的；而北京市数据是根据 2001 年北京市国内旅游抽样调查结果而得来的。两国旅游经济发展水平和统计水平的不同决定了旅游卫星账户建立的水平和详细程度的不同。

由于总体单位的标志有品质标志和数量标志两种，因此，分组标志也有品质标志和数量标志两种。

品质标志一般不能用数量表示，它表明事物的质量属性。按品质标志进行分组，情况会有不同，有的比较简单，比如，人口按性别分组；有的则比较复杂，复杂的品质分组称为分类，比如，人口按职业分组、旅游业按部门进行分组等。在统计实践中应用的分类是很多的，为了便于统计的名称、范围和计量单位的统一，国家制定了统一的分类目录，例如，"旅游产品目录"、"旅游部门分类目录"等，各地区、各部门进行统计资料整理时，必须遵照执行。

数量标志一般是用数量表示的，比如产品、固定资产、流动资金、利润、成本等都是数量标志。按数量标志进行分组，可有两种情况：一种情况是变量数值不多，变动范围不大，即总体单位的不同标志值较少，这时可作单项式分组；另一种情况是变量数值较多，变动范围较大，即总体单位的不同标志值较多，则应作组距式分组。这两种分组将在下面的"变量数列"中详述。

2.4 分配数列的概念和种类

在旅游统计资料分组的基础上，将总体的所有单位按组归类整理，并按一定顺序排列，形成总体中各个单位在各组间的分布，称为次数分配或分配数列。

分布在各组的个体单位数叫次数，又称频数；各组次数与总次数之比叫比率，又称频率。

分配数列是旅游统计分组工作的一种重要形式，它可以反映总体的结构分布状况和分布特征，这对于旅游统计分析是很重要的。根据分组标志的不同，分配数列可分为两种：品质分配数列（简称品质数列）和变量分配数列（简称变量数列）。

按品质标志分组形成为品质数列。品质数列由各组名称和次数组成。各组次数可以用绝对数表示，即频数；也可以用相对数表示，即频率。见表2-4所示。

表2-4 某旅行社职工的性别构成情况

按性别分组	绝对数人数	比重（%）
女	30	75
男	10	25
合计	40	100

由表2-4可看出，这个旅行社的性别构成特点是，女职工占的比重大于男职工。对于品质数列来讲，如果分组标志选择得好，分组标准定得恰当，则事物质的差异表现得就比较明确。品质数列一般也较稳定，通常均能准确地反映总体的分布特征。

按数量标志分组形成为变量数列。按数量标志分组时，可分为单项式和组距式两种，因此，变量数列也分为单项数列和组距数列两种。（1）单项数列是总体按单项式分组而形成的变量数列，每个变量值是一个组，按照顺序排列，如表2-5所示。（2）组距数列是总体按组距式分组而形成的变量数列，每个组是由若干个变量值形成的区间表示，在变量个数较多、变动幅度较大时采用。如表2-6所示。

表2-5 某旅行社组团数和团队人数分组（单项数列）

组团人数（人）	组团数（个）	比重（%）
20	10	8.7
30	15	13.0
40	30	26.1
50	40	34.8
60	20	17.4
合计	115	100

表 2-6 某景点一周接待人数和团队数量（组距数列）

	团队人数（人）	团队数（个）	比重（%）
星期1	80~90	30	16.7
星期2	90~100	40	22.2
星期3	100~110	60	33.3
星期4	110~120	30	16.7
星期5	120~130	20	11.1
合计		180	100

由此可见，变量数列也是由各组名称（由变量值表示）和次数（或频率）组成。频率大小表明各组标志值对总体的相对作用程度，也可以表明各组标志值出现的概率大小。变量的具体数值即变量值通常用符号 x 表示；各组单位数即次数或频数（其相对形式即频率）通常用符号 f 表示。变量数列的编制、特别是其中组距数列的编制是比较复杂的，下面就组距数列的编制方法专门加以研究。

一、组距数列的编制

编制组距数列牵涉的问题较多，不仅取决于分组标志的选择，而且要看分组界限的确定是否合理。在编制过程中，要正确处理以下三个具体问题。

（一）组距和组数

在组距数列中是用变量变动的一定范围代表一个组，每个组的最大值为组的上限，最小值为组的下限。每个组上限和下限之间的距离称为组距。

编制组距数列必须要确定组距和组数。首先要找出全部变量的最大值和最小值的距离（即全距），以及大多数变量集中在什么范围内，然后才能据以考虑组距和组数的问题，务必使分组的结果尽可能反映出总体分布的特点。

组数的确定和组距有密切联系。组距大则组数少，组距小则组数就多，两者成反比例的变化。在具体确定组距时，应使组距能体现组内资料的同质性和组与组资料的差异性。

例如，某饭店 40 个工人每月所统计打扫房间的原始资料，分别如下：
89 88 76 99 74 60 82 60 89 86 93 99 94 82 77 79 97 78 95 92 87 84 79 65 98 67 59 72 84 85 56 81 77 73 65 66 83 63 79 70

若将上述资料，先按数值大小排列如下：
56 59 60 60 63 65 65 66 67 70 72 73 74 76 77 77 78 79 79 79 81 82 82 83 84 84 85 86 87 88 89 89 92 93 94 95 97 98 99 99

经初步加工,大致可看出资料的集中趋势。资料的最小值为 56 元,最大值为 99 元,则全距＝99－56＝43,即数列中最大值与最小值之差。根据工作量的不同,在 60 的数量界限的基础上分为五个等级,并将每组组距定为 10 个,编制如表 2-7 所示的组距数列,则基本上能准确反映工人工作量的分布特征。

表 2-7　某饭店客房服务员工计件工资统计表

打扫房间数（间）	人数（人）	比重（%）
50～60	2	5.0
60～70	7	17.5
70～80	11	27.5
80～90	12	30.0
90～100	8	20.0
合计	40	100.0

（二）等距分组和异距分组

组距数列根据组距是否相等,分为等距数列和异距数列两种。等距数列中各组组距都是相等的（如表 2-7 所示）,异距数列中每组的组距是不全相等的（如表 2-8 所示）。

表 2-8　中国 2006 年入境外国游客人数统计（按年龄分）

人口按年龄分组	人口数（人）
14 岁以下	882 873
15～24	1 732 421
25～44	10 319 866
45～64	8 044 594
65 岁以上	1 230 512
合计	22 210 266

1．等距数列。等距数列分组时,一般应依据总体内部情况的定性分析来确定组数,然后用全距除以组数,确定组距,并据以划分各组的界限。

设 R 为全距、K 为组数、I 为等组距,如上例,$R=43$,设 $K=5$,则：

$I=R/K=43/5=8.6$

为计算方便,I 宜取 5 或 10 的整数倍,故可令 $I=10$。

2．异距数列。异距数列各组次数的数值受组距的影响不同,在研究各组次数实际分布时,要消除组距不同的影响,这就要将不等组距的次数换算为标准组距次数。可以数列中最小组组距为标准组距,将不等组距次数换算为统一的标准组距次数，并依此绘制图形，或者是在原数列基础上先计算次数密度或频率密度，再根据次数密度或频率密度来绘制图形。其公式为：

$$次数密度 = \frac{各组次数}{各组组距}$$

以上两种方法实质上是一样的。现以某旅行社职工年龄分布情况为例，将这两种方法的换算结果列成表2-9。

表2-9 某饭店职工年龄分布情况

按年龄分组	组距	人数（人）	标准组距人数	次数密度
15～20	5	17	17	3.4
20～25	5	28	28	5.6
25～35	10	40	20	4
35～40	5	70	70	14
40～45	5	65	65	13
45～50	5	10	10	2
合计	——	230	——	

异距数列常在以下场合运用：第一，有许多旅游经济现象的分布存在明显的偏斜状况，这时变量不适合等距分组，必须采用异距分组。例如，人口总体的年龄分布，考虑到80岁以上的高寿者在总人口中所占比重极小，故分组时80岁以下可按10岁组距分组，80岁以上的组距就应扩大。第二，有些旅游经济现象的标志变异范围较大，其变量若按一定比例关系变化发展的话，可按等比间隔分组编制异距数列。

（三）组限和组中值

1. 组限。确定组距和组数之后，还有确定组限的问题。组距两端的数值称组限。组距的上限、下限都齐全的叫闭口组；有上限缺下限，或有下限缺上限的叫开口组。

确定组限要遵守一个基本原则，即按这样的组限分组后，标志值在各组的变动能反映事物的质的变化。也就是要使同质的单位在同一组内。这就涉及组限的表示方法，下面介绍两种常用的表示方法：

（1）按连续变量分组，由于相邻两组的上限与下限通常以同一个数值来表示，每一组的上限同时是下一组的下限，为了避免计算总体单位分配数值的混乱，一般原则是把到达上限值的单位数计入下一组内，即称为"上组限不在内"原则。如前例50～60元，满了60元，应计入下一组60～70元这一组内。

（2）按离散变量分组，则相邻两组的上限与下限通常是以两个确定的不同整数值来表示,故相邻两组的上下限可以不重合。例如,企业按工人数分组可分为以下各组:100人以下,101~300人,301~500人,501~1000人,1000人以上,这是一般的表示方法。也可以按"上组限不在内"的原则写为重叠式组限,如上面的工人人数分组,也可写成:100人以下,100~300人,300~500人,500~1000人,1000人以上等。

2. 组中值。组距数列是按变量的一段区间来分组,掩盖了分布在各组内的单位的实际变量值。为了反映分在各组中个体单位变量值的一般水平,统计工作中往往用组中值来代表它。组中值是各组变量范围的中间数值,通常可以根据各组上限、下限进行简单平均,即:

$$组中值 = \frac{上限+下限}{2}$$

如上例50~60分一组的组中值即为55分。对于开口组组中值的确定,一般以其相邻组的组距的一半来调整:

$$缺上限的开口组组中值 = 下限 + \frac{邻组组距}{2}$$

$$缺下限的开口组组中值 = 上限 - \frac{邻组组距}{2}$$

例如,按完成净产值分组(万元)如下:

10以下	10~20	20~30	30~40	40~70	70以上

则:首组组中值=10-10/2=5(万元)
　　末组组中值=70+30/2=85(万元)

二、累计次数分布

总体中各单位数在各组间的分布,称次数分布。次数分布是统计研究的一个基本课题,通过次数的分布规律,可以研究大量旅游现象的统计规律性。

将变量数列各组的次数和比率逐组累计相加而成累计次数分布,它表明总体在某一标志值的某一水平上下总共包含的总体次数和比率。累计次数有以下两种计算方法。

(一)向上累计

向上累计,又称以下累计,或称较小制累计,是将各组次数和比率由变量值低的组向变量值高的组逐组累计。组距数列中的向上累计表明各组上限以下总共所包含的总体次数和比率有多少。

（二）向下累计

向下累计，又称以上累计，或称较大制累计，是将各组次数和比率由变量值高的组向变量值低的组逐组累计。组距数列中的向下累计表明各组下限以上总共所包含的总体次数和比率有多少。例如，前面所举饭店工人计件工资的累计分布，如表 2-10 所示。

表 2-10　某饭店工人计件工资次数分配

计件工资（元）	次数 人数（人）	比率（%）	向上累计 人数（人）	比率（%）	向下累计 人数（人）	比率（%）
50~60	2	5.0	2	5	40	100
60~70	7	17.5	9	22	38	95
70~80	11	27.5	20	50	31	77.5
80~90	12	30.0	32	80	20	50
90~100	8	20.0	40	100	8	20
合计	40	100	—	—	—	—

累计次数的特点是：同一数值的向上累计和向下累计次数之和等于总体总次数，而累计比率之和等于 1（或 100%）。表 2-10 资料表明：80 元以下累计 20 人，比率 50%；80 元以上累计 20 人，比率 50%。两个累计人数之和等于总体的 40 人，两个累计比率之和等于 100%。

对单项数列也可以计算累计次数和累计比率。

根据表 2-10 资料还可绘制累计次数分布折线图，见图 2-2 所示。

累计次数分布是确定各种位置平均数的依据。累计次数分布图，还可以用于研究社会财富分配的公平程度等问题。

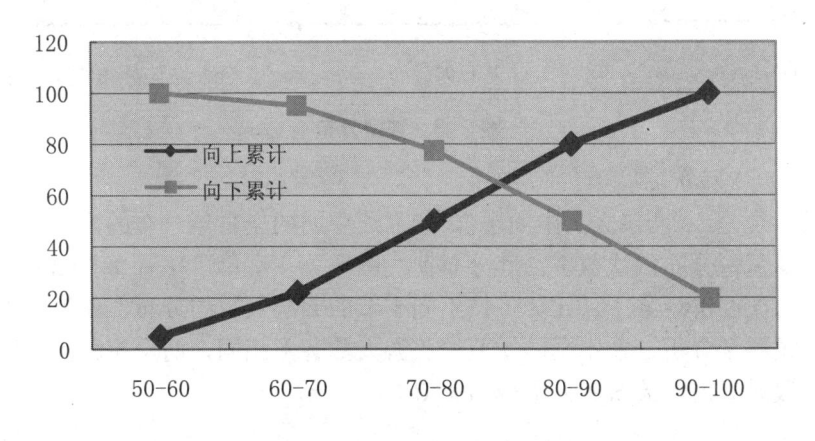

图 2-2　累计次数分布折线图

三、次数分布的主要类型

各种不同性质的旅游经济现象都有着特殊的次数分布。常见的主要有三种类型：钟型分布、U型分布、J型分布。

（一）钟型分布

钟型分布的特征是："两头小，中间大"，即靠近中间的变量值分布的次数多，靠近两端的变量值分布的次数少。其分布曲线图宛如一口古钟。

钟型分布又可分为以下两种：

1. 对称分布

其特征是：中间变量值分布的次数最多，两侧变量值分布的次数随着与中间变量值距离的增大而渐次减少，并且围绕中心变量值两侧呈对称分布，如图2-3（a）。一般次数分布呈正态分布曲线，正态分布是最重要的对称分布。

2. 偏态分布

其特征是：中间变量值分布的次数最多，两侧变量值分布的次数逐渐减少，但两侧减少的速度快慢不同，致使分布曲线向某一方向偏斜。分布曲线偏斜分两种情况：（1）右偏（上偏）。当变量值存在极端大值时，次数分布曲线就会向右延伸，这种分布称右偏型分布，如图2-3（b）。（2）左偏（下偏）。当变量值存在极端小值时，次数分布曲线就会向左延伸，这种分布称左偏型分布。如图2-3（c）。

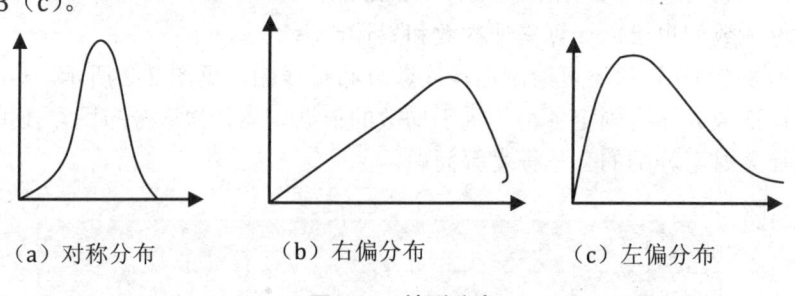

（a）对称分布　　　（b）右偏分布　　　（c）左偏分布

图2-3　钟型分布

（二）U型分布

其特征是："两头大，中间小"，即靠近中间的变量值分布的次数少，靠近两端的变量值分布的次数多。其分布曲线图像英文字母"U"，如图2-4。

在旅游经济现象中，比如，按不同季节的旅游人数的分布，就表现为U型分布。据科学分析，在不同的季节，旅游人数各不相同，两个旅游黄金周之间的这一段时间内，旅游者人数分布呈U形。

图 2-4　U 型分布

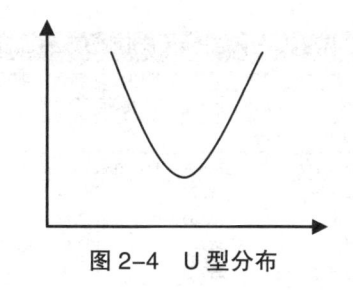

（三）J 型分布

其特征是："一边小，一边大"，即大部分变量值集中在某一端，分布曲线图像英文字母"J"。

J 型分布有两种类型：

1. 正 J 型分布

其表现为次数随着变量值的增大而增多，大部分变量值集中分布在右边，如图 2-5（a）所示。例如，投资额按利润率大小分布，历年旅游收入额分布一般呈正 J 形分布。

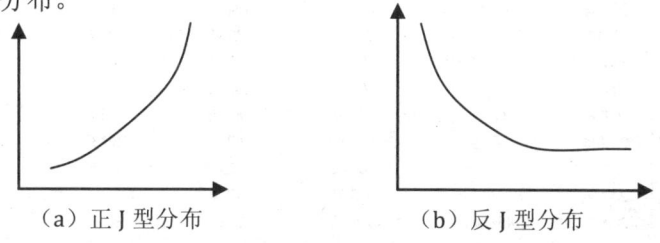

（a）正 J 型分布　　　　　（b）反 J 型分布

图 2-5　J 型分布

2. 反 J 型分布

其表现为次数随着变量值的增大而减少，如图 2-7（b）所示。例如，人口按年龄大小分布，即"金字塔式"的分配次数，表明年龄越大，人数越少。

2.5　直方图的绘制

本节关于软件的使用，我们主要讲述直方图的绘制，描述性统计分析。介绍的主要软件是 SPSS。

一、如何分组

我们以农村居民散客出游人均花费构成来说明，数据如图 2-6 所示。

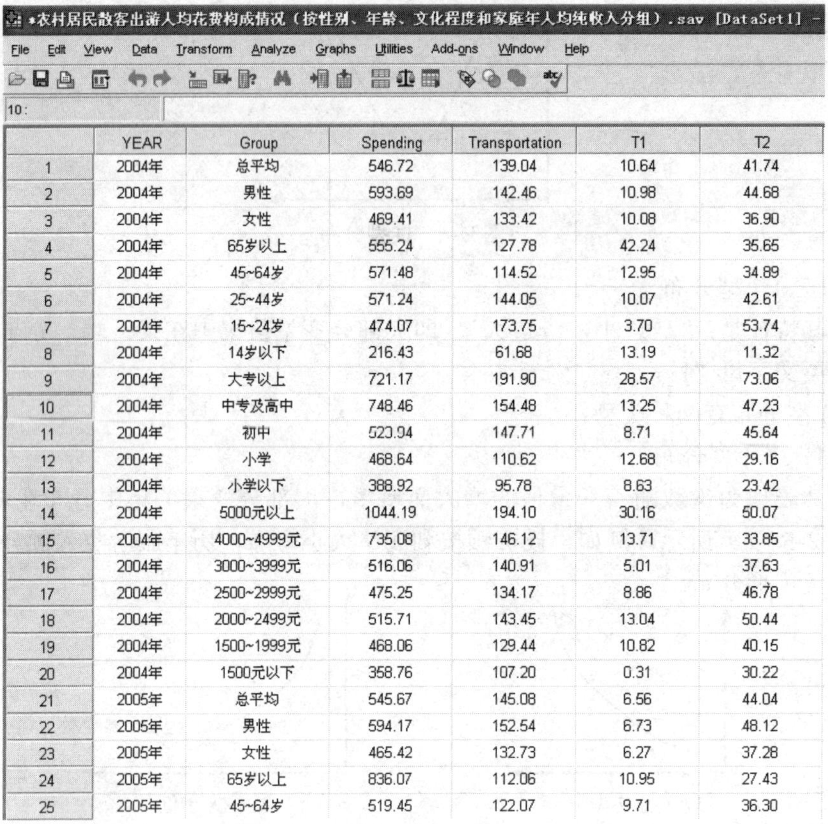

	YEAR	Group	Spending	Transportation	T1	T2
1	2004年	总平均	546.72	139.04	10.64	41.74
2	2004年	男性	593.69	142.46	10.98	44.68
3	2004年	女性	469.41	133.42	10.08	36.90
4	2004年	65岁以上	555.24	127.78	42.24	35.65
5	2004年	45~64岁	571.48	114.52	12.95	34.89
6	2004年	25~44岁	571.24	144.05	10.07	42.61
7	2004年	15~24岁	474.07	173.75	3.70	53.74
8	2004年	14岁以下	216.43	61.68	13.19	11.32
9	2004年	大专以上	721.17	191.90	28.57	73.06
10	2004年	中专及高中	748.46	154.48	13.25	47.23
11	2004年	初中	523.94	147.71	8.71	45.64
12	2004年	小学	468.64	110.62	12.68	29.16
13	2004年	小学以下	388.92	95.78	8.63	23.42
14	2004年	5000元以上	1044.19	194.10	30.16	50.07
15	2004年	4000~4999元	735.08	146.12	13.71	33.85
16	2004年	3000~3999元	516.06	140.91	5.01	37.63
17	2004年	2500~2999元	475.25	134.17	8.86	46.78
18	2004年	2000~2499元	515.71	143.45	13.04	50.44
19	2004年	1500~1999元	468.06	129.44	10.82	40.15
20	2004年	1500元以下	358.76	107.20	0.31	30.22
21	2005年	总平均	545.67	145.08	6.56	44.04
22	2005年	男性	594.17	152.54	6.73	48.12
23	2005年	女性	465.42	132.73	6.27	37.28
24	2005年	65岁以上	836.07	112.06	10.95	27.43
25	2005年	45~64岁	519.45	122.07	9.71	36.30

图 2-6

第一步，点击 Transform，选择 visual Binning。如图 2-7 所示。

图 2-7

第二章　数据收集与统计分组

第二步，点击 Visual binning，如图 2-8。将人均花费放入 variables to bin 对话框。

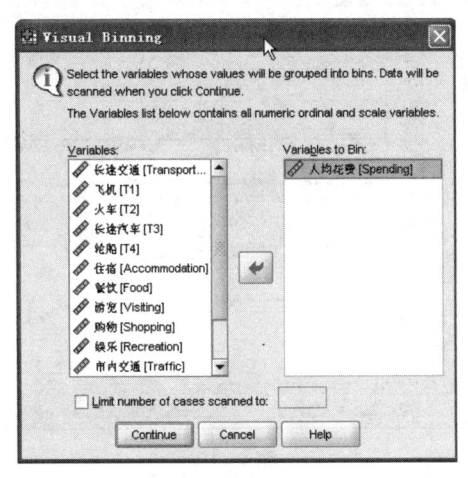

图 2-8

第三步，点击 continue。如图 2-9 所示。

图 2-9

第四步，点击人均花费，spending 会在 current variable 里面出现，系统自动做出直方图，在 binned variable 里输入新变量，如 gaya。意思是告诉系统，需要重新分组，计算每组的频次，然后可以绘制直方图。如图 2-10 所示。

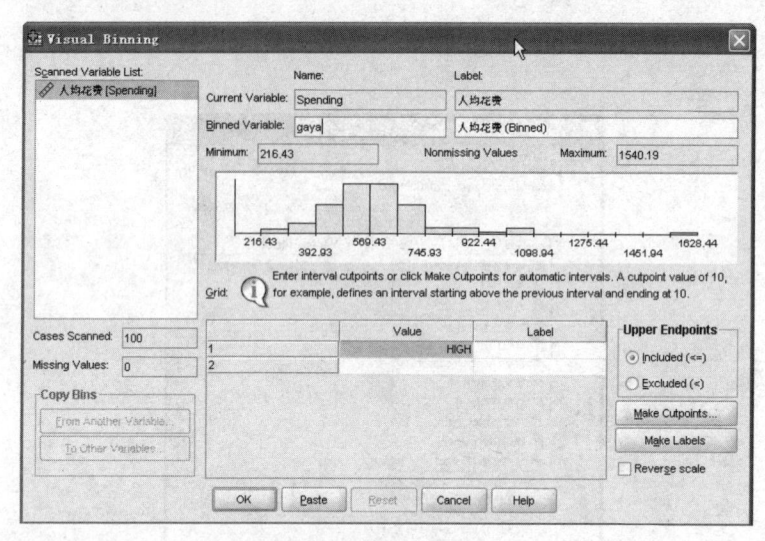

图 2-10

第五步，点击 make cutpoints，如图 2-11。在 first cutpoint location 输入 256.43（这个值可以根据你自己的需要输入），在 number of cutpoints 里输入 50（这个值可以根据你自己的需要输入）。输入 50 后，width 对话框会自动出现 25.675，这个数据就是组距。

图 2-11

第六步，点击 apply，系统会给出一个新的变量 gaya，这个变量就是分组后每个组对应的频次。我们就可以对 gaya 绘制直方图了。

二、如何绘制直方图

下面的数据是我国 31 个省、市、自治区在饭店、餐饮、娱乐、购物和导游方面的竞争力，我们利用 SPSS 来绘制 31 个省、市、自治区在导游竞争力方面的直方图。

	饭店	餐饮	娱乐	购物	导游
广东	4.097	3.782	3.546	3.735	3.539
北京	4.58	4.37	4.04	4.22	4.17
上海	4.38	4.14	3.87	4.06	3.82
江苏	4.45	4.14	3.79	3.98	3.94
浙江	4.43	4.04	3.54	3.82	3.68
山东	4.18	3.95	3.52	3.70	3.77
四川	4.41	4.14	3.66	3.86	3.94
福建	4.32	3.92	3.46	3.66	3.55
辽宁	4.62	4.21	3.80	3.99	3.72
云南	4.18	3.82	3.34	3.58	3.63
河北	4.19	3.87	3.28	3.55	3.57
湖南	4.35	4.10	3.78	3.85	4.10
河南	3.98	3.76	3.37	3.57	3.83
黑龙江	4.29	4.11	3.71	3.93	3.99
陕西	4.39	4.04	3.72	3.87	4.14
湖北	4.39	4.14	3.59	3.81	3.81
广西	4.14	3.89	3.39	3.55	3.73
安徽	4.13	3.76	3.10	3.41	3.87
重庆	4.38	4.11	3.75	3.92	3.86
天津	4.05	3.77	3.06	3.36	3.11
江西	4.18	3.94	3.55	3.80	3.88
山西	4.15	4.01	3.52	3.76	3.81
内蒙古	4.40	4.35	4.09	4.06	
吉林	4.95	4.29	4.66	4.83	4.57
海南	4.41	3.91	3.46	3.55	3.48
贵州	3.99	3.74	3.66	3.68	3.76
新疆	4.29	4.02	3.76	3.97	4.04
西藏	4.11	4.11	3.77	3.64	3.49
甘肃	4.33	3.73	3.25	3.49	3.52
青海	4.17	3.82	3.16	3.52	3.68
宁夏	4.19	3.86	3.45	3.37	3.73

第一步，将数据导入 SPSS。如图 2-12 所示。

图 2-12

第二步，点击 graph，按图点击 histogram。如图 2-13

图 2-13

第三步，点击 histogram，出现图 2-14。将导游竞争力导入 variable 对话框，勾选 display normal curve。

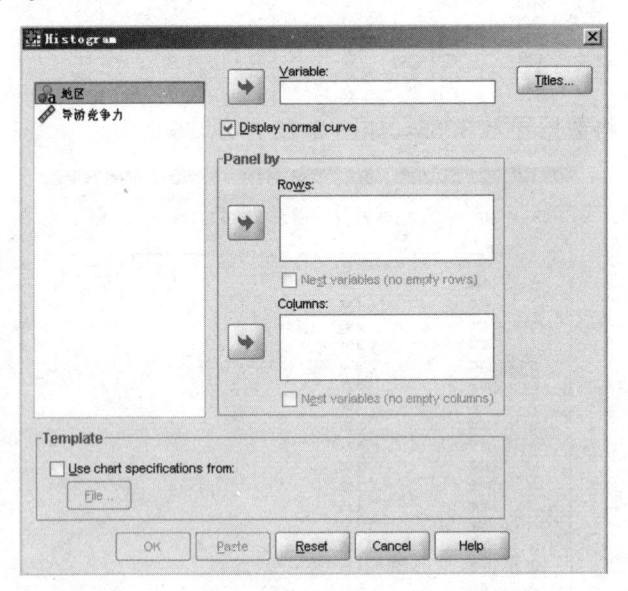

图 2-14

第四步，点击确定。在 output 窗口出现图 2-15 结果。

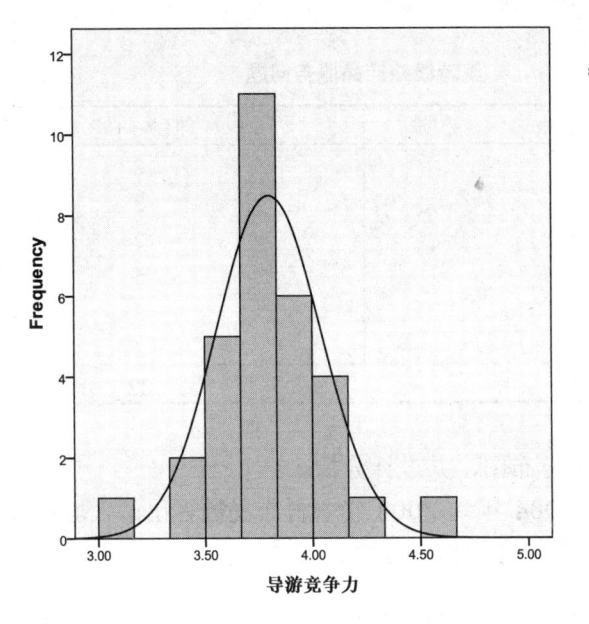

图 2-15

当我们利用 SPSS 绘制直方图时，SPSS 会自动根据数据的特点设定组距（自动分组），在 excel 中，需要人为设定组距，excel 也不能自动显示图形是否呈现正态分布。

练习题

1. 某旅行社 40 名导游年接待游客数量如下表所示。

40 名导游年接待游客数量（百人次）

70	60	60	70	50	90	60	50
60	70	90	50	60	70	50	60
60	80	60	90	60	50	60	60
70	70	70	50	60	50	50	50
60	70	70	90	50	70	70	80

根据资料编制变量分配数列，并绘制直方图。

2. 旅游企业为游客提供的某条线路产品包括食、住、行、游、购、娱六个环节，为提高产品质量，检查线路产品中不受游客欢迎的原因，结果如下表所示。

旅游线路产品服务问题

环节名称	服务问题
食	2
住	3
行	2
游	5
购	8
娱	2
合计	22

要求做出累积概率分布图,并进行分析。

3. 下面的数据是 2004 年到 2008 年农村居民散客出游人均花费构成,请利用 SPSS 对其进行分组,并做出直方图。

546.72	564.52	519.45	692.28	1044.19	541.04	473.76	308.6
593.69	647.55	564.39	521.26	735.08	681.34	495.78	723.53
469.41	400.93	507.78	482.67	516.06	570.9	477.68	715.57
555.24	976.9	265.89	497.37	475.25	551.7	616.67	675.81
571.48	643.54	892.34	447.37	515.71	312.97	642.56	573.14
571.24	519.48	586.77	379.5	468.06	714.55	570.34	546.26
474.07	530.04	558.73	661.06	358.76	668.12	593.09	844.31
216.43	598.39	445.14	699.16	545.67	613.27	684.8	697.56
721.17	555.64	498.69	601.51	594.17	469.18	590.16	574.99
748.46	445.7	829	1056.98	465.42	529.78	589.3	575.88
523.94	595.97	591.49	626.34	836.07	1013.95	405.02	588.59
468.64	637.39	534.8	697.73	1540.19	756.91		
388.92	530.51	535.91	602.29	695.08	422.16		

数据来源:中国旅游抽样调查。

第三章 数据的描述性统计分析

主要内容

- 数据类型
  同类型的数据，需要采用不同的分析方法
- 数据的形态特征
  主要通过茎叶图和直方图来展示直观数据的特点，为以后的分析做准备
- 数据的数值特征
  主要通过集中均值、标准差等参数说明数据特征
- 软件处理：图形绘制以及求均值和离散指标

3.1 数据类型

名义数据反映事物的属性，算术运算没有意义，也无法排序。例如，男和女。有序数据，体现了事物/现象位置变化和等级差异。例如，在饭店顾客满意度的调查中，"不满意"、"满意"、"非常满意"。在 SPSS 中，如果要对这两种数据进行分析，首先要对它们进行赋值。例如，男和女可以赋值为 0 或 1，满意度则可赋值为 1、2、3。

数据的分类如图 3-1 所示。

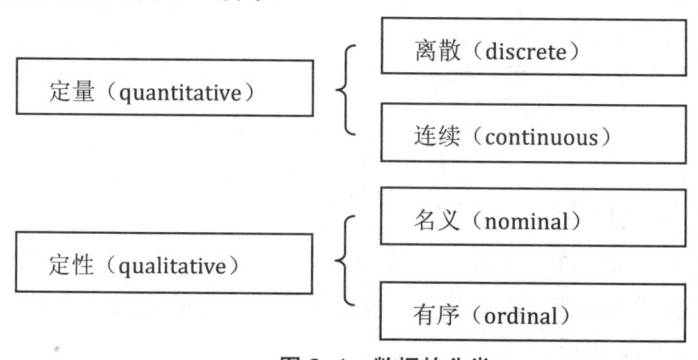

```
                    ┌─ 离散（discrete）
     定量（quantitative）┤
                    └─ 连续（continuous）

                    ┌─ 名义（nominal）
     定性（qualitative）┤
                    └─ 有序（ordinal）
```

图 3-1 数据的分类

3.2 数据的形态特征

不论是定性数据还是定量数据都是通过频数来描述其分布特征的。需要注意的是，对于定量数据，有时候需要通过分组的方式来确定频数。注意，对频数的理解不能拘泥于"次数"的概念。

在图形展示中，直方图最为重要。直方图可以直观地显示数据是否呈现正态分布，数据主要集中在哪个区间。其次是折线图，折线图能够形象地显示数据可能内含的趋势。第三是散点图，散点图能够清楚地反映两列数据（两个变量）之间关系（线性、二次方还是多项式）。第四是茎叶图，它的功能和直方图类似。第五是帕累托图，它可以说明每个类别的数量和累计概率分布。

3.3 数据的数值特征

一、平均数（均值）

对数据集中趋势的度量，可以分为简单算术平均数和加权算术平均数。简单算术平均数用符号表示为：

$$\overline{X} = \frac{X_1 + X_2 + \cdots + X_n}{n} = \frac{\sum X}{n}$$

式中，$\overline{X}$ 为算术平均数；

X_1，X_2，...，X_n 为各个变量；

n 为变量个数；

Σ 为总和符号。

加权算术平均数用符号表示为：

$$\overline{X} = \frac{X_1 f_1 + X_2 f_2 + \cdots + X_n f_n}{f_1 + f_2 + \cdots + f_n} = \frac{\sum Xf}{\sum f}$$

式中，$\sum Xf$ 为总体标志总量；

$\sum f$ 为总体单位总数，亦称总次数或总权数。

【例1】某旅游城市有50个导游，他们每两周接待的团队数量和人数，编成单项数列如表3-1所示。

表 3-1 导游工作量统计表

团队人数（X）	团队数（f）	总工作量（Xf）
20	2	40
21	4	84
22	6	132
23	8	184
24	12	288
25	10	250
26	7	182
27	1	27
合计	50	1187

上述 50 个导游员的总工作量为接待游客 1187 人，所以每个导游员平均每两周接待的游客数量为 =1187/50=23.74（人）。

上式如以 X 代表变量（团队人数），f 代表团队数，也称频数。

当权数采用频率的形式计算时，表现为 $\overline{X} = \sum X \cdot \dfrac{f}{\sum f}$。用频率计算的公式和直接用次数计算的公式在内容上相等，即 $\dfrac{\sum Xf}{\sum f} = \sum X \cdot \dfrac{f}{\sum f}$。仍以表 3-1 的资料为例，用权数系数形式计算加权算术平均数，见表 3-2 所示。

表 3-2 某旅游城市导游工作情况统计表

团队人数数分组（X）	团队个数 绝对数（f）	频率 $f/\sum f$	$X \cdot \dfrac{f}{\sum f}$
20	2	0.04	0.80
21	4	0.08	1.68
22	6	0.12	2.64
23	8	0.16	3.68
24	12	0.24	5.76
25	10	0.20	5.00
26	7	0.14	3.64
27	1	0.02	0.54
合计	50	1.00	23.74

$$\overline{X} = \sum X \cdot \dfrac{f}{\sum f} = 23.74（人）$$

其计算结果与用次数公式计算的结果完全一样。

如果是组距数列,假定各组的标志值在组内是均匀分布的,则计算算术平均数的方法与上述方法基本相同,所不同的只是要利用各组的组中值作为代表标志值进行计算。具体方法是,必须先算出组距数列各组的组中值,以各组中值代表该组的标志值,然后再来计算加权算术平均数。举例见表3-3所示。

表3-3 景点接待人次数算术平均数计算表

按年接待人次（万人次）	景点数（个）f	组中值 X	Xf
60 以下	8	55	440
60~70	19	65	1235
70~80	50	75	3750
80~90	36	85	3060
90~100	27	95	2565
100~110	14	105	1470
110 以上	10	115	1150
合计	164	—	13670

平均接待人次数=13670/164=83.35（万人次）

需要注意的是,这种用组中值代替标志值的计算方法具有一定的假定性。即假定各单位标志值在组内是均匀分配的,但实际上要分配的完全均匀是不可能的。这样,用组中值计算出来的算术平均数只是近似值,而不是准确数值。还要指出,根据组距数列计算算术平均数时,有时往往会遇到开口组,如表3-3中,第一组的60以下,及最后一组的110以上,这时我们一般就假定它们同邻组组限相仿来计算组中值。因此,根据开口组计算的算术平均数就更具有假定性。尽管如此,但就整个数列来看,由于分组引起的影响变量数值高低的各种因素会起到相互抵消的作用,所以,由此而计算的平均数仍然具有足够的代表性。

二、众数

众数是总体中出现次数最多的标志值,在总体各个标志值之中它的代表性也较强,它能直观地说明客观现象分配中的集中趋势。在实际工作中,有时要利用众数代替算术平均数来说明社会经济现象的一般水平。

（一）众数的计算方法

1. 由单项数列确定众数

由单项数列确定众数,只需观察次数,出现次数最多的标志值就是众数。

【例2】某地区景点门票价格资料见表3-4所示,计算景点门票价格的一般水平。

表3-4 景点票价分布

价格（元）	景点数（个）	比重（%）	价格（元）	景点数（个）	比重（%）
80	12	5	95	60	25
85	16	15	100	24	10
90	96	40	105	12	5
			合计	220	100

因为价格为90元的景点有96个,占40%,为最多,则套餐价格的众数 $M_0=90$（元）

式中：M_0 代表众数。

2. 由组距数列确定众数

由组距数列确定众数,首先由最多次数来确定众数所在组,然后再用比例插值法推算众数的近似值。其计算公式为：

$$下限公式：M_0 = X_L + \frac{\Delta_1}{\Delta_1 + \Delta_2} \cdot d$$

$$上限公式：M_0 = X_U - \frac{\Delta_2}{\Delta_1 + \Delta_2} \cdot d$$

式中，X_L、X_U 分别表示众数组的下限、上限；

Δ_1 表示众数组次数与前一组次数之差；

Δ_2 表示众数组次数与后一组次数之差；

d 表示众数组组距。

众数的下限公式和上限公式是等价的,用两个公式计算结果完全相同,但一般采用下限公式。

【例3】仍以表3-3为例,说明组距数列计算众数的方法,见表3-5所示。

表3-5 景点接待人次数分布

接待人次数（万人）	景点数（个）	接待人次数（万人）	景点数（个）
60以下	8	90～100	27
60～70	19	100～110	14
70～80	50	110以上	10
80～90	36		

首先确定众数组：次数最多者是50,对应的分组为70~80,则70~80组

就是众数所在组。然后用公式计算众数的近似值：

按下限公式：$M_0 = X_L + \dfrac{\Delta_1}{\Delta_1 + \Delta_2} \cdot d$

$= 70 + \dfrac{50-19}{(50-19)+(50-36)} \times 10$

$= 76.89$（万人次）

或按上限公式：$M_0 = X_U - \dfrac{\Delta_2}{\Delta_1 + \Delta_2} \cdot d$

$= 80 - \dfrac{50-36}{(50-19)+(50-36)} \times 10$

$= 76.89$（万人次）

计算结果说明景点接待人次数的众数为 76.89 万人次，无论是用下限公式，还是用上限公式都可以得到相同的结果。

3. 中位数

现象总体中各单位标志值按大小顺序排列，居于中间位置的那个标志值就是中位数。可见，中位数把全部标志值分成两个部分，一半标志值比它大，一半标志值比它小，而且比它大的标志值个数等于比它小的标志值个数。中位数和众数一样，有时可代替算术平均数来反映现象的一般水平。

（二）中位数的计算方法

1. 由未分组资料确定中位数。首先对某个标志值按大小顺序加以排列，然后用下列公式确定中位数的位置。

中位数位置 $= \dfrac{n+1}{2}$（n 代表总体单位数）

如果总体单位数是奇数，则居于中间位置的那个单位的标志值就是中位数。例如，酒店有 5 个服务员每日打扫客房的间数，按序排列如下：

20，23，27，29，30

中位数位置 $= \dfrac{n+1}{2} = \dfrac{5+1}{2} = 3$

这表明第 3 位服务员每日打扫 27 间客房为中位数，即：

$M_e = 27$（间）

式中，M_e 代表中位数。如果总体单位数是偶数，则居于中间位置的两项数值的算术平均数是中位数。

上例中，如有 6 个服务员打扫酒店客房间数排序如下：

20，23，27，29，30，32

$$中位数位置 = \frac{n+1}{2} = \frac{6+1}{2} = 3.5$$

这表明第 3 位至第 4 位的算术平均数为中位数,即:

$$M_e = \frac{27+29}{2} = 28（间）$$

2. 由单项数列确定中位数。单项数列确定中位数的方法比较简单:① 求中位数位置 $= \frac{\sum f}{2}$（$\sum f$ 为总体单位数之和）;② 计算各组的累计次数（向上累计次数或向下累计次数）;③ 根据中位数位置找出中位数。例如,表 3-6 所示。

表 3-6 某酒店服务员打扫客房间数中位数计算表

按日打扫房间数分组 （间）	服务员人数 （人）	向上累计次数 （从小向大累计）	向下累计次数 （从大向小累计）
26	3	3	80
31	10	13	77
32	14	27	67
34	27	54	53
36	18	72	26
41	8	80	8
合计	80	—	—

$$中位数位置 = \frac{\sum f}{2} = \frac{80}{2} = 40$$

这说明中位数在累计次数 40 的那一组内（从向上累计和向下累计看出）,即 $M_e = 34$（间）。

3. 由组距数列确定中位数。由组距数列确定中位数,应先按 $\frac{\sum f}{2}$ 式求出中位数所在组的位置,然后再用比例插值法确定中位数,其计算公式如下:

下限公式（向上累计时用）:$M_e = X_L + \dfrac{\dfrac{\sum f}{2} - S_{m-1}}{f_m} \cdot d$

上限公式（向下累计时用）:$M_e = X_u - \dfrac{\dfrac{\sum f}{2} - S_{m+1}}{f_m} \cdot d$

式中，X_L、X_u 分别表示中位数所在组的下限、上限；f_m 表示中位数所在组的次数；S_{m-1} 表示中位数以前的组累计的总次数；S_{m+1} 表示中位数以后的组累计的总次数；$\sum f$ 表示总次数；d 表示中位数所在组的组距。

【例4】见表3-7所示。

表3-7 某旅行社某年出国旅游人数和消费额度（千元）

按消费额度分组（千元）	人数（人）	向上累计次数	向下累计次数
60 以下	10	10	164
60～70	19	29	154
70～80	50	79	135
80～90	36	115	85
90～100	27	142	49
100～110	14	156	22
110 以上	8	164	8
合计	164	—	—

中位数位置 $=\dfrac{\sum f}{2}=\dfrac{164}{2}=82$，说明这个组距数列中的第82位旅游者是中位数。从累计（两种方法）旅游者人数可见，第82位旅游者被包括在第4组，即中位数在80~90组距内。以下用公式计算中位数。

按下限公式：$M_e = X_L + \dfrac{\dfrac{\sum f}{2} - S_{m-1}}{f_m} \cdot d$

$= 80 + \dfrac{\dfrac{164}{2} - 79}{36} \times 10 = 80.83$（千元）

按上限公式：$M_e = X_u + \dfrac{\dfrac{\sum f}{2} - S_{m+1}}{f_m} \cdot d$

$= 90 - \dfrac{\dfrac{164}{2} - 49}{36} \times 10 = 80.83$（千元）

计算结果说明出国旅游者消费额度中位数为80.83千元人民币，无论是用下限公式，还是用上限公式都可以得到相同的结果。

三、数据离散的度量

数据的变动范围或离散程度。测定离散程度的方法主要有：全距、四分位差、平均差、标准差、离散系数。

四、全距

全距又称"极差"，它是总体各单位标志的最大值和最小值之差，用以说明标志值变动范围的大小，通常用 R 表示全距，即：
$$R = X_{max} - X_{min}$$

【例5】某旅行社 2012 年四个季度组团旅游的团队数分别为 5、51、60、25，那么，该旅行社组团团队数的全距为：

$R=60-5=55$（个）

从 R 的计算可以看出，全距数值愈小，反映变量值愈集中；全距数值愈大，反映变量值愈分散，则标志变动度愈大。

五、四分位差

首先，把一个变量数列分为四等分，形成三个分割点（Q_1、Q_2、Q_3），这三个分割点的数值就称为四分位数。其中第二个四分位数 Q_2 就是中位数 M_e。四分位差就是第三个四分位数 Q_3 与第一个四分位数 Q_1 之差，用 $Q.D.$ 表示四分位差，用公式表示，即 $Q.D. = Q_3 - Q_1$ 对一个变量数列的资料，仅用中间那部分标志值的全距来充分反映集中于数列中间 50% 数值的差异程度。四分位差 $Q.D.$ 数值越大，表明 Q_1 与 Q_3 之间变量值分布愈远离它们的中点 Q_2，即远离中位数 M_e，则说明中位数的代表性愈差；反之，四分位差 $Q.D.$ 数值愈小，说明中位数的代表性愈好。

六、四分位差的计算

1. 根据未分组资料求 $Q.D.$。

$$Q_1 \text{ 的位置} = \frac{n+1}{4}$$

$$Q_3 \text{ 的位置} = \frac{3(n+1)}{4}$$

式中，n 为变量值的项数。

【例6】某旅行社 11 人年龄（岁）为：17、19、22、24、25、28、34、35、36、37、38。

∵ Q_1 的位置 = $\frac{n+1}{4}$ = $\frac{11+1}{4}$ =3，则 Q_1 =22（岁）

Q_3 的位置 = $\frac{3(n+1)}{4}$ = $\frac{3(11+1)}{4}$ =9，则 Q_3 =36（岁）

∴ 四分位差 $Q.D.$ = Q_3 - Q_1 =36-22=14（岁）

计算结果表明，该社有一半人的年龄集中在 22~36 岁之间，且他们之间最大差异为 14 岁。

2．根据分组资料求 $Q.D.$。

其步骤是：

① 确定 Q_1 与 Q_3 的位置：Q_1 的位置 = $\sum f/4$；Q_3 的位置 = $3\sum f/4$。

② 求向上累计次数，在累计次数中找 Q_1 与 Q_3 所在组。若是单项数列，则 Q_1 与 Q_3 所在组的标志值就是 Q_1 与 Q_3 的数值；若是组距数列，确定了 Q_1 与 Q_3 所在组后，还要用以下公式求近似值，即：

$$Q_1 = X_{L_1} + \frac{\frac{\sum f}{4} - S_{Q_1-1}}{f_1} \cdot d_1$$

$$Q_3 = X_{L_3} + \frac{\frac{3\sum f}{4} - S_{Q_3-1}}{f_3} \cdot d_3$$

式中，X_{L_1}、X_{L_3} 分别为 Q_1 与 Q_3 所在组的下限；

f_1、f_3 分别为 Q_1 与 Q_3 所在组的次数；

d_1、d_3 分别为 Q_1 与 Q_3 所在组的组距；

S_{Q_1-1}、S_{Q_3-1} 分别为 Q_1 与 Q_3 所在组以前的组的累计次数；

$\sum f$ 为总次数。

【例7】现仍用前述表 3-7 的资料，说明其计算方法：

∵ Q_1 的位置= $\frac{164}{4}$ =41，则 Q_1 在第三组，即 70~80 组

又∵ Q_3 的位置= $\frac{3 \times 164}{4}$ =123，则 Q_3 在第五组，即 90~100 组

$$Q_1 = 70 + \frac{\frac{164}{4} - 29}{50} \times 10 = 72.40 （千元）$$

$$Q_3 = 90 + \frac{\frac{3 \times 164}{4} - 115}{27} \times 10 = 90 + 2.96 = 92.96 （千元）$$

∴ $Q.D.$ = Q_3 - Q_1 =92.96-72.40=20.56（千元）

计算结果表明有一半出国旅游者的花费分布在 70.40~92.96 千元之间,且它们之间最大差异为 20.56 千元。

七、平均差

平均差是总体各单位标志值对平均数的离差绝对值的平均数。平均差能够综合反映总体中各单位标志值变动的影响。平均差愈大,表示离散愈大,则平均数代表性愈小;反之,平均差愈小,表示离散度愈小,则平均数代表性愈大。以 A.D.代表平均差,其计算公式为:

1. 未分组资料:$A.D. = \dfrac{\sum |X - \overline{X}|}{n}$

2. 分组资料:$A.D. = \dfrac{\sum |X - \overline{X}| f}{\sum f}$

A.D.计算公式中算术平均数 $\overline{X}$ 在实际中可用中位数 M_e 代替,且以 M_e 为比较标准而计算的平均差为最小值,即:

$$A.D. = \dfrac{\sum |X - M_e|}{n} = \min$$

$$A.D. = \dfrac{\sum |X - M_e| f}{\sum f} = \min$$

【例8】某集团旅游饭店高层、中高层 600 名管理人员的年薪资料如表 3-8。

表 3-8　600 名中高层管理人员年薪(千元)

按工资分组	职工数 f	组中值 x	离差 $x - \overline{x}$	离差绝对值×次数 $\|x - \overline{x}\| f$
80~100	20	90	-123	2460
10~150	50	125	-88	4400
150~200	120	175	-38	4560
200~250	280	225	12	3360
250~300	130	275	62	8060
合计	600	—	—	22840

$$\overline{x} = \dfrac{\sum xf}{\sum f} = \dfrac{127800}{600} = 213 (千元)$$

$$M_d = \dfrac{\sum |x - \overline{x}| f}{\sum f} = \dfrac{22840}{600} = 38.07 (千元)$$

计算结果表明 600 名中高层管理人员年薪差异程度平均为 38.07 千元。

八、标准差

标准差是总体各单位标志值与其算术平均数的离差平方的算术平均数的平方根，又称"均方差"。其意义与平均差基本相同，通常以 σ 或 S.D.表示标准差，标准差的平方即方差，用 σ^2 表示。标准差的计算公式为：

1. 未分组资料：$\sigma = \sqrt{\dfrac{\sum(X-\overline{X})^2}{n}}$

2. 分组资料：$\sigma = \sqrt{\dfrac{\sum(X-\overline{X})^2 f}{\sum f}}$

依此公式，计算标准差的一般步骤是：① 算出每个变量对平均数的离差；② 将每个离差平方；③ 计算这些平方数值的算术平均数；④ 把得到的数值开方，即得到 σ。

【例9】仍以前述出国旅游消费分组资料为例，标准差的计算见表3-9，前已计算出平均日产量 $\overline{X}$=82.62 千元。

表3-9 某旅行社某年出国旅游人数和消费额度（千元）标准差计算表

按额度分组（千元）	人数（人）f	组中值 X	$X-\overline{X}$	$(X-\overline{X})^2 f$
60 以下	10	55	-27.62	7628.6440
60~70	19	65	-17.62	5898.8236
70~80	50	75	-7.62	2903.2200
80~90	36	85	2.38	203.9184
90~100	27	95	12.38	4138.1388
100~110	14	105	22.38	7012.1016
110 以上	8	115	32.38	8387.7152
合计	164	—	—	36172.5616

$$\sigma = \sqrt{\dfrac{\sum(X-\overline{X})^2 f}{\sum f}} = 14.85（千克）$$

实际计算中，可将上述标准公式进行变形，这样会更简便。例如：

未分组资料：$\sigma = \sqrt{\dfrac{\sum(X-\overline{X})^2}{n}} = \sqrt{\dfrac{\sum X^2}{n} - (\overline{X})^2}$ ①

分组资料：$\sigma = \sqrt{\dfrac{\sum(X-\overline{X})^2 f}{\sum f}} = \sqrt{\dfrac{\sum X^2 f}{\sum f} - (\overline{X})^2}$ ②

公式①、②是将原来标准差计算中的离差部分简化，可直接根据变量值 X、X^2 进行计算。仍以表 3-9 资料为例，计算某企业工人日产量的标准差（见表 3-10）。

表 3-10 某旅行社某年出国旅游人数和消费额度（元）标准差计算表

按额度分组（千元）	人数（人）f	组中值 X	X^2	$X^2 f$
60 以下	10	55	3 025	30 250
60～70	19	65	4 225	80 275
70～80	50	75	5 625	281 250
80～90	36	85	7 225	260 100
90～100	27	95	9 025	243 675
100～110	14	105	11 025	154 350
110 以上	8	115	13 225	105 800
合计	164	—	—	1 155 700

$$\sigma = \sqrt{\dfrac{\sum X^2 f}{\sum f} - (\overline{X})^2}$$

$=14.85$（千元）

九、离散系数

包括全距、四分位差、平均差、标准差在内的各种离散度，都是绝对指标，都有与平均指标相同的计量单位。离散系数可以用来对不同的数据序列进行离散度比较。用 V_σ 表示，其计算公式如下：

$$V_\sigma = \dfrac{\sigma}{\overline{X}} \times 100\%$$

【例 10】有两个不同水平的旅游项目的年投资回报如下：
甲项目：60、65、70、75、80
乙项目：2、5、7、9、12
由此计算得：$\overline{X}_\text{甲}=70$（万元），　$\sigma_\text{甲}=7.07$（万元）
　　　　　　$\overline{X}_\text{乙}=7$（万元），　$\sigma_\text{乙}=3.41$（万元）

若根据 $\sigma_甲 > \sigma_乙$ 而断言，甲项目离散程度大于乙项目，或乙项目的平均数代表性高于甲项目，都是不妥的。因为这两个项目的水平相差悬殊，应计算其离散系数来比较：

$$V_甲 = \frac{7.07}{70} \times 100\% = 10.1\%$$

$$V_乙 = \frac{3.41}{7} \times 100\% = 48.7\%$$

计算结果表明，并不是甲项目离散程度大于乙项目，而是乙项目大于甲项目。

又例如，甲饭店劳动生产率为 12000 元，标准差为 800 元；乙饭店平均劳动生产率为 6000 元，标准差为 500 元。试比较哪个饭店的平均劳动生产率更具代表性。

由于两个饭店的平均水平不同，所以不能用标准差比较平均数的代表性，只能用标准差系数进行比较：

$$V_\sigma = \frac{\sigma}{\bar{x}} \times 100\%$$

甲饭店平均劳动生产率标准差系数 $= \frac{800}{1200} \times 100\% = 6.67\%$

乙饭店平均劳动生产率标准差系数 $= \frac{500}{6000} \times 100\% = 8.33\%$

由于 6.67% 小于 8.33%，表明甲饭店的平均劳动生产率代表性比较大。

离散系数主要用于比较不同水平的变量数列的离散程度及平均数的代表性。离散系数小，说明平均数的代表性大；反之，离散系数大，平均数的代表性就小。

其他的离散系数指标有：极差系数、平均差系数、方差系数等。其计算公式如下：

$$极差系数：V_R = \frac{R}{\bar{X}}$$

$$平均差系数：V_{A.D} = \frac{A.D}{\bar{X}}$$

$$方差系数：V_{\sigma^2} = \frac{\sigma^2}{\bar{X}}$$

3.4 软件处理：求均值指标和离散度指标

一、直方图（可以参考第二章直方图的制作）

1. 把数据导入到 SPSS。如表 3-11、图 3-2 和图 3-3 所示。

表 3-11 2011 年 9 月地方接待情况

省市		接待人天数	同比增长率	外国人	香港同胞	澳门同胞	台湾同胞
北京	BEIJING	16118796	4.45	14197523	1210752	29458	681063
天津	TIANJIN	6493827	25.8	5373369	544525	35365	540568
河北	HEBEI	2080317	25.78	1794283	94102	35665	156267
山西	SHANXI	2249155	22.01	1426911	386094	141602	294548
内蒙古	INNER MONGOLIA	1985080	-0.42	1947648	17765	6367	13300
辽宁	LIAONING	9747471	21.87	8255947	717192	152385	621947
吉林	JILIN	1843660	49.17	1619821	121663	7653	94523
黑龙江	HEILONGJIANG	3053140	11.56	2925889	45578	6660	75013
上海	SHANGHAI	16856590	-13.04	13866756	1126406	60754	1802674
江苏	JIANGSU	20748020	14.77	14984388	1807151	167131	3789350
浙江	ZHEJIANG	16259907	16.46	11213001	1652531	401364	2993011
安徽	ANHUI	3757205	34.07	2210984	572251	189782	784188
福建	FUJIAN	12194304	15.82	5306393	3383384	272895	3231632
江西	JIANGXI	2297581	32.47	721086	800258	368648	407589
山东	SHANDONG	8407011	13.92	6060451	1094106	257553	994901
河南	HENAN	2319357	10.57	1445382	311746	129850	432379
湖北	HUBEI	3292173	31.46	2533724	327135	70791	360523
湖南	HUNAN	3315320	23.2	2001389	442031	176759	695141
广东	GUANGDONG	46098421	13.44	11913485	26174536	2955578	5054822
广西	GUANGXI	3759049	20.01	2167485	639593	120802	831169
海南	HAINAN	1494414	9.78	1216671	180368	15220	82155
重庆	CHONGQING	4046245	34.32	3032734	614568	13676	385267
四川	SICHUAN	2250634	58.96	1657461	250676	35422	307075
贵州	GUIZHOU	522497	12.69	201288	115831	47161	158217
云南	YUNNAN	5270430	21.7	3578909	716500	252357	722664
西藏	TIBET	386874	-9.68	351671	11649	4686	18868
陕西	SHAANXI	4470636	31.63	3151429	489805	226706	602696
甘肃	GANSU	89445	22.08	55417	9713	3086	21229
青海	QINGHAI	79949	-35.3	67012	1502	647	10788
宁夏	NINGXIA	27812	81.81	25039	697	207	1869
新疆	XINJIANG	-	-	-	-	-	-

资料来源：中华人民共和国国家旅游局 2011 年 9 月地方接待情况（二）。
http://www.cnta.gov.cn/html/2011-11/2011-11-3-14-55-03558.html

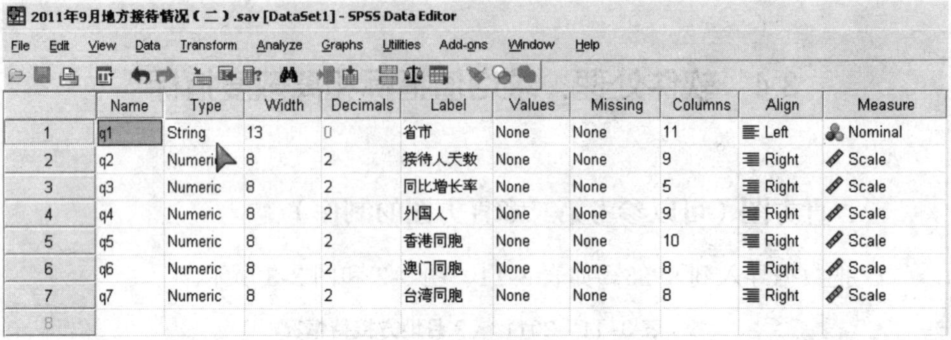

	Name	Type	Width	Decimals	Label	Values	Missing	Columns	Align	Measure
1	q1	String	13	0	省市	None	None	11	Left	Nominal
2	q2	Numeric	8	2	接待人天数	None	None	9	Right	Scale
3	q3	Numeric	8	2	同比增长率	None	None	5	Right	Scale
4	q4	Numeric	8	2	外国人	None	None	9	Right	Scale
5	q5	Numeric	8	2	香港同胞	None	None	10	Right	Scale
6	q6	Numeric	8	2	澳门同胞	None	None	8	Right	Scale
7	q7	Numeric	8	2	台湾同胞	None	None	8	Right	Scale
8										

图 3–2 变量视图

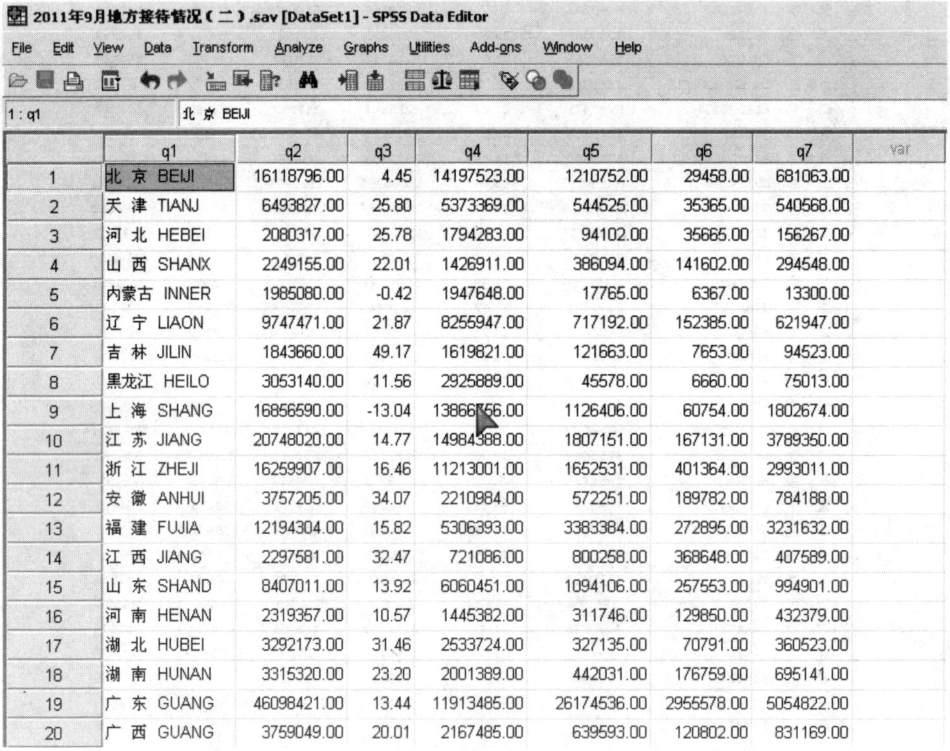

	q1	q2	q3	q4	q5	q6	q7	var
1	北 京 BEIJI	16118796.00	4.45	14197523.00	1210752.00	29458.00	681063.00	
2	天 津 TIANJ	6493827.00	25.80	5373369.00	544525.00	35365.00	540568.00	
3	河 北 HEBEI	2080317.00	25.78	1794283.00	94102.00	35665.00	156267.00	
4	山 西 SHANX	2249155.00	22.01	1426911.00	386094.00	141602.00	294548.00	
5	内蒙古 INNER	1985080.00	-0.42	1947648.00	17765.00	6367.00	13300.00	
6	辽 宁 LIAON	9747471.00	21.87	8255947.00	717192.00	152385.00	621947.00	
7	吉 林 JILIN	1843660.00	49.17	1619821.00	121663.00	7653.00	94523.00	
8	黑龙江 HEILO	3053140.00	11.56	2925889.00	45578.00	6660.00	75013.00	
9	上 海 SHANG	16856590.00	-13.04	13866756.00	1126406.00	60754.00	1802674.00	
10	江 苏 JIANG	20748020.00	14.77	14984388.00	1807151.00	167131.00	3789350.00	
11	浙 江 ZHEJI	16259907.00	16.46	11213001.00	1652531.00	401364.00	2993011.00	
12	安 徽 ANHUI	3757205.00	34.07	2210984.00	572251.00	189782.00	784188.00	
13	福 建 FUJIA	12194304.00	15.82	5306393.00	3383384.00	272895.00	3231632.00	
14	江 西 JIANG	2297581.00	32.47	721086.00	800258.00	368648.00	407589.00	
15	山 东 SHAND	8407011.00	13.92	6060451.00	1094106.00	257553.00	994901.00	
16	河 南 HENAN	2319357.00	10.57	1445382.00	311746.00	129850.00	432379.00	
17	湖 北 HUBEI	3292173.00	31.46	2533724.00	327135.00	70791.00	360523.00	
18	湖 南 HUNAN	3315320.00	23.20	2001389.00	442031.00	176759.00	695141.00	
19	广 东 GUANG	46098421.00	13.44	11913485.00	26174536.00	2955578.00	5054822.00	
20	广 西 GUANG	3759049.00	20.01	2167485.00	639593.00	120802.00	831169.00	

图 3–3 数据视图

2. 如图 3-4 所示，选中 histogram。

第三章　数据的描述性统计分析

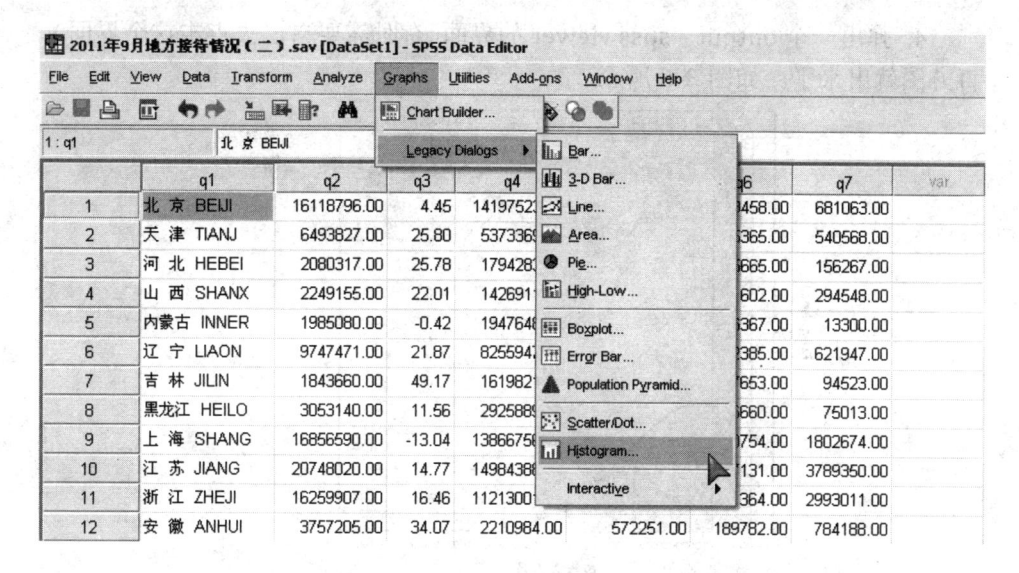

图 3-4

3. 选中接待天人数[q3]，点击向右按钮，变量会进入到 variable 对话框，勾选 display normal curve（显示正态曲线），点击 ok。如图 3-5 所示。

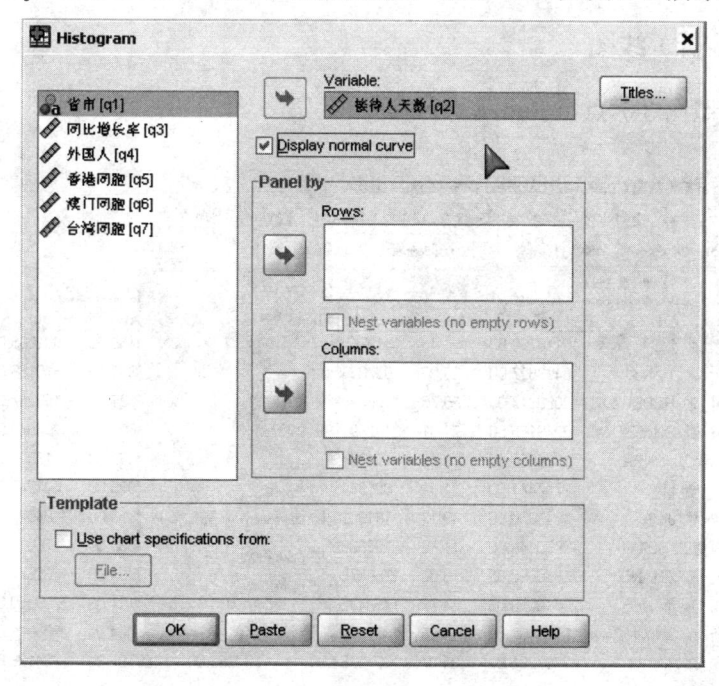

图 3-5

4. 弹出一个 output – spss viewer 的界面(有时需要自己去点击这个界面),直方图就出来了。如图 3-6 所示。

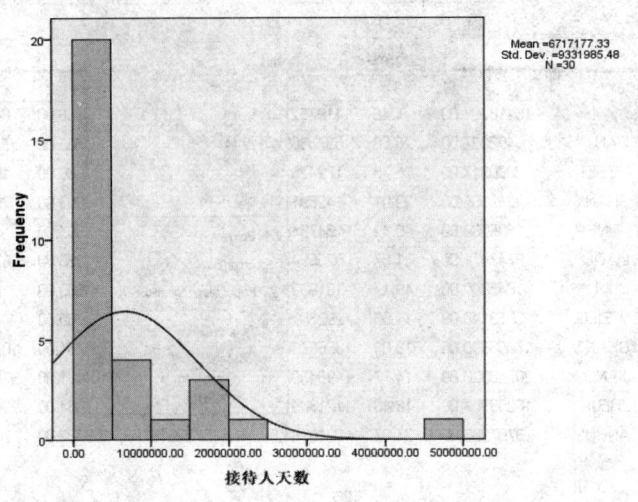

图 3-6

注意:SPSS 会自动对数据进行分组,计算它们的频数。

二、(折)线图

1. 按照图 3-7 点击 line。

图 3-7

第三章 数据的描述性统计分析

2. 选择 simple,勾选 values of individual cases(单个个案的值),点击 define。如图 3-8 所示。

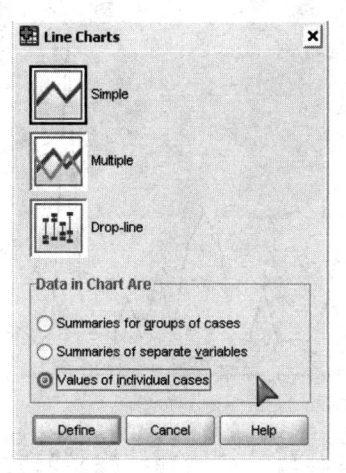

图 3-8

3. 把接待天人数[q2]放入 line represents 对话框,把省市[q1]放入 variable 对话框,点击 ok。如图 3-9 所示。

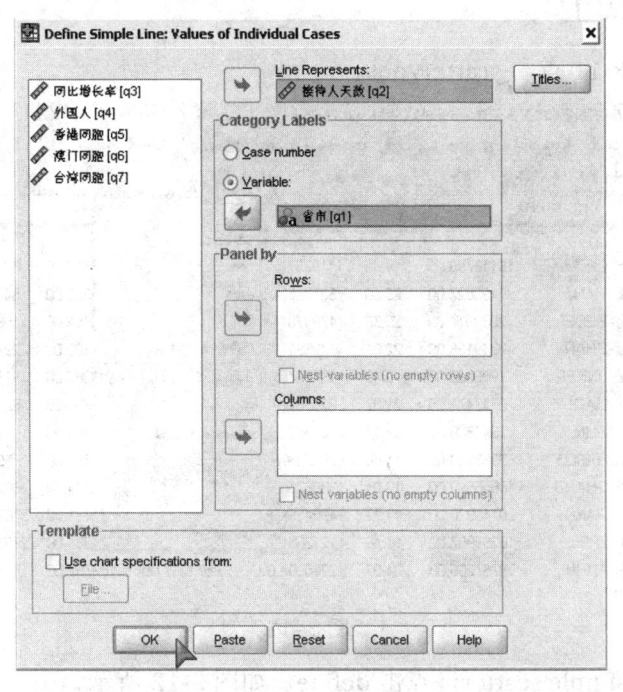

图 3-9

4. 结果如图 3-10 所示。

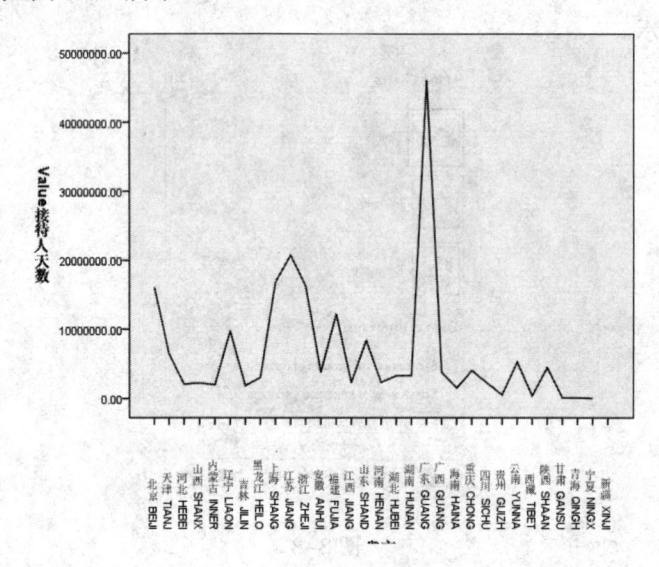

图 3–10

三、散点图

1. 按图 3-11 点击 scatter/dot。

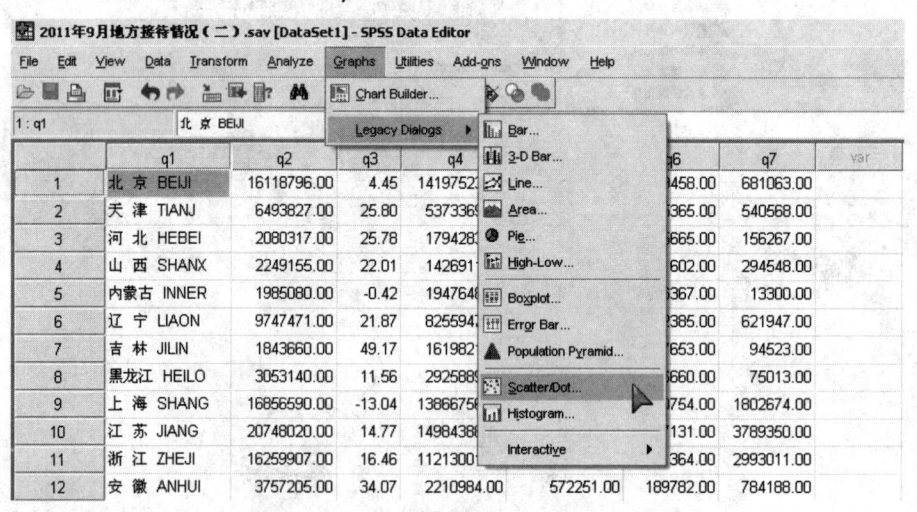

图 3–11

2. 选择 simple scatter，点击 define。如图 3-12 所示。

第三章 数据的描述性统计分析

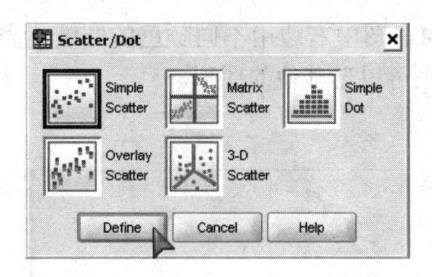

图 3-12

3. 如图 3-13 所示，将变量放到各个变量框里去。其中 set markers by，我们用省市来做散点的标记，表明它代表那个省市。点击 ok。注意，散点图必须要有两个变量，也就是两个数据序列才可以制作，否则不可以。

图 3-13

4. 结果如图 3-14，图中右边用不同颜色的圆圈代表不同的省市，当然，如果你不喜欢圆圈，也可以选其他的图形。

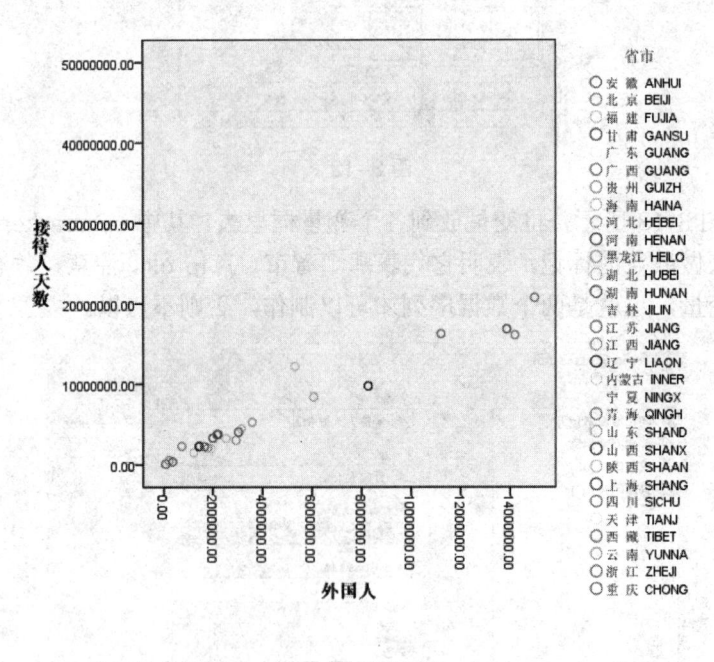

图 3-14

四、茎叶图

我们对数据 q2 做茎叶图。由于数据之间的差异很大，为了方便说明，我们可以剔除掉过大和过小的数据，剔除大于 9999999、小于 999999 的数。

第一步，点击 data；点击 select cases；勾选 if condition is satisfied 的下面 if 按钮，输入 q2>999999&q2<9999999。系统会通过斜线把不符合条件的数据剔除掉。见图 3-15。

第三章 数据的描述性统计分析

	q1	q2	q3	q4	q5	q6	q7	filter_$
1	北京 BEIJI	16118796.00	4.45	14197523.00	1210752.00	29458.00	681063.00	0
2	天津 TIANJ	6493827.00	25.80	5373369.00	544525.00	35365.00	540568.00	1
3	河北 HEBEI	2080317.00	25.78	1794283.00	94102.00	35665.00	156267.00	1
4	山西 SHANX	2249155.00	22.01	1426911.00	386094.00	141602.00	294548.00	1
5	内蒙古 INNER	1985080.00	-0.42	1947648.00	17765.00	6367.00	13300.00	1
6	辽宁 LIAON	9747471.00	21.87	8255947.00	717192.00	152385.00	621947.00	1
7	吉林 JILIN	1843660.00	49.17	1619821.00	121663.00	7653.00	94523.00	1
8	黑龙江 HEILO	3053140.00	11.56	2925889.00	45578.00	6660.00	75013.00	1
9	上海 SHANG	16856590.00	-13.04	13866756.00	1126406.00	60754.00	1802674.00	0
10	江苏 JIANG	20748020.00	14.77	14984388.00	1807151.00	167131.00	3789350.00	0
11	浙江 ZHEJI	16259907.00	16.46	11213001.00	1652531.00	401364.00	2993011.00	0
12	安徽 ANHUI	3757205.00	34.07	2210984.00	572251.00	189782.00	784188.00	1
13	福建 FUJIA	12194304.00	15.82	5306393.00	3383384.00	272895.00	3231632.00	0
14	江西 JIANG	2297581.00	32.47	721086.00	800258.00	368648.00	407589.00	1
15	山东 SHAND	8407011.00	13.92	6060451.00	1094106.00	257553.00	994901.00	1
16	河南 HENAN	2319357.00	10.57	1445382.00	311746.00	129850.00	432379.00	1
17	湖北 HUBEI	3292173.00	31.46	2533724.00	327135.00	70791.00	360523.00	1
18	湖南 HUNAN	3315320.00	23.20	2001389.00	442031.00	176759.00	695141.00	1
19	广东 GUANG	46098421.00	13.44	11913485.00	26174536.00	2955578.00	5054822.00	0
20	广西 GUANG	3759049.00	20.01	2167485.00	639593.00	120802.00	831169.00	1
21	海南 HAINA	1494414.00	9.78	1216671.00	180368.00	15220.00	82155.00	1
22	重庆 CHONG	4046245.00	34.32	3032734.00	614568.00	13676.00	385267.00	1
23	四川 SICHU	2250634.00	58.96	1657461.00	250676.00	35422.00	307075.00	1
24	贵州 GUIZH	522497.00	12.69	201288.00	115831.00	47161.00	158217.00	0

图 3-15

第二步，点击 analyze，点击 descriptive statistics，点击 explore。如图 3-16 所示。

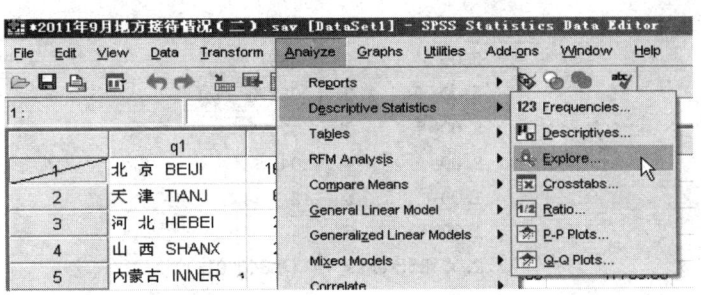

图 3-16

第三步，把 q2 放入 dependent list，点击 plots，选中 stem-and-leaf。Continue，ok。如图 3-17 所示。

旅游统计学：原理与方法

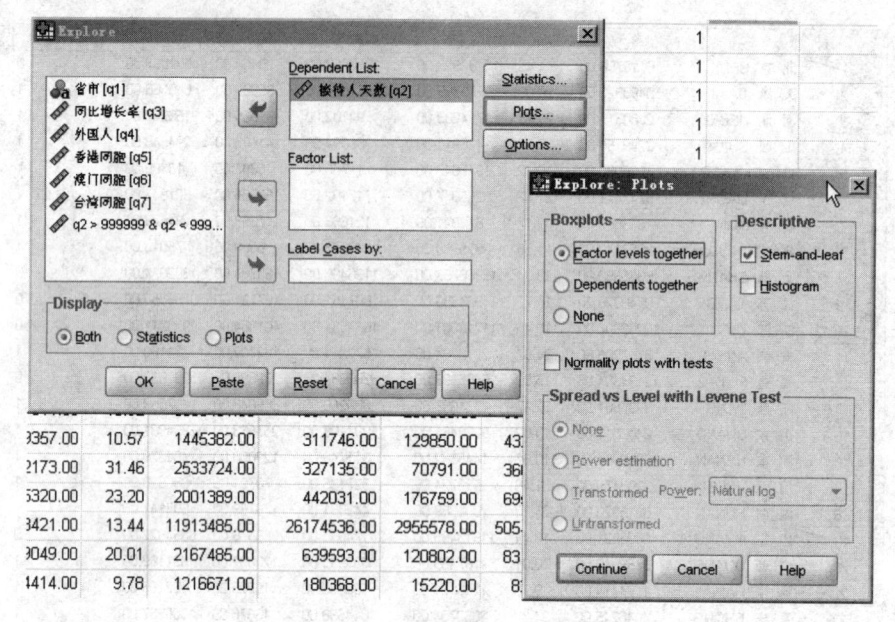

图 3-17

第四步，结果如图 3-18 所示。

```
接待人天数 Stem-and-Leaf Plot

 Frequency    Stem &  Leaf

      3.00       1 .  489
      5.00       2 .  02223
      5.00       3 .  02377
      2.00       4 .  04
      1.00       5 .  2
      1.00       6 .  4
      2.00 Extremes    (>=84Q7011)

 Stem width:   1000000
 Each leaf:       1 case(s)
```

图 3-18

茎叶图分成四部分：frequency、stem（茎）、leaf（叶）和 stem width（茎宽）。这里，茎宽是 1000000。以第一项为例，出现了三个单位的数，分别 1400000、1800000、1900000（它并不是指这 3 个具体的数字）。万位上的数字没有显示。

五、帕累托图

第一步，如图 3-19 操作，点击 ok。如图 3-19 所示。

图 3-19

第二步，选中 simple，勾选 sums of separate variables，点击 define。如图 3-20 所示。

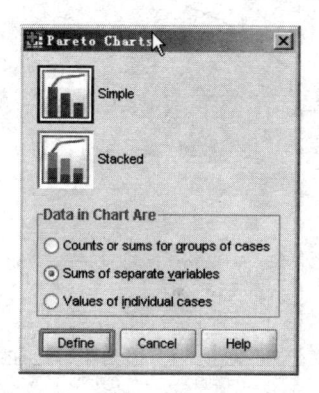

图 3-20

第三步，将 q4、q5、q6、q7 放入 variables 对话框，点击 ok，如图 3-21 所示。结果见图 3-22。柱状是各个变量求和之后的高度，斜线反映了累计概率分布。

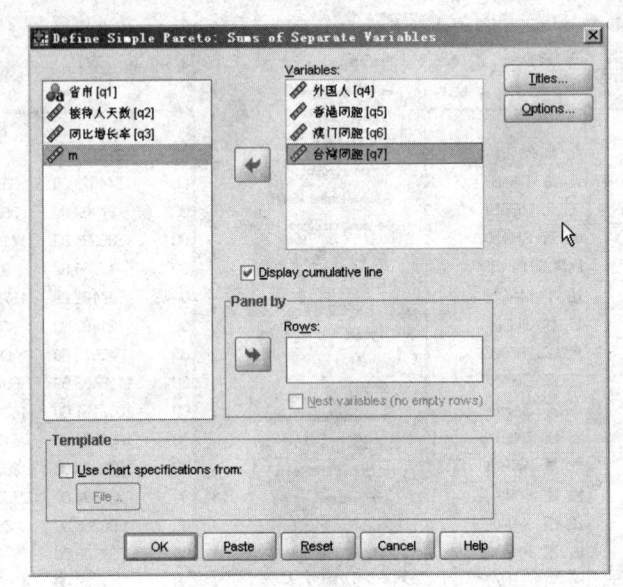

图 3-21

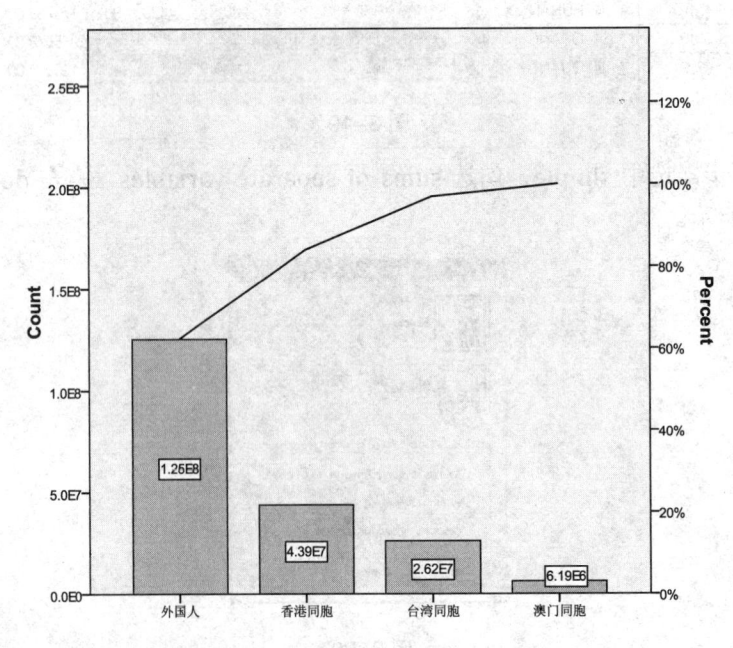

图 3-22

第一步，如图 3-23 所示，点击 frequency。

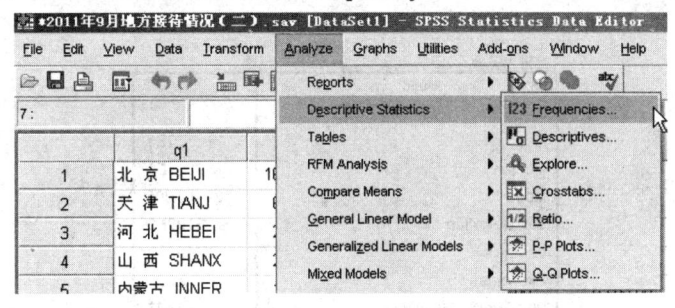

图 3-23

第二步，将需要分析的数据，如 q2 放入，点击 statistics 按钮。如图 3-24 所示。

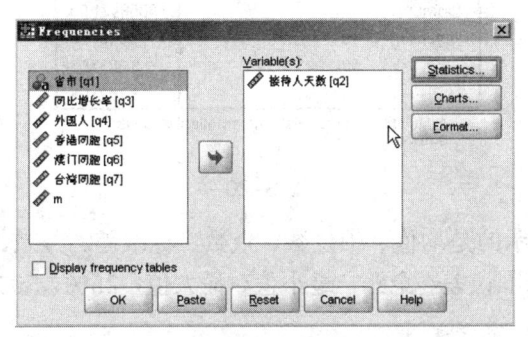

图 3-24

第三步，将需要分析的项目进行勾选，如图 3-25 所示。

图 3-25

第四步，点击 continue 按钮，再点击主对话框的 ok。结果如图 3-26。

Statistics

接待人天数

N	Valid	30
	Missing	1
Mean		6.7172E6
Median		3.3037E6
Mode		27812.00^a
Std. Deviation		9.33199E6
Variance		8.709E13
Skewness		2.927
Std. Error of Skewness		.427
Kurtosis		10.563
Std. Error of Kurtosis		.833
Range		46070609.00
Minimum		27812.00
Maximum		46098421.00
Percentiles	25	1.9497E6
	50	3.3037E6
	75	8.7421E6

a. Multiple modes exist. The smallest value is shown

图 3-26

图 3-26 中显示的是均值、中位数、众数、标准差、方差、偏度、偏度标准误、峰度、峰度标准误差、全距、最小值、最大值、25%、50%、75%分位数。

练习题

1. 下面是 1995 年 6 月中国一些省份的失业人数，请利用 SPSS 构建一个帕累托图。

山东	605000
湖南	494000
湖北	364000
广西	363000
河南	269000

2. 下表中的数据是 2004 年不同年龄段的农村居民出游的人均花费，请你制作一个饼图来具体展现它们的份额。

2004 年	5000 元以上	1044.19
2004 年	4000~4999 元	735.08
2004 年	3000~3999 元	516.06
2004 年	2500~2999 元	475.25
2004 年	2000~2499 元	515.71
2004 年	1500~1999 元	468.06
2004 年	1500 元以下	358.76

资料来源：中国旅游抽样调查。

3. 制作一个折线图来描述给定年份世界范围内的空难。

1988	1989	1990	1991	1992	1993	1994
699	817	440	510	990	801	732

资料来源：the World Almanac and Book of Facts, 1996.

4. 下表中的数据是 2004 年到 2008 年农村居民出游的人均交通花费（元），请用 SPSS 制作一个茎叶图。

139.04	188.3	122.07	214.33	110.62	176.49	139.51	142.76
142.46	166.79	151.99	186.86	95.78	183.5	161.04	210.69
133.42	124.54	180.11	165.59	194.1	165.4	132.12	209.62
127.78	73.54	59.7	152.22	146.12	145.35	136.78	116.49
114.52	205.52	206.71	177.93	140.91	148.13	126.45	238.83
144.05	174.41	154.79	163.79	134.17	178.77	160.5	187.17
173.75	163.19	152.4	159.1	143.45	222.7	169.43	196.17
61.68	166.46	118.52	185.26	129.44	99.09	144.52	146.08
191.9	149.75	110.55	190.95	107.2	234.53	122.43	150.91
154.48	142.4	185.71	176.36	145.08	181.1	128.7	204.34
147.71	120.51	149.38	124.63	152.54	185.24	168.23	184.27
132.73	148.71	202.14	177.04	271.85	190.38		
112.06	114.79	55.87	180.01	181.56	151.89		

5. 以习题 4 的数据为例，计算它的几何平均数、中位数、四分位数、标准差。

第四章 概 率

主要内容
- 概率的基本概念
  实验　结果　事件　样本空间
- 结果和一个事件的概率
- 事件的特性及其概率计算
  互斥事件　互补事件　穷举事件　独立事件　加法规则　乘法规则
- 对概率的进一步说明：多变量实验与概率定义

4.1 概率的基本概念

　　某城市一个著名景点——海底世界——进行促销。所有购买了海底世界门票的游客都会得到一张"彩票"，这张"彩票"上印有"10元"、"20元"、"50元"、"谢谢您"。景点管理人员把这些内容随机印刷在一批"彩票"上，其中10%的彩票印有"50元"，20%的彩票印有"20元"，30%的彩票印有"10元"，其他彩票印有"谢谢您"。如果游客持有10元，20元，50元的"彩票"，在参观海底世界结束后，可以直接在专门的窗口按照票面数字兑换手中的彩票。出于营销的目的，你要考虑每一个游客获奖的可能性，以及给企业带来的成本。

　　要理解概率，我们要先从实验开始。在实验中，我们需要控制影响结果的因素。在理论上，实验可以无数次重复（就像抛一枚骰子），但每一次重复，会有不同的结果。

| 实验 | 实验是任何能够被完全复制的场景或过程。 |

　　在海底世界促销的案例中，一次实验是指，一个游客购买门票时随机获得的一张"彩票"。至少，从理论上来看，这个实验能够被一而再、再而三地复制：

许多不同的游客购买门票参观海底世界或者同一游客再三买票参观海底世界。现实世界中这样的事情非常多。人们对旅游线路的选择，对酒店的选择都可以看做一次实验。

在许多场合下，实验是能够真实重复的。当一个实验被反复重复时，指定实验是有替代的实验还是没有替代的实验（有放回的实验还是没有放回的实验）非常重要。在前面的案例中，游客选中多少种彩票，海底世界管理层随时补充上彩票的种类和数量就相当于一种有替代的实验；反之，如果不这样做，就是没有替代的实验。对于后来的游客，他们获得同一种彩票（结果）的概率是不一样的。

一旦定义了实验，就需要设定它的结果。

| 结果 | 一次实验带来结果。 |

实验结果的设定，取决于决策者的兴趣和目的。有许多种方法来设定结果，在海底世界的案例中，它的结果有四个：

游客购买门票的结果
游客获得 0 元（谢谢您）
游客获得 10 元
游客获得 20 元
游客获得 50 元

这四种结果集合起来，就称谓样本空间，可以用 S 来指定。

| 样本空间 | 所有结果的集合。 |

在海底世界门票促销的案例中，管理人员可能对两种情况感兴趣：获奖和没获奖。获奖的 3 种结果，10 元、20 元、50 元可以看作一个事件，它由多个结果组成，0 元（"谢谢您"）即使只有一个结果，也可以看作一个事件。

| 集合 | 由具有一个或多个结果组成（这些结果可能具有某一个共同特点），它可以看作一个群组（group）。 |

事件可以由其他任何字母来表示，但不能用 S。S 代表整个样本空间，包含

所有结果。在海底世界门票促销的案例中，获奖这个事件可以用 W 来表示，没有获奖可以用 N 来表示。

W = [¥10, ¥20, ¥50]——获奖
N = [¥0]——没获奖
S = [¥0，¥10, ¥20, ¥50] = [W，N]

4.2 结果和一个事件的概率

人生是由无数的选择构成的，每一次选择可能带来或相同或不同的结果。每一种结果出现的机会有多大呢？这就是概率。单一某种结果出现的机会就叫做那种结果的概率。

一种结果的概率	一种结果的概率是 0 到 1 之间的任何数。它反映了无数次试验中某种结果的相对频率。

正如定义中所说的概率类型与相对频率。它们的差别在于，相对频率代表试验中观察到的真实结果；而概率代表无穷次试验中所有可能出现的结果。概率值反映了某个结果出现的机会，0 代表永远不会出现，1 代表必然会出现。

在海底世界门票促销的案例中，任何一个结果出现的概率可以用相对频率代替。获得 10 元的概率是 30%，获得 20 元的概率是 20%，获得 50 元概率是 10%（在随时补缺的情况下）。

P（¥10）= 30%，P（¥20）= 20%，P（¥50）= 10%
P（¥10）+ P（¥20）+ P（¥50）+ P（¥0）= 1

事件的概率是组成这个事件的所有结果的概率之和。例如，在海底世界门票促销的案例中，一次参观海底世界获奖的概率就是 3 种获奖的概率之和。

P（W）= P（¥10）+ P（¥20）+ P（¥50）= 60%

一个事件的概率	一个事件的概率是组成这个事件的所有结果的概率之和。

一个事件的概率总是可以用同样的方式来计算的。例如，如果我们问"获奖大于 0 元少于 50 元的概率是多少"？这时，事件就是这样的一个集合[¥10，¥20]，用字母 L 来代替。

P（L）= P（¥10）+ P（¥20）= 50%

如果用字母 H 表示获得¥50 这个事件[¥50]，则有：

P（W）= P（L）+ P（H）= P（¥10）+ P（¥20）+ P（¥50）=60%

4.3 事件的特性和概率计算

在海底世界门票促销的案例中，"彩票"获奖的概率计算比较特别，因为事件 L 和 H 是互斥的。也就是说，它们不可能同时出现。一个游客不可能在购买一张门票时同时获得 50 元彩票和 20 元彩票或 10 元彩票。想一想掷骰子的例子，在你投掷骰子一次的情况下，你不可能同时获得 1 到 6 中的任何两个数字，每一个数字代表一个事件，这些事件是互斥的。

| 互斥事件 | 两个事件不可能同时出现或两个事件不包含共同的结果。 |

在样本空间里，如果事件是互斥的，那么，这些事件中的任何一个发生的概率等于每一个事件发生的概率之和，可以表示成：P(A 或 B)=P(A)+P(B)。

| 加法法则
（1） | 两个事件是互斥事件时，A 或 B 发生的概率为：
P（A 或 B）=P（A）+P（B） |

但是，有时候，现实世界中发生的事件并不都是互斥的。例如，你从一副扑克牌里任意抽取一张牌，它有四次机会是 K(King)，有 13 次机会是草花(*)，但是，它还有可能是草花 K（King）（既是草花，又是 King）。这时我们有另外一种计算方法：

| 加法法则
（2） | 两个事件不是互斥事件时，A 或 B 发生的概率为：
P（A 或 B）=P（A）+P（B）−P（A 且 B） |

在海底世界门票促销的案例中，事件 W= [¥10 ,¥20, ¥50]和事件 N = [¥0]

已经把样本空间里所有的结果都包含了，或者它们本身构成了整个样本空间。在一次参观海底世界的游程中，获得其他结果的彩票是不可能的。这种情况叫穷举事件。

| 穷举事件 | 事件构成了整个样本空间，其他事件没有出现的可能。 |

当事件互斥且穷举时，事件的概率之和等于 1。如果两个事件构成了整个样本空间，则这两个事件是互补的，互补事件的概率之和等于 1。

| 互补事件 | 两个事件构成了整个样本空间，一个事件中的结果不会出现在另一个事件中。 |

在海底世界门票促销案例中，事件 W 和事件 N 属于互补事件、穷举事件和互斥事件。事件 L 和事件 H 属于互斥事件。互补事件和穷举事件与互斥事件具有一定的相似性，概率计算的方法也雷同。

对于两个互斥事件，当考虑任何一个事件发生的概率时，可以采用加法法则。但是，当考虑两个事件同时发生时，情况又会怎样呢？例如，向上抛一枚硬币和投一枚骰子，正面向上和骰子点数同时为 4 的概率是多少呢？

我们发现，第一个事件（抛硬币）对第二个事件的结果（投骰子点数为 4）不产生任何影响。这两个事件彼此独立。

| 独立事件 | 事件 A 不影响事件 B 发生的概率。 |

例如，抛一枚硬币两次，两次正面向上的概率是多少？这两个事件彼此独立，前一次抛掷不影响后一次抛掷正面向上的概率。两次正面朝上的概率为：

$$\frac{1}{2} * \frac{1}{2} = \frac{1}{4}$$

| 乘法法则
（1） | 两个事件彼此独立时，它们同时发生的概率为：
P（A 且 B）=P（A）*P（B） |

但是，现实世界中，我们经常会发现，事物彼此是关联的：前一个事件的发生会影响后一个事件发生的概率。当这种情况出现时，我们认为事件是彼此

依赖的（dependent）。

例如，从一副扑克里抽出 A 的概率是4/52，随后再抽 K；因为抽出 A 之后，扑克少了一张，那么，获得 K 的概率就变成了 4/51，那么，对一副扑克牌，连续抽两次，同时获得 A 和 K 的概率为：

$$\frac{4}{52} * \frac{4}{51} = \frac{16}{2652} = \frac{4}{663}$$

从上面的这个例子可以看出，第二次抽牌时，获得 K 的概率取决于第一次抽牌。这时候，获得 K 的概率就是条件概率。意思是，在第一个事件发生的条件/情况下，第二个事件发生的概率。如果用 A 和 B 来表示，记为：P（B|A）。

上面的例子可以表示为：P（K|A）

乘法法则（2）	两个事件相互依赖时，它们同时发生的概率为： P（A 且 B）=P（A）* P（B|A）

4.4　对概率的进一步说明：多变量实验与概率定义

到目前为止，在我们讨论的实验中只涉及了一个变量，实验的结果由机会决定。在海底世界门票促销的案例中，变量是彩票的票面值。这个变量有四个可能的结果值（¥10，¥20，¥50，¥0）。但是，在一些场合，一次实验可能涉及不止一个变量。例如，旅行社考虑挖掘潜在旅游者，他们可能认为顾客的年龄和性别都会有影响。同样地，一个景点能否成为游客的目的地，距离和门票价格会成为选择的因素。在多变量实验中，我们要控制与可识别变量相关的因素而不是机会，以便它们不能对结果产生影响。

如果变量超过一个，利用列联表分析效果更好一些。列联表可以清楚地显示每一个变量每个事件的频率。看看下面的一个例子。

该案例是某银行对 8200 名信用卡用户某一年 12 个月每个人月平均透支额度与旅游选择行为的记录。通过表 4-1，我们利用信用卡透支信息可以判断个体选择出游的概率。

表 4-1 每月信用卡透支分类（元）与旅游选择人数

	B_1	B_2	B_3	B_4	B_5	
	0 < 200	200 < 400	400 < 600	600 < 800	800 < 1000	总计
出游 A_1	531	761	738	450	340	2820
不出游 A_2	2421	1617	902	288	152	5380
总计	2952	2378	1640	738	492	8200

在表 4-1 中有两个变量，一个是每月信用卡透支分类（B），另一个是顾客是否出游的决策（A）。单元格中的值是两个变量共同作用的结果数目，这些结果构成了不同的事件。例如，左上角的 531，表示平均每月透支 200 元以下的顾客中有 531 人选择出游、2421 人选择不出游。我们可以利用表 4-1 计算各个事件发生的概率。例如，在 8200 名信用卡透支客户中，顾客出游的概率为：

$$P（出游）= P（A1）= \frac{2820}{8200} = 0.344$$

这个数字意味着 34.4% 的顾客会选择出游。因为出游和不出游是互斥的、穷举的两个事件，它们的概率之和为 1。所以：

$$P（不出游）= P（A2）= 1 - \frac{2820}{8200} = 1 - 0.344 = 0.656$$

利用列联表，我们可以很容易地计算联合概率和边际概率。

联合概率	两个事件同时发生的概率，通常表示为：P（A 且 B）。

表 4-2 信用卡账户的概率

	B_1	B_2	B_3	B_4	B_5	
	0 < 200	200 < 400	400 < 600	600 < 800	800 < 1000	边际概率
出游 A_1	0.065	0.093	0.090	0.055	0.041	0.344
不出游 A_2	0.295	0.197	0.110	0.035	0.019	0.656
边际概率	0.360	0.290	0.200	0.090	0.060	1.000

在表 4-2 中，0.065 代表了平均月透支低于 200 元且出游的概率，它是 A_1 和 B_1 两个因素影响下长期来看的相对频率。换句话来说，如果你从 8200 个信用账户中随机选择一个，你有 6.5% 的机会选中这样的结果：该账户平均每月透支低于 200 元且出游。同样地，你随机选中月平均透支高于 800 元、低于 1000

元且不出游的账户概率是 1.9%。

表 4-2 中的 10 个联合概率是：

P（A₁ 且 B₁）=0.065   P（A₂ 且 B₁）=0.295
P（A₁ 且 B₂）=0.093   P（A₂ 且 B₂）=0.197
P（A₁ 且 B₃）=0.090   P（A₂ 且 B₃）=0.110
P（A₁ 且 B₄）=0.055   P（A₂ 且 B₄）=0.035
P（A₁ 且 B₅）=0.041   P（A₂ 且 B₅）=0.019

条件概率　　给定另一个事件 A 已经/将要发生的情况下，事件 B 发生的概率。记为：P（B|A）。

利用表 4-1 和 4-2 可以计算条件概率。例如，在给定月平均透支额度低于 200 元的情况下，随机选择一个顾客，他/她出游的概率有多大？即：

P（出游|月平均透支额度低于 200 元）= P（A₁ | B₁）

要求上述条件概率，首先要明白"给定"的含义，在这里，它指月平均透支额度低于 200 元的所有信用卡用户，共 2952。P（A₁ | B₁）的意思是，"假定我从 2952 个月平均透支额度低于 200 元的信用卡账户中随机抽取 1 人，他/她出游的概率有多大？"因此：

P（出游|月平均透支额度低于 200 元）= P（A₁ | B₁）＝531/2952＝0.180

也就是，在 2952 个信用卡账户中，18%的客户会选择出游。

P（不出游|月平均透支额度低于 200 元）= P（A₂ | B₁）=2421/2952=0.820

上述结果意味着同样情况下，82%的顾客不会选择出游。因为在给定的条件下，两个事件是互斥和穷举的，所以，两个条件概率之和等于 1。表 4.1 总共可以计算 20 个条件概率。例如：

P（B₁| A₁）= 531/2820 = 0.188，P（B₂| A₁）= 762/2820 = 0.270，
P（B₄| A₁）= 738/2820 = 0.262
P（B₄| A₁）= 450/2820 = 0.159，P（B₅| A₁）= 340/2820 = 0.121

由于上述 5 个事件都是互斥和穷举的，所以 5 个条件概率之和等于 1。其他条件概率读者可以自己计算。

在表 4-2 中，围绕表外边的值被称为边际概率（因为它们出现在表格的边缘），边际概率实际上等于事件 A（A₁，A₂）和 B（B₁，B₂，B₃，B₄，B₅）各自的概率。

我们可以利用前面的加法法则和乘法法则来计算各个事件的概率。例如，如果要求事件 A₁ 和 B₁ 发生的概率，则：

P（A₁ 或 B₁）= P（A₁）+ P（B₁）- P（A₁ 且 B₁）
            =（2952+2820-531）/8200=0.344+0.360-0.065=0.639
P（A₁ 且 B₁）= P（A₁）* P（B₁|A₁）= 0.344*0.188 =0.065

练习题

1. 抛掷一枚骰子，找出下述事件的概率：
   a. 4 点
   b. 得到一个偶数
   c. 得到的点数大于 4
   d. 得到的点数小于 7
   e. 得到的点数大于 0
   f. 得到的点数大于 3 或者一个奇数
   g. 得到点数大于 3 并且一个奇数

2. 一次抛掷两枚骰子，找到下列结果的概率：
   a. 和等于 6
   b. 2 的倍数
   c. 和等于 7 或者 1
   d. 和大于 9
   e. 和小于等于 4

3. 随机从一副扑克里抽取一张牌，出现下面结果的概率：
   a. A（Ace）
   b. 方块
   c. 方块 A（ace）
   d. 一个 4 或一个 6
   e. 一个 4 或一个草花
   f. 一个 6 或一个黑桃
   g. 一个红心或一个草花
   h. 一个红色的 Q（Queen）
   i. 一张红色的牌或一个 7
   j. 一张黑色的牌并且一个 10

4. 一个盒子里装有 5 红球、2 个白球、3 个绿球。如果随机从里面掏出一个球，试问出现下列结果的概率？

a. 红球

b. 绿球

c. 红球或者白球

d. 不是绿球

e. 不是红球

5. 一个办公室里有 7 个女人和 9 个男人，如果提升一个人的职位，这个人是男性的概率是多少？

6. 一份调查发现，53%的美国人认为美国军队应该保护美国公司在其他国家的利益。随机挑选一个美国人，他/她不同意上述观点的概率是多少？

7. 某一个品牌的草籽种下去后，发芽的概率为 86%。一个草坪保护专家种了该草籽 9000 份，有多少可能发芽？

8. 一对夫妇打算生育 3 个孩子，试问出现如下结果的概率？

a. 都是男孩

b. 都是男孩或都是女孩

c. 2 个男孩或者 2 个女孩

d. 男女至少各 1 个

9. 在流动双骰子的游戏中，一个人买定了 7 和 11 两个数字，试问，在一次抛掷中，他赢的概率是多少？

10. 在流动双骰子的游戏中，一个人买定了 2、3 和 12 之外的其他数字，试问，他输的概率有多大？

11. 学校在和 350 个学生的面谈中，其中 186 人喜欢老师采用 lecture presentation 的方式。如果随机选一个学生，他喜欢 lecture presentation 方式的概率是多少？

12. 轮盘赌的 38 个缝隙上刻印了 1 到 36，0 和 00。找出轮盘出现下列结果的概率？

a. 一个奇数

b. 大于 25 的数

c. 不包括 0 和 00 的小于 15 的数

13. 一个杂货店雇佣了收银员、仓储管理员和 deli 职员，按照婚姻状态，他们的分布如下：

婚姻状况	收银员	仓储管理员	Deli 职员
已婚	8	12	3
未婚	5	15	2

随机抽取一个职员，出现下列情况的概率：

a. 职员已婚或者仓储管理员
b. 职员未婚
c. 收银员或未婚

14. 在某些地区，报纸被分为晨报、晚报和周报。在这些报纸中，有些设有漫画板块，有些则没有。它们的分布如下：

漫画板块	晨报	晚报	周报
有	2	3	1
没有	3	4	2

如果随机选择一份报纸，出现如下结果的概率为：

a. 周报
b. 晨报或有漫画板块
c. 周报或没有漫画板块

15. 一个顾客挑选带蘑菇或意大利辣味香肠的 pizza 概率是 0.55，这名顾客挑选带蘑菇的 pizza 的概率是 0.32。如果他/她挑选带意大利辣味香肠的 pizza 的概率仅仅为 0.17。那么这名顾客同时挑选这两种口味 pizza 的概率是多少？

16. 一个房产商发现，消费者购买带两个车库的房子的概率为 0.70，购买带一个车库房子的概率为 0.20。那么，消费者购买不带车库房子的概率是多少？房产商不建带 3 个车库房子的概率是多少？

第五章 随机变量和概率分布

主要内容
- 随机变量与概率分布
  离散变量 随机变量的期望值 随机变量的方差和标准差
- 二项概率分布
- 二项概率分布的软件处理方式

5.1 随机变量与概率分布

同时抛两枚硬币，结果可以表示为三种：没有一枚硬币正面朝上，一枚硬币正面朝上，两枚硬币同时正面朝上。每一次抛的结果不确定，但无论怎样都不会超出这三种结果。我们可以把这三种情况用对应的数字来表示[0,1,2]（也可以看作对不同的结果赋值）。

随机变量	是一个变量，这个变量的取值纯粹取决于运气或机会。
	是一个规则，通过这个规则把数字赋给每一个实验结果。

定义随机变量，我们必须确定每一个实验结果都被赋予了一个数字。随机变量可以由任何字母来表示（如"x, y, z"）。例如海底世界的门票促销。

$x=$ 随机变量"游客购买海底世界门票时获得的彩票对应的奖励"。每一张彩票的赋值代表这张彩票获得的奖励。$x=0$（没有获奖）；$x=10$（10元），10元奖励；$x=20$（20元），20元奖励；$x=50$（50元），50元奖励。

对于一个问题或随机变量，人们可以根据自身的实际情况选择赋值的方式。
又如，对饭店的服务质量进行评价，可以选择如下方式：
1. 评价结果直接被定义为两类：
$x=1$（满意）；$x=0$（不满意）
2. 评价结果用更多的选项：

$x=4$（非常满意），$x=3$，$x=2$，$x=1$，$x=0$（非常不满意）；3, 2, 1 表示由非常满意到非常不满意的程度变化。

以海底世界的门票促销为例：

获奖，x	0	10	20	50
概率，p（x）	40%	30%	20%	10%

同样，抛掷两枚硬币，正面朝上的概率：

正面朝上的次数，x	0	1	2
概率，p（x）	25%	50%	25%

由此，我们可以得到概率分布的概念：

> **概率分布** 由随机变量的赋值和这些值对应的概率组成。这些概率值要么是理论上的，要么是经验观察所得。

我们可以通过图 5-1 和图 5-2 来表示上述概率分布。

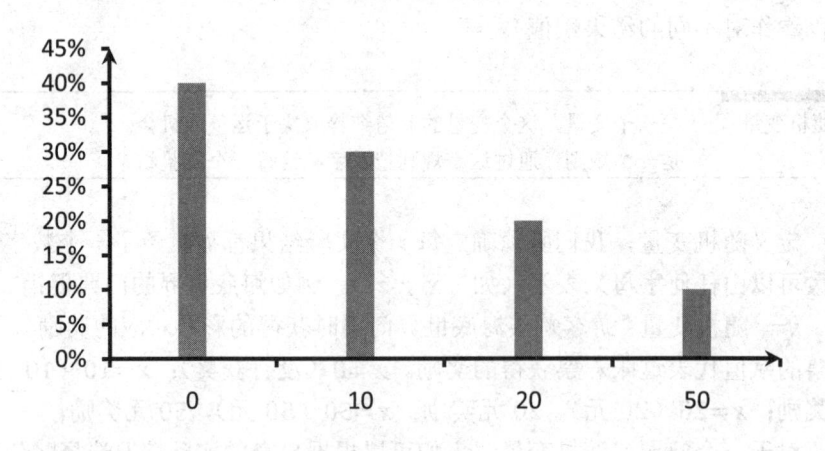

图 5-1 购买海底世界门票时获奖概率

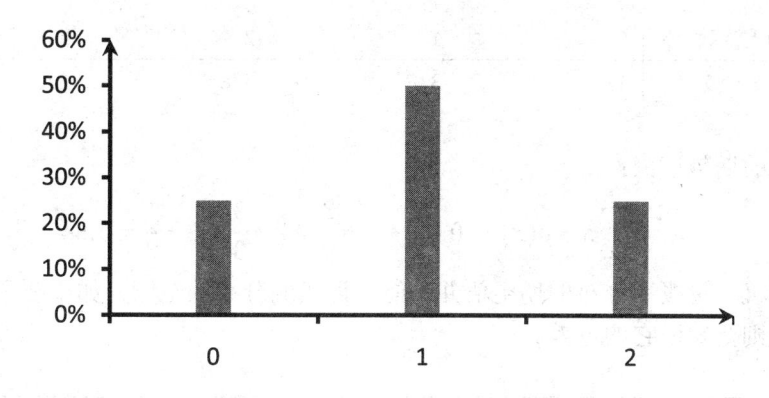

图 5-2 同时抛两枚硬币正面朝上次数概率

5.2 随机变量的均值和方差

概率分布的均值、方差、标准差与样本的均值、方差、标准差不同，样本可以确切地知道结果数量，但是，概率分布却难以知道。以同时抛两枚硬币为例，如果要计算正面朝上次数的均值，我们无法确定要抛多少次才能使计算出来的均值与真正的均值相等。同时抛两枚硬币，结果的样本空间为 [H（Head）为正面朝上，T（Tail）反面朝上]：

HH　HT　TH　TT

每一个结果出现的概率为 1/4。从长期看（无穷次的实验），两次正面朝上（HH）所期望的次数接近总数的 1/4；一次正面朝上（HT，TH）接近总数的 1/2，0 次正面朝上或两次正面朝下（TT）接近总数的 1/4。因此，平均来看，一个人所期望的正面朝上的次数是：

$$\frac{1}{4}*2+\frac{1}{2}*1+\frac{1}{4}*0=1$$

这就是说，投掷两枚硬币无穷次，正面朝上次数的均值会等于 1。这样，随机变量的期望值的计算方式为：

随机变量期望值	$\mu = x_1 * p(x_1) + x_2 * p(x_2) + \cdots x_n * p(x_n) = \sum x * p(x)$

例如，同时抛三枚硬币，求出正面朝上次数的期望值。

正面朝上次数，x	0	1	2	3
概率，p（x）	1/8	3/8	3/8	1/8

它的期望值为：

$$\mu = \sum x * p(x) = 0 * \frac{1}{8} + 1 * \frac{3}{8} + 2 * \frac{3}{8} + 3 * \frac{1}{8} = 1.5$$

随机变量概率分布的期望值并不能告诉我们分布的范围，如果要了解它的分布，则要知道它的方差。

随机变量方差	$\sigma^2 = \sum (x-\mu)^2 * p(x) = \sum [x^2 p(x)] - \mu^2$

例如，x 代表每个球的数字，它的概率分布如下，求出 x 的方差。

球的数字，x	0	2	4	6	8
概率，p（x）	1/5	1/5	1/5	1/5	1/5

期望值为：

$$\mu = \sum x * p(x) = 0 * \frac{1}{5} + 2 * \frac{1}{5} + 4 * \frac{1}{5} + 6 * \frac{1}{5} + 8 * \frac{1}{5} = 4$$

它的方差为：

$$\sigma^2 = \sum (x-\mu)^2 * p(x) = \sum [x^2 p(x)] - \mu^2$$

$$= \left[0^2 * \frac{1}{5} + 2^2 * \frac{1}{5} + 4^2 * \frac{1}{5} + 6^2 * \frac{1}{5} + 8^2 * \frac{1}{5} \right] - 4^2 = 8$$

5.2 二项概率分布

前面提到的每一个例子，随机变量的结果基本都大于等于 3 个。在现实生活中，许多概率类型都只有两个结果。例如，抛掷一枚硬币，只有正面朝上或朝下；婴儿出生，或男或女；篮球比赛，或赢或输。就算有些问题有多个结果，有时候为了分析上的方便，也可以简化为两个结果。例如，一个多项选择题，有 4 个备选答案，但是，我们可以把它简化为正确和错误两种。类似于这样的实验，叫做二项实验。

二项试验必须满足以下四个条件：

① 每次实验只有两种结果或者结果能够简化为两种。两种结果可以用成功（Success）或失败（Failure）来代表；

② 有一个确定的实验次数；

③ 每次实验彼此独立；

④ 每次实验成功的概率都相同。

二项实验的结果和这些结果相应的概率就叫二项概率分布。在二项实验中，结果通常被区分为成功或失败。例如，在多项选择中，正确的答案是成功，其他的答案是失败。这个概念一直贯穿于整个二项概率分布中。

二项概率分布的公式为：

二项概率 在二项实验中，在 n 次实验中，成功 x 次的概率为：
$$p(x) = \frac{n!}{(n-x)!\,x!} * p^x * q^{n-x}$$
p 为每次实验成功的概率，q 为每次实验失败的概率，n 为实验的次数；x 为成功的次数。

我们举一个例子，用两种方法来说明这个公式。

【例1】把一枚硬币抛掷 3 次，求出 2 次正面朝上的概率。

解法 1：利用枚举法我们找到实验结果的样本空间如下：

　　　　　HHH　HHT　HTH　THH　TTH　THT　HTT　TTT

画线的 3 个结果是我们要找的。答案是 3/8=0.375。

解法 2：利用二项概率公式。

1. 对于每次实验只有两种结果：正面朝上或朝下；
2. 有固定的实验次数：3 次；
3. 每次实验的结果彼此独立；
4. 每次成功（正面朝上）的概率都相同，等于 1/2。

在这个案例中，$n = 3$，$x = 2$，$p = 1/2$，$q = 1/2$，因此，2 次正面朝上的概率为：

$$p（两次正面朝上）= \frac{3!}{(3-2)!\,2!} * \left(\frac{1}{2}\right)^2 \left(\frac{1}{2}\right)^1 = \frac{3}{8} = 0.375$$

这样求出来的结果与我们用枚举法求出来的结果一样。

【例2】 有5个多项选择题,每个题有5个备选答案,只有一个是正确的。如果一个学生完全不具备相关知识,他猜对其中3个的概率有多大?

在这个例子中,$n=5$,$x=3$,$p=1/5$,$q=4/5$,因此,该学生猜对3个选择题的概率为:

$$p(猜对3个题) = \frac{5!}{(5-3)!\,3!} * \left(\frac{1}{5}\right)^3 \left(\frac{4}{5}\right)^2 = 0.05$$

根据随机变量概率分布求期望值、方差和标准差的方法,我们可以得到二项概率分布的期望值、方差和标准差。

二项概率分布的期望值、方差和标准差

$$\mu = n*p$$
$$\sigma^2 = n*p*q$$
$$\sigma = \sqrt{n*p*q}$$

p为每次实验成功的概率,q为每次实验失败的概率,n为实验的次数。

【例3】 据报道,2011年中国家庭独生子女的比率达到了75%。如果随机抽取10000个家庭,试问,这些家庭独生子女的期望值、方差和标准差。

这是一个二项选择的情况,家庭要么是独生子女,要么非独生子女(只有两种结果)。

$$\mu = n*p = 10000*75\% = 7500$$
$$\sigma^2 = n*p*q = 10000*75\%*25\% = 1875$$
$$\sigma = \sqrt{n*p*q} = \sqrt{1875} = 43.4$$

5.3 二项概率的软件处理

【例4】 抛掷一枚硬币3次,求2次正面朝上的概率。

第一步 打开excel,点击$f(x)$,出现如下对话框(参见图5-3)。

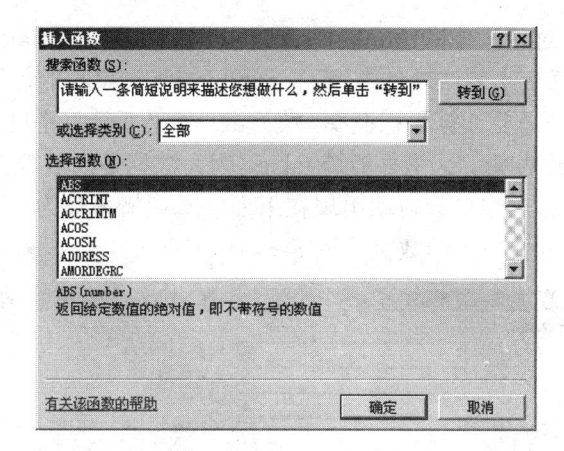

图 5-3

第二步 在类别统计中，找到 binomdist（参见图 5-4）。

图 5-4

第三步 点击确定，出现如下对话框（参见图 5-5）。

图 5-5

第四步 在对话框中，number_s（实验成功次数）、trials（实验次数）、probability_s（每次实验成功的概率）、cumulative（累积的，这项要注意，这是一个逻辑值，如果要计算累积概率，填 true，如果要计算密度函数，填 false，我们这里填 false。注意，这里只能填 false，因为数据是离散数据，不能累积）。当正确填入数字后，结果会自动出现在下面。二项概率值为 0.375。与我们前面的结果一样。具体填入的数字见图 5-6。

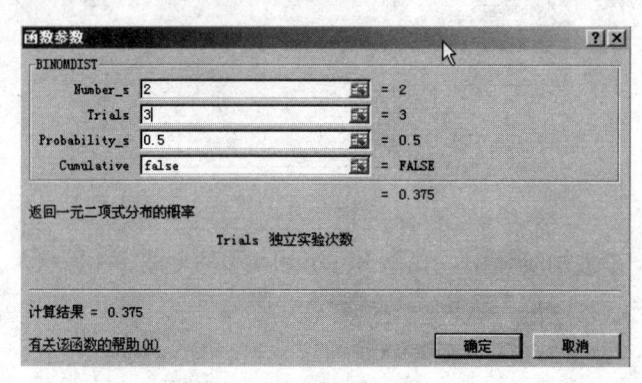

图 5-6

练习题

1. 一个大学一年级的新生在次年"五一"期间出游的次数为 0、1、2、3 的概率分别为 6/15、5/15、3/15 和 1/15。请你构造它的概率分布并画出图形。

2. 香港东路上有一家麦当劳快餐店，从星期一到星期五每天中午 11:00~12:00 去就餐的顾客及其概率分布如下：

顾客人数	50	51	52	53	54
概率	0.10	0.20	0.37	0.21	0.12

计算就餐人数分布的均值、方差和标准差。

3. 在一次调查中，30%的受访者说他们通常在一年的最后 3 个月里买的书最多，如果随机选择 9 个人，有 3 个人是这样做的概率有多少？

4. 美国布鲁金斯市场研究协会发现，40%的美国人认为在生意上的成功并不一定需要一个人接受大学教育。随机选择 5 个美国人，计算如下事件的概率：

（1）2 个人同意上述说法

(2) 最多3个人同意上述说法
(3) 至少2个人同意上述说法
(4) 少于3个人同意上述说法

第六章 正态分布

主要内容
- 正态分布
- 标准正态分布
- 二项分布的正态近似
- 软件处理

6.1 正态分布

在统计学中，正态分布是一种最常用的概率分布。人的体重、身高、气温等都服从这种分布。所有的正态分布都呈钟形分布，但并不是所有的钟形分布都是正态分布。对正态分布的描述通常用两个指标：均值 μ 和标准差 σ。如图 6-1 所示。

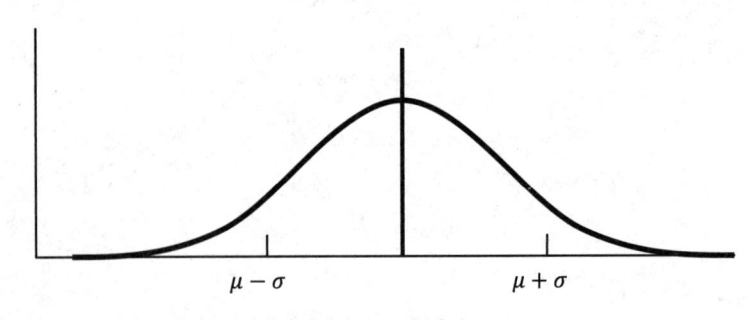

图 6-1 正态分布

对于所有的正态分布，均值代表分布的中心，代表集中趋势；标准差代表变异，代表离散的程度。见图 6-2 和 6-3。

图 6-2　不同均值的正态分布

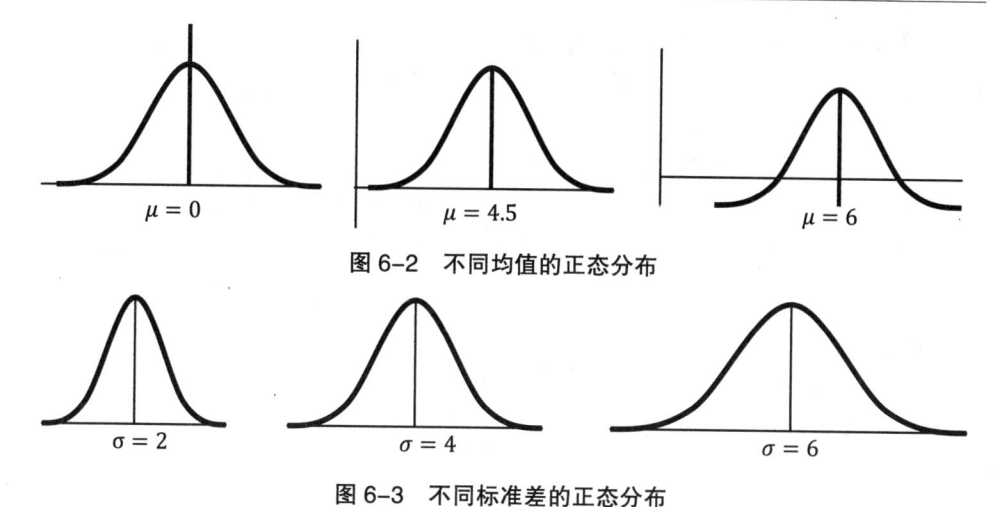

图 6-3　不同标准差的正态分布

由此，我们可以知道正态分布的特点：

| 正态分布的特点 | 1. 正态分布曲线呈钟形；
2. 均值、中位数和众数相等且位于分布的中心；
3. 单峰态曲线；
4. 曲线两边以均值为中心呈现对称分布；
5. 曲线无限趋近 x 轴，但不会与 x 轴相交；
6. 曲线下覆盖的面积等于 1；
7. 曲线下 1 个标准差范围覆盖的面积接近 68%，2 个标准差范围覆盖的面积接近 95%，3 个标准差范围覆盖的面积接近 99.7%。见图 6-4。 |

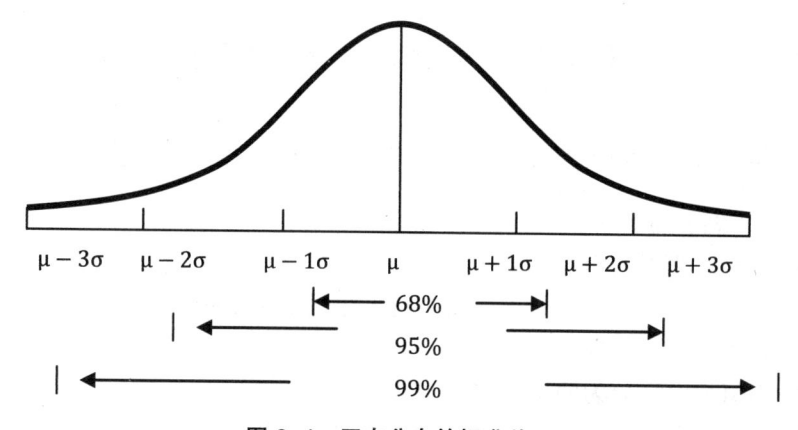

图 6-4　正态分布的标准差

【例1】某旅行社年均接待人数为 46 万，标准差为 15.2 万。对于该旅行社下一年接待人数如何判断？它的接待人数有可能低于 9.2 万人吗？

根据正态分布的特点，我们知道如果平均接待人数为 μ=46 万，标准差 σ=15.2，那么，年平均接待人数有 95%的可能会落在均值附近的 2 个标准差的范围内。即：

$$\mu \pm 2\sigma = 46 \pm 2*15.2 = 15.6 万到 76.4 万之间$$

因此，我们预期下一年的接待人数有 95%的可能在 15.6 万到 76.4 万之间。见图 6-5。有 5%的可能下一年的接待人数不会在这个区间，其中，2.5%的可能会低于 15.6 万，2.5%的可能会超过 76.4 万人。这是因为正态分布是以均值为轴对称的。不在标准差范围内的区域会对称分布在左边拖尾和右边拖尾的地方。见图 6-5。很显然，因为 9.2 小于 15.6，接待人数少于 9.2 万人的可能性至少不会超过 2.5%。

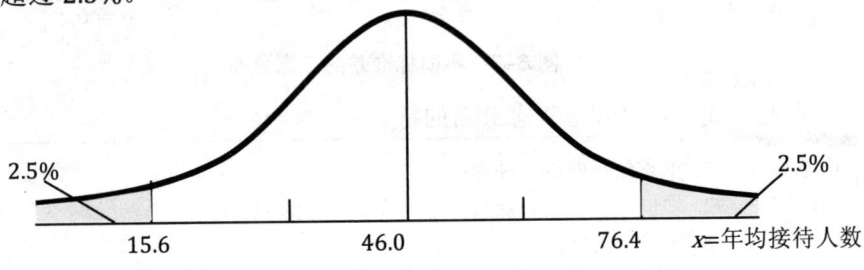

图 6-5　年均接待人数的正态分布

6.2　标准正态分布

所有的正态分布都可以通过特定的方式转化为标准正态分布。转化的方式为：

$z = \dfrac{x - \mu}{\sigma}$，其中 x 为随机变量的取值，μ 为总体均值，σ 为总体标准差。

标准正态分布具有如下特点：
1. 正态曲线下的面积等于 1；
2. 分布呈钟形，左右对称，向两边无限接近水平轴；
3. 均值为 0，标准差为 1；
4. 均值把面积分为两半，每边为 0.50；
5. 几乎整个面积在 $z = -3.00$ 和 $z = 3.00$ 之间。

我们可以利用标准正态分布的这种特性，结合正态分布表来求随机变量各种取值的概率。见图 6-6。

第六章 正态分布

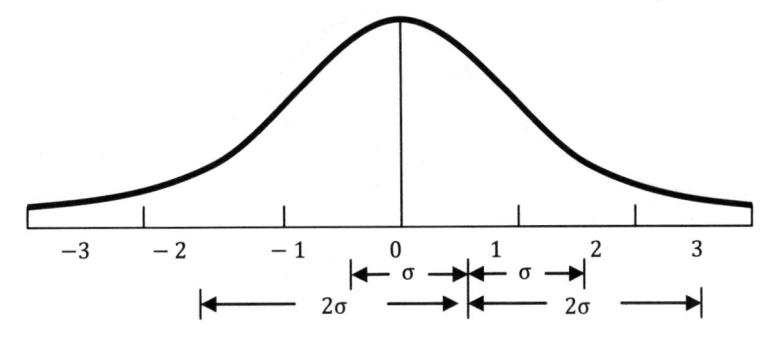

图 6-6 标准正态分布

【例 2】找出 $z = 0.00$ 到 $z = 2.34$ 之间的概率（面积）。见图 6-7。

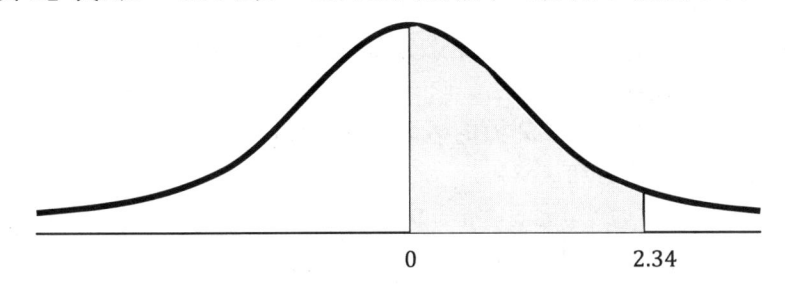

图 6-7 正态曲线下的面积

通过正态分布表找到 0 到 2.34 之间的面积（概率）。

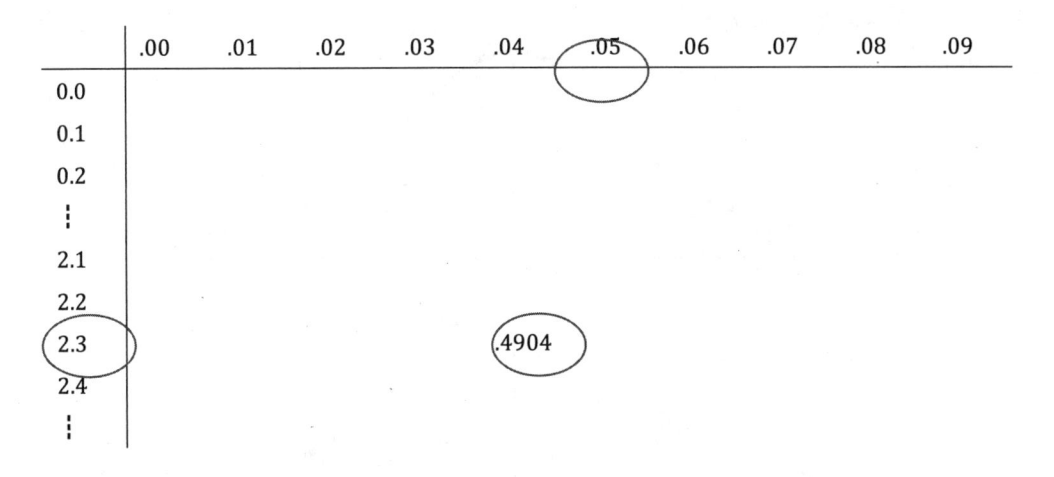

	.00	.01	.02	.03	.04	.05	.06	.07	.08	.09
0.0										
0.1										
0.2										
⋮										
2.1										
2.2										
2.3						.4904				
2.4										
⋮										

【例 3】找出 $z < -1.93$ 的概率。见图 6-8。

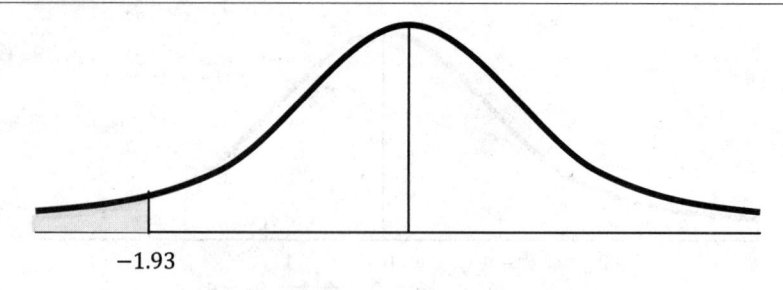

图 6.8 z < −1.93的概率分布

根据正态分布的特点，左右两边是对称的，所以−1.93左边的面积与 1.93 右边的面积相等，可以用 0.50 减去 0 到 1.93 之间的面积就可以了。所以，p(z < −1.93) = 0.50 − 0.4732 = 0.0268。

【例4】利用正态分布和标准正态分布说明例 1 中接待人数少于 9.2 万的真正概率（曲线下覆盖的面积）。

要求出接待人数少于 9.2 万的概率，首先要将随机变量（接待人数）正态分布转化为标准正态分布。

$$z = \frac{x - \mu}{\sigma} = \frac{9.2 - 46}{15.2} = -2.42$$

这一结果表明，9.2 在均值为 46、标准差为 15.2 的正态分布中的位置，完全等同于−2.42在均值为 0、标准差为 1 的标准正态分布中的位置，即：

$$p(x < 9.2) = p(z < -2.42)$$

用图 6-9 来表示为：

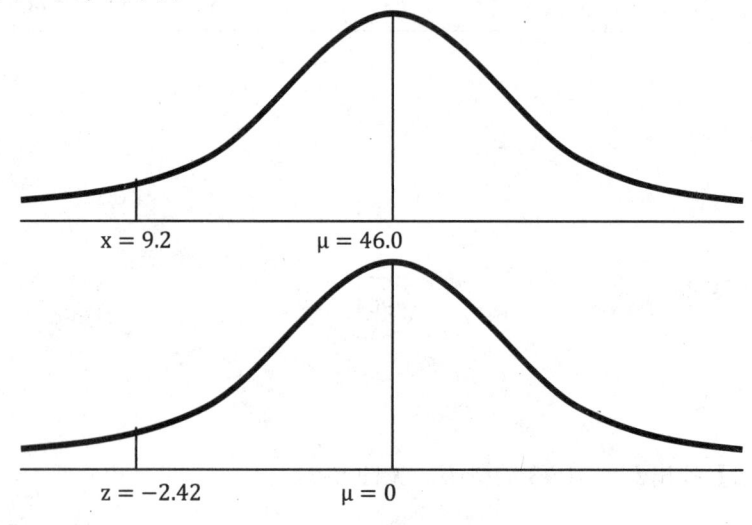

图 6-9 正态分布与标准正态分布转化

$$p(x < 9.2) = p(z < -2.42) = 1 - p(z < 2.42)$$
$$= 0.50 - p(0 < z < 2.42) = 1 - 0.9922$$
$$= 0.0078$$

因此，我们可以预测，下一年接待人数少于 9.2 万的概率为 0.0078。
我们再通过图 6-10 来展现计算的过程。

步骤 1 确定需要计算概率的阴影区域。

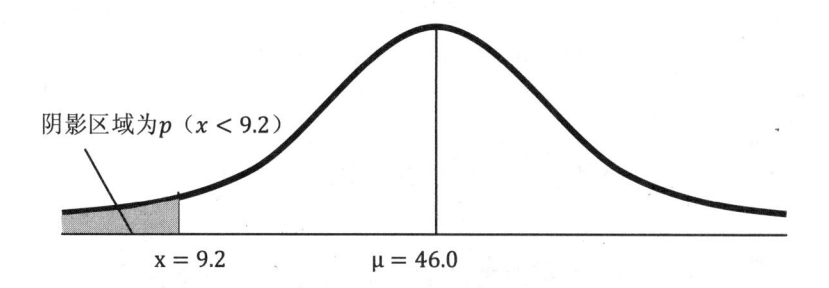

阴影区域为 $p(x < 9.2)$

x = 9.2   μ = 46.0

步骤 2 利用公式，将 x 的值转化为 z 值。

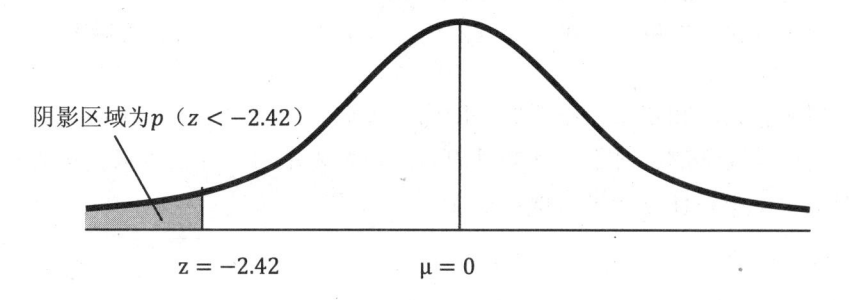

阴影区域为 $p(z < -2.42)$

z = -2.42   μ = 0

步骤 3 找到 $p(z < -2.42) = p(z > 2.42)$ 区域。

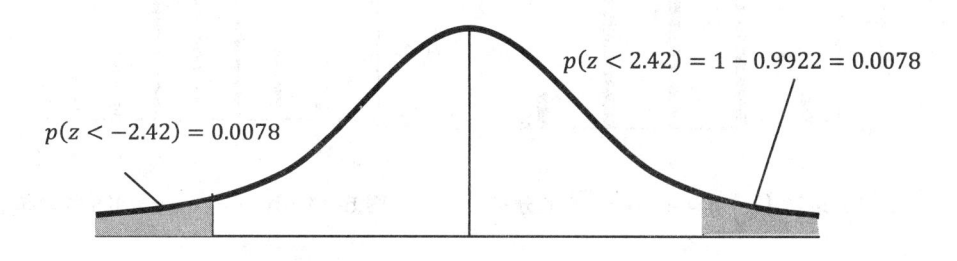

$p(z < -2.42) = 0.0078$

$p(z < 2.42) = 1 - 0.9922 = 0.0078$

步骤 4 回到最初需要解决的问题。

$p(x<9.2)=0.0078$

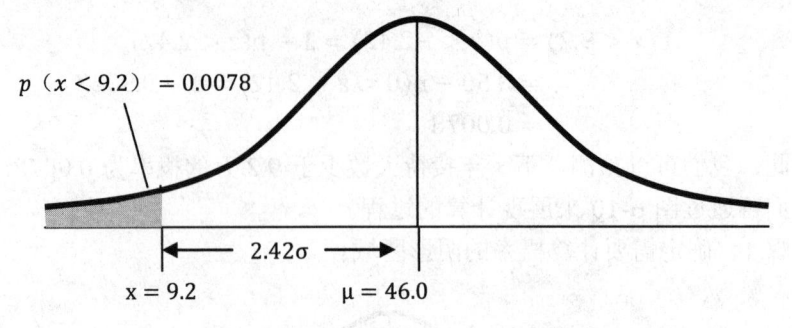

2.42σ

x = 9.2　　μ = 46.0

图 6-10 计算正态分布概率的步骤

6.3　二项分布的正态近似

二项分布是离散随机变量的概率分布，是 n 次重复独立试验中成功次数为 x 的概率（在 x 轴中，数值最大值代表实验次数，所有值都可以代表成功次数）。首先，我们可以观察图 6-11（a）和图 6-11（b），它们分别描述了 n = 4 和 n = 8，p = 0.5 时的二项概率，我们可以发现，当 n 变大时，分布越来越像正态分布。

二项分布只能和正态分布近似。因为二项分布的随机变量是离散的；而正态分布变量是连续的。对于二项变量的概率，可以用对应的长度来表示概率，而正态分布是用累计方法来表现。

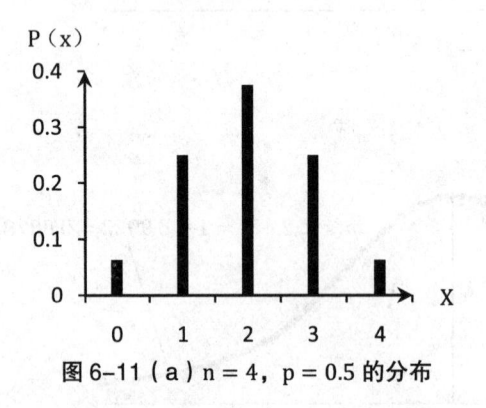

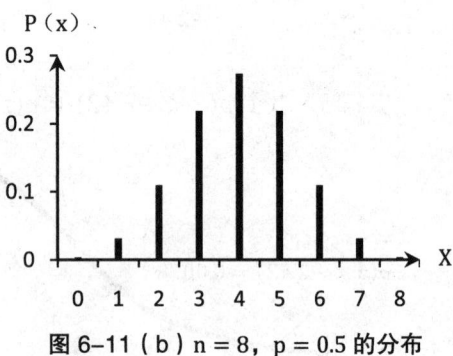

图 6-11（a）n = 4，p = 0.5 的分布　　图 6-11（b）n = 8，p = 0.5 的分布

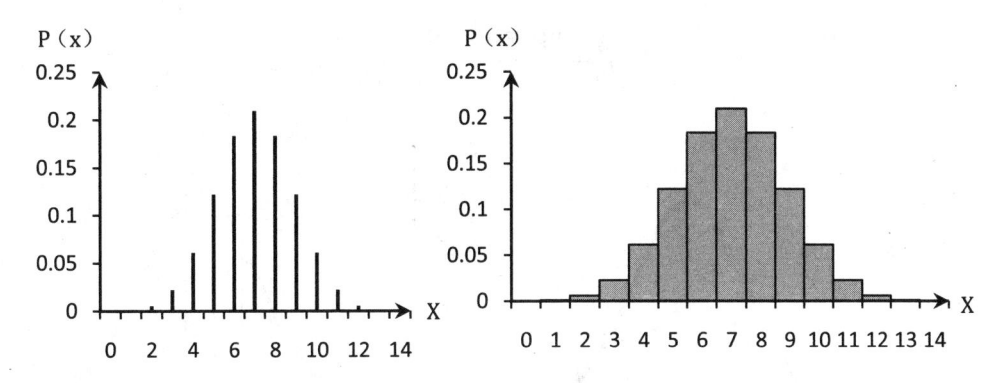

图 6-12（a）　n = 14，p = 0.5 的分布　　图 6-12（b）　n = 14，p = 0.5 的分布直方图

我们可以通过图 6-12（a）和（b）进行考察，通过 excel 将图 6-12（a）转化成 6-12（b）的直方图。该图可以进一步转化成图 6-13。为了取得二项分布的正态近似，我们考察 n = 14、p = 0.5 的 p（x = 4）。p（x = 4）的值为 0.061，它是图 6-13 中 x=4 的那块阴影的面积，等于阴影的宽与高的乘积。在图中，宽为 1，高为 0.061。x = 4 的矩形宽度，它的起点是 3.5，终点是 4.5。二项变量通过对 x 加上和减去 0.5 的方法把离散变量变成了一个连续变量（0.5 可以看做连续性校正因子）。

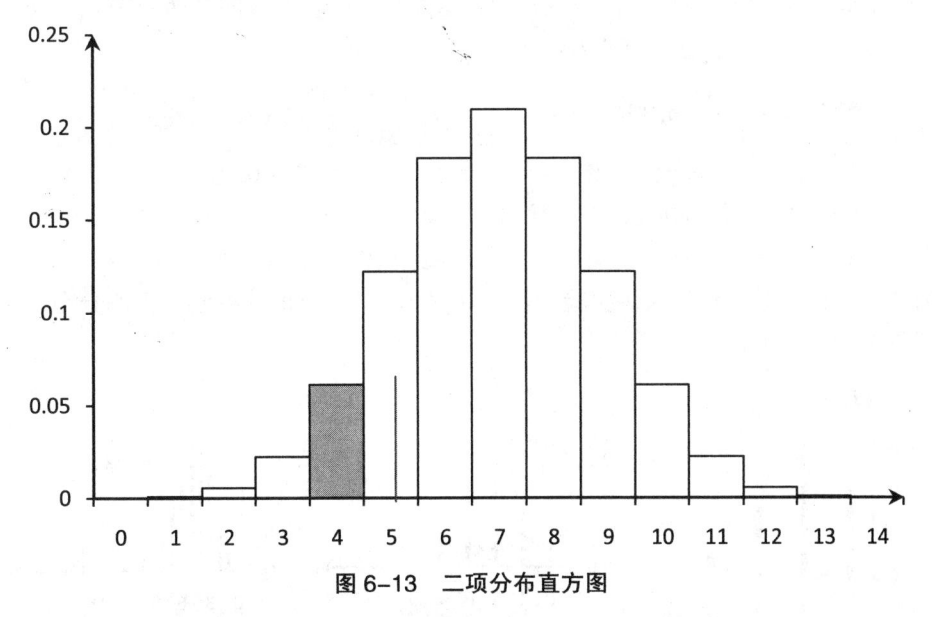

图 6-13　二项分布直方图

现在我们来看正态分布与二项概率之间的关系。首先，可以用二项概率公式计算变量的均值和标准差。

$$\mu = np = 14 * 0.5 = 7.0$$
$$\sigma = \sqrt{npq} = \sqrt{14 * 0.5 * 0.5} = 1.87$$

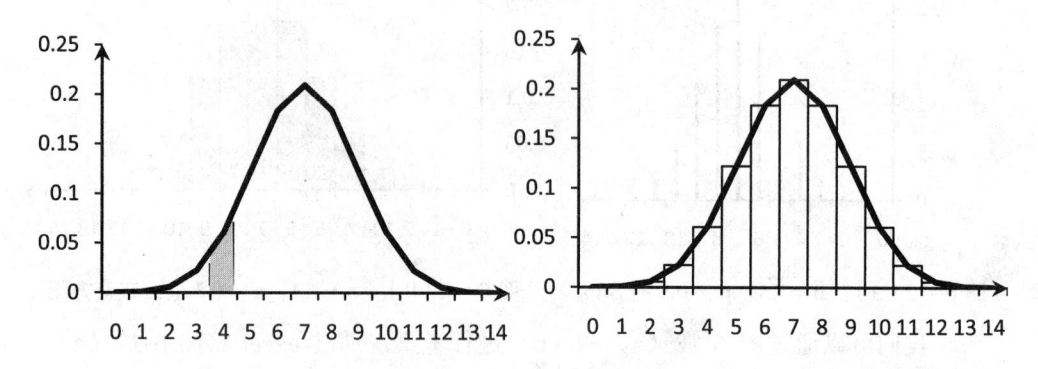

图 6-14（a） x=4 的概率用阴影面积近似　　图 6-14（b） 叠加在二项变量 x 上的正态分布

在图 6-14（a）中，x=4 的面积用 x=3.5 和 x=4.5 之间的正态曲线下面积来近似。图 6-14（b）描绘了二项变量 x 的整个分布以及叠加的同样均值和标准差的正态分布。从图中我们可以发现，各矩形下的面积与曲线下的面积几乎相等。

x 是在 3.5 和 4.5 之间，我们可以把 3.5 和 4.5 看作区间的两个节点（两个临界值），然后用正态分布的方法来求概率。如下：

$$Z = \frac{x - \mu}{\sigma}: p(3.5 < x < 4.5) = p\left(\frac{3.5 - 7.0}{1.87} < x < \frac{4.5 - 7.0}{1.87}\right)$$
$$= p(-1.87 < x < -1.34) = 0.4693 - 0.4099 = 0.0594$$

比较 0.0594 与 0.061，非常接近，因此，可以用正态分布对二项变量进行概率估算。二项分布的正态近似对 p 不接近于 0.5 的情况也是适用的，只是它需要更大的 n 值。n 越大（实验的次数越多），二项分布越接近于正态分布。见图 6-15（a）（b）（c）。

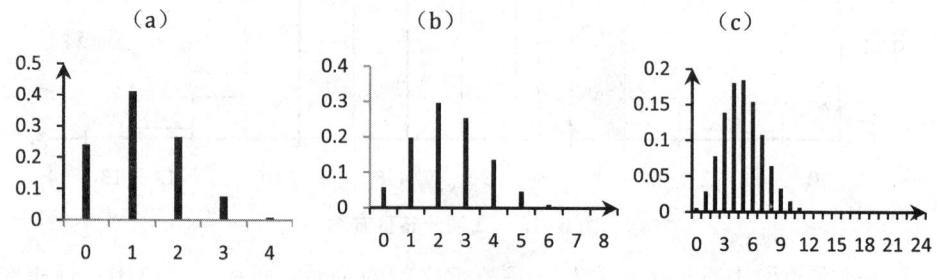

图 6-15　n = 4, p = 0.3; n = 8, p = 0.3; n = 24, p = 0.3 的二项分布

(a) (b) (c)

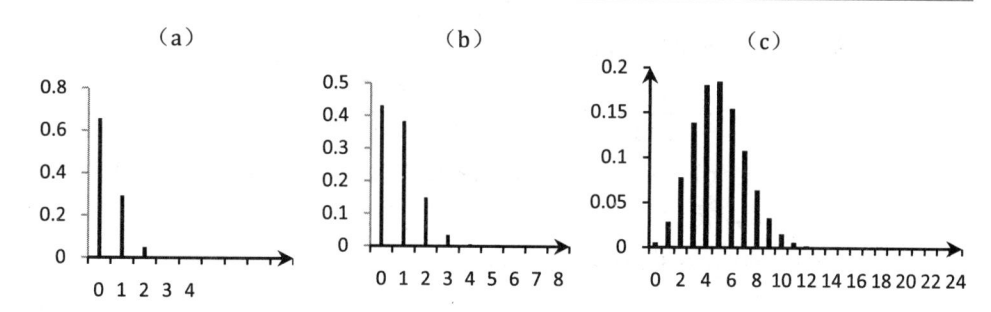

图 6-16 n = 4，p = 0.1; n = 8, p = 0.1; n = 50, p = 0.3 的二项分布

通过比较图 6-15 和 6-16，可以发现，p 值越小，正态近似需要实验的次数 n 和成功次数 x 也越大。因此，二项分布的正态近似，有如下规则：

| 正态分布
近似法则 | 当 np 和 nq 两者都等于或大于 5 时，正态分布提供二项概率分布的一个合理近似。 |

【例5】某杂志报道 6% 的旅游专业的学生在上学期间从事兼职，如果随机选择 300 个旅游专业的学生，那么其中 25 人做兼职的概率是多少？

已知条件有：p = 0.06，q = 0.94，n = 300，x = 25

第一步 检验是否可以采用正态近似。

$$np = 300 * 0.06 = 18, \quad nq = 300 * 0.94 = 282$$

因为 np 和 nq 都大于 5，可以采用正态分布进行估计。

第二步 计算均值和标准差。

$$\mu = np = 300 * 0.06 = 18$$
$$\sigma = \sqrt{npq} = \sqrt{300 * 0.06 * 0.94} = 4.11$$

第三步 写出需要求的概率：p（x = 25）。

第四步 通过连续校正因子确定区间点：p（24.5 < x < 25.5）。见图 6-17。

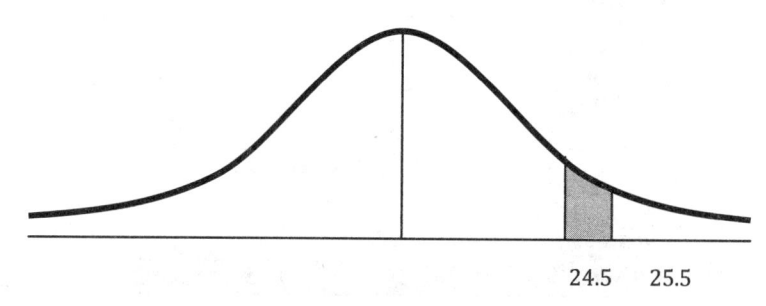

图 6-17 区间点

第五步 找到相应的 z 值。

$$z_1 = \frac{25.5 - 18}{4.11} = 1.82 , \quad z_2 = \frac{24.5 - 18}{4.11} = 1.58$$

第六步 通过查正态分布表，p（z < 1.82）= 0.9656，p（z < 1.58）= 0.9429，两者相减，得到的值为 0.0277，即 2.77%。

因此，25 个学生从事兼职的概率为 2.27%。

6.4 软件处理

【例 6】利用 excel 求出例 1 中接待人数少于 9.2 万人的概率。

第一步 打开 excel，点击 f(x)。出来一个插入函数的对话框，找到 normdist 函数。见图 6-18。

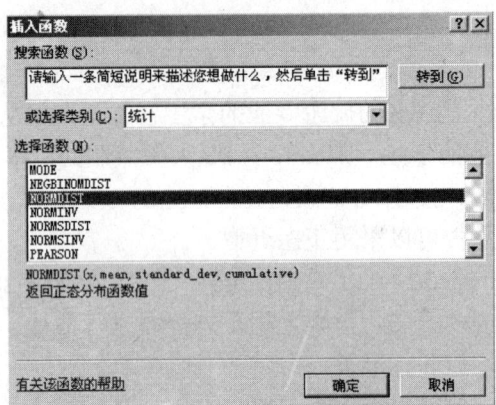

图 6-18

第二步 点击确定，出现对话框，见图 6-19。

图 6-19

第三步　在对话框里，按照例1中的内容填入如下数字，见图6-20。excel 会自动计算出结果，即 0.007737。注意，在 cumulative 框里，要填入 true，也就是计算的是累计概率。这里接待人次数以万位单位计算，可以看作连续变量。

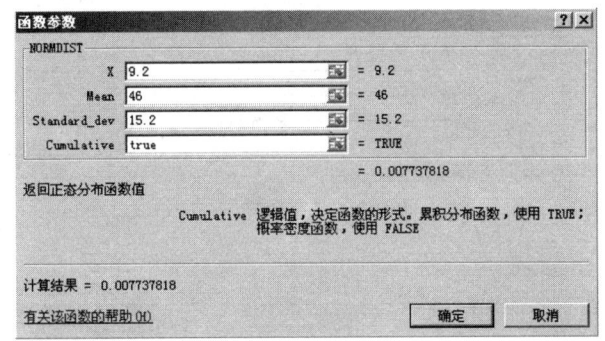

图 6-20

【例7】求标准正态分布 z < 1.96 的概率。

第一步　找到函数 normsdist，点击确定，出现对话框，见图6-21。

图 6-21

第二步　在 z 对话框里输入 1.96，结果会自动出现，概率为 0.975，见图6-22。

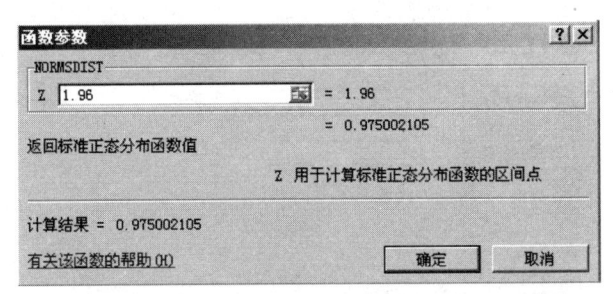

图 6-22

【例8】在已知概率（从左边开始计算）为 0.025 和 0.975、均值为 0、标准差为 1 的情况下，找出对应的区间点。

第一步 如例 1 和例 2，找到函数 norminv，点击确定，出现对话框，见图 6-23。

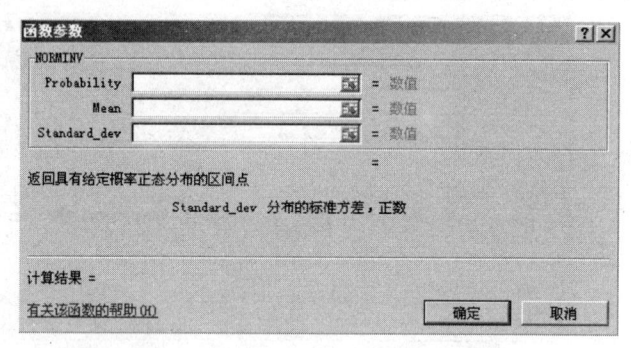

图 6-23

第二步 输入 0.025、0 和 1，excel 自动计算出结果，见图 6-24。左边区间点（临界值）为 −1.96。

图 6-24

第三步 输入 0.975、0 和 1，得到右边的区间点（右边的临界值）为 1.96。见图 6-25。

图 6-25

练习题

1. 找出图形中给定面积的 z 值。

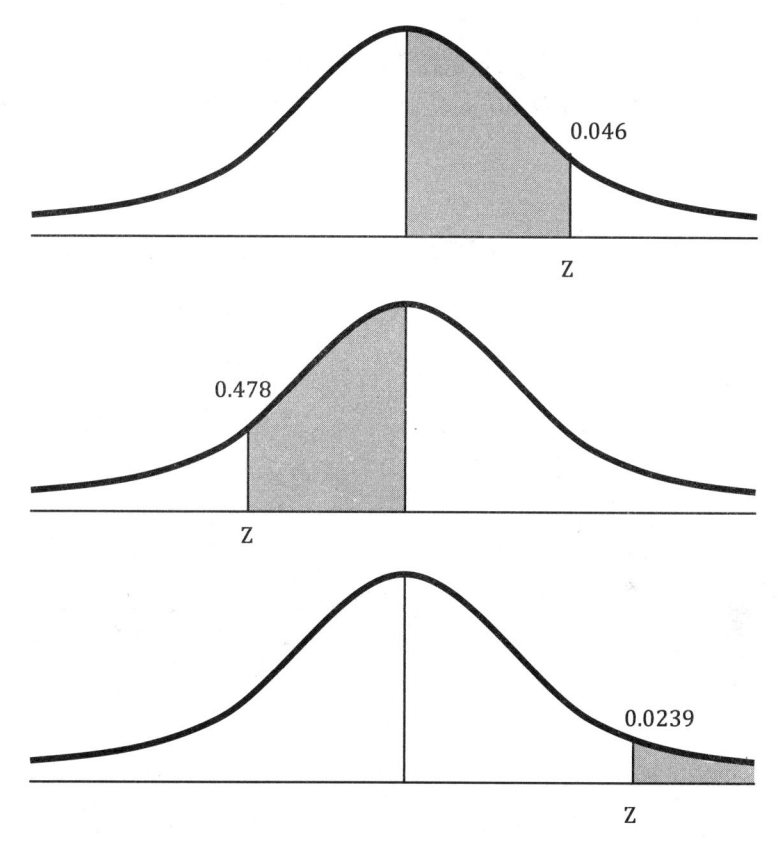

2. 利用标准正态分布表，计算下列概率的面积。
   a. P(0<Z<1.69)
   b. P(-1.23<Z<0)
   c. P(Z>2.59)
   d. P(-2.46<Z<1.74)

3. CEO 的平均年龄是 56。假定年龄服从正态分布，标准差是 4 年。随机找到一个 CEO，出现如下结果的概率是多少？
   a. 年龄在 53 岁到 59 岁之间
   b. 在 58 岁到 63 岁之间

c. 在 50 岁到 55 岁之间

4. 一个旅游者到青岛游玩，在崂山游玩的时间平均是 62 分钟，标准差是 12 分钟。假定游玩时间是正态分布，随机选择一个崂山的旅游者，出现如下结果的概率：

a. 至少玩 82 分钟
b. 最多玩 50 分钟

5. 一个在肯德基工作的一线员工平均每小时的报酬是 5.55 美元，标准差是 1.15 美元。如果随机抽取 50 人，他们的平均小时报酬在 5.25 到 5.90 之间的概率是多少？

第七章 样本的变异性

主要内容

- 抽样分布
- 样本均值的抽样分布的形态
- 中心极限定理的运用
- t 分布
- 软件处理

7.1 抽样分布

先看一个案例。某旅行社统计了过去 24 个月各月接待的所有旅游者的人均消费,他们发现这种消费呈现正态分布,均值为 4.2 千元,标准差为 0.6 千元。试问,随机从该社准备接待的游客中抽取一个人,他的消费低于 3 千元的概率有多少?

在上述案例中,我们只是随机抽出了一个人,也就是说,这一个样本只包含了一个观察对象。现在,我们要把分析扩展到包括任意大小的样本。仍然以上面的案子为例,假定我们现在随机抽取 70 个人,它的均值情况会怎样呢?无论怎样,你都知道,由于你每次抽取的个体不一样(人数可以一样),他们消费的均值肯定不会完全一样。这些均值或者大于 4.2 千元,或者小于 4.2 千元,总之不会精确地等于 4.2 千元。这种内涵于抽样随机性所导致的误差,或者说这种纯粹由于随机性或机会导致的误差就是抽样误差。

抽样误差是多少呢?也就是说,仅仅由于样本中个体的不同,样本均值 $\bar{x}$ 离总体均值 4.2 有多远?为了回答这个问题,我们需要得到样本容量为 70 的所有样本的均值 $\bar{x}$。

想象一下。假定无数人来抽取样本,样本容量为 70。所有人把所抽的样本计算一个均值 $\bar{x}_i$,然后报给你。这样,你可以利用这些均值计算一个相对频率分布。由于数据包含了所有可能的均值(因为无数人抽取样本),你的这个相对频率分布会是一个真正的关于总体均值的概率分布。这种概率分布就叫总体均值$\bar{x}$的抽样分布。

均值的抽样分布	所有可能的样本均值的概率分布。

样本均值抽样分布的期望值等于总体均值，用$\mu_{\bar{x}}$代表样本均值抽样分布的期望值，那么，期望值可以表示为：$E(\bar{x}) = \mu_{\bar{x}} = \mu$。见图 7-1。

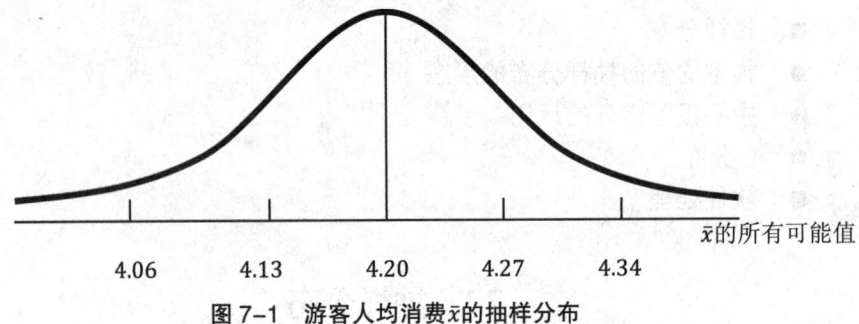

$\bar{x}$的所有可能值

4.06　　4.13　　4.20　　4.27　　4.34

图 7-1　游客人均消费$\bar{x}$的抽样分布

样本均值抽样分布的标准差（标准误，standard error of sampling mean）。样本是从总体中抽取出来，样本期望值（均值）的标准差等于总体标准差除以样本容量的平方根。即：

$$\sigma_{\bar{x}} = \sigma/\sqrt{n}$$

注意，当 $n = 1$，$\sigma_{\bar{x}} = \sigma$
　　　当 $n = \infty$，$\sigma_{\bar{x}} = 0$

当 $n = 1$，样本中只有一个观察点，这意味着样本均值等于观测点本身，$\bar{x} = x$。用另一句话来说，即 $n = 1$，$\bar{x}$的分布等于x的初始分布（也就是说，总体随机变量的分布），那么，$\sigma_{\bar{x}} = \sigma$。当 $n = \infty$，意味着每个样本由无穷多个观察点构成，它等于总体。在这种情况下，所有的样本均值都相等，它们之间不存在变异。因此，$\sigma_{\bar{x}} = 0$。在现实中，样本的大小总是处于 1 和无穷大之间，对两种极端的理解有助于我们样本均值$\bar{x}$的分布。

7.2　抽样分布的形态

样本均值$\bar{x}$的抽样分布在两种情况中满足其中之一，属于正态分布：(1) 随机变量总体x本身属于正态分布；(2) 样本容量足够大，通常大于 30。如果这两个条件都不满足，样本均值抽样分布的形态不好确定。

其中，第二个条件涉及一个重要的定理，叫中心极限定理（Central limit theorem）。

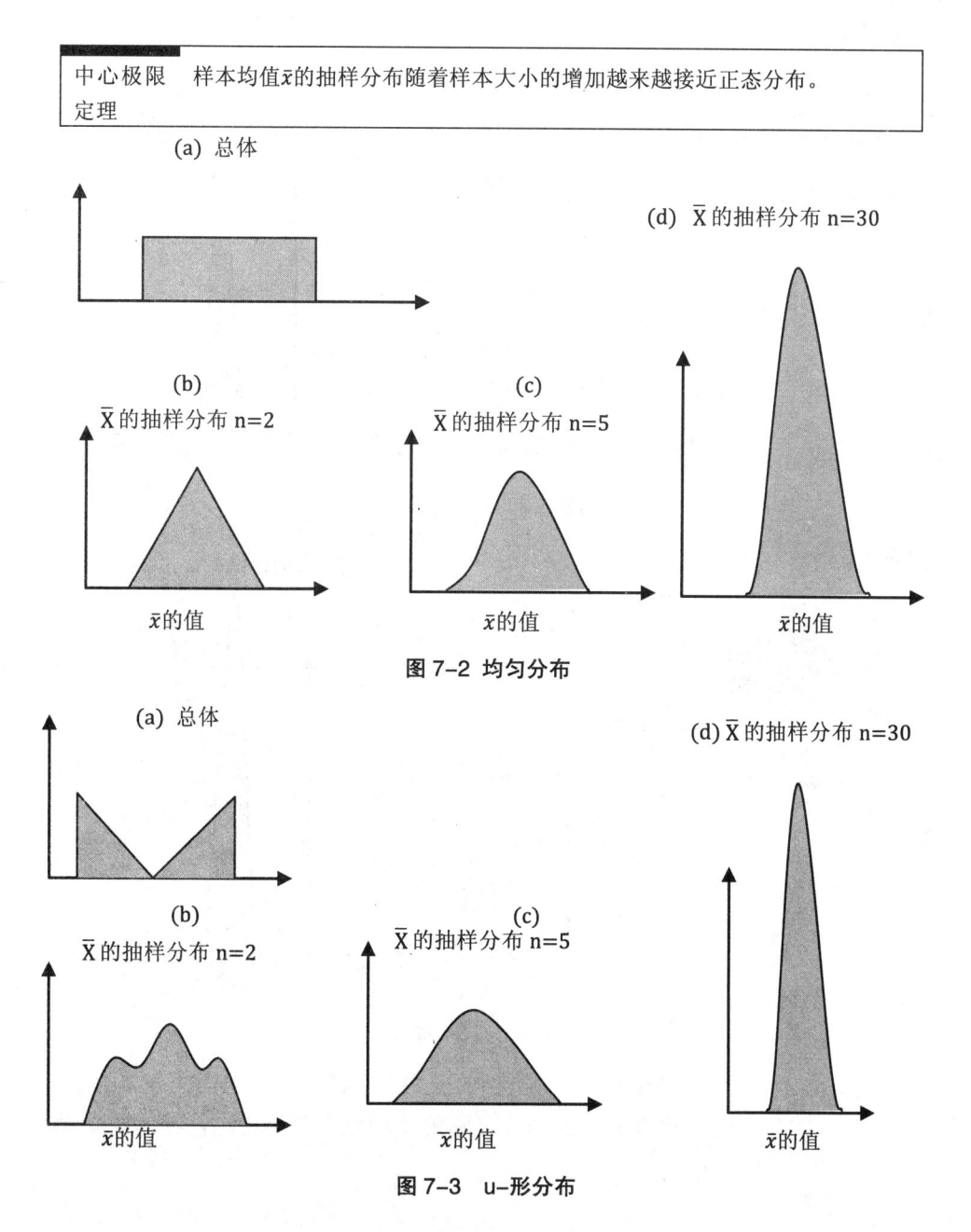

中心极限定理	样本均值$\bar{x}$的抽样分布随着样本大小的增加越来越接近正态分布。

(a) 总体

(b) $\bar{X}$的抽样分布 n=2

(c) $\bar{X}$的抽样分布 n=5

(d) $\bar{X}$的抽样分布 n=30

图 7-2 均匀分布

(a) 总体

(b) $\bar{X}$的抽样分布 n=2

(c) $\bar{X}$的抽样分布 n=5

(d) $\bar{X}$的抽样分布 n=30

图 7-3 u-形分布

(a)总体

(b) $\bar{X}$ 的抽样分布 n=2

(c) $\bar{X}$ 的抽样分布 n=5

(d) $\bar{X}$ 的抽样分布 n=30

$\bar{x}$ 的值

图 7-3 J-形分布

(a)总体

(b) $\bar{X}$ 的抽样分布 n=2

(c) $\bar{X}$ 的抽样分布 n=5

(d) $\bar{X}$ 的抽样分布 n=30

$\bar{x}$ 的值

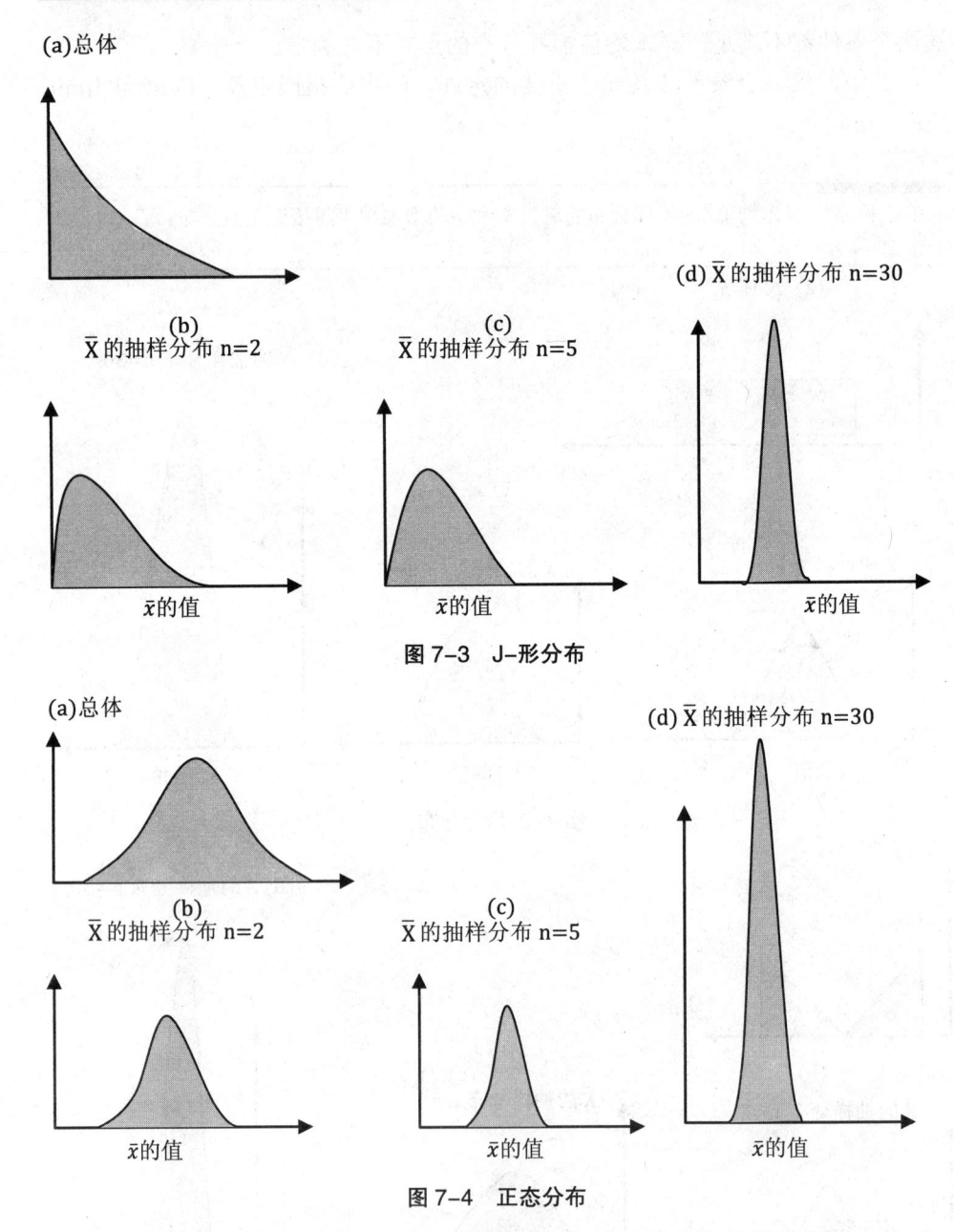

图 7-4 正态分布

从图 7-2、图 7-3、图 7-4 几种类型的分布及其样本均值的抽样分布来看，样本均值$\bar{x}$的分布随着样本容量的增大，它的波动范围变得更小，样本容量越大，波动范围越小。

7.3 中心极限定理的运用

【例1】考察 μ = 100 和 σ = 20 的正态总体。现在随机选择大小为 16 的一个样本，那么，这个样本的均值在 90 到 110 之间的概率是多少？

因为总体是正态分布，所以样本均值 $\bar{x}$ 的抽样也是正态分布。我们可以利用正态分布表进行计算。

$$z = \frac{x-u}{\sigma} = \frac{x-u}{\sigma/\sqrt{n}} = \frac{90-100}{\frac{20}{\sqrt{16}}} = -2.00$$

$$z = \frac{x-u}{\sigma} = \frac{x-u}{\sigma/\sqrt{n}} = \frac{110-100}{\frac{20}{\sqrt{16}}} = 2.00$$

因此，$p(90 < \bar{x} < 110) = p(-2.00 < z < 2.00) = 0.9544$。

【例2】一个人一年平均消耗的肉类为 218.4 磅。假设个人的肉类消耗呈正态分布，标准差为 25 磅。随机选择一个消费者，他一年消耗的肉类低于 224 磅的概率是多少？随机选择 40 个人，他们平均消耗肉类低于 224 磅的概率是多少？

$$z = \frac{x-u}{\sigma} = \frac{224-218.4}{25} = 0.22$$

通过查表可以知道，0 到 0.22 之间的概率为 0.0871，这个概率必须加上 0.500，才能得到 0.22 左边的概率：0.0871 + 0.500 = 0.5871。

因此，随机选择一个人，他一年的肉类消耗低于 224 磅的概率为 58.71%。如果选择 40 个人来看待这个问题，则：

$$z = \frac{x-u}{\sigma} = \frac{x-u}{\sigma/n} = \frac{224-218.4}{25/\sqrt{40}} = 1.42$$

因此，$p(\bar{x} < 224) = p(z < 1.42) = 0.4222 + 0.500 = 0.9222$。

所以，随机选择 40 人，他们平均消耗肉类一年低于 224 人的概率达到 92.22%。

7.4 t 分布

在前面的内容中，总体的标准差σ要么是给定的，要么可以通过总体的其他已知条件计算出来。在标准化公式z中，在抽样之前，n、z和σ都是已知的。然而，在现实中，我们通常不知道σ的值。思考下面的一个例子。

生产某型号的汽车需要 0.20 英寸厚的钢板。该汽车厂刚刚收到了一批钢板，从中抽取 25 件进行检测后发现，它们的平均厚度为 0.190，标准差为 0.020。根据过去的资料，钢板厚度遵循正态分布。为了确定整批钢板的厚度，你要知道这批钢板的平均厚度小于 0.190 的概率多大。

这个案例和我们前面讲述的案例类似，都是在给定总体特征的情况下，确定样本均值$\bar{x}$的概率。在本案例中，我们需要知道的相当于一个条件概率：

$$p(\bar{x} \leq 0.190)|u = 0.20, n = 25$$

但是，这个案例和先前案例的差别在于，我们不知道总体的标准差σ。在不知道总体标准差时，我们需要借用另一种分布来解决问题。这种标准差σ未知时的概率密度函数叫做 t 分布。

t 分布的公式和 z 分布的公式不同，它用样本的标准差替代了总体的标准差。

T 分布公式	当σ未知时，标准化样本均值$\bar{x}$的公式：$t = \dfrac{\bar{x} - \mu}{s_x/\sqrt{n}}$，其中，$s_x = \sqrt{\dfrac{\sum(x-\bar{x})^2}{n-1}}$，$\bar{x} = \dfrac{1}{n}\sum x_i$

t 和 z 一样，是一个连续型变量，都用来对$\bar{x}$进行标准化。因为用样本标准差替代了总体标准差，t 分布在图形上比 z 分布更平展。和总体标准差不同，样本标准差会因为样本的大小不同而不同，样本标准差随着样本量的增加而接近总体标准差。

在公式中，我们可以发现，t 值取决于样本均值$\bar{x}$和标准差s_x；n-1，通常被称为自由度，用 d.f（degree of freedom） 表示。自由度表示在样本中围绕均值可以自由取值的观察点的个数。例如，如果 n = 1，没有任何值可以围绕均值变化；如果 n = 2，围绕样本均值，只有一个数可以自由改变，一旦样本中的一个值确定了，另一个值也随之同时确定下来；也就是说，第二个数无法自由取值。

同样地，当 n = 3 时，只有两个数可以自由改变，一旦这两个数确定了，第三个数也就确定了。一般来说，给定了样本均值 $\bar{x}$ 和 n 个观察点，一旦 n-1 数被确定了，那么最后一个数就无法自由改变。这就意味为自由度为 n-1。

T 分布是一组分布，形态上随着自由度的不同而不同。见图 7-5。

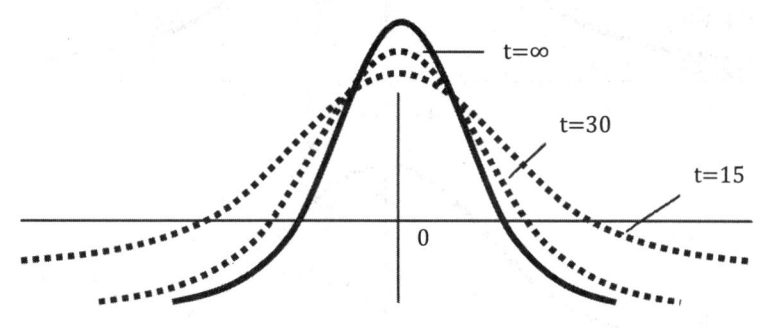

图 7.5 T 分布的一组图形

注意：随着样本容量的增加，t 的波动性会变小，会逐渐接近正态分布。

t 分布具有如下特点：

T 分布的特点	1. 单峰态，对称分布； 2. 均值为 0； 3. 标准差大于或等于 1，随着自由度的增加，标准差接近 1。

当我们不知道总体标准差 σ 时，我们只能用 t 分布来解决问题。在下面两种情况都不具备时，不能使用 t 分布：（1）总体（x）不呈正态分布；（2）样本容量不够大，少于 30 个观察点。要解决问题，第一步是将 $\bar{x}$ 按照公式转化成 t。以前面关于钢板厚度的例子做说明。
要求出：

$$p(\bar{x} \leq 0.190)$$

做转化为：

$$t = \frac{\bar{x} - \mu}{s_x / \sqrt{n}} = \frac{0.19 - 0.20}{0.02 / \sqrt{25}} = -2.50$$

也就是说，当 $n = 25, s_x = 0.02$ 时，$p(\bar{x} \leq 0.190) = p(t \leq -2.50)$。见图 7-6。

图 7-6

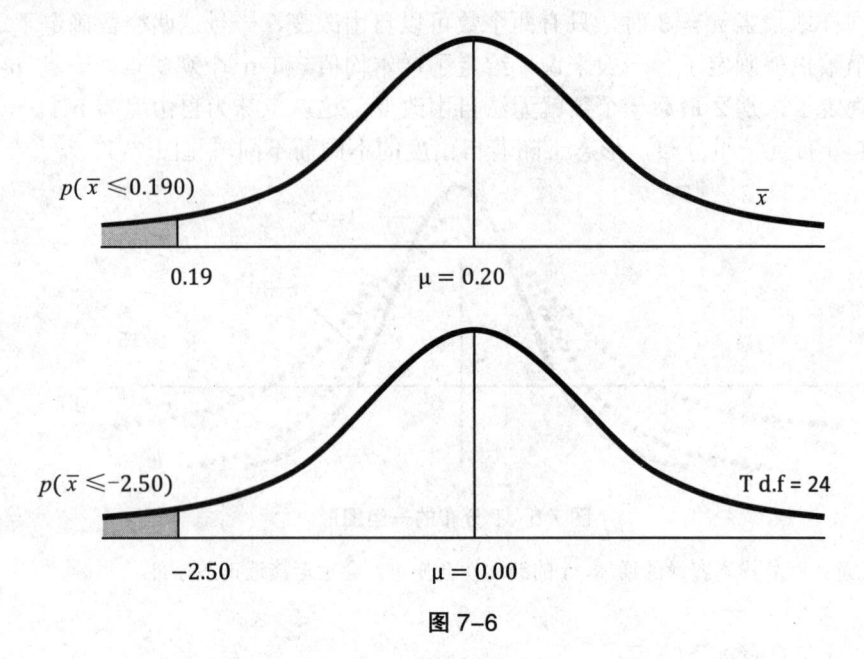

t 分布表和正态分布表一样，是没有负值的，因此需要进行转化。由于 t 分布是关于均值 0 对称分布的，所以，有：

$$p(t\leq-2.50)=p(t\geq2.50)$$

我们只要找到自由度为 24 时，$p(t\leq2.50)$ 的面积就可以了。我们通过查 t 分布表可以找到。见表 7-1。

表 7-1　t 分布表（自由度为 24）

d.f	0.75	0.90	0.95	0.975	0.99	0.995	0.999
⋮							
24	0.685	1.318	1.711	2.064	2.492	2.797	3.467
⋮							

t 分布表是一个累积概率表，表头（每一栏的最上面的数字）是概率，表内的数值是 t 值，最左边的一栏是自由度。以数字 0.685 和 0.75 为例，它表示的含义是：在自由度为 24 时，则：

$$p(t\leq0.685)=0.75$$

在表中，最接近 2.5 的数字是 2.492，则有：

$$p(t\leq2.492)=0.99$$

我们可以用图形来描述表格中数字的含义，如图 7-7。
$p(t\leqslant-2.50)=p(t\geqslant 2.50)=1-p(t\leqslant 2.492)=1-0.99=0.01$
所以，钢板的厚度小于 0.19 的概率为 1%。

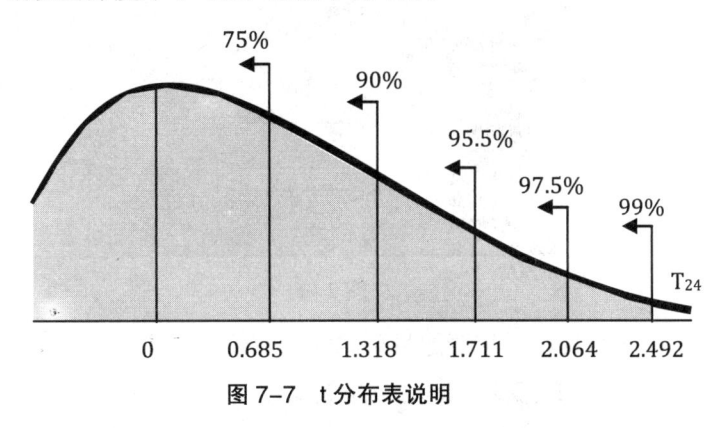

图 7-7　t 分布表说明

7.5　软件处理

【例 3】① 使用计算机，从均值为 μ=20、标准差为 σ=4.5 的正态总体中随机选择大小为 6 的 30 组样本。

② 求 30 组样本中每一组的均值$\bar{x}$。

③ 使用 30 个样本均值，构造一个直方图，求均值的$\bar{\bar{x}}$，并求标准差$s_{\bar{x}}$。

第一步，打开 excel，点击数据，点击数据分析，在数据分析对话框中，找到随机数发生器，出现对话框。见图 7-8。

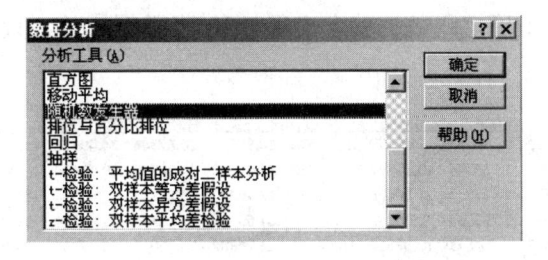

图 7-8

第二步，点击确定，出现对话框。见图 7-9。

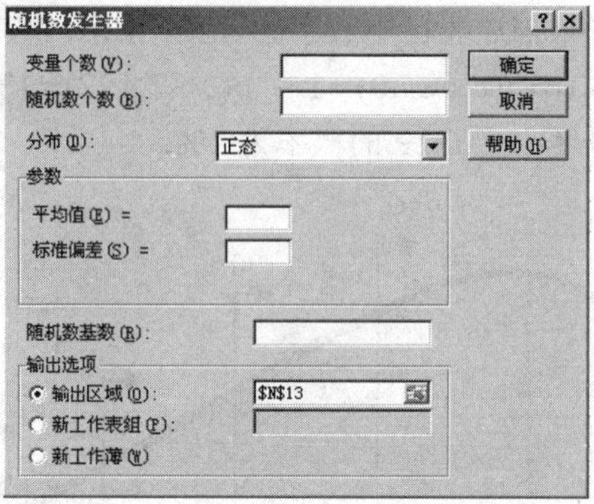

图 7-9

第三步,在对话框,按照题目要求填入数值,见图 7-10。

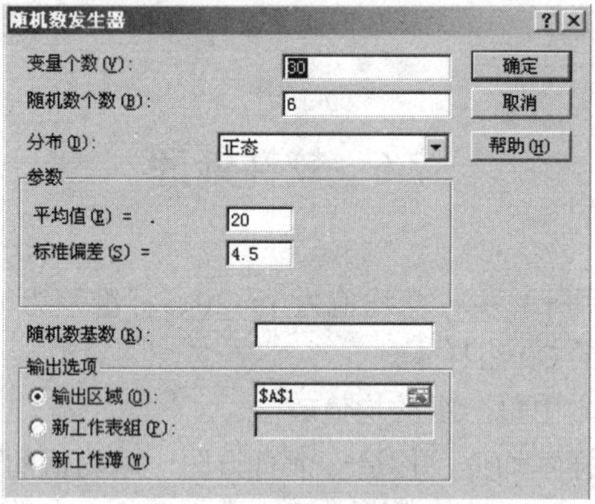

图 7-10

第四步,点击确定,数据就会出现(30 组数据太长,只截取一部分)。见图 7-11。

	A	B	C	D	E	F	G	H	I	J	K
1	21.00999	14.86729	19.99811	28.8179	21.14675	20.86224	20.87346	24.49357	21.17344	13.97334	20.04389
2	25.9499	15.07992	16.86344	19.14372	16.49735	24.03768	21.24911	19.02634	14.44365	15.9546	20.27539
3	24.58981	15.81656	27.35215	21.80626	10.61652	17.70234	18.22317	27.45204	15.42926	18.51619	14.23951
4	20.34855	26.99535	9.783983	29.5832	23.14008	14.69326	16.65144	13.66574	16.2022	22.21374	20.78872
5	18.65724	22.15873	17.4871	18.82514	19.64144	13.76882	16.05011	16.27348	14.0086	18.16833	16.93328
6	22.36537	21.03295	22.20985	22.94665	13.42401	19.86555	25.38482	22.63208	23.19166	21.35357	22.80018

图 7-11

第五步,在每组数据下方,输入公式= average(a1:a6),回车,得出 a 组数据的均值,利用右下黑十字向右拖动,系统自动计算出其他组数据的均值。计算出这些均值后,用同样的方法可以计算出$\bar{x}$,即,均值的均值。最后,调用函数 = stdev(),在括号里输入所有均值的坐标,就可以求出样本的标准差,即抽样误差。见图 7-12。

A	B	C	D	E	F
21.00999	14.86729	19.99811	28.8179	21.14675	20.86224
25.9499	15.07992	16.86344	19.14372	16.49735	24.03768
24.58981	15.81656	27.35215	21.80626	10.61652	17.70234
20.34855	26.99535	9.783983	29.5832	23.14008	14.69326
18.65724	22.15873	17.4871	18.82514	19.64144	13.76882
22.36537	21.03295	22.20985	22.94665	13.42401	19.86555
22.15348	19.32513	18.9491	23.52048	17.41102	

图 7-12

第六步,对计算出来的数据编排,并且进行扩展升序排序,得到图 7-13。最右边一栏是每组均值。

	A	B	C	D	E	F	G
1	19.3149	24.27229	19.69563	6.523471	21.92821	11.02162	17.12602
2	17.62711	21.12507	16.93849	12.26201	21.04498	14.68911	17.28113
3	21.17344	14.44365	15.42926	16.2022	14.0086	23.19166	17.40813
4	21.14675	16.49735	10.61652	23.14008	19.64144	13.42401	17.41102
5	23.72264	14.93727	23.28532	11.07638	18.14325	15.60455	17.7949
6	16.37441	19.01224	11.88371	23.86956	17.75396	19.014	17.98465
7	13.97334	15.9546	18.51619	22.21374	18.16833	21.35357	18.36329
8	22.48759	18.10232	21.30789	24.12651	20.00912	4.307506	18.39016
9	20.86224	24.03768	17.70234	14.69326	13.76882	19.86555	18.48832
10	16.1746	17.05335	21.70966	20.00843	21.65945	15.95304	18.75976
11	22.21412	14.24886	16.39057	16.82381	19.58166	23.71343	18.82874
12	19.99811	16.86344	27.35215	9.783983	17.4871	22.20985	18.9491
13	18.53	15.93652	18.60243	16.40433	18.74731	26.09229	19.05214
14	20.04389	20.27539	14.23951	20.78872	16.93328	22.80018	19.18016
15	14.86729	15.07992	15.81656	26.99535	22.15873	21.03295	19.32513
16	19.08581	23.43269	15.65749	21.82643	19.04113	18.70324	19.62447
17	20.87346	21.24911	18.22317	16.65144	16.05011	25.38482	19.73869
18	22.4884	19.12899	24.76047	22.21179	13.75714	18.46448	20.13521
19	10.42343	22.43602	22.57876	16.70208	25.75114	23.01309	20.15075

图 7-13

第七步,点击数据,点击数据分析,找到直方图。见图 7-14。

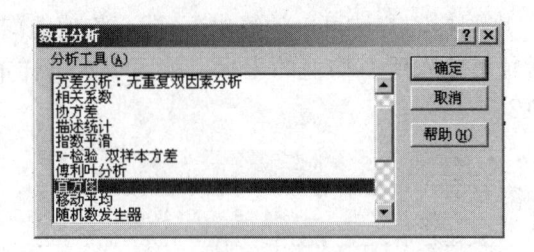

图 7-14

第八步，点击确定，出现对话框。见图 7-15。

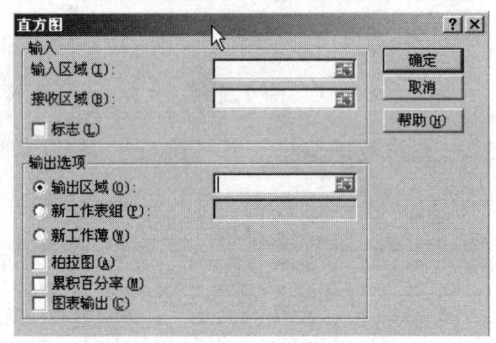

图 7-15

第九步，在输入区域对话框中输入要计算的均值的坐标。接受区域不填，系统会自动设定（也可以手动设定几个不同的值，然后把这些值的坐标输入，计算机会按照这些值进行分组）。勾选输出区域，并且输入 sheet3！a1，表示在新的表格 3 中以单元格 a1 为几点输出结果。勾选图表输出。见图 7-16。

图 7-16

第十步，点击确定，结果见图 7-17。

第七章 样本的变异性

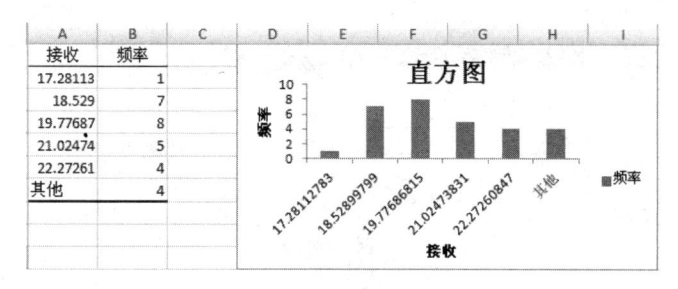

图 7-17

【例 4】$x = 2.228$，$d.f = 10$ 的单边概率分布。

第一步，点击 f（x），找到函数 tdist。见图 7-18。

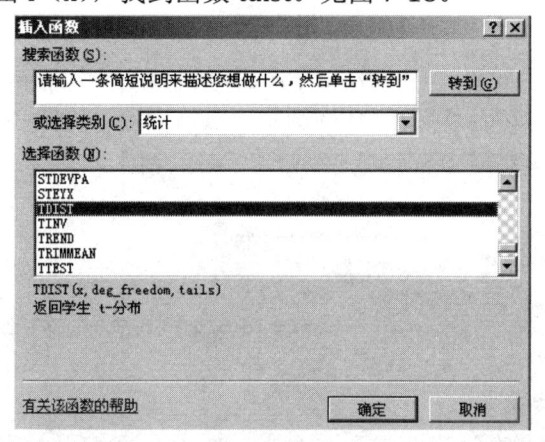

图 7-18

第二步，点击确定，出现对话框。见图 7-19。

图 7-19

第三步，在对话框输入相应的数据，如图 7-20。结果是 0.025。

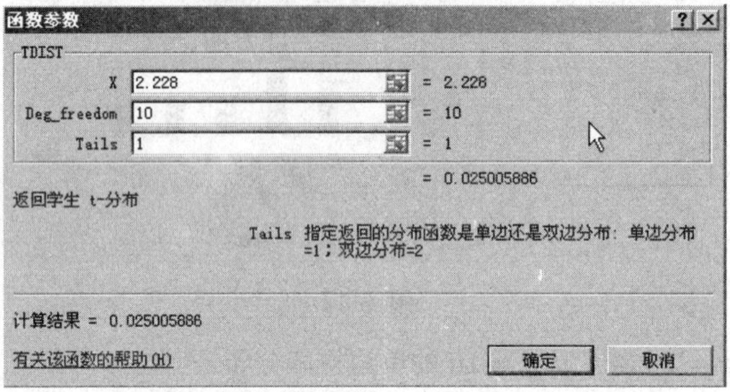

图 7-20

【例5】求双尾概率 $p = 0.05$，$d.f = 10$ 的临界值。

第一步，点击 f（x），找到 tinv 函数，点击确定，见图 7-21。

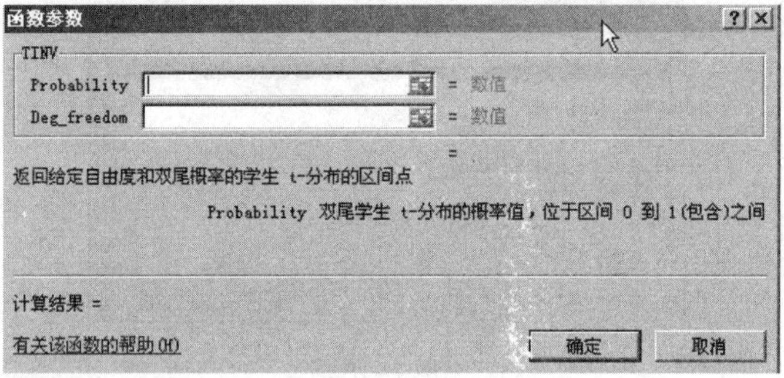

图 7-21

第二步，在对话框中，按条件输入概率和自由度，系统把结果自动计算出来，见图 7-22。注意，输入的概率只表示双尾概率。

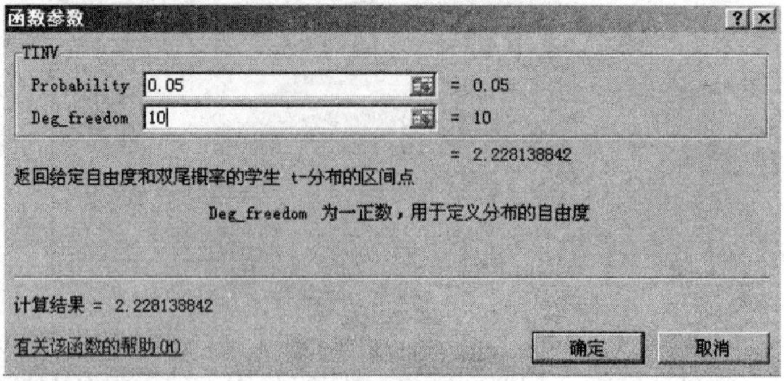

图 7-22

练习题

1. 在青岛大学旅游学院里随机选择10名男教师做心理压力测试，发现，这10人平均每秒的心跳为126次，标准差为4次。请你为真实总体的均值构造建一个95%的置信区间。

2. 6个成年大象的平均体重为12200磅，标准差为200磅。请为整个成年大象的平均体重构造一个95%的置信区间。

3. 据报道，一个年轻妇女平均每天摄入的热量为1667卡路里。为了了解这一规律是否适合护士，一个研究人员随即抽取了15名护士，发现她们平均每天摄入的热量为1593卡路里，标准差为36卡路里。请为整个年轻护士群体构造一个90%的置信区间。研究者能够得出前述规律也适合年轻护士的结论？

4. 28对生活在青岛的夫妇平均年收入为58219元，标准差为56元。请为这一群体的平均年收入构造一个95%的置信区间。

5. 下表是全国10省市自治区2004年农村居民过夜流向的人数。请构造一个95%的区间来描述全国30个省市自治区农村居民过夜人数的平均流向。

北京	天津	河北	山西	内蒙古	辽宁	吉林	黑龙江	上海	江苏
51	58	79	42	95	96	115	54	76	239

资料来源：中国旅游抽样调查。

第八章 估 计

主要内容
- 点估计
  重点了解点估计的原理
- 区间估计
  重点了解区间估计的几种不同类型，如何选择不同的分布形式
- 软件处理

样本统计量（均值、标准差）一方面是对样本数据特点的描述，另一方面，它提供了对总体统计量（通常是均值）的一个估计，是总体统计量的一个替代。

例如：为了了解农村生源的经济状况，方便发放助学贷款，学生工作处从来自农村的学生中随机抽取了36人，调查了他们每个月的生活支出。这个样本的均值可以作为所有农村学生生活支出的一个替代。

在饭店营销中，市场部统计了所有在自家酒店订购年夜饭的家庭收入，计算他们的人均家庭收入。

大学学生处随机选取了100名学生，调查他们每天自习的时间。计算了每名学生平均自习时间。

旅行社调查了某个城市年收入在8～10万元的家庭中在5月份外出旅游的家庭数量，并计算出外出旅游的家庭数占整个样本数的比例。

在上述这些案例中，样本统计量用来描述总体参数的情况，它用来估计总体参数。在前面的三个例子中，样本均值 $\bar{x}$ 被用来估计总体均值 μ。最后的例子，样本比例（$\rho = \frac{x}{n}$，x是出游的家庭数，n是收入在8～10万元的所有家庭数）被用来估计总体比例。这些估计就叫做点估计（point estimates），它们都是一个单一的值。在本章中，我们假定总体即使不是无穷，也非常大；点估计的值都来自单一的样本。

要保证每一个点估计都是正确的是不可能的。在前面的第一个例子中，一个36人的随机样本要准确地替代所有来自农村的学生的平均月消费水平是很难的。为了消除点估计的不确定性，许多分析者更愿意为总体估计（均值）设

定一个区间。区间中所有值的集合就是区间估计。以第二个例子为例，我们可以估计所有学生每天自习的时间在 2 到 5 个小时之间，并给出估计的把握有多大。这种情形有时候更令人信服。

8.1 点估计和点估计量

虽然我们一直讨论用样本的信息来估计总体参数，但我们还没有真正说明估计和估计量的思想是什么。什么是估计呢？估计是我们用样本计算出来的一个数值，我们用这个数值对总体参数做出一个推断。例如，假定所有订购年夜饭的家庭年平均收入为 9 万元，那么，我们就认为订购年夜饭的家庭总体年平均收入是 9 万元。

| 点估计 | 用来估计总体参数的一个值。 |

点估计是利用样本计算出来的一个值，因此，不同的样本会有不同的点估计，从这个角度来看，点估计是随机过程的结果。所有结果的取值可以看作一个随机变量，这个变量代表了所有的点估计。这个随机变量叫做点估计量（point estimator）。

| 点估计量 | 是一个随机变量，它的取值是所有的点估计值。 |

点估计也可以看作一种方法或过程，它生成了特定的数值，每一个数值都是一个点估计值。在现实中，我们通常用如下三个点估计量来对总体参数进行推断。

$\bar{x}$（样本均值）是总体参数 μ 的最佳点估计量；
s_x^2（样本方差）是总体参数 σ^2 的最佳点估计量；
P（样本比例）是总体参数（总体比例值）ρ 的最佳点估计量。

有许多理由支持这些估计量是总体参数的最佳替代，其中一个最重要的原因是，这些估计量都是无偏的（unbiased）。

| 无偏估计量 | 如果一个估计量的期望值（所有的点估计的均值）等于总体参数，那么，这个点估计量就是无偏的。 |

点估计量的无偏性并不代表任何一个点估计都与总体参数相等；相反，它意味着所有可能的点估计量的均值等于总体参数值。样本均值$\bar{x}$是无偏的，这意味着所有可能的$\bar{x}$的均值等于总体均值μ；样本方差s_x^2是无偏的，意味着所有可能的s_x^2的均值等于总体方差σ^2；样本比例 P 是无偏的，意味着所有可能的 p 的均值等于总体参数 ρ。

8.2 区间估计

区间估计是为总体参数指定某一个范围内的值。我们可以围绕每一个点估计值为总体参数构造一个区间。这个区间有一个最大值，用 H 代表；一个最小值，用 L 代表，点估计值总是落在这个区间的中间。见图 8-1。

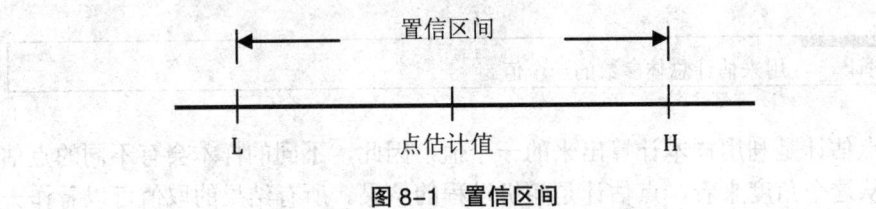

图 8-1 置信区间

当我们将自己对总体参数落在该区间的把握（信心）与这个区间结合起来时，这个区间就变成了置信区间（confidence interval）。例如，当我们说，有 90%的把握总体参数落在这个区间，这个区间就是一个 90%的置信区间。同理，会有 95%置信区间，还会有 99%的置信区间，等等。

置信区间总是与特定的置信水平联系在一起。例如，我们说，我们有 90%的信心 L – H 包含总体参数，这意味着如果随机抽取 100 个样本，用这 100 个样本的点估计构造 100 个区间，其中，有 90 个区间会包含总体参数。如前面所说，这个区间也叫做 90%的置信区间。

注意，L 和 H 也是两个随机变量，它的取值随样本的不同而不同。90%的置信区间，用概率的形式，可以写成：

$$p(L < 总体参数 < H) = 0.90$$

注意，上述公式并不是表示，总体参数落在某个特定的 L 和 H 之间概率是 90%。它真正的含义是，如果我们抽取许多不同的样本，这些样本会产生许多不同的 L 和 H；这些区间的 90%会包含总体参数，10%的区间不包含总体参数。

图 8-2 阐释了基于 11 个样本、11 个置信区间的构造。垂直线是已知的被

估计的总体参数的值。在图中，只有一个——样本 6 没有与总体参数线相交；说明总体参数没有落在这个区间。一般来说，我们并不知道被估计的总体参数值。由于仅仅只有一个样本，当进行抽样时，一个人也永远不知道是否总体参数会落在某个特定的 L 和 H 之间。

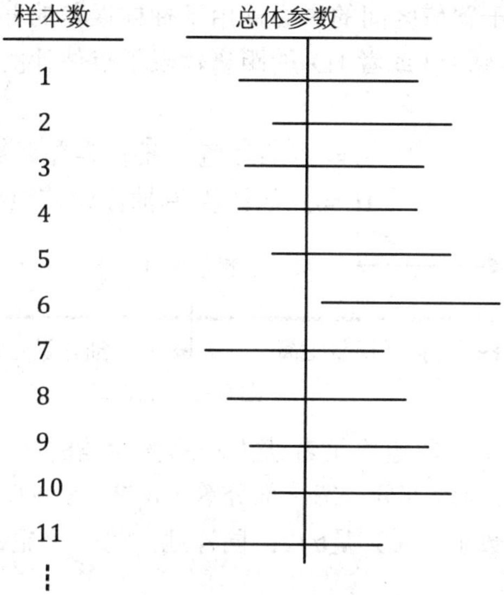

样本数　　　总体参数

1
2
3
4
5
6
7
8
9
10
11
⋮

图 8-2　置信区间的计算和说明

对于 90% 的置信区间，不包含总体参数的概率为 1 − 0.90 = 0.10。也就是说，犯错的可能性是 10%。这个犯错的概率通常用 α 来表示。

对于 90% 的置信区间，α = 0.10

对于 95% 的置信区间，α = 0.05

对于 99% 的置信区间，α = 0.01

同理，对于任何给定的α，我们总是可以计算出它的置信区间，(1 − α)100%。在进行样本数据收集之前，决策者通常要设定犯错的概率α；α 的设定通常是决策者对置信区间水平和犯错概率进行权衡的结果；α设得太小，置信区间就变得很大，决策有很大的把握总体参数会落在区间里；但是，这样的区间可能因为太大而没有什么用处。也就是说，区间太大，它提供不了多少有用的信息。

以前面的年夜饭订购为例。如果我们选择α = 0.005 的犯错概率，那么置信区间就是(1 − α)100% = 99.5%，再假定，如果 99.5%构造的置信区间为 0.50 万元（L）到 17.5 万元（H）。看看这个区间，这个区间意味着什么呢？这个区间几乎囊括了饭店所在城市的大部分家庭。那么，这样的数据信息对于销售人员制定针对性的销售策略又有什么用呢?

在社会科学研究中,α通常设定在 0.01 或 0.05,很少有 α 的设定大于 0.10 的。一旦设定了 α,样本被抽出来,构造区间的两个关键值 L 和 H 就可以计算出来。点估计值加上一个量就得到 H,减去一个等同的量就得到 L。注意,点估计值总是位于置信区间的中心,由于抽样误差的存在(有许多不同的点估计值),点估计值到 L(或者 H)的距离代表了点估计的不确定性(见图 8-3)。所以:

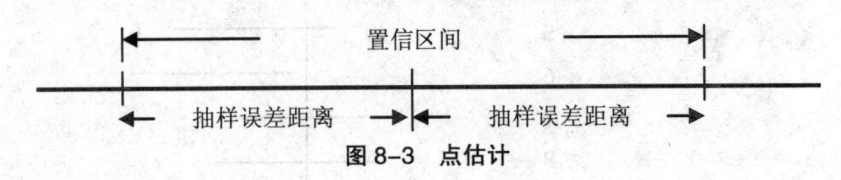

$$L = 点估计值 - 抽样误差距离$$
$$H = 点估计值 + 抽样误差距离$$

图 8-3 点估计

犯错的概率。假定决策者认为对总体参数的高估和低估同样严重,那么,参数α就需要分为两部分,每一部分等于α/2(参见图 8-4)。这就意味着犯错的概率(总体参数小于 L)是α/2;同样地,另一个犯错概率(总体参数高于 H)也是α/2。

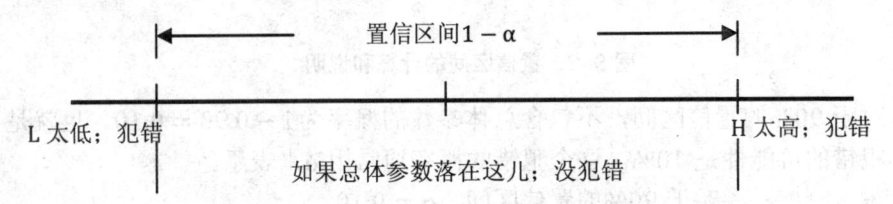

图 8-4 α分成两个部分

如果你决定构造一个 95%的置信区间,这意味α = 0.05分成两个部分,各自 0.025,这两个部分分别意味着总体参数低于 L 和总体参数高于 H 的概率。

对于许多置信区间,我们通常要确定 z 值,而 z 值确定了正态分布右尾α/2的概率,对于该 z 值,我们通常记为:$z_{\alpha/2}$,下标表示右尾分布的概率(面积)。因为正态分布是对称的,所以,$-z_{\alpha/2}$表示左边的 z 值,下标表示 z 分布左边尾部的概率(面积)。具体说明,见图 8-5。

面积=0.025   面积=0.025

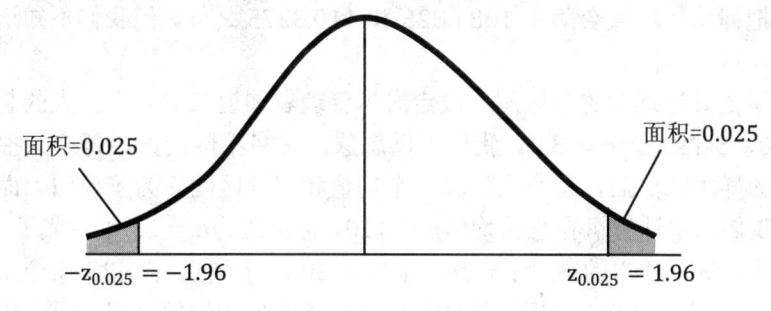

$-z_{0.025} = -1.96$ $z_{0.025} = 1.96$

图 8–5

u 的置信区间（x 呈正态分布或者 n 足够大，σ 已知）。在构造总体均值 μ 的置信区间时，我们需要利用样本均值 $\bar{x}$。在前面的章节中，我们知道，$\bar{x}$ 分布的标准差是 $\sigma/\sqrt{n}$，其中 σ 是随机变量 x 分布总体的标准差。如果总体呈正态分布，或者样本容量 n 足够大（大于 30），$\bar{x}$ 的分布是正态分布。结合上面的信息，我们可以找到置信区间的两个关键值 L 和 H。

$$L = \bar{x} - z_{\alpha/2} \, (\sigma/\sqrt{n})$$
$$H = \bar{x} + z_{\alpha/2} \, (\sigma/\sqrt{n})$$

所以，总体均值 μ 的 $(1-\alpha)100\%$ 的置信区间（x 呈正态分布或者 n 足够大，σ 已知）为：

$$L = \bar{x} - z_{\alpha/2}\left(\frac{\sigma}{\sqrt{n}}\right) < \mu < H = \bar{x} + z_{\alpha/2}\left(\frac{\sigma}{\sqrt{n}}\right)$$

【例 1】海尔集团的管理者为了保证产品质量，在过去 10 年里，对 2341 个生产线上工人的业务熟练程度进行测试。他们发现熟练度得分的标准差为 3.0。现在从这些工人中随机抽选 36 人，试问，所有 2341 个工人的熟练度得分的均值是多少？假定 36 个工人得分均值为 109.5050，构造一个 90% 的置信区间。

分析：由于样本容量大于 30，我们可以断定 $\bar{x}$ 服从正态分布，运用 z 分布进行判断是合适的。在本例中，置信水平为 90%，因此，α = 0.10，α/2 = 0.05，所以，1 − α/2 = 0.95，通过查正态分布表，我们可以得到 $z_{\alpha/2} = 1.65$，$-z_{\alpha/2} = -1.645$，因此，置信区间可以写成：

$$L = \bar{x} - z_{\alpha/2}\left(\frac{\sigma}{\sqrt{n}}\right) < \mu < H = \bar{x} + z_{\alpha/2}\left(\frac{\sigma}{\sqrt{n}}\right)$$

$$L = 109.5050 - 1.645\left(\frac{3}{\sqrt{36}}\right) < \mu < H = 109.5050 + 1.645 \, (3/\sqrt{36})$$

$$108.6825 < \mu < 110.3275$$

在 90% 的置信区间中，抽样的最大误差为 $z_{\alpha/2}\left(\frac{\sigma}{\sqrt{n}}\right) = 0.8225$。虽然我们有

90%的把握总体均值会落在108.6825和110.3275之间,但我们不知道它是否真的落在这个区间。

为了更好地理解置信区间,假定海尔管理者知道2341个工人的总体均值$\mu = 110$,标准差为$\sigma = 3.0$。我们可以想象,许多不同的人,每个人抽取一个n = 36的样本,然后,每个人计算一个均值和置信区间。为了说明上面的这个理念,我们利用计算机在总体均值$\mu = 110$,标准差为$\sigma = 3.0$中生成了2000个随机样本,每个样本的容量n = 36(相当于2000个调查者在2341个工人中各自抽了36人)。表8-1展示了这些随机样本和它们的置信区间,显示出来的样本是1、2、3、49、50、111、112、879、790和2000。

表8-1 从总体均值$\mu = 110, n = 36$中展示的11个样本及其置信区间

样本数目	点估计值	90%的置信区间
1	109.5050	$108.6825 < \mu < 110.3275$
2	109.6700	$108.8475 < \mu < 110.4925$
3	110.0050	$109.1825 < \mu < 110.8275$
⋮		
49	110.5960	$109.7735 < \mu < 111.4185$
50	109.8860	$109.0635 < \mu < 110.7085$
⋮		
111	108.9780	$108.1555 < \mu < 109.8005$
112	110.4620	$109.6395 < \mu < 111.2845$
⋮		
789	109.6430	$108.8205 < \mu < 110.4655$
790	110.2330	$109.4105 < \mu < 111.0555$
⋮		
1978	110.1240	$109.3015 < \mu < 110.9465$
⋮		
2000	110.7790	$109.9565 < \mu < 111.6015$

u的置信区间(n<30,σ未知)。在前面的案例中,我们假设总体的标准差σ是已知的;但是,在现实中,这种假设是不合理的。如果总体标准差未知

而且样本容量小于 30 时,我们可以用样本的标准差 s_x 来估计总体标准差 σ。在这种情况下,z 分布不可用,只能用 t 分布来确定最大抽样误差。

就像 z 分布一样,我们同样需要找到 t 分布左右两端的尾部α/2所对应的 t 值。即:

$$t_{\alpha/2, n-1}$$

上面的式子是指自由度为 n-1,面积为α/2 的右边尾部对应的 t 值,同样的道理,$-t_{\alpha/2, n-1}$ 对应着左边尾部的 t 值。例如,如果 n = 20,α = 0.05,要找到对应的 t 值,则自由度为 n − 1 = 20 − 1 = 19,α/2 = 0.025,我们需要找到 $\pm t_{0.025,19}$。这意味着我们要找到与累计概率 0.975 想对应 t 值。

$$\pm t_{0.025,19} = \pm 2.093$$

所以,在假定随机变量 x 服从正态分布且方差未知的情况下,关于总体均值μ的置信区间构造如下:

t 分布的置信区间	(1 − α)100%置信区间(n<30,σ 未知): $L = \bar{x} - t_{\alpha/2, n-1}\left(\dfrac{s_x}{\sqrt{n}}\right) < \mu < H = \bar{x} + t_{\alpha/2, n-1}\left(\dfrac{s_x}{\sqrt{n}}\right)$

【例 2】随机选择了 10 个比亚迪小汽车,测量它们右前轮在泥土上的压痕深度。均值是 0.32 英寸,标准差是 0.08 英寸。假定随机变量近似服从正态分布,构造一个 95%的区间。

分析:因为 α = 0.05,n = 10,所以,α/2 = 0.025,$t_{\alpha/2,n-1} = t_{0.025,9} = 2.262$ 自由度为 9 的 95%置信区间为:

$$L = \bar{x} - t_{\alpha/2, n-1}\left(\frac{s_x}{\sqrt{n}}\right) < \mu < H = \bar{x} + t_{\alpha/2, n-1}\left(\frac{s_x}{\sqrt{n}}\right)$$

$$L = 0.32 - 2.262\left(\frac{0.08}{\sqrt{10}}\right) < \mu < H = 0.32 + 2.262\left(\frac{0.08}{\sqrt{10}}\right)$$

$$0.26 < \mu < 0.38$$

因此,95%的置信区间是 0.26 到 0.38。

总体比例的置信区间(n>30)。在现实生活中,我们经常要估计总体的比例。例如,景点景区想要知道本地人全年参观景点的比例;小轿车厂商想知道本年度计划购买新车的成年人比例;产品经理想知道某条生产线上产品的废品比例。在本节中,我们用 π 来表示总体比例,样本估计比例用 ρ $\left(\dfrac{x}{n}\right)$ 来表示。

和前面一样,ρ 是总体比例 π 的无偏估计量。当 n 足够大时(如大于 30),π 的期望值不会接近 0 或 1,这种情况下,我们可以用正态分布来估计 π 的置信区间。事实上，我们可以继续使用 $\pm z_{\alpha/2}$。利用点估计，最大误差为：

$$z_{\alpha/2}\sqrt{\rho(1-\rho)/n}$$

那么，关于 π 的置信区间可以表示为：

比例的置信区间	估计总体比例 π 的 $(1-\alpha)100\%$ 置信区间 $L = \rho - z_{\alpha/2}\sqrt{\rho(1-\rho)/n} < \pi < H = \rho + z_{\alpha/2}\sqrt{\rho(1-\rho)/n}$ 其中，$\rho = \frac{x}{n}$

【例3】根据搜狐财经2011年的一篇报道，在202个小企业业主的调查中，有105人担心中国经济会发生硬着陆。以95%信度为例，说明所有小公司业主担心经济硬着陆的比例和置信区间。

分析：样本比例，$\rho = \frac{105}{202} = 0.52$，这一数值可以用来估计总体比例 π，与95%对应的置信区间的值为：

$$\pm z_{\frac{\alpha}{2}} = \pm t_{0.025} = \pm 1.96$$

用 $\rho = \frac{x}{n}$，$x = 105$，$n = 202$，$z_{\alpha/2} = 1.96$ 代入到公式中：

$$L = \rho - z_{\alpha/2}\sqrt{\rho(1-\rho)/n} < \pi < H = \rho + z_{\alpha/2}\sqrt{\rho(1-\rho)/n}$$

$$\frac{x}{n} - z_{\alpha/2}\sqrt{\frac{\frac{x}{n}(1-\frac{x}{n})}{n}} < \pi < \frac{x}{n} + z_{\alpha/2}\sqrt{\frac{\frac{x}{n}(1-\frac{x}{n})}{n}}$$

$$\frac{105}{202} - 1.96\sqrt{\frac{\frac{105}{202}(1-\frac{105}{202})}{202}} < \pi < \frac{105}{202} + 1.96\sqrt{\frac{\frac{105}{202}(1-\frac{105}{202})}{202}}$$

$$0.5198 - 1.96(0.035) < \pi < 0.5198 + 1.96(0.035)$$

$$0.4512 < \pi < 0.5884$$

在本例中，抽样最大误差为0.0686，因此，我们有95%的信心总体比例π会落在0.4512到0.5884之间。

总体均值的置信区间（总体呈正态分布或 n>30，总体标准差 σ 未知）。对于大多数的估计问题，设定总体标准差已知是不合理的；在这种情况下，我们采用 t 分布进行估计。可惜的是，当 n 足够大时，用 t 分布来估计比较麻烦，因为 t 表只是提供了有限的几个关键值和自由度。这时，我们通常用 z 分布来代替 t 分布对总体比例进行估计，这种方法非常实用和简便。

当自由度无穷大时，t 分布与 z 分布是一样的。也就是说，对于 0.025 右边尾部面积对应的 t 值和 z 值是相等的，都是 1.96。当然，n 永远不可能无穷大，不过，只要 n 足够大，比如，n>30，我们就可以用 z 分布代替 t 分布来构造总体比例的置信区间。这样我们有：

置信区间　$(1-\alpha)100\%$置信区间（x 样本容量 n>30，σ 未知）：

$$L = \bar{x} - z_{\alpha/2}\left(\frac{s_x}{\sqrt{n}}\right) < \mu < H = \bar{x} + z_{\alpha/2}\left(\frac{s_x}{\sqrt{n}}\right)$$

总结

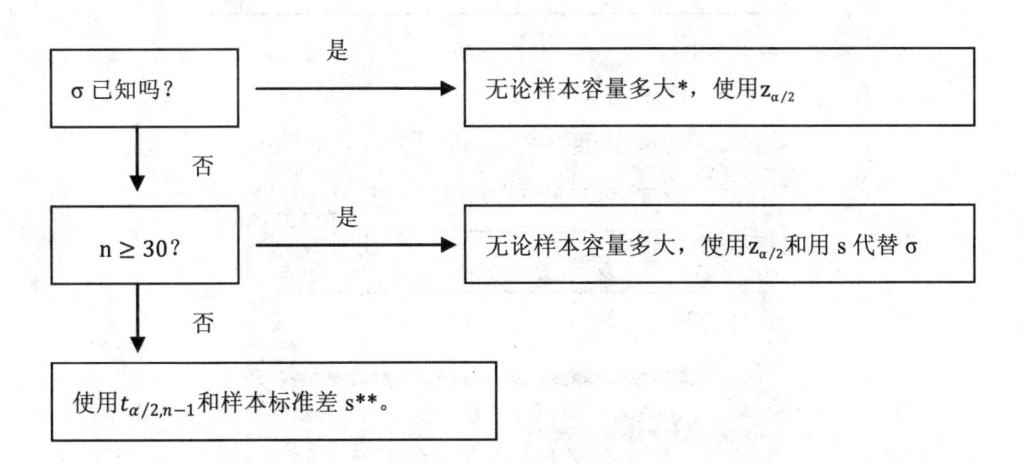

许多同学有时候不知道在什么样的情况是用$z_{\alpha/2}$还是用$t_{\alpha/2,n-1}$，正如前面所说的，如果总体标准差 σ 已知时，只要样本服从正态分布，或者容量大于 30，不管样本怎样，都选择$z_{\alpha/2}$。当标准差 σ 未知且样本容量 n≥30 本标准差 s 和$z_{\alpha/2}$（样本容量大于 30 时，均值分布已经呈现正态分布）。最后，如果总体标准差未知，样本容量n < 30时，在公式中，只能用样本标准差 s 和$t_{\alpha/2,n-1}$。见图 8-6。

```
┌──────────────┐   是   ┌────────────────────────────────────┐
│ σ 已知吗？   │──────→ │ 无论样本容量多大*，使用$z_{\alpha/2}$ │
└──────┬───────┘        └────────────────────────────────────┘
       │否
       ↓
┌──────────────┐   是   ┌──────────────────────────────────────────────┐
│ n ≥ 30？     │──────→ │ 无论样本容量多大，使用$z_{\alpha/2}$和用 s 代替 σ │
└──────┬───────┘        └──────────────────────────────────────────────┘
       │否
       ↓
┌──────────────────────────────────┐
│ 使用$t_{\alpha/2,n-1}$和样本标准差 s**。│
└──────────────────────────────────┘
```

注：*当 n<30 时，变量必须是正态分布。**变量必须接近正态分布。

图 8-6

8.3 软件处理

【例4】 找出标准正态分布中$Z_{\alpha=0.05}$的双边分布的临界值。

分析：由于标准正态分布是关于 0 均值对称的，所以，$\alpha=0.05$的双边分布意味着左右两边拖尾的面积都是$\alpha/2 = 0.025$，因此，我们只需要找到 0.025 或者 0.975 的对应值就可以了。注意，在统计学中，当我们谈到α时，通常指正态分布图形里，从右到左的面积（这个概率也叫显著性水平，后面的章节会涉及）。当用 excel 中的相关函数计算临界值时，我们计算的临界值却是 $1-\alpha$ 或 $1-\alpha/2$对应的临界值。也就是说，当输入 0.025 时，我们计算的是 $1-\alpha$ (0.975)对应的临界值，也就是左边覆盖的面积所对应的临界值。更简洁点说，函数中输入的数值是从左到右覆盖的面积。如下图 8-7 所示。

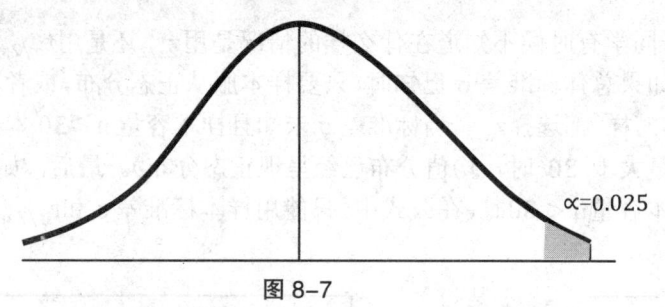

图 8-7

第一步，点击 f(x)，出现图 8-8。

图 8-8

第二步，找到 normsinv 函数，点击确定，出现图 8-9。

图 8-9

第三步，输入 0.025，得到左边的临界值 -1.96，根据标准正态分布的对称性，右边的临界值为 1.96。

当在第二步中输入 0.975 时，函数会返回右边的临界值 1.96，见图 8-10。

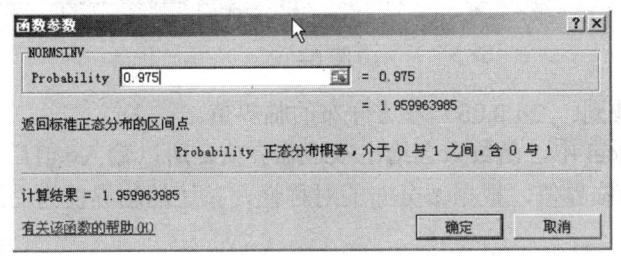

图 8-10

【例 5】找出正态分布中 $Z_{\alpha=0.05}$ 的单边分布右边的临界值。

分析：$Z_{\alpha=0.05}$ 单边分布意味着从右到左覆盖的面积是 0.05，那么，我们要找的右边临界值应该是 1-0.05=0.95 对应的临界值。

第一步，点击 f(x)，出现图 8-11。

图 8-11

第二步，找到 norminv 函数，点击出现图 8-12。输入图中数据，得到结果。右边的临界值为 1.64。注意，在 norminv 函数里，还要输入均值和标准差，因为设定的函数不是标准正态分布。

图 8-12

【例 6】找到 t（24,0.05）双边分布的临界值。

分析：excel 中，函数只会给出双边临界值，所以输入 α 值后，函数会自动计算出右边的临界值，根据 t 分布的对称性，左边的临界值为右边临界值的相反数。

第一步，同上。

第二步，找到 tinv 函数，点击确定，得到图 8-13。

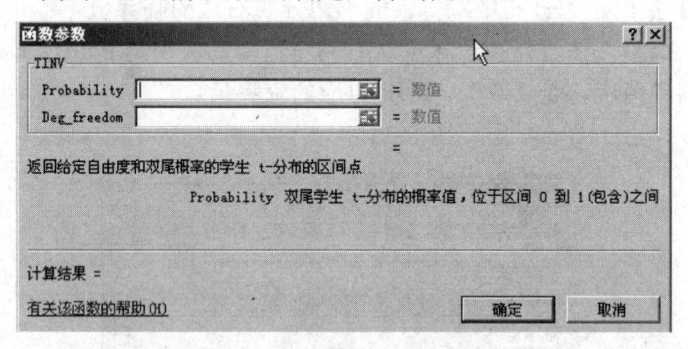

图 8-13

第三步，输入 0.05 和 24，得到右边的临界值为 2.064，则左边临界值为 -2.064。如图 8-14。

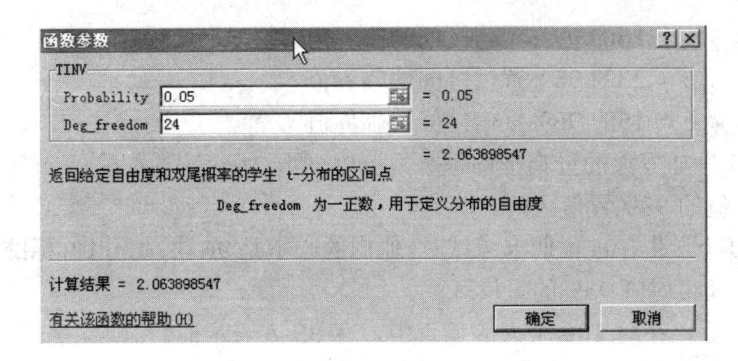

图 8-14

练习题

1. 计算下列要求的置信区间:
a. $Z_{\alpha/2}$ 的 99%置信区间的临界值
b. $Z_{\alpha/2}$ 的 98%置信区间的临界值
c. $Z_{\alpha/2}$ 的 95%置信区间的临界值
d. $Z_{\alpha/2}$ 的 90%置信区间的临界值
e. $Z_{\alpha/2}$ 的 94%置信区间的临界值

2. 随机选出 36 只骆驼,它们平均每小时走 2.6 英里,标准差是 0.4 英里。计算出骆驼总体均值 95%的置信区间。

3. 随机从 5 年级学生中抽取 35 人,他们的阅读得分的平均值为 82,标准差为 15%。
a. 找到全体 5 年级学生阅读得分均值的 95%置信区间
b. 找到全体 5 年级学生阅读得分均值的 95%置信区间
c. 哪一个区间更大?为什么?

4. 一项调查发现,8 岁到 12 岁的小孩平均每次在超市的消费额度为 18.5 元。随机抽取 49 个该类小孩,算出这一类型小孩平均消费额度 90%的置信区间。假定样本的标准差为 1.56 元。

5. 一个研究人员想了解北京市警察的月收入。他期望自己的估算有 95%的可靠性。已知总体的标准差是 1050 元,如果要获得想要的信息并且确保样本的最大误差不超过 200 元,需要多大的样本量?

6. 计算下列要求的置信区间:

a. $T_{\alpha/2}, n = 18$ 的 99% 置信区间的临界值
b. $T_{\alpha/2}, n = 23$ 的 95% 置信区间的临界值
c. $T_{\alpha/2}, n = 15$ 的 98% 置信区间的临界值

7. 25 只 2 岁大的母鸡平均每个月可以下蛋 21 个，标准差是 2 个。计算总体真实均值的 99% 置信区间。

8. 20 个学生在进行期末考试时，他们的心率是 96 跳/每分钟，标准差是 5。找到总体真实均值 95% 的置信区间。

9. 最近，在对 100 个人的调查中，有 85 人表示他们对现在家庭满意。试问，对家庭满意的人真实比例的 90% 的区间是多少？

第九章　假设检验

主要内容

- 假设检验的概念和一般方法
- 正态分布的总体参数检验
- t 分布检验
- 总体比例的假设检验
- 软件处理

9.1　假设检验的概念和一般方法

我们已经知道，根据随机样本提供的信息，可以对总体未知参数做出一定的可靠程度的估计，但是反过来，我们能否先对总体的未知参数作一个假设，然后根据样本信息，对这个假设是否可信做出判断呢？

例如，某厂生产一批产品，产品总数 $n=1000$ 件，必须经检验合格方能出厂，按规定次品率不能超过 5%，否则不准出厂。

在这个例子中，我们事先对这 1000 件产品（称为总体）的次品率（称为总体未知参数）一无所知。但是我们可以根据以往的资料假设其次品率不超过 5%（称为原假设），然后随机抽取 50 件样品，检验出其次品率为 8%（称为样本参数值），现在的问题是我们能否根据这 8% 的样本次品率来判断整批产品的次品率不超过 5%，且伴有多大的可信程度呢？

| 统计假设 | 是关于总体参数的一个设想。这个设想可能是正确的，也可能是错误的，它需要验证。 |

像这种根据某个随机样本所提供的信息，计算出一个参数值，用它来判断总体未知参数（事先所作的假设）是否为真的统计分析方法，叫做假设检验。显然，假设检验的基本思想是：为了判断总体的某个特征，先根据决策要求，

对总体特征做出一个原假设，然后从总体中抽取一定容量的随机样本，计算和分析样本数据，对总体的原假设作假设检验，进而做出接受或拒绝原假设的决策。假设检验涉及两个假设：

零假设/ 原假设	通常用 H_0 来表示，用来陈述一个参数与某一个特定的值没有差异；或者陈述两个参数之间没有差异。
被择假设/ 替代假设	通常用 H_1 来表示，用来陈述一个参数与某一个特定的值存在特定的差异，或者陈述两个参数之间存在差异。

首先我们要明确提出有关总体参数的假设，一般有两个部分，即原假设和替代假设。原假设是接受检验的假设，记作 H_0；替代假设是当原假设被否定时生效的另一种假设，记作 H_1。原假设和替代假设相互对立。如原假设 H_0 是真实的，则替代假设 H_1 不真实；如原假设 H_0 不真实，这意味着替代假设 H_1 是真实的。原假设 H_0 和替代假设 H_1 在统计学中称为统计假设。例如，关于总体平均值的假设有三种情况：

（1）$H_0: \bar{x} = u \quad H_1: \bar{x} \neq u$

（2）$H_0: \bar{x} \leq u \quad H_1: \bar{x} < u$

（3）$H_0: \bar{x} \geq u \quad H_1: \bar{x} > u$

第一种类型的假设检验称为双边检验，第二、第三种类型的假设检验称为单边检验。

假设检验的依据是样本，通过计算合适的样本统计量，分析样本统计量（值）与总体（假设）参数值的差距。差距越小，假设真实性的可能就越大；反之，差距越大，假设真实可能性就越小。因此，只要分析结果说明它们之间的差距是显著的（statistically significant），就否定原假设，故假设检验又称显著性检验。但是要注意的是，这种分析是建立在原假设 H_0 为真的基础上，在分析完成后，小概率事情发生了，我们才能拒绝原假设。这里用到这样一个基本思想，即在一次试验或一次观察中小概率事件几乎不可能发生。因此，一般在个体检验中，先认为提出的"原假设"是正确的，而某事件 A 在原假设为真的条件下发生的概率很小（这里概率很小一般在试验之前就确定了，这就是显著水平 α，如 5%、10%等）。而如果经过抽样观察，小概率事件 A 居然真的发生了，这就要怀疑原假设的正确性。

如果不能否定原假设，仅仅意味着我们由于没有足够的证据否定它，才接受了原假设，并不意味着它完全正确。

上面曾说到检验统计量，一般说来，它的基本形式可表示如下：

$$检验统计量 = \frac{样本统计量 - 被假设参数}{统计量的标准差}$$

例如，检验总体平均值的统计量有两个：

$$Z = \frac{\bar{x} - u}{\sigma/\sqrt{n}}, \quad t = \frac{\bar{x} - u}{S/\sqrt{n}}$$

当计算得出结果，要做出决策时，可能有以下四种情况（见表 9-1 所示）。

表 9-1　假设检验决策结果

选择的正确性 \ 假设可能状态 H_0	真实	不真实
不否定	正确	犯第二类错误
否定	犯第一类错误	正确

当 H_0 为真实时，不否定原假设当然是正确的。但是，当 H_0 本来是真实的时候，却有可能被错误地否定掉，这种否定真实原假设的错误称为第一类错误（弃真错误），它的概率就是显著水平 α。

另一种可能犯的错误是当原假设 H_0 非真实时做出接受 H_0 的选择，这种错误成为第二类错误（取伪错误），用 β 表示犯第二类错误的概率。α 越大，就越有可能犯第一类错误，即越有可能否定真实的原假设。β 越大，就越有可能犯第二类错误，即越有可能接受非真实的原假设。

> 第一类错误
> （type Ⅰ error）　当零假设/原假设 H_0 为真时，零假设/原假设被拒绝。

> 第一类错误
> （type Ⅱ error）　当零假设/原假设 H_0 为假时，零假设/原假设被接受。

我们希望犯这两类错误的概率都尽可能小，但是在一定样本容量下，减少 α 会引起 β 增大，减小 β 会引起 α 增大。例如，某饭店准备购买一批较便宜的原材料制作糕点，厂家决定，要是这批原材料的次品率达到 5%以上，就拒绝购买。然后逐批检验，当检验结果需要拒绝购买时，就有可能犯第一类错误，即工厂可能拒购一批合格的材料，而另出高价购买原材料，这样便会增加产品成本；反之，如果厂方接受这批原材料，就有可能犯第二类错误，即工厂可能购进一批不合格的原材料，产品的次品率就要上升。显然，工厂决策者有必要搞清哪类错误造成损失较小，才能减少成本。

| 显著性水平（level of significance） | 犯第一类错误的最大概率。这个概率通常用希腊字母 α 来表示。 |

一般的检验原则是，事先规定允许犯第一类错误的概率 α，然后尽量减少犯第二类错误的概率 β，有了 α，就可以确定临界值（critical value）；利用临界值，我们可以确定假设检验的接受域和否定域。

| 临界值（critical value） | 把接受域和否定域分开来的数值。 |

最后，根据样本数据求出在原假设 H_0 为真时，检验统计量所有取值，如果统计量大于/小于临界值（右边检验/左边检验），说明参数值落在否定域，我们应该拒绝零假设。对于双边检验，如果统计量落在两个临界值之间，说明参数值落在接受域之中，我们应该接受零假设；如果落在两个临界值之外，我们应该拒绝零假设。

| 接受域 | 根据具体的检验情况（左边、右边和双边）由临界值形成的一个区域。检验统计量落在该区域，说明样本参数与总体参数没有显著的差异，零假设不应该被拒绝。 |

| 拒绝域 | 根据具体的检验情况（左边、右边和双边）由临界值形成的一个区域。检验统计量落在该区域，说明样本参数与总体参数存在显著的差异，零假设应该被拒绝。 |

因为原假设 H_0 为真实时，检验统计量落在否定域的概率很小，几乎是不可能的。如果由样本算得的检验统计量的值落在否定域里（包括临界值），说明在一次观察中小概率事件发生了，而这几乎是不可能的，因而判断原假设 H_0 是非真实的，做出否定原假设 H_0 的决策。

有了否定域之后，根据搜集到的样本数据，算出相应的检验统计量值。如果检验统计量的值落在否定域里,说明有 $100(1-\alpha)\%$ 的可靠程度否定原假设。

综上所述,假设检验的一般步骤为:

① 根据题意,提出统计假设。

② 选择显著性水平,即允许犯第一类错误的概率(最常用 α 取 0.05 或 0.01,一般的研究项目中显著水平都是给定的)。

③ 选定合适的检验统计量,且能在原假设 H_0 成立的条件下知其分布。

④ 根据显著性水平确定统计量的否定域临界值,并注意它是双边检验还是单边检验。

⑤ 根据样本数据计算统计量的数值并由此做出决策。

如果统计量的值落在否定域内(包括临界值),就说明原假设与样本描述的情况有显著差异,应该否定原假设;反之,如果落在接受域内,说明样本和原假设描述情况的差异是不显著的,接受原假设 H_0。

9.2 正态分布的总体参数检验

正态分布有两个重要参数,均值 $\bar{x}$ 和方差 σ^2,一旦这两个参数确定之后,正态分布总体就完全确定了。因此,对服从正态分布总体的检验问题,就是检验这两个参数的问题。

(一)方差已知时对一个正态总体均值的检验

当正态分布总体的方差 σ^2 已知时,要检验总体的均值,其原假设为 $H_0:\bar{x}=u$。而与之相应的替代假设可能有三种,分别是:
$$\bar{x} \neq u, \quad \bar{x} < u, \quad \bar{x} > u$$
在检验中替代假设选择哪一种,应根据具体问题而定。

1. $H_0:\bar{x}=u$,$H_1:\bar{x} \neq u$(双边检验)

为了检验此假设,首先从总体中抽出一个容量为 n 的样本,可得样本均值 $\bar{x}$,若假设是真的,则统计量 $Z=\dfrac{\bar{x}-u}{\sigma/\sqrt{n}}$ 服从标准正态分布,查标准正态分布表,可得临界值 $Z_{\frac{\alpha}{2}}$,使 $|Z| \geq Z_{\frac{\alpha}{2}}$ 是概率为 α 的小概率事件。这时检验的拒绝域置于分布的两侧,如图 9-1 所示。这是因为原假设是真的,样本平均数是总体平均数 $\bar{X}_0$ 的估计量,两者近似,则统计量 $Z=\dfrac{\bar{x}-u}{\sigma/\sqrt{n}}$ 很可能在 0 的附近取值。若某一次抽样的样本统计量值 Z 落在区间 $(-Z_{\frac{\alpha}{2}}, Z_{\frac{\alpha}{2}})$ 中,显然其概率为 $1-\alpha$,即小概

率事件没有发生,故接受原假设。区间($-Z_{\frac{\alpha}{2}}, Z_{\frac{\alpha}{2}}$)为接受域;反之,如样本平均数与 u 相差很大,统计量 $Z = \dfrac{\bar{x} - u}{\sigma / \sqrt{n}}$ 的值会落在图 9-1 所示的两侧阴影区间的某一边,而统计量 Z 落在($-\infty, -Z_{\frac{\alpha}{2}}$]和[$Z_{\frac{\alpha}{2}}, \infty$)的概率为 α,小概率事件发生了,则拒绝原假设,($-\infty, -Z_{\frac{\alpha}{2}}$]和[$Z_{\frac{\alpha}{2}}, \infty$)为检验的拒绝区间。

拒绝区域　　　　　　　　　　　　　　　　　拒绝区域

$-Z_{\frac{\alpha}{2}}$　接受区域　　$Z_{\frac{\alpha}{2}}$

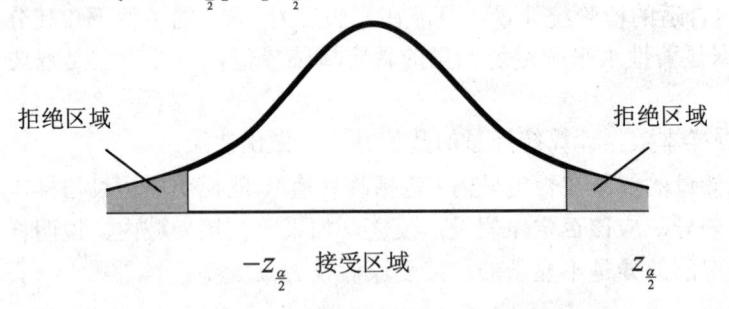

图 9-1　双边检验的否定域和接受域

【例 1】假设总体服从标准差为 50 的正态分布,从总体抽出某容量为 25 的随机样本,得出样本平均值为 70,试以 $\alpha = 0.05$ 的显著水平检验原假设 $u = 90$。

提出假设:

$$H_0 : \bar{x} = u = 90$$

$$H_1 : \bar{x} \neq u = 90$$

我们想要研究的是总体平均数,其样本估计量是 $\bar{x}$,在正态分布总体假设下,$\bar{x}$ 的抽样分布也是正态分布(根据中心极限定理),期望值为 u,方差 σ^2 / n。若 H_0 为真,我们选择检验统计量,即:

$$Z = \dfrac{\bar{x} - u}{\sigma / \sqrt{n}}$$

Z 服从正态分布。由于现在是一个双边检验问题,如果统计量的数值过大或过小,都将否定原假设,因为在原假设下,样本均值分布集中在 $u = 90$ 的周围,$\bar{x}$ 的数值过分高于或低于 $u = 90$ 的概率很小。

$\alpha = 0.05$ 时,对应的临界值 $-Z_{0.025} = -1.96, Z_{0.025} = 1.96$。检验

$$Z = \dfrac{\bar{x} - u}{\sigma / \sqrt{n}} = \dfrac{70 - 90}{50 / \sqrt{25}} = -2$$

因为 $Z < -1.96$(见附表),落在否定域内,所以否定原假设 H_0,也就是说有 95%的可靠程度否定原假设。

2. $H_0 : \bar{x} = u$, $H_1 : \bar{x} > u$(或 $H_1 : \bar{x} \leq u$　　$H_1 : \bar{x} >$)

在另一些假设检验中,我们仅关心总体的平均数是否有显著的提高。如对

某一旅游景点采用了新的促销手段或增加了营销费用,该景点的接待数量是否有所提高。这种检验的假设为 $H_0:\bar{x}=u$,$H_1:\bar{x}>u$。

当原假设 H_0 为真时,统计量 $Z=\dfrac{\bar{x}-u}{\sigma/\sqrt{n}}$ 服从标准正态分布,查标准正态分布表可得临界值 Z_α,使 $P\{Z>Z_\alpha\}=\alpha$ 这种检验的拒绝域置于分布的右侧。如图 9-2 所示。实际上,在原假设为真的条件下,样本平均数 $\bar{x}$ 很可能小于总体平均数 $\overline{X_0}$,从而使统计量 $Z=\dfrac{\bar{x}-u}{\sigma/\sqrt{n}}$ 的值较小,落入区间 $(-\infty,Z_\alpha]$,Z 值落入该区间的概率为 $1-\alpha$,故小概率事件没有发生,没有理由拒绝原假设,$(-\infty,Z_\alpha]$ 为接受区间;反之,若样本均值 $\bar{x}$ 大于 u 很多,使统计量 $Z=\dfrac{\bar{x}-u}{\sigma/\sqrt{n}}$ 的值相对较大,大到了 $Z\geqslant Z_\alpha$,即 Z 落入区间 $[Z_\alpha,\infty)$,而 Z 落入区间 $[Z_\alpha,\infty)$ 的概率为 α,小概率事件发生了,故拒绝原假设,$[Z_\alpha,\infty)$ 为拒绝区间。右侧检验的 P 值 $=P\{Z\geqslant z_\alpha\}$。

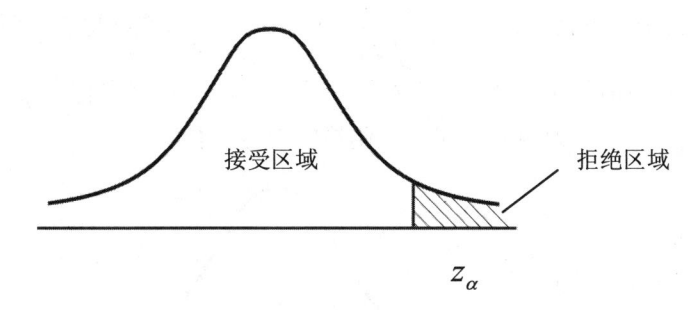

图 9-2 单边检验的否定域和接受域

【例 2】某旅游景区推出一种新的娱乐产品,原来每月接待游客人数 x 服从平均值 $u=75$(千人),方差 $\sigma^2=75$ 的正态分布。推出一种新的娱乐产品,为了考查接待人数是否提高,抽查了 6 个月的接待量,求得平均接待人数是 78(千人),假设方差不变,问在显著性水平 $\alpha=0.05$ 下,推出一种新的娱乐产品后,每月接待人数是否有明显提高?

样本平均值为 78,可能是总体平均接待人数提高了,也可能是从平均接待人数不超过 75 的总体中抽出的样本本身所致,现用假设检验的方法来判断。

如把接待人数减少作为原假设的话,只要否定原假设,就可说明接待人数在提高。可用下面假设,即:

$H_0:\bar{x}\leqslant u=75$ $H_1:\bar{x}>75$

注意:在双边检验中,原假设值只有一个参数值,而单边检验中的原假设则有大量参数值。可以证明，如在相等点 $H = H_0$ 上否定了 H_0，则在原假设所含的任何点上也将否定 H_0。

原假设总体均值不大于 75，要是由样本数据算出的检验统计量 $Z > Z_\alpha$，就可否定原假设 H_0，否则，就不否定，因此，否定区间会位于统计量分布曲线的右尾，在显著性水平 α 下，尾部的面积为 α，临界值为 Z_α。当 $\alpha = 0.05$ 时，对应的临界值为 $Z_{0.05} = 1.645$（见附表），统计量的值为：

$$Z = \frac{78-75}{\sqrt{75}/\sqrt{6}} = 1.964$$

因为 $Z > 1.645$，故否定原假设，这说明推出新的娱乐项目后，月接待人数有明显提高。

3. $H_0: \bar{x} = u$，$H_1: \bar{x} < u$（或 $H_0: \bar{x} \geqslant u$　$H_1: \bar{x} < u$）

除上述的右侧检验，检验总体的平均数是否有显著的降低也是常常会遇到的事。例如，改革生产工艺后，某种化工产品中有害物质的含量是否有显著性降低，这就需要检验假设 $H_0: \bar{x} = u$，$H_1: \bar{x} < u$。其检验的统计量与前面的两种检验的统计量相同，即 $Z = \dfrac{\bar{x} - u}{\sigma/\sqrt{n}}$，所不同的是，这种检验的拒绝区间位于分布的左侧，如图 9-3 所示。查标准正态分布表可得临界值 $-Z_\alpha$，$(-Z_\alpha, \infty)$ 为接受区间，$(-\infty, -Z_\alpha)$ 为拒绝区间。左侧检验 P 值 $= P\{Z \leqslant -z_\alpha\}$。

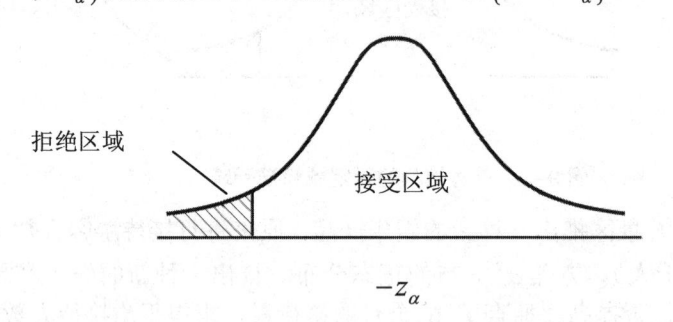

图 9-3　单边检验的否定域和接受域

【例3】旅游线路产品转换需要时间与成本，某旅行社线路设计人员在说服公司经理改变线路节点时，必须说明在保证质量的同时，新节点线路能降低成本才行。假定，目前的线路其平均成本为 500 元，标准差为 20 元，新节点线路试行了一段时间，发现 25 个产品的平均成本为 480 元，且方差不变。假定线路产品的成本服从正态分布，试以 $\alpha = 0.05$ 的显著性水平说明该旅行社是否应该转换新的节点线路产品。

为了决定新节点线路是否确能降低成本，我们考虑下面的统计假设：

$$H_0: u = 500, u \geq 500 ; \quad H_1: \bar{x} < 500$$

由于总体服从方差已知的正态分布，所以，在原假设下，用检验统计量

$$Z = \frac{\bar{x} - u}{\sigma/\sqrt{n}}$$

它服从标准正态分布。

当 $\alpha = 0.05$ 时，对应的临界值为 $Z_{0.05} = -1.645$（见附表），统计量值为：

$$Z = \frac{480 - 500}{20/\sqrt{25}} = -5$$

因为 $Z = -5 < -1.645$，故拒绝原假设 H_0（成本大于等于 500），接受被择假设。也就是说，新的节点线路确能降低企业成本，旅行社经理应采用新节点线路。

（二）方差未知时对一个正态总体均值的检验（小样本，$n \leq 30$）

Z 检验法仅适用于方差已知的正态总体，其检验的统计量为 $Z = \frac{\bar{x} - u}{\sigma/\sqrt{n}}$，当正态分布总体的方差未知时，若需要检验如下的假设

$$H_0: X = u, \quad H_1: \begin{cases} \bar{x} \neq u \\ \bar{x} > u \\ \bar{x} < u \end{cases}$$

统计量为 $Z = \frac{\bar{x} - u}{\sigma/\sqrt{n}}$ 已不适用了，因为 Z 中含了未知参数 σ，应该用样本标准差替代总体标准差。应取检验量

$$t = \frac{\bar{x} - u}{S/\sqrt{n}}$$

我们知道，这个统计量服从自由度 $n-1$ 为 t 的分布。给定显著水平 α，对于三种不同的备选假设其拒绝区域分别是：

（1）若 $H_1: \bar{x} \neq u$，查分布表可得临界值 $t_{\frac{\alpha}{2}}$，其拒绝区域为 $\left(-\infty, -t_{\frac{\alpha}{2}}\right]$ 和 $\left[t_{\frac{\alpha}{2}}, \infty\right)$。

（2）若 $H_1: \bar{x} > u$，查分布表得临界值 t_α，其拒绝区域为 (t_α, ∞)。

（3）若 $H_1: \bar{x} < u$，查分布表可得临界值 $-t_\alpha$，其拒绝区域为 $(-\infty, -t_\alpha)$。

【例4】某景点景区在某个核心媒体黄金时段增加了 1.5 分钟的广告，该景点在正常情况下每周接待 25000 人。一年后，随机抽取 15 周接待人数进行广告效果检验，得到的平均值和标准差分别为 27000 人和 5000 人。假定接待人数近似服从正态分布，试问是否可以相信黄金时段增加的广告具有明显的效果（$\alpha = 0.05$）？

要使广告效果取得强有力的支持，必须把每周接待少于等于 25000 人作为

原假设，而把每周接待人数大于 25000 人作备选假设。于是建立假设

$$H_0: \bar{x} \leqslant 25\,000 \;;\quad H_1: \bar{x} > 25\,000$$

由于总体近似服从正态分布，总体方差未知，所以其观测值为：

$$t = \frac{\bar{x} - u}{S/\sqrt{n}} = \frac{27000 - 25000}{5000/\sqrt{15}} = 1.55$$

查 t 分布表，得 $t_{0.05(14)} = 1.76$。由于 $t < t_{0.05(14)} = 1.76$，所以只能接受 H_0，即没有充分的理由证明黄金时段增加的广告具有显著效果。

【例 5】市面上某种标号的小包崂山茶，标准重量是 16 克。某个消费者怀疑企业会偷工减料，于是购买 8 袋进行检验，发现平均每袋崂山茶的含量为 15.6 克，标准差为 0.3 克。试问，在 10%水平下，你有足够的证据说明企业偷工减料吗？

首先，设定零假设和备择假设，$H_0: u \geqslant 16, H_1: u < 16$。

其次，查表。在 $\alpha = 0.10$，自由度 d.f = 7 时，临界值为 -1.415。（读者也可以通过软件 excel 来计算这个值）。

第三，计算 t 值。

$$t = \frac{\bar{x} - u}{S/\sqrt{n}} = \frac{15.6 - 16}{0.3/\sqrt{8}} = -3.77$$

很显然，-3.77<-1.415，落在拒绝区域内，也就是拒绝每袋崂山茶含量为 16 克的假说，说明企业有 90%的可能偷工减料了。

【例 6】据某网站报道，2012 年某城市高中毕业生年人均起薪是 24000 元，有人随机选择 10 个大学毕业生进行调查，发现他们的平均起薪是 23450，标准差为 400 元，试问，在 5%水平上，你有足够的证据支持年均起薪 24000 元吗？

首先，建立零假设。$H_0: u \geqslant 24000, H_1: u < 24000$。

其次，查表，找到双边临界值。$\alpha = 0.05, \alpha/2 = 0.025$，对应的自由度 d.f = 9 的 t 值为 -2.262 和 2.262。

第三，计算 t 值。

$$t = \frac{\bar{x} - u}{S/\sqrt{n}} = \frac{23450 - 24000}{400/\sqrt{10}} = -4.35$$

很显然，-4.35<-2.262，落在拒绝区域，所以需要拒绝零假设，他们的年均起薪没有 24000 元。

对总体成数的假设检验实际上是对两点分布总体均值的检验，所以必须在大样本条件下进行检验，其检验步骤与 Z 检验法相同，只是统计量不相同。

当我们要检验总体的成数是否等于某一常数时，其假设为：

（1） $H_0: P = \pi, H_1: P \neq \pi$

（2） $H_0: P \leq \pi, H_1: P > \pi$

（3） $H_0: P \geq \pi, H_1: P < \pi$

检验的统计量为 $Z = \dfrac{P - \pi}{\sqrt{P(1-P)/n}}$ （其中 P 为样本参数），在原假设为真时，Z 渐进服从标准正态分布，用显著水平 α，查标准正态分布表得临界值。

若 $H_1: P \neq \pi$，当 $|Z| \geq Z_{\alpha/2}$，拒绝原假设，否则接受原假设。

若 $H_1: P > \pi$，当 $Z > Z_\alpha$，拒绝原假设，否则接受原假设。

若 $H_1: P < \pi$，当 $Z < -Z_\alpha$，拒绝原假设，否则接受原假设。

【例7】某饭店餐饮部负责人发现收购回来的食材有大量不合格材料，而且他断定这些材料中，过期的材料会占 20% 以上。于是，随机抽取了 400 份检查，发现过期的食材有 100 份，即占 25%。试计算是否可以证明负责人的判断正确（$\alpha = 0.05$）？

按题意建立假设：

$$H_0: P \leq 0.2, \quad H_1: P > 0.2$$

选取检验统计量为：

$$Z = \dfrac{P - \pi}{\sqrt{P(1-P)/n}}$$

其观测值为：

$$Z = \dfrac{\dfrac{100}{400} - 0.2}{\sqrt{\dfrac{0.2(1-0.2)}{400}}} = 2.5$$

由于 $\alpha = 0.05$，查表得临界值 $Z_\alpha = 1.645$，因为 $Z > Z_\alpha = 1.645$（见附表），故拒绝原假设，即通过检验，以 5% 的显著水平，认为这些数据可以证明负责人的判断是正确的，变质食材的占比会超过 20%。

9.3 抽样、统计推断和假设检验的软件处理

本节我们讲述如何使用软件，主要是用 excel 来进行抽样、统计推断和假设检验。我们用表 9-2 中的数据作为例子来说明。

表 9-2 软件说明的原始数据

年　份	旅游人数（百万人次）	旅游收入（亿元）	人均花费（元）
1994	524	1023.5	195.3
1995	629	1375.7	218.7
1996	640	1638.4	256.2
1997	644	2112.7	328.1
1998	695	2391.2	345.0
1999	719	2831.9	394.0
2000	744	3175.5	426.6
2001	784	3522.4	449.5
2002	878	3878.4	441.8
2003	870	3442.3	395.7
2004	1102	4710.7	427.5
2005	1212	5285.9	436.1
2006	1394	6229.7	446.9

资料来源：《中国统计年鉴》，2007 年。

抽样、统计推断和假设检验等功能需要使用 excel 扩展功能，如果您的 excel 尚未安装数据分析，请依次选择"工具"→"加载宏"，在安装光盘中加载"分析数据库"。加载成功后，可以在"工具"下拉菜单中看到"数据分析"选项。

第一步，将数据输入 excel。我们对人均花费序列作抽样。

第二步，依次选择"工具"→"数据分析"→"抽样"后（见图 9-4），选"确定"出现图 9-5 所示的对话框。

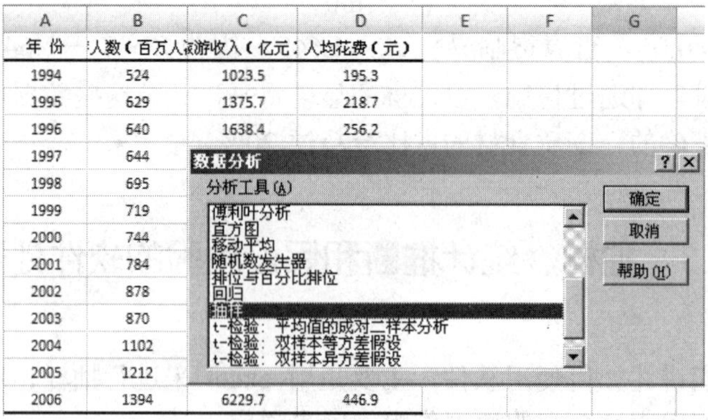

图 9-4

第九章 假设检验

A	B	C	D
年份	人数(百万人)	旅游收入(亿元)	人均花费(元)
1994	524	1023.5	195.3
1995	629	1375.7	218.7
1996	640		
1997	644		
1998	695		
1999	719		
2000	744		
2001	784		
2002	878		
2003	870		
2004	1102		
2005	1212		
2006	1394		

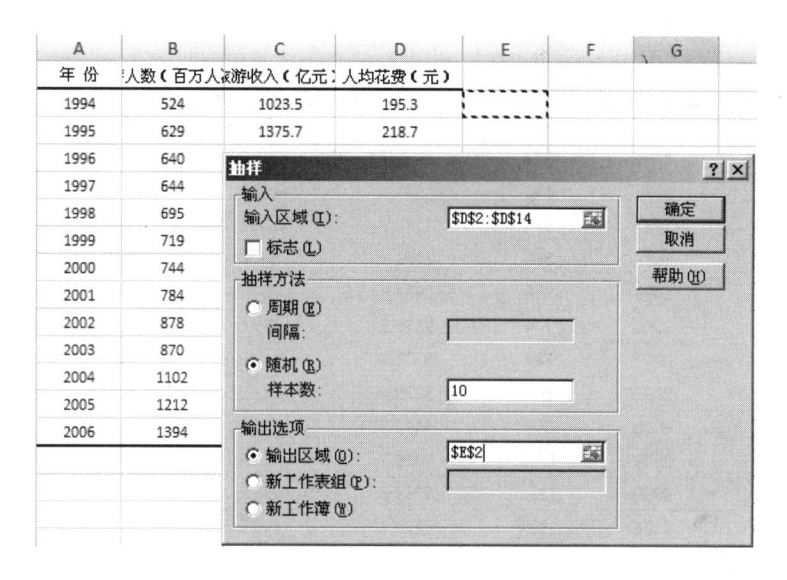

抽样对话框：
输入区域(I)：$D$2:$D$14
标志(L)：□
抽样方法：
○ 周期(P) 间隔：
● 随机(R) 样本数：10
输出选项：
● 输出区域(O)：$E$2
○ 新工作表组(P)
○ 新工作薄(W)

图 9-5

第三步，将光标放在"输入区域"对话框，然后用鼠标拖动选择单元格 D2 到 D14 里面的数据。我们采用随机的方法进行抽样。

输入区域：把原始总体数据放在此区域中，数据类型不限，数值型或者文本型均可。

抽样方法：有间隔和随机两种。间隔抽样需要输入周期间隔，输入区域中位于间隔点处的数值以及此后每一个间隔点处的数值将被复制到输出列中，当到达输入区域的末尾时，抽样将停止（在本例题中没有采用）。随机抽样是指直接输入样本数，电脑自行进行抽样，不用受间隔的规律限制。

样本数：在此输入需要在输出列中显示需要抽取总体中数据的个数。每个数值是从输入区域中的随机位置上抽取出来的。请注意：任何数值都可以被多次抽取！所以抽样所得数据实际上会有可能小于所需数量。

输出区域：在此输入对输出表左上角单元格的引用。所有数据均写在该单元格下方的单列里。如果选择的是"周期"，则输出表中数值的个数等于输入区域中数值的个数除以"间隔"。如果选择的是"随机"，则输出表中数值的个数等于"样本数"。

第四步，点击确定，抽样结果在单元格 E2 显示出来（见图 9-6）。

	A	B	C	D	E
年份	人数(百万人)	旅游收入(亿元)	人均花费(元)	样本
1994	524	1023.5	195.3	345
1995	629	1375.7	218.7	195.3
1996	640	1638.4	256.2	394
1997	644	2112.7	328.1	256.2
1998	695	2391.2	345	449.5
1999	719	2831.9	394	446.9
2000	744	3175.5	426.6	328.1
2001	784	3522.4	449.5	441.8
2002	878	3878.4	441.8	449.5
2003	870	3442.3	395.7	256.2
2004	1102	4710.7	427.5	
2005	1212	5285.9	436.1	
2006	1394	6229.7	446.9	

图 9-6

练习题

1. 某个灯泡工厂某月生产 5000000 个灯泡，在进行质量检测中，随机抽取 500 个进行检验，这 500 个灯泡的耐用时间见下表：

耐用时间	灯泡数	耐用时间	灯泡数
800～850	35	950～1000	103
850～900	127	1000～1050	42
900～950	185	1085～1100	8

试求：

（1）该厂全部灯泡的平均耐用时间的取值范围（概率保证程度 0.95）；

（2）检查 500 个灯泡中不合格占 0.4%，试在 0.6827 概率保证下，估计全部产品中不合格的概率取值范围。

2. 某服装厂对当月生产的 20000 件衬衫进行质量检查，结果在抽查的 200 件衬衫中 10 件不合格，要求：

（1）以 95.45% 概率推算该产品合格率范围；

（2）该月生产的产品是否超过 8% 的不合格率（概率不变）。

3．某企业对某批产品零件的质量进行抽样检查，随机抽验 250 个零件，发现有 15 个零件不合格，要求：

（1）按 68.27%的概率推算该批零件的不合格率范围；

（2）按 95.45%的概率推算该批零件的不合格率，并说明置信区间和把握程度间的关系。

4．某砖瓦厂对所生产的砖进行质量抽样检查，要求该概率程度为 0.6827，抽样误差范围不超过 0.015，并知过去进行了几次同样调查，产品的不合格率分别为 1.25%、1.83%、2%。

要求：

（1）计算必要的抽样单位数目。

（2）假定其他条件不变，现在要求抽样误差范围不超过 0.03，即比原来的范围扩大一倍，则必要的抽样单位数应该是多少？

5．假定根据另行抽样求得下表数字，使用 0.9545 概率估计总体平均数范围。

区域	抽取单位	标志平均数	标准差
甲	600	32	20
乙	300	36	30

6．某手表厂在某段时间内生产 100 万个零件，用简单随机抽样方法不重复抽取 1000 个零件进行检验，测得废品率为 2%，如果以 99.73%的概率保证，试确定该厂这种零件的废品率的变化范围。

7．某学校随机抽查 10 个男生，平均身高 170 厘米，标准差 12 厘米，问有多大把握估计全校男生身高介于 160.5～179.5 厘米之间？

8．对某厂日产 1 万个灯泡的使用寿命进行抽样检查，抽取 100 个灯泡，测得其平均寿命为 1800 小时，平均差为 6 小时。

要求：

（1）按 68.27%概率计算抽样平均数的极限误差；

（2）按 68.27%概率计算抽样误差不超过 0.4 小时，应抽取多少只灯泡进行测试？

（3）按以上条件，若概率提高到 95.45%，应抽取多少灯泡进行测试？

（4）若极限误差为 1.6 小时，概率为 95.45%，应抽取多少灯泡进行测试？

（5）通过以上计算，说明允许误差、抽样单位数和概率之间的关系。

9．设某总体服从正态分布，其标准差 σ 为 12，现抽取了一个样本容量为 400 的子样本，计算的平均值为 $\bar{x}=21$，试以显著水平 $\alpha=0.05$ 确定总体的平均值是否不超过 20？

10. 某食品加工厂用自动装袋机包装食品，每个包装袋标准重量为 50 克，每隔一段时间抽取包装袋进行检测。现抽取 10 袋，测得其重量依次为（单位：克）：49.8、51、50.5、48.9、49.2、50.2、51.2、50.3、49.7、50.6。

求若每袋重量服从正态分布，每袋重量是否合乎要求。（$\alpha=0.10$）

11. 某食品厂生产果酱，标准规格是每罐净重 250 克。根据以往经验，标准差为 3 克。现在该厂生产一批这种罐头，从中抽取 100 罐检验，其平均净重是 251 克，按规定，显著性水平 $\alpha=0.05$，问该批罐头是否合乎标准？

12. 某工厂原来某产品的废品率是 17%，经对该产品的生产设备进行技术改造后再投产，从中抽取 200 件产品检验，发现有次品 28 件，能否认为技术改造后提高了产品的质量？（$\alpha=0.05$）

第十章 均值比较

主要内容
- 均值比较：大样本或总体呈正态分布
- 方差比较
- 均值比较：独立小样本
- 均值比较：相依小样本（成对样本）
- 比例值比较
- 软件处理

在第九章中，我们已经介绍了假设检验。在本章中，我们要用 z 检验和 t 检验来比较两个总体均值、方差和比例值。只不过，这两个总体的比较是通过两个样本来进行的，也可以用样本的均值和一个给定的总体均值进行比较。在上一章中，我们只涉及一个样本，通过一个样本的均值来判断总体均值的真假；在本章，我们要通过两个样本来判断，这两个样本代表的总体均值是否相等。

在现实生活中，在许多情况下，研究人员想比较两个总体的均值。例如，同一城市，收入相近的男女白领员工在一年中旅游的花费有没有区别，旅行社可以根据他们的差别来确定不同的营销策略。又如，不同品牌的洗洁精的去污能力（对同一污迹的去除时间）不同，根据不同的去污能力可以制定不同的价格。

在利用 t 检验比较均值，我们要根据不同的情况选用不同的方法。样本容量的大小、分布形态以及彼此是否独立都会影响我们选用均值比较的方法。

10.1 均值比较：大样本或总体呈正态分布

大样本均值检验内含两个条件：第一，样本之间彼此独立。也就是说，两个样本的主体之间没有关系。第二，样本对应的总体必须呈正态分布，并且方差已知，如果不满足这个条件，那么样本容量必须大于或等于 30。

对于大样本的均值比较可以选用 z 检验方法。要比较两个样本的均值，实质上是，比较 $\bar{x}_1 - \bar{x}_2$ 是否等于零的问题。见图 10-1 的说明。要利用 z 检验，还必须计算 $\bar{x}_1 - \bar{x}_2$ 的方差。

$$\sigma^2_{\bar{x}_1 - \bar{x}_2} \equiv \sigma^2_{\bar{x}_1} \pm \sigma^2_{\bar{x}_2} \quad \text{其中，} \sigma^2_{\bar{x}_1} = \frac{\sigma_1^2}{n_1}, \sigma^2_{\bar{x}_2} = \frac{\sigma_2^2}{n_2}$$

因此，$\bar{x}_1 - \bar{x}_2$ 的标准差为：$\sqrt{\frac{\sigma_1^2}{n_1} + \frac{\sigma_2^2}{n_2}}$。

根据第九章 z 检验方法，大样本均值比较 z 值的计算公式为：

$$z = \frac{(\bar{x}_1 - \bar{x}_2) - (\mu_1 - \mu_2)}{\sqrt{\frac{\sigma_1^2}{n_1} + \frac{\sigma_2^2}{n_2}}}$$

在上述公式中，$\bar{x}_1 - \bar{x}_2$ 是样本均值差异，$\mu_1 - \mu_2$ 是总体均值差异；当两者相等时，其差为 0。均值差的检验也分为双边、右边和左边检验。假设的提出和验证也与第九章的方法完全相同。

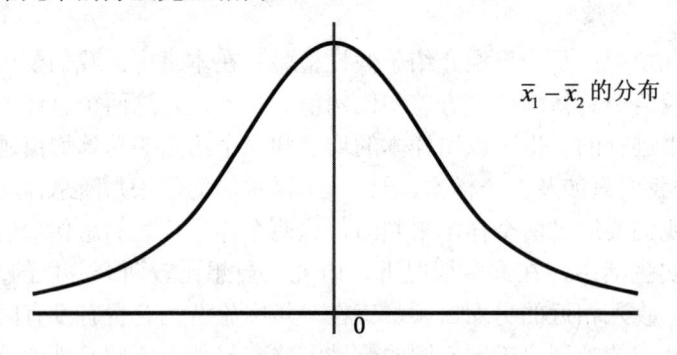

图 10-1 大样本均值差的正态分布

【例 1】1995 年的一项调查显示，经济型酒店标准双人间在武汉的平均房价为 88.42 元，在青岛的房价为 80.61，假定数据来自各自 50 个独立样本，标准差分别为 5.62 元和 4.83 元。试问，在 5% 的显著性水平上，你能确定两者的房价没有差别吗？

分析：

步骤 1，提出假设：H_0：$\mu_1 = \mu_2$，H_1：$\mu_1 \neq \mu_2$

步骤 2，找到临界值。因为 $\alpha = 0.05$，$\frac{\alpha}{2} = 0.025$，$z_{\frac{\alpha}{2}} = 1.96$；$-z_{\frac{\alpha}{2}} = -1.96$。

步骤 3，计算 z 值。

$$z = \frac{(\bar{x}_1 - \bar{x}_2) - (\mu_1 - \mu_2)}{\sqrt{\frac{\sigma_1^2}{n_1} + \frac{\sigma_2^2}{n_2}}} = \frac{(88.42 - 80.61) - 0}{\sqrt{\frac{5.62^2}{50} + \frac{4.83^2}{50}}} = 7.45$$

步骤 4，决断。在 5%的水平上，7.45>1.96，拒绝零假设。

步骤 5，总结。有充分的证据拒绝两个地方平均房价相等的假设。因此，两个地方的平均房价不相等。

我们也可以利用上述过程找到真实的 p 值，然后用 p 值与给定的显著性水平对比。例如，如果上面检验计算出来的 z 值等于 1.40，那么，通过查正态分布表，可以找到它对应的 p 值为 0.4192（它是 0 到 1.40 的面积），然后用 0.50 − 0.4192 = 0.0808，这是单边的概率，乘以 2，得到真实α值；与给定的α比较，比给定的大。这时，我们就不能拒绝零假设。

有时，研究者对某个特定的差值而不是 0 感兴趣。例如，在上例中，研究者可能对房间的某个差价感兴趣。这时，研究者就可以用差价，比方 10，来代替分子中的 0。

同样地，我们也可以构造两个均值差的置信区间，通过置信区间来判断是否拒绝或接受零假设。如果置信区间包含 0，那么接受零假设；如果不包含零，则拒绝零假设。均值差的置信区间公式如下：

$$(\bar{x}_1 - \bar{x}_2) - z_{\alpha/2}\sqrt{\frac{\sigma_1^2}{n_1} + \frac{\sigma_2^2}{n_2}} < \mu_1 - \mu_2 < (\bar{x}_1 - \bar{x}_2) + z_{\alpha/2}\sqrt{\frac{\sigma_1^2}{n_1} + \frac{\sigma_2^2}{n_2}}$$

仍然以【例 1】为例来说明置信区间的构造。用 $z_{\alpha/2} = 1.96$ 来替代，则：

$$(\bar{x}_1 - \bar{x}_2) - z_{\alpha/2}\sqrt{\frac{\sigma_1^2}{n_1} + \frac{\sigma_2^2}{n_2}} < \mu_1 - \mu_2 < (\bar{x}_1 - \bar{x}_2) + z_{\alpha/2}\sqrt{\frac{\sigma_1^2}{n_1} + \frac{\sigma_2^2}{n_2}}$$

$$(88.42 - 80.61) - 1.96\sqrt{\frac{5.62^2}{50} + \frac{4.83^2}{50}} < \mu_1 - \mu_2$$

$$< (88.42 - 80.61) + 1.96\sqrt{\frac{5.62^2}{50} + \frac{4.83^2}{50}}$$

$$5.76 < \mu_1 - \mu_2 < 9.86$$

既然置信区间没有包含 0，那么，拒绝零假设。

10.2 方差比较

除了比较均值外,统计人员有时还要比较方差,主要是考察两个观察对象的波动差异。例如,我们有时候需要了解两个城市如青岛和武汉,某个月的气温波动差异是否存在显著不同,对于方差或标准差的比较,通常要使用 F 检验。

如果两个独立样本来自方差相等的两个正态分布总体($\sigma_1^2 = \sigma_2^2$),两个样本各自的方差分别用 s_1^2 和 s_2^2 表示,那么,s_1^2/s_2^2,这种方差比形式的抽样分布就叫做 F 分布。F 分布具有如下四个特点:

F 分布的特点	1. F 值不会是负数,因为方差总是正数或 0。 2. F 分布呈右偏。 3. F 均值近似等于 1。 4. F 分布是一组曲线,这些曲线以分子方差自由度和分母方差自由度为基础。

F 分布曲线见图 10-2。

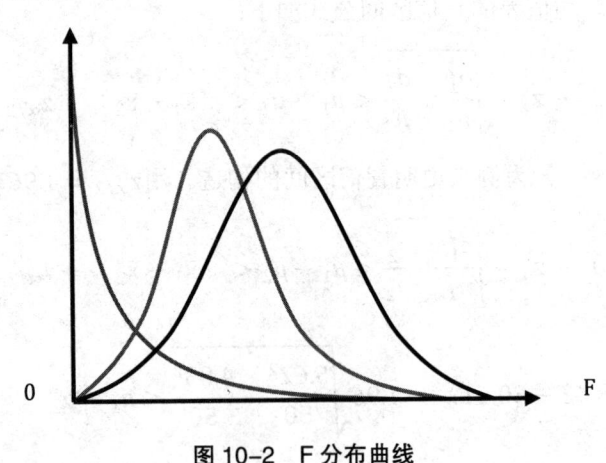

图 10-2　F 分布曲线

F 值的计算公式	$F = s_1^2/s_2^2$ 注意, s_1^2 是两个方差中较大的那一个。F 检验有两个自由度:分子自由度 $n_1 - 1$;分母自由度 $n_2 - 1$。n_1 是方差比较大(分子)的样本容量。

附录里给出了α = 0.005、0.01、0.025、0.05的F的临界值表，每一个α值都有一个临界值表，每一个表可以看作一个单边检验的临界值表；如果是双边检验的话，查α/2表对应的值就可以了。例如，α = 0.05 的双边检验，查 0.025 的表就可以了。F 值的任何一种检验，都可以转化成右边检验。因为 F 检验值总是大于或等于 1。当在表中找不到相应的自由度时，可以利用小于但最接近原自由度的那个自由度。例如，分子自由度为 14，但是在表中没有；但有 12 和 15 两个自由度，这种情况下，我们利用自由度 12 来替代。如果自由度是 12 时仍然拒绝零假设，那么，自由度 14 一定也拒绝零假设。

【例2】当α = 0.05时，找到分子自由度为 15，分母自由度为 21 的 F 检验的右边临界值。

α = 0.05

分母自由度	分子自由度				
	1	2	...	12	15
1					
2					
⋮					
20					
21				2.18	
22					

【例3】一个医药研究者想研究吸烟者和不吸烟者心跳频率的方差，他选择了两个样本，数据如下：

吸烟者	不吸烟者
$n_1 = 26$	$n_2 = 18$
$s_1^2 = 36$	$s_2^2 = 10$

给定α = 0.05，是否有足够的证据支持方差相同的假设？

分析：步骤1，提出假设：

$$H_0: \sigma_1^2 = \sigma_2^2, \quad H_1: \sigma_1^2 \neq \sigma_2^2$$

步骤2，找到临界值。因为α = 0.05，是双边检验，所以要利用 0.025 的表，查找分子自由度为 25，分母自由度为 17 的右尾临界值。临界值等于 2.56。

步骤3，计算 F 检验值：

$$F = \frac{s_1^2}{s_2^2} = \frac{36}{10} = 3.6$$

步骤 4，决断。既然 3.6>2.56，拒绝零假设。

步骤 5，总结。有足够证据证明吸烟者和非吸烟者的心率方差不同。

10.3　均值比较：独立小样本

在 10.1 节里，我们使用 z 检验，但 z 检验的要求比较严格，其中一个条件是知道总体的方差。但是，在很多情况下，我们是无法知道总体方差的，因此，这个时候，我们只能使用 t 检验。t 检验的条件有三个：第一，样本近似或是正态分布；第二，样本容量不大，通常小于 30 个观测点；第三，两个样本彼此独立，不存在任何相关关系。

t 检验有两种，一种是两个样本的方差不等时的检验公式；另一个是两个样本的方差相等时的检验公式。当然，在进行 t 检验之前，需要确认它们的方差是否相等。确认方差是否相等，我们采用 F 检验，这个内容在 10.2 中已经阐述。

独立小样本的 t 检验与第九章的 t 检验原理是一样的，但是，方差不相等和方差相等时，t 检验的公式略有不同。

T 检验的计算公式	当样本方差不相等时，t 检验的公式为：$$t = \frac{(\bar{x}_1 - \bar{x}_2) - (\mu_1 - \mu_2)}{\sqrt{\frac{s_1^2}{n_1} + \frac{s_2^2}{n_2}}}$$ 注意，这种情况下，自由度要采用 $n_1 - 1$、$n_2 - 1$ 中较小的一个。当样本方差相等时，t 检验公式为：$$t = \frac{(\bar{x}_1 - \bar{x}_2) - (\mu_1 - \mu_2)}{\sqrt{\frac{(n_1 - 1)s_1^2 + (n_2 - 1)s_2^2}{n_1 + n_2 - 2}} * \sqrt{\frac{1}{n_1} + \frac{1}{n_2}}}$$ 注意，这种情况下，自由度等于 $n_1 + n_2 - 2$。

第二个公式与第一个公式的差别在于，因为假定了方差相等，所以将两个样本放在一起进行混合估计，也就是说，以两个样本的方差和每个样本的自由

度为权重进行方差加权平均。

【例4】俄罗斯国家排球队员的平均身高为199厘米，中国国家排球队的平均身高是191厘米，假定两个样本数据的标准差分别为12厘米和38厘米，我们分别从俄罗斯国家和中国国家队分别随机抽取10人和8人。以∝= 0.05，你能推定两个队的平均身高具有显著的差异吗？假定两队身高都服从正态分布。

分析：首先，我们要确定两队总体身高的方差是否相同，然后根据方差来确定选择哪一种检验方式。需要确定方差是否相等，所以方差检验采用双边检验，需要查∝/2 = 0.025，分子自由度为7，分母自由度为9的F分布表，得到临界值为4.2。

$$F = \frac{s_1^2}{s_2^2} = \frac{38^2}{12^2} = 10.03$$

既然 10.03>4.2，因此，我们认为两队总体方差不相等。下面就可以进行检验了。

步骤1，提出假说。

$$H_0: \mu_1 = \mu_2, \quad H_1: \mu_1 \neq \mu_2$$

步骤2，找到临界值，既然是∝= 0.05的双边检验，并且方差不相等，所以，只需要查∝/2 = 0.05/2 = 0.025，自由度为7的t分布表。得到的临界值分别是2.365 和-2.365.

步骤3，计算t值。因为方差不等，所以用第一个公式。

$$t = \frac{(\bar{x}_1 - \bar{x}_2) - (\mu_1 - \mu_2)}{\sqrt{\frac{s_1^2}{n_1} + \frac{s_2^2}{n_2}}} = \frac{(199 - 191) - 0}{\sqrt{\frac{12^2}{10} + \frac{38^2}{8}}} = 0.57$$

步骤4，决断。因为0.57<2.365，所以不能拒绝零假设。

步骤5，总结。没有充分的证据支持中国国家队和俄罗斯国家队的身高存在明显的差别。

【例5】一个研究人员想知道国营旅行社的导游和民营旅行社导游的基本工资问题。他从两个不同的总体中选择了2个样本，具体资料如下。试以∝= 0.01，判断两类人的平均基本工资是否存在明显的差异？

民营	国营
$\bar{x}_1 = 26800$	$\bar{x} = 25400$
$n_1 = 10$	$n_2 = 8$
$s_1 = 600$	$s_2 = 450$

分析：首先，我们要确定两个旅行社工资总体方差是否相同，然后根据方差来确定选择哪一种检验方式。需要确定方差是否相等，所以方差检验采用双边检验，需要查α/2 = 0.005，分子自由度为 9，分母自由度为 7 的 F 分布表，得到临界值为 8.51。

$$F = \frac{s_1^2}{s_2^2} = \frac{600^2}{450^2} = 1.78$$

因为 1.78<8.51，所以接受零假设，两总体方差相等。下面进行检验。

步骤 1，提出假设。

$$H_0: \mu_1 \leq \mu_2, \quad H_1: \mu_1 > \mu_2$$

步骤 2，找到临界值。既然α= 0.01是单边检验，而且两个样本的方差相等，我们必须要选用 $n_1 + n_2 - 2 = 10 + 8 - 2 = 16$ 作为自由度。查到的临界值为 2.583。

步骤 3，计算 t 值。

$$t = \frac{(\bar{x}_1 - \bar{x}_2) - (\mu_1 - \mu_2)}{\sqrt{\frac{(n_1-1)s_1^2 + (n_2-1)s_2^2}{n_1 + n_2 - 2}} * \sqrt{\frac{1}{n_1} + \frac{1}{n_2}}}$$

$$t = \frac{(26800 - 25400) - 0}{\sqrt{\frac{(10-1)600^2 + (8-1)450^2}{10 + 8 - 2}} * \sqrt{\frac{1}{10} + \frac{1}{8}}} = 5.47$$

步骤 4，决断。因为 5.47>2.583，所以拒绝零假设。

步骤 5，总结。没有足够证据支持零假设。也就是说，民营旅行社导游的基本工资高于国营旅行社人员的基本工资。

对于独立小样本的检验，也可以采用置信区间法，置信区间法的公式也与以前类似。

区间构造	当样本方差不相等时，总体均值差的区间构造： $$(\bar{x}_1 - \bar{x}_2) - t_{\alpha/2}\sqrt{\frac{s_1^2}{n_1} + \frac{s_2^2}{n_2}} < (\mu_1 - \mu_2) < (\bar{x}_1 - \bar{x}_2) + t_{\alpha/2}\sqrt{\frac{s_1^2}{n_1} + \frac{s_2^2}{n_2}}$$ 注意，这种情况下，自由度要采用$n_1 - 1$, $n_2 - 1$中较小的一个。 当样本方差相等时，总体均值差的区间构造：

$$(\bar{x}_1 - \bar{x}_2) - t_{\alpha/2}\sqrt{\frac{(n_1-1)s_1^2 + (n_2-1)s_2^2}{n_1+n_2-2}} * \sqrt{\frac{1}{n_1}+\frac{1}{n_2}} < (\mu_1 - \mu_2)$$

$$< (\bar{x}_1 - \bar{x}_2) + t_{\alpha/2}\sqrt{\frac{(n_1-1)s_1^2 + (n_2-1)s_2^2}{n_1+n_2-2}}$$

$$* \sqrt{\frac{1}{n_1}+\frac{1}{n_2}}$$

注意，这种情况下，自由度等于 $n_1 + n_2 - 2$。

10.4 均值比较：相依小样本

在前面的检验中，对样本有一个基本的要求是彼此独立。但是，在现实中，很多情况无法满足样本独立的要求。例如，为了了解游客对饭店服务质量的看法，我们可以在入住饭店之前获得该游客对饭店服务的期望值，而在他入住之后，再获得他对饭店服务的真实感受。那么，这种情况下，这两列数据就是相互关联的。因为前者能够影响后者。类似这种在主题或内容上相互匹配的数据就叫做相依样本（dependent sample）。

对相依样本的处理，我们通常是计算每个观测点数据的差值，通过差值合并成一个样本，最后计算合并样本的均值，利用均值估计它是否为零。具体的过程如下：

$$D = x_1 - x_2$$

计算 D 的均值，即：

$$\bar{D} = \frac{\sum D}{n}$$，其中，n 是配对样本数，也就是配对观测点数。

计算标准差：

$$s_D = \sqrt{\frac{\sum D^2 - \frac{(\sum D)^2}{n}}{n-1}}$$

计算均值标准误：

$$s_{\bar{D}} = \frac{s_D}{\sqrt{n}}$$

利用前面学过的公式，计算 t 检验值：

$$t = \frac{\bar{D} - \mu_D}{s_{\bar{D}}}，其中，自由度为 d.f = n - 1$$

从上面的计算过程可以看出，相依样本检验的整个原理与前面的知识一脉相承。

【例6】一个举重队的体育研究员认为，服食一种特殊的维他命提高队员的臂力，他随机从各个省队选择 11 名人员进行试验，首先测试服食维他命之前挺举的重量，然后是服食维他命之后挺举的重量，前后的重量如下表所示。

队员	1	2	3	4	5	6	7	8
之前	210	230	182	205	262	253	219	216
之后	219	236	179	204	270	250	222	216

具体的计算过程如下：

步骤1，提出假设。

$$H_0: \mu_D \geq 0, \quad H_1: \mu_D \leq 0$$

步骤2，找到临界值。$\alpha = 0.05$ 的单边，自由度为 $d.f = 8 - 1 = 7$，左边的临界值为-1.895。

步骤3，计算 t 值。

之前x_1	之后x_2	$D = x_1 - x_2$	$D^2 = (x_1 - x_2)^2$
210	219	-9	81
230	236	-6	36
182	179	3	9
205	204	1	1
262	270	-8	64
253	250	3	9
219	222	-3	9
216	216	0	0
		$\sum D = -19$	$\sum D^2 = 209$

计算标准差：

$$s_D = \sqrt{\frac{\sum D^2 - \frac{(\sum D)^2}{n}}{n-1}} = \sqrt{\frac{209 - \frac{(-19)^2}{8}}{8-1}} = 4.84$$

计算 t 值：

$$t = \frac{\overline{D} - \mu_D}{s_{\overline{D}}} = \frac{-2.375 - 0}{4.84/\sqrt{8}} = -1.388$$

步骤 4，决断。因为-1.388>-1.895，不能拒绝零假设。

步骤 5，总结。没有足够证据支持服食特殊的维他命能够提高举重队员的臂力。

相依小样本 t 检验公式。

---

t 检验公式　当样本方差不相等时，总体均值差的区间构造：

$$t = \frac{\overline{D} - \mu_D}{\frac{s_D}{\sqrt{n}}}$$

注意，这种情况下，自由度要采用 $n_1 - 1$ 个。其中：

$$\overline{D} = \frac{\sum D}{n}, \quad s_D = \sqrt{\frac{\sum D^2 - \frac{(\sum D)^2}{n}}{n-1}}$$

相依小样本同样可以采用置信区间法：

区间构造　当样本方差不相等时，总体均值差的区间构造：

$$\overline{D} - t_{\alpha/2}\frac{s_D}{\sqrt{n}} < \mu_D < \overline{D} + t_{\alpha/2}\frac{s_D}{\sqrt{n}}$$

注意，这种情况下，自由度要采用 $n_1 - 1$ 个。

10.5　比例值比较

对 z 检验做出适度的修改，就可以用来检验两个比例值的相等性问题了。例如，一个研究者可能想知道：经常出游的男人的比例会比经常出游的女人的比例高吗？每一年高考填报志愿时，报考旅游专业的人数比例与报考会计专业的比例是一样的吗？在高校里，上网吧玩游戏的男生比例与女生比例是一样的吗？

在前面的章节中，我们用样本比例 p 来估计总体比例 π。例如，在 30 个学生的样本中，有 9 个学生做兼职，那么，样本比例就是，p = 9/30 = 0.3。总体比例 π 是整个大学里，所有正在做兼职学生的人数占整个大学人数的比例。我们就是用 p 去推测 π 有多大。样本比例的公式是：

$$p = \frac{x}{n}$$

其中，x 是具有某个特征的单位数；n 是样本的容量（观察点的个数）。

当我们要考察两个总体比例 π_1 和 π_2 是否相等时，零假设可以设定如下：

$$H_0: \pi_1 = \pi_2, H_1: \pi_1 \neq \pi_2$$

我们用样本比例 $p_1 = \frac{x_1}{n_1}$ 来估计 π_1，$p_2 = \frac{x_2}{n_2}$ 来估计 π_2。样本比例差的标准误可以表示为：

$$\sigma_{p_1-p_2} = \sqrt{\sigma_{p_1}^2 + \sigma_{p_2}^2} = \sqrt{\frac{p_1 q_1}{n_1} + \frac{p_2 q_2}{n_2}}$$

其中，$\sigma_{p_1}^2$、$\sigma_{p_2}^2$ 是两个样本比例的方差，$q_1 = 1 - p_1$，$q_2 = 1 - p_2$，n_1 和 n_2 是样本容量。

因为 p_1、p_2 都是未知的，可以通过下面的公式对总体比例 π 进行加权估计，得到 p 的加权 $\bar{p}$：

$$\bar{p} = \frac{n_1 p_1 + n_2 p_2}{n_1 + n_2}$$

将 $p_1 = \frac{x_1}{n_1}$ 来估计 π_1，$p_2 = \frac{x_2}{n_2}$ 带入公式里，得出简化形式：

$$\bar{p} = \frac{x_1 + x_2}{n_1 + n_2}$$

最后，通过加权估计，得出的标准误为：

$$\sigma_{p_1-p_2} = \sqrt{\bar{p}\bar{q}(\frac{1}{n_1} + \frac{1}{n_2})}$$

所以，比例值比较的 z 检验公式可以写成：

样本比例 Z 检验公式	当样本方差不相等时，总体均值差的区间构造： $$z = \frac{(p_1 - p_2) - (\pi_1 - \pi_2)}{\sqrt{\bar{p}\bar{q}(\frac{1}{n_1} + \frac{1}{n_2})}}$$ 其中，$\bar{p} = \frac{x_1 + x_2}{n_1 + n_2}$，$p_1 = \frac{x_1}{n_1}$，$p_2 = \frac{x_2}{n_2}$，$\bar{q} = 1 - \bar{p}$

【例 7】某大学随机抽查 34 名在暑期出游的男生，发现有 12 名男生通过网络结伴出游；而随机抽查的暑期出游的 24 名女生中，有 17 名选择结伴出游。以 α= 0.05 的显著性水平为标准，试问男生暑期网络结伴出游的比例与女生的比例相等吗？

分析：

$$p_1 = \frac{x_1}{n_1} = \frac{12}{34} = 0.35, \quad p_2 = \frac{x_2}{n_2} = \frac{17}{24} = 0.71$$

$$\bar{p} = \frac{12 + 17}{34 + 24} = 0.5, \quad \bar{q} = 1 - \bar{p} = 1 - 0.5 = 0.5$$

随后，可以进行假设检验。

步骤 1，提出假设。

$$H_0: \pi_1 = \pi_2, H_1: \pi_1 \neq \pi_2$$

步骤 2，找到临界值。因为 α= 0.05，双边检验为 0.025，通过查表得到，双边临界值为 1.96 和 -1.96。

步骤 3，计算 z 值。

$$z = \frac{(p_1 - p_2) - (\pi_1 - \pi_2)}{\sqrt{\bar{p}\bar{q}\left(\frac{1}{n_1} + \frac{1}{n_2}\right)}} = \frac{(0.35 - 0.71) - 0}{\sqrt{(0.05)(0.05)\left(\frac{1}{34} + \frac{1}{24}\right)}} = -2.7$$

步骤 4，决断。因为 -2.7<-1.96，所以拒绝零假设。

步骤 5，总结。有足够的证据证明男生和女生选择网络结队出游的比例是不同的。

对上面的检验，还可以采用置信区间检验法估计，其公式如下：

区间构造	当样本方差不相等时，总体均值差的区间构造： $$(p_1 - p_2) - t_{\alpha/2}\sqrt{\bar{p}\bar{q}\left(\frac{1}{n_1} + \frac{1}{n_2}\right)} < (\pi_1 - \pi_2) < (p_1 - p_2) + t_{\alpha/2}\sqrt{\bar{p}\bar{q}\left(\frac{1}{n_1} + \frac{1}{n_2}\right)}$$

10.6 软件处理

均值比较是一种常用的分析方法。主要是运用统计方法对两个样本的均值是否相等做出检验，进而做出推断。在 SPSS 中，主要包括 3 种类型的均值检验（样本数据见表 10-1）。

表 10-1 软件说明的原始数据

年份	旅游人数（百万人次）	城镇居民	农村居民
1994	524	205	319
1995	629	246	383
1996	640	256	383
1997	644	259	385
1998	695	250	445
1999	719	284	435
2000	744	329	415
2001	784	375	409
2002	878	385	493
2003	870	351	519
2004	1102	459	643
2005	1212	496	716
2006	1394	576	818

将数据导入 SPSS。如图 10-3。其中 number，urban，countryside 分别代表旅游人次数，城镇出游人次数和农村居民出游人次数，单位为百万。

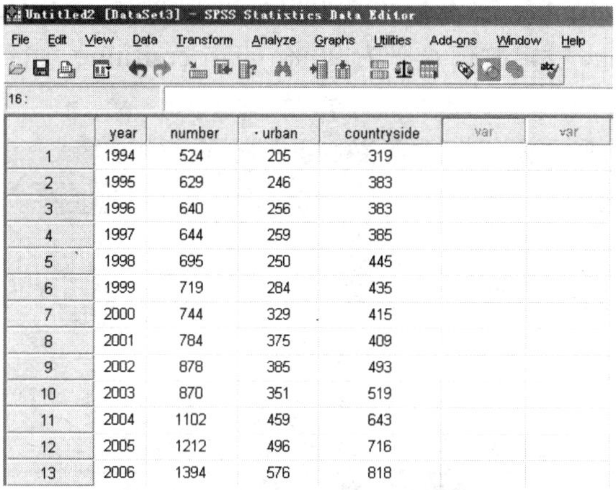

	year	number	urban	countryside	var	var
1	1994	524	205	319		
2	1995	629	246	383		
3	1996	640	256	383		
4	1997	644	259	385		
5	1998	695	250	445		
6	1999	719	284	435		
7	2000	744	329	415		
8	2001	784	375	409		
9	2002	878	385	493		
10	2003	870	351	519		
11	2004	1102	459	643		
12	2005	1212	496	716		
13	2006	1394	576	818		

图 10–3

1. 单样本 *t*-检验 （one sample T - test）

第一步，将鼠标按 analyze → compare means → one sample T test 选中。如图 10-4。

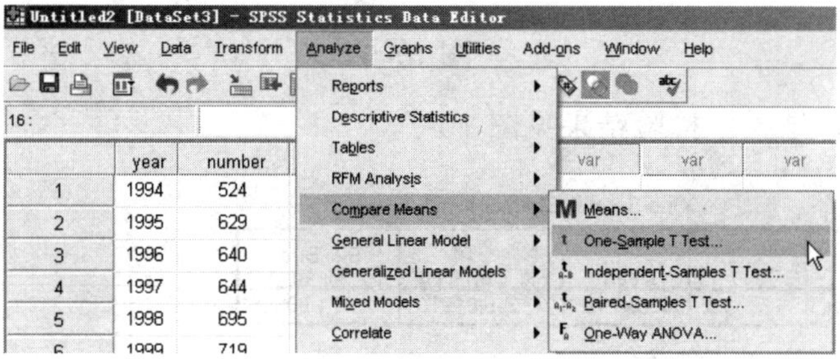

图 10–4

第二步，点击 one sample T test，如图 10-5。

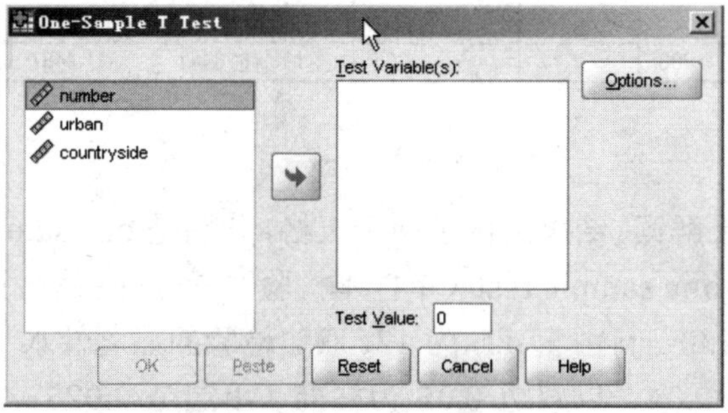

图 10–5

第三步，将 number 放入 test variables 对话框里。设定要检验假设值，如 700。点击 options，设定置信水平为 95%。点击 continue，回到原来的主画面。如图 10-6。

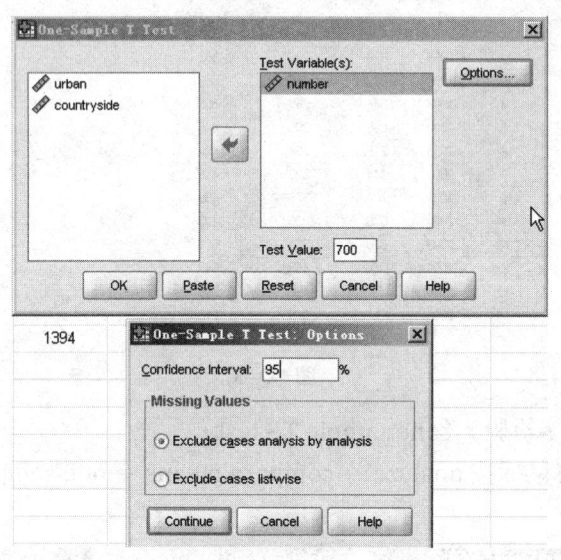

图 10-6

第四步，结果。检验结果见图 10-7。

One-Sample Statistics

	N	Mean	Std. Deviation	Std. Error Mean
number	13	833.4615	256.01810	71.00665

One-Sample Test

Test Value = 700

	t	df	Sig. (2-tailed)	Mean Difference	95% Confidence Interval of the Difference Lower	Upper
number	1.880	12	.085	133.46154	-21.2487	288.1717

图 10-7

第五步，结果解读。结果给出了两个表格，分别是 one sample statistics（单样本统计量）和 one sample test（单样本检验），重点在后一个的解读上，表中给出了 t 值，为 1.88。自由度 d.f，为 12。双边检验的显著性水平 Sig，为 0.085，转化为双边则是 0.04。以双边 0.05 为标准（单边是 0.025），接受原假设，也就是均值等于 700 的假设。表的最右边给出了 95%的置信区间，为

-21.24~288.17，很显然，133.64 在区间之内。所以，根据置信区间，也应该接受原假设。

2. 独立样本 T 检验（independent sample T test）

目的是需要了解农村出游人次数在 1999 年前后是否存在差异。在进行此项工作之前，先设定一个变量 gaya；1999 年及其之前的数值赋值为 0，之后的数据赋值为 1。

第一步，将鼠标按 analyze → compare means → independent sample T test 选中。如图 10-8。

图 10-8

第二步，单击 independent sample T test，出现图 10-9 对话框。

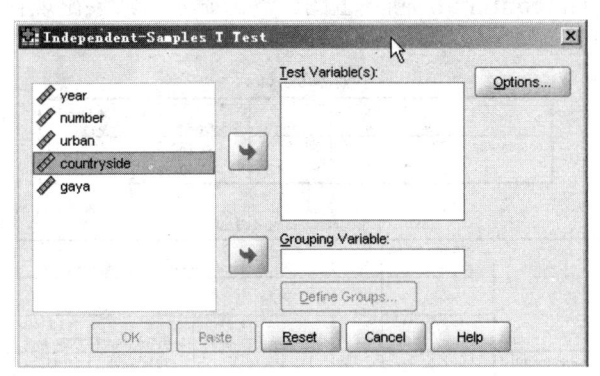

图 10-9

第三步，把 countryside 这边变量放入 test variable；把 gaya 放入 grouping variable。如图 10-10。

旅游统计学：原理与方法

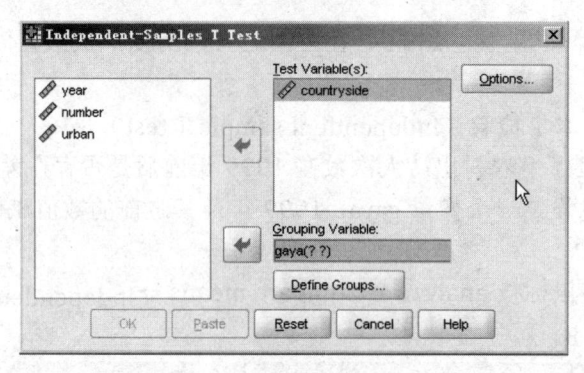

图 10-10

第四步，点击 define groups。出现如图 10-11。分别输入 0 和 1。

图 10-11

第五步，点击 continue，回到上图，点击确定，结果出现在 output 里，结果见图 10-12。

Group Statistics

	gaya	N	Mean	Std. Deviation	Std. Error Mean
countryside	.00	6	391.6667	45.16045	18.43668
	1.00	7	573.2857	156.28469	59.07006

Independent Samples Test

		Levene's Test for Equality of		t-test for Equality of Means					95% Confidence Interval of the Difference	
		F	Sig.	t	df	Sig. (2-tailed)	Mean Difference	Std. Error Difference	Lower	Upper
countryside	Equal variances assumed	11.062	.007	-2.735	11	.019	-181.61905	66.41252	-327.79202	-35.44607
	Equal variances not assumed			-2.935	7.145	.021	-181.61905	61.88039	-327.34484	-35.89325

图 10-12

第六步，结果解读。结果分为两个表，上表是群组统计，下表是独立样本检验。群组统计列出了 1999 年之前和之后两个组的均值，标准差和标准误；下表给出了在假定方差齐性和方差不齐的情况下的 t 值（-2.735，-2.935）和显著性水平（0.019，0.021）。以 0.05 的双边为标准，0.019 和 0.029 的双边值都比 0.025 小，因此，拒绝相等的假说。

3. 成对样本 T 检验（paired sample T test）

成对样本通常是，一个主体对应着不用情况下的两组数据。例如，顾客的满意度，可以测量顾客入住酒店前对酒店服务的期望值，随后在顾客离店时测量顾客对酒店的真实感受值。这样的两组数据就是成对的（paired）。我们利用一个顾客满意度的问卷调查为例来说明。

第一步，将鼠标按 analyze → compare means →paired sample T test 选中。如图 10-13。

图 10-13

第二步，点击 paired samples T test，如图 10-14

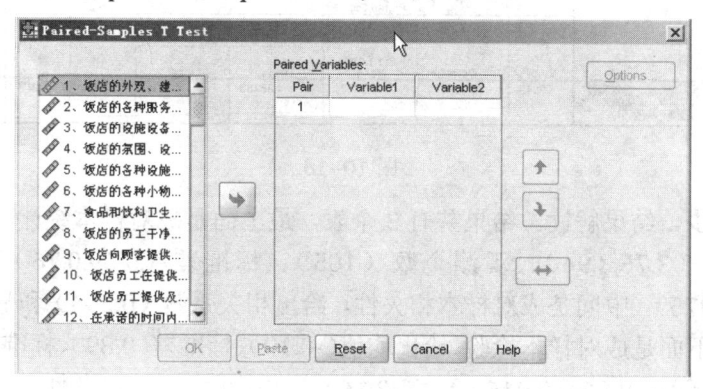

图 10-14

第三步，把成对数据放入 paired variables，如图 10-15。

旅游统计学：原理与方法

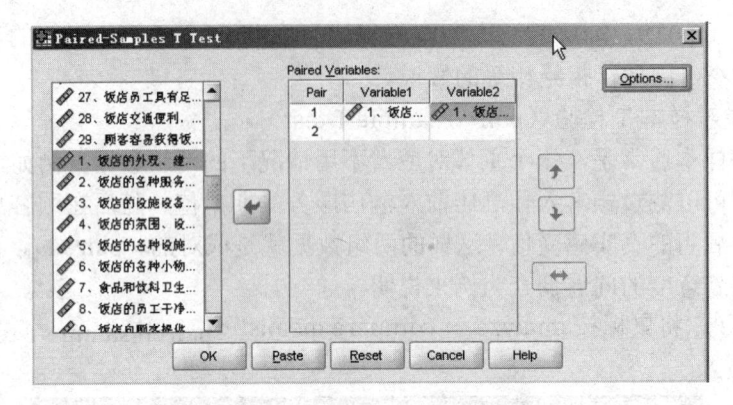

图 10-15

第四步，点击 ok，得到结果如图 10-16

图 10-16

第五步，结果解读。结果共有 3 个表，最上面是成对样本统计，给出了样本的均值（3.75,3.94）、观测个数（105）、标准差（0.69,0.76）和标准误（0.067,0.075）；中间是成对样本相关性，给出相关系数（0.244）和显著性水平（0.012）；下面是成对样本检验，给出均值(-0.19)、标准差(0.89)、标准误(0.087)、95%置信区间(-0.36~-0.016)、t 值(-2.16)、自由度(104)和显著性水平(0.032)。以 0.05 为标准，0.032 小于 0.05，拒绝原假设，顾客满意度的期望值和真实感受值不相等。

4. 方差比较

仍然以表 10-1 的数据为例，我们要比较城市居民出游人次数与农村居民出游人次数的方差是否相等。

第一步，点击 excel 数据分析，出现如图 10-17 所示。

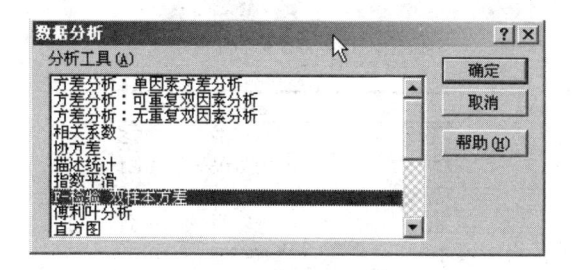

图 10-17

第二步，选中 F 检验双样本方差，点击确定。如图 10-18。

图 10-18

第三步，把需要比较的数据分别放进变量 1 的区域和变量 2 的区域，勾选 0.05（设定显著性水平为 0.05）。见图 10-19。

图 10-19

第四步，点击确定，结果在新工作表组中出现。见图 10-20。

F-检验 双样本方差分析		
	319	205
平均	503.6667	355.5
方差	21076.06	11681
观测值	12	12
df	11	11
F	1.804303	
P(F<=f) 单尾	0.171035	
F 单尾临界	2.81793	

图 10-20

第五步，结果解读。图中列出了两个变量的均值、方差自由度、F 值、P 值和 F 单尾临界值。最重要的值是后面的 3 个。F 值（1.80）比 F 单尾临界值（2.81，是显著性水平 0.05 对应的值）小，说明两个总体的方差相等。另外，也可以通过 P 值（0.17）与设定的水平 0.05 比较，因为 0.17>0.05,所以，可以认为两个总体的方差相等。

5. 通过调用函数计算 F 值和 F 对应的临界值

【例 8】以上面的例子为例，计算单边显著性水平为 0.05，分子自由度为 11，分母自由度为 11 的临界值。

第一步，点击 f（x）。找到 FINV 函数。见图 10-21。

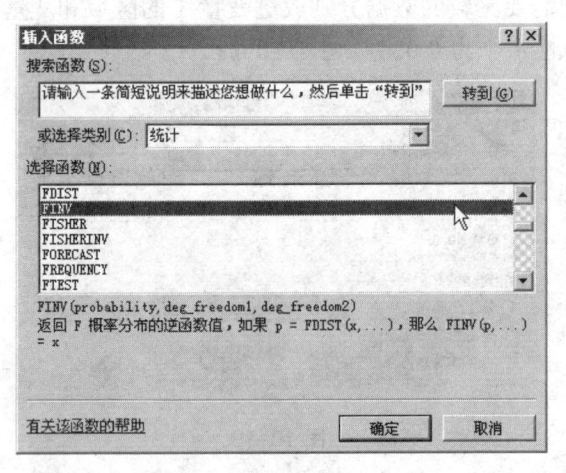

图 10-21

第二步，点击确定。见图 10-22 和图 10-23。

图 10-22

图 10-23

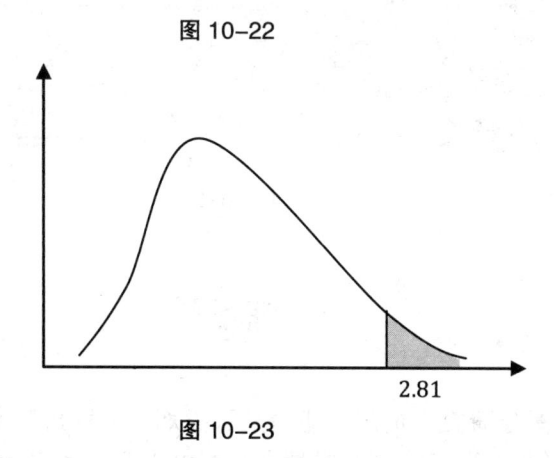

第三步，结果解读。输入上面的值后，输出的结果为 2.81，它对应着图 10-23 中的位置，阴影部分的面积是 0.05。当然，你也可以找到与 2.81 对称的另一个临界值，这时需要 probability 里，输入 0.95，输出的结果为 0.35。这个结果是两个方差里较小的那一个作为分子，较大的那一个作为分母。见图 10-24。

图 10-24

【例9】以上面的例子为例，求出右边的临界值为 2.81，分子自由度为 11，分母自由度为 11 的概率。

同上，找到 Fdist，点击确定。如图 10-25。这一过程是上一个函数的逆反过程。意思是获得等于 2.81 的概率为 0.05。

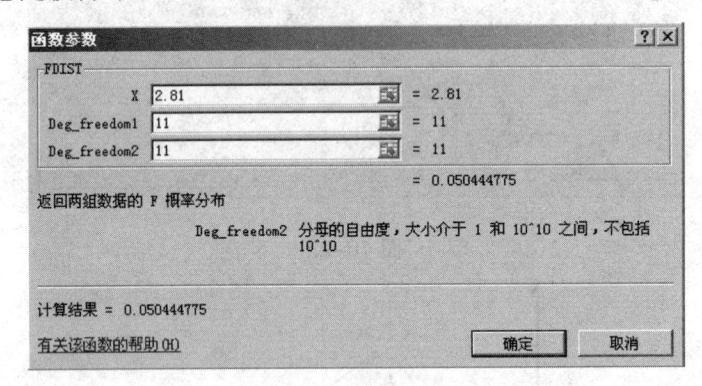

图 10-25

练习题

1. 一个医疗研究人员想搞清楚是否吸烟者的脉搏频率高于非吸烟者的脉搏频率。他随机抽取了 100 名吸烟者与 100 非吸烟者进行验证，结果如下，以 α= 0.05 的水平来看，研究人员能否得出吸烟者的脉搏频率高于非吸烟者的脉搏频率？

吸烟者	非吸烟者
$\bar{x} = 90$	$\bar{x} = 88$
$s_1 = 5$	$s_2 = 6$
$n_1 = 100$	$n_2 = 100$

2. 一个统计学家宣称主修心理学的学生的标准测试得分比主修数学的学生的得分高。各自给定 50 个学生，结果如下。以 α= 0.01 的水平看，是否有足够的证据支持统计学家的观点？

吸烟者	非吸烟者
$\bar{x} = 118$	$\bar{x} = 115$
$\sigma_1 = 15$	$\sigma_2 = 15$
$n_1 = 50$	$n_2 = 50$

3. 一个教育者认为，高中教师的教学年限波动比初中教师的大。随机选择了两个群体，18 个初中教师的教学年限方差为 1.9；26 个高中教师的年限方差为 2.8。以 $\alpha = 0.01$ 的显著性水平，前述教育者的观点正确吗？

4. 一个消费者认为，任意两个生产电池的厂商，它们的电池一次性照射的时间方差都是一样的。一个研究者从厂商 x 选取了 10 个电池，从厂商 y 也选取了 10 个。他发现前者的方差是 24，后者的方差是 40。以 $\alpha = 0.10$ 为水平，这个消费者的看法对吗？

5. 一个研究者认为男护士比女护士挣得多。一个人调查了 16 个男护士、20 个女护士。以 $\alpha = 0.05$ 的显著性水平，前述观点正确吗？

男	女
$\bar{x} = ¥23,800$	$\bar{x} = ¥23,750$
$s_1 = ¥300$	$s_2 = ¥250$
$n_1 = 16$	$n_2 = 20$

6. 一个作文老师编写一个语法程序来帮助学生减少语法错误，数据如下。以 $\alpha = 0.025$ 的水平，这个语法程序能够起作用吗？

学生	1	2	3	4	5	6
使用语法程序之前的错误	12	9	0	5	4	3
使用语法程序之后的错误	9	6	1	3	2	3

7. 随机抽取 80 个美国人，55% 的人期望他们自己富裕。随机抽取 90 个欧洲人，45% 的人期望他们自己富裕。以 $\alpha = 0.01$ 为显著性水平，试问这两个比例有差别吗？计算这个比例差的 99% 的置信区间。

第十一章 卡方检验

主要内容
- 卡方分布
- 卡方检验
- 卡方检验：列联表
- 软件处理

11.1 卡方分布

像 t 分布和 F 分布一样，卡方（χ^2）分布也是一种抽样分布。当从一个正态分布总体中，抽取一个样本容量为 n 的样本时，卡方分布是 $\chi^2 = (n-1)s^2/\sigma^2$ 的抽样分布。卡方分布是一组概率分布，像 t 分布和 F 分布一样，它的形态取决于样本的自由度。卡方分布呈右偏，随着自由度的增加，它越来越接近正态分布。图 11-1 显示了不同自由度的卡方分布形态。根据卡方的数学表达式，我们知道，卡方（χ^2）值总是大于等于 0。

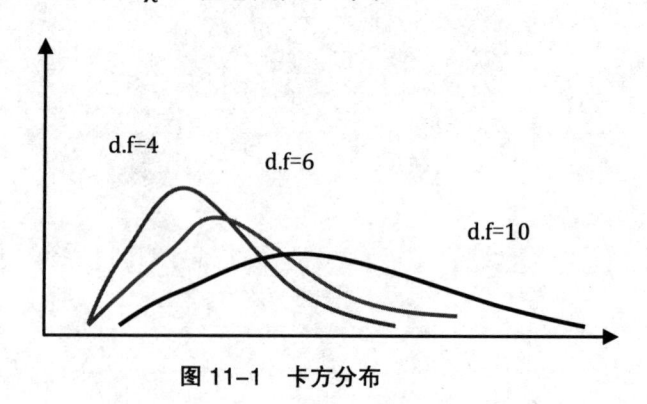

图 11-1 卡方分布

卡方分布可以用来检验对象的频次分布，通过频次分布来判断对象的偏好等。例如，一群消费者购买了不同颜色的同一款轿车，是否消费者对某种颜色具有一定的偏爱呢？另外，卡方分布还可以用来检验两个变量是否彼此独立。例如，高考后，学生对大学的选择是否独立于自己就读的地区？对于上面问题的解答，我们可以计算对象的卡方（χ^2）值，然后利用卡方分布来检验判断。计算对象卡方值的公式为：

χ^2值的计算公式	$\chi^2 = \sum \dfrac{(o-E)^2}{E}$ 注意：卡方检验的自由度类别数减去1。

χ^2拟合优度检验的两个前提假定	1. 数据来自随机样本。 2. 每一个类别的期望频次必须大于等于5。

当检验对象的频次分布吻合某个特定的模式时，这种检验可以看作卡方拟合优度检验。例如，在5种不同的水果味苏打饮料中，市场分析员想知道消费者是否对其中的某一种有特别的偏好。他从市场随机选择了100人，这100人提供了他们一个星期内的消费记录：

樱桃味	草莓味	橘子味	柠檬味	葡萄味
32	28	16	14	10

根据逻辑，如果这些人没有偏好的话，选择不同口味饮料的频次应该是一样的。在上述例子中，它的频次应该为100/5=20。也就是说，每种口味的饮料应该有大约20个人选择。

每种口味的不同频次是从真实的样本中体现出来的，这些真实的频次我们称为观察到的频次（observed frequencies）。通过计算得到的频次就叫做期望频次（expected frequencies）。完整的对比表如下：

频次	樱桃味	草莓味	橘子味	柠檬味	葡萄味
观察到的	32	28	16	14	10
期望的	20	20	20	20	20

由于抽样误差，观察到的频次与期望的频次总是会不同的，但真正的问题

是，这些不同是显著的吗？是否这些不同仅仅只是因为抽样的缘故呢？卡方拟合优度检验可以解决这个问题。

利用上面的例子，以 $\alpha = 0.05$ 的水平看，是否有足够的证据拒绝消费者对 5 种口味的饮料没有偏好。

步骤 1，提出假设。

H_0：消费者没有偏好（各类型的频次相等）；

H_1：消费者显示了偏好（频次不等）。

步骤 2，找到临界值。因为有 5 个类别，所以，自由度为 $5 - 1 = 4$。以 $\alpha = 0.05$ 水平查表得 9.488。

步骤 3，计算卡方(χ^2)值。

$$\chi^2 = \sum \frac{(O - E)^2}{E}$$

$$= \frac{(32 - 20)^2}{20} + \frac{(28 - 20)^2}{20} + \frac{(16 - 20)^2}{20} + \frac{(14 - 20)^2}{20} + \frac{(10 - 20)^2}{20} = 18$$

步骤 4，决断。因为 18>9.488，所以拒绝零假设。

步骤 5，总结。有足够的证据拒绝零假设。消费者显示出了偏好。

上述检验为什么叫拟合优度检验呢？通过下面的图形说明，读者就会明白了。在图 11-2 中，星点（观察值）离圆点（期望值）越近，两条线越近，吻合度就越高，越容易接受零假设；反之亦反是。

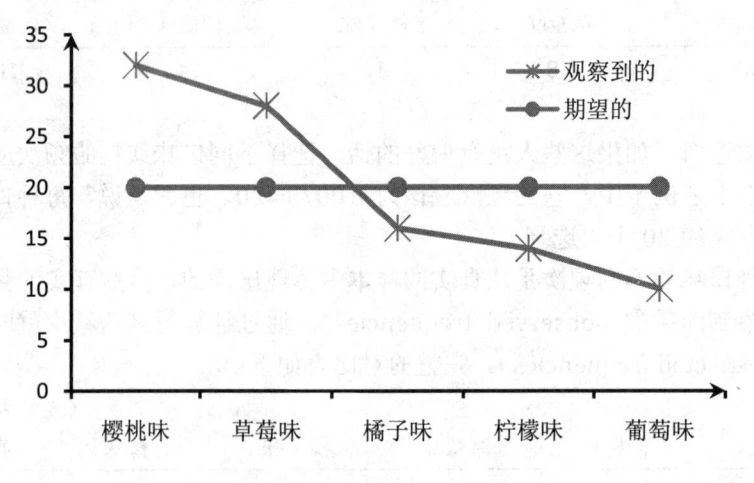

图 11-2 卡方拟合优度检验

【例 1】通常情况下，退休的企业高管有 38%会受雇于其他的组织，32%自我雇佣，23%做咨询工作，7%成立了自己的公司。为了验证这种说法，某调查公司随即调查了 300 名退休高管，发现，122 名受雇其他组织，85 名自我雇佣，76 名作咨询工作，17 名成立了自己的公司。以 10%的显著性水平看，你能够得出调查结果与前述结论是一致的吗？

步骤 1，提出假设。

H_0：退休高管的工作分配比例为 38%会受雇于其他的组织，32%自我雇佣，23%做咨询工作，7%成立了自己的公司。

H_1：真实的工作分配比例与上述不同。

步骤 2，找到临界值。∝= 0.10，自由度为 3，对应的卡方值为 6.251。

步骤 3，计算真实卡方值。

$$0.38 \times 300 = 114, 0.23 \times 300 = 69$$
$$0.32 \times 300 = 96, 0.07 \times 300 = 21$$

$$\chi^2 = \sum \frac{(O-E)^2}{E}$$
$$= \frac{(122-114)^2}{114} + \frac{(85-96)^2}{96} + \frac{(76-69)^2}{69} + \frac{(17-21)^2}{21}$$
$$= 3.29$$

步骤 4，决断。因为 3.29<6.25，所以拒绝零假设。

步骤 5，总结。没有足够的证据拒绝零假设。也就是说，企业退休高管的工作分配的百分比是真实的。

11.2 卡方检验：列联表

当数据涉及两个变量、以表格的形式给出时（见表 11-1），我们可以用卡方来检验两个变量之间是否彼此独立。表格也可以称为列联表。

11-1 列联表

群组	更喜爱海底世界	更喜爱极地海洋馆	无偏爱
男生	100	80	20
女生	50	120	30

我们可以把上述表格作为 R（2）排 C（3）列，或者 RxC 列联表。表头（变量）不计算在内。表格中的每个模块叫单元（cell），由排和列指定。例如，频次为 80 的模块可以用 $C_{1,2}$ 表示，也就是，80 位于第 1 排第 2 列。那么上述表

格可以表示为：

	列 1	列 2	列 3
排 1	$C_{1,1}$	$C_{1,2}$	$C_{1,3}$
排 2	$C_{2,1}$	$C_{2,2}$	$C_{2,3}$

任何列联表的自由度等于（排－1）×（列－1）。在上述列联表中，自由度为 2。

我们可以利用上面的列联表计算每个单元的期望值。只是这里的期望值的计算方法与前面的方法不同。

$$每个单元格的期望值 = \frac{排总数 \times 列总数}{总数}$$

利用表 11-1 计算：

$$E_{1.1} = \frac{200 \times 150}{400} = 75, \quad E_{1.2} = \frac{200 \times 200}{400} = 100, \quad E_{1.3} = \frac{200 \times 50}{400} = 25$$

$$E_{2.1} = \frac{200 \times 150}{400} = 75, \quad E_{2.2} = \frac{200 \times 200}{400} = 100, \quad E_{2.3} = \frac{200 \times 50}{400} = 25$$

具体结果如下：

群组	更喜爱海底世界	更喜爱极地海洋馆	无偏爱	总数
男生	100（75）	80（100）	20（25）	200
女生	50（75）	120（100）	30（25）	200
总数	150	200	50	400

接下来，可以利用前面的公式计算卡方值。

$$\chi^2 = \sum \frac{(O-E)^2}{E}$$

$$= \frac{(100-75)^2}{75} + \frac{(80-100)^2}{100} + \frac{(20-25)^2}{25} + \frac{(50-75)^2}{75}$$

$$+ \frac{(120-100)^2}{100} + \frac{(30-25)^2}{25} = 26.67$$

这样，我们就可以做出决断，如果$\alpha = 0.05$的水平，自由度为 2 来看，临界值为 5.991。因为 26.67>5.991，所以拒绝零假设，即对两个景点的偏爱与性别没有关系（彼此独立）。

11.3　软件处理

我们选用一份问卷调查数据来进行说明，这份问卷是关于旅游非正规部门就业的。我们想了解在非正规部门就业的人们，他们所受的教育水平是否独立于非正规就业。具体数据见图 11-3。

1. 卡方检验

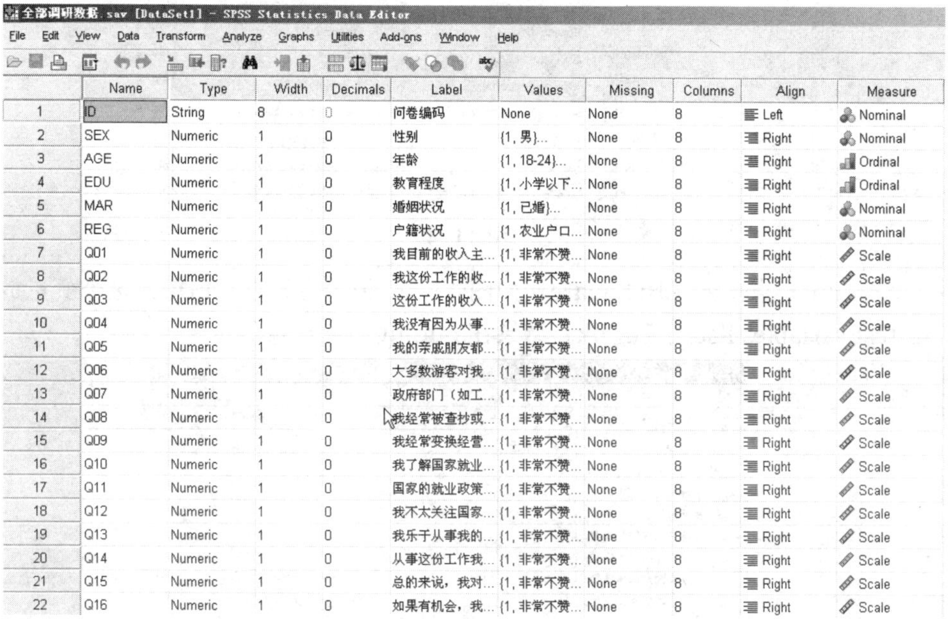

	Name	Type	Width	Decimals	Label	Values	Missing	Columns	Align	Measure
1	ID	String	8	0	问卷编码	None	None	8	Left	Nominal
2	SEX	Numeric	1	0	性别	{1, 男}...	None	8	Right	Nominal
3	AGE	Numeric	1	0	年龄	{1, 18-24}...	None	8	Right	Ordinal
4	EDU	Numeric	1	0	教育程度	{1, 小学以下...	None	8	Right	Ordinal
5	MAR	Numeric	1	0	婚姻状况	{1, 已婚}...	None	8	Right	Nominal
6	REG	Numeric	1	0	户籍状况	{1, 农业户口...	None	8	Right	Nominal
7	Q01	Numeric	1	0	我目前的收入主...	{1, 非常不赞...	None	8	Right	Scale
8	Q02	Numeric	1	0	我这份工作的收...	{1, 非常不赞...	None	8	Right	Scale
9	Q03	Numeric	1	0	这份工作的收入...	{1, 非常不赞...	None	8	Right	Scale
10	Q04	Numeric	1	0	我没有因为从事...	{1, 非常不赞...	None	8	Right	Scale
11	Q05	Numeric	1	0	我的亲戚朋友都...	{1, 非常不赞...	None	8	Right	Scale
12	Q06	Numeric	1	0	大多数游客对我...	{1, 非常不赞...	None	8	Right	Scale
13	Q07	Numeric	1	0	政府部门（如工...	{1, 非常不赞...	None	8	Right	Scale
14	Q08	Numeric	1	0	我经常被查抄或...	{1, 非常不赞...	None	8	Right	Scale
15	Q09	Numeric	1	0	我经常变换经营...	{1, 非常不赞...	None	8	Right	Scale
16	Q10	Numeric	1	0	我了解国家就业...	{1, 非常不赞...	None	8	Right	Scale
17	Q11	Numeric	1	0	国家的就业政策...	{1, 非常不赞...	None	8	Right	Scale
18	Q12	Numeric	1	0	我不太关注国家...	{1, 非常不赞...	None	8	Right	Scale
19	Q13	Numeric	1	0	我乐于从事我的...	{1, 非常不赞...	None	8	Right	Scale
20	Q14	Numeric	1	0	从事这份工作我...	{1, 非常不赞...	None	8	Right	Scale
21	Q15	Numeric	1	0	总的来说，我对...	{1, 非常不赞...	None	8	Right	Scale
22	Q16	Numeric	1	0	如果有机会，我...	{1, 非常不赞...	None	8	Right	Scale

图 11-3

第一步，鼠标顺着 Analyze → Nonparametric Tests → χ^2 CHi Square，如图 11-4。

旅游统计学：原理与方法

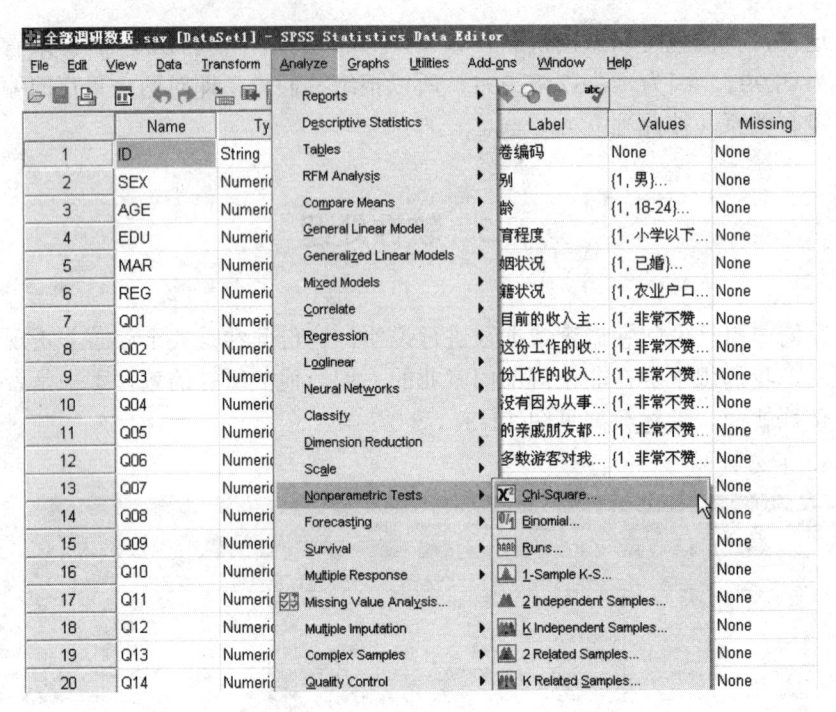

图 11-4

第二步，点击χ² CHi Square，如图 11-5，把教育程度（EDU）这个变量放入 Test variables list，点击 ok。结果在 output 中会出现。

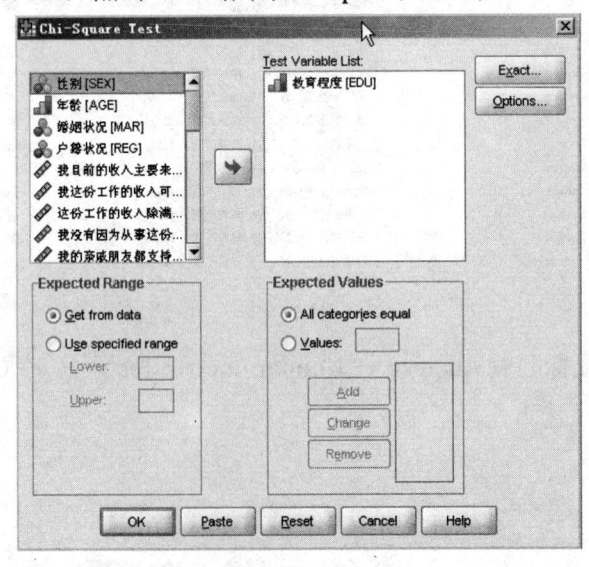

图 11-5

第三步，结果如图 11-6。

教育程度

	Observed N	Expected N	Residual
小学以下	40	50.0	-10.0
小学	135	50.0	85.0
初中	72	50.0	22.0
高中或中专	36	50.0	-14.0
大专	11	50.0	-39.0
本科及以上	6	50.0	-44.0
Total	300		

Test Statistics

	教育程度
Chi-Square	229.240[a]
df	5
Asymp. Sig.	.000

a. 0 cells (.0%) have expected frequencies less than 5. The minimum expected cell frequency is 50.0.

图 11-6

第四步，结果解读。总共输出 2 个表，上表是基本的统计，主要包括真实的观察对象数、期望值和残差。下表是统计量表，包括卡方值、自由度（d.f）和显著性水平。图中显著性水平接近 0。拒绝教育水平与非正规就业彼此独立的假设。从图中可以看出，非正规就业具有偏向性，主要以低学历人群为主。

2. 列联表分析

仍然以上面的数据为例，我们想了解男女在对整个行业进行满意度判断时，是否在满意度的不同级别上是否存在差异。

第一步，鼠标顺着 Analyze →Descriptive Statistics→Crosstabs 选中。见图 11-7。

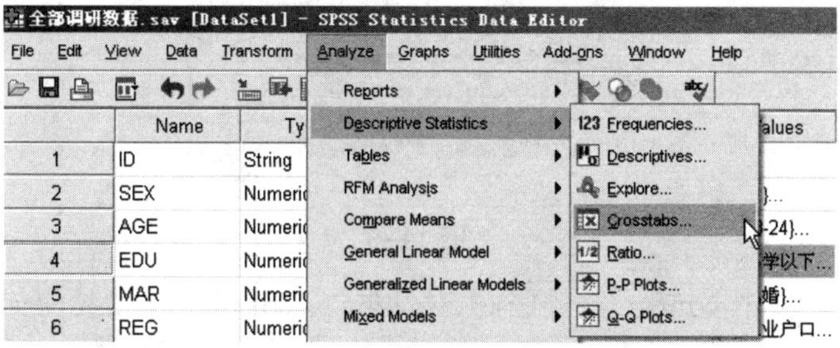

图 11-7

第二步，点击 Crosstabs，如图 11-8。把性别放入 Rows 对话框，把"总的来说"放入 Columns 对话框。

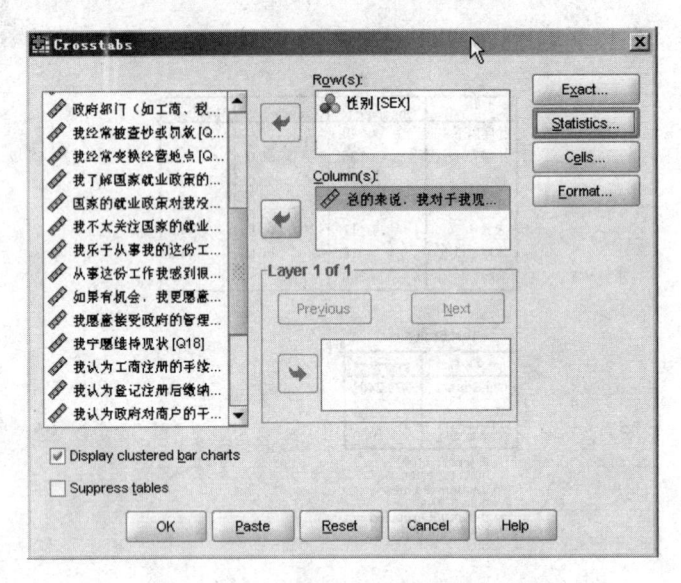

图 11-8

第三步，点击 Statistics。如图 11-9。勾选 Chi Square。

图 11-9

第四步，点击 continue，回到主对话框，点击 ok。出现结果如图 11-10。

Case Processing Summary

	Cases					
	Valid		Missing		Total	
	N	Percent	N	Percent	N	Percent
性别 * 总的来说，我对于我现在的工作感到满意	300	100.0%	0	.0%	300	100.0%

性别 * 总的来说，我对于我现在的工作感到满意 Crosstabulation

			总的来说，我对于我现在的工作感到满意						Total
			非常不赞同	不赞同	有点不赞同	无所谓	有点赞同	赞同	非常赞同	
性别	男	Count	6	32	23	10	32	16	1	120
		Expected Count	6.0	36.0	23.6	11.2	28.8	12.8	1.6	120.0
	女	Count	9	58	36	18	40	16	3	180
		Expected Count	9.0	54.0	35.4	16.8	43.2	19.2	2.4	180.0
Total		Count	15	90	59	28	72	32	4	300
		Expected Count	15.0	90.0	59.0	28.0	72.0	32.0	4.0	300.0

Chi-Square Tests

	Value	df	Asymp. Sig. (2-sided)
Pearson Chi-Square	3.281[a]	6	.773
Likelihood Ratio	3.285	6	.772
Linear-by-Linear Association	1.534	1	.216
N of Valid Cases	300		

a. 2 cells (14.3%) have expected count less than 5. The minimum expected count is 1.60.

图 11-10

第五步，结果解读。结果共有 3 个表。第一个表是对数据处理的简要总结，不重要；第二个表示计算了各个单元格的期望值与真实的观察数，这是理论中公式展现的具体化；第三个表最重要，它告诉了我们结果，从中可以看出，Pearson Chi Square 的值是 3.281，自由度是 6，双边检验时的水平是 0.773，这个数字足够大，只能接受原假设。性别与对工作总体满意不同层级的判断彼此是独立的。

练习题

1. 一个服装生产厂商想知道顾客是否对某一个特定的颜色有偏爱。他随即选了 100 件衬衣去卖，并且记下了它们的颜色。以 $\alpha = 0.10$ 的显著性水平，判定顾客是否对某种颜色有偏爱？

颜色	白	蓝	黑	红	黄	绿
卖出的数量	43	22	16	10	5	4

2. 今日美国快照发现一个现象，53%的成年购物者倾向于现金支付，30%的倾向于使用支票，16%的使用信用卡，1%的没有偏好。一个大型商场随机抽选了800名成年购物者，并且询问了他们的支付偏好，结果发现，400人支付现金，210人使用支票，170人使用信用卡，20人没有偏好。以$\alpha=0.01$的显著性水平判定，该商场的消费者是否和前述现象相吻合？

3. 一个研究人员想知道人们对信息的获取是否与他/她受到的教育有关。该研究人员调查了400名高中生和大学生。以$\alpha=0.05$的水平判断，人们获取信息是否与教育背景没有关系？

	电视	报纸	其他
高中	159	90	51
大学	27	42	31

4. 保险公司想搞清楚承认自己酒后驾车的司机是否随着年龄的变化而变化。他们随机在4个不同的年龄段调查了86个司机，以$\alpha=0.05$的水平判定，承认酒后驾车司机的比例与年龄比例是一致的吗？

	21～29	30～39	40～49	50以上
是	32	28	26	21
否	54	58	60	65
合计	86	86	86	86

第十二章　F检验和方差分析

主要内容
- 单因素方差分析
- 双因素方差分析
- 软件处理

方差分析主要用来检验3个或3个以上的总体均值是否相等。方差分析和均值比较不同，它是通过比较数据的波动（方差）来确定总体的均值是否相等。这里面有这样的一个假设，那就是：从同一个总体中抽取出来的不同样本，尽管它们具有不同的标志，但是，它们的方差和均值应该相等；当它们的方差不相等时，说明这些样本各自受到了系统之外的其他因素的影响，又或者它们本身来自不同的总体，因此它们的均值也不会相等。这就是方差分析的基本原理。

方差分析通常利用F检验。它有两个最基本的分析模型：单因素方差分析和双因素方差分析。

12.1　单因素方差分析

【例1】某城市下属三个城镇。为了征收房产税，需要对三个城市的旧房子进行评估，其中两个城镇聘用了两个本地的评估师，另一个城镇使用外地的评估师。为了确保评估的公正性，城市主管随机从三个城市里抽取三个样本，记录下了最近一次的估值对前一次估值的比率。你的任务是判断这三个城市的均值（比率）是否存在着显著的差异，这种差异就意味评估是否具有公正性。数据见表12-1。

12-1 两次估值的比率（最近一次/前一次）

样本点	城镇 1	城镇 2	城镇 3
1	1.05	1.15	1.09
2	1.10	1.16	0.98
3	1.09	1.12	1.03
4	1.21	1.07	1.10
5	1.07	1.18	1.03
6	1.14	1.22	1.00
7	1.11	1.15	0.97
8	1.17	1.09	1.16
9	1.13	1.24	1.13
10	1.19	1.19	1.01
11	1.22	1.13	1.11
12	1.13	1.17	1.15
13	1.22	1.25	1.08
14	1.01	1.16	1.13

在方差分析中，我们的零假设和备择假设分别表述为：

H_0：城镇 1 的总体均值 = 城镇 2 的总体均值 = 城镇 3 的总体均值

H_1：至少有两个城镇的总体均值不相等

零假设的含义是，三个评估师的估值没有明显的差异；也就是说，三个城市的房产接受的评估是公正的。备择假设三个评估师的估值具有显著的差异；也就是说，三个城市的房产接受的评估不公正。

利用方差分析检验假设，实质上是对数据进行两种不同类型的测度，然后比较它们之间的波动性（方差）。对波动性的测度利用了均方，它是对波动的平方求均值。单因素方差分析中的两个均方分别是组间的均方（MSC）和误差均方（MSE）。组间均方测度的是组间的波动；组间的均值差异越大，组间均方值就越大。组间均方属于得到了解释的波动（衡量每一组的均值与总体均值的差异），一些教科书和软件中通常用 MSB（mean square between）来表示。误差均方（MSE）测度的是组内的波动性。它是组内的观测点对组均值的偏离，这种偏离（波动）越大，误差均方（MSE）就越大。误差均方测度的是组间波动没有被解释的那部分。误差均方通常也就称为组内均方（MSW）(mean square within）。

方差的检验统计量是 F 比率，也就是组间的均方（MSC）对误差均方（MSE）的比率，或者组间的均方（MSC）和组内均方（MSE）的比率。

| 方差的 F 检验统计量 | $F = \dfrac{MSC}{MSE} = \dfrac{MSB}{MSW}$ |

F 的值大，就要拒绝零假设；F 的值小，就要接受零假设。在 F 中，分子是对解释部分的测度，分母是对没有得到解释部分的测度。见表 12-2。

表 12-2　方差分析的观察点 N 和样本 J

	1	2	3	---	j	---	J	
1				---		---		
2				---		---		
3		$Y_{3.2}$		---		---		
⋮				---		---		
i								
⋮								
N								
组均值		μ_1	μ_2		μ_j		μ_J	总均值

为了具体说明方差分析这个模型，我们有必要把各种数据参数进行详细说明。

$y_{i,j}$ 为被解释变量，第 i 行、第 j 列的观测值，例如表中的 $y_{3.2}$。

μ_j 为第 j 个样本的均值，也是第 j 列的均值。

μ 为所有样本的总均值。

τ_j 为第 j 列的处理效果（treatment effects），可以定义为 $\mu_j - \mu$。意味着某种处理方式对总均值带来的特有的效果。

$\varepsilon_{i,j}$ 为与 $y_{i,j}$ 相关的随机扰动项。定义为，$y_{i,j} - \mu_j$。意味着观测点与该组（样本）均值的差异。

| 单因素方差模型 | $y_{i,j} = \mu + \tau_j + \varepsilon_{i,j}$ |

这样，我们回过来看零假设和备择假设，单因素方差分析的零假设和备择假设就是：

$$H_0: \mu_1 = \mu_2 \cdots = \mu_J$$

H_1: 至少有两个总体均值不相等

从单因素方差模型中，我们知道 $\varepsilon_{i,j}$ 是独立的，并且期望值为零。因此，上述零假设和备择假设可以写成：

$$H_0: \tau_1 = \tau_2 \cdots = \tau_J = 0$$

H_1: 至少有一个总体的处理效果不为零

为了检验所有处理效应都为零的零假设，还有下面两个假设要满足：

1. 随机扰动项 $\varepsilon_{i,j}$ 必须服从均值为零、方差恒定的正态分布。
2. 随机扰动项 $\varepsilon_{i,j}$ 必须是独立的。

方差分析中的检验基于F分布，其中分子自由度为J-1，分母自由度为n-J；n为总的观察值个数，J为样本个数或分组数。

方差分析的F检验

$$F = \frac{MSC}{MSE} = \frac{MSB}{MSW}$$

其中，分子自由度为J-1，分母自由度为n-J。

如何计算MSC和MSE呢？

$$MSC = \frac{\sum f_i \tau_j^2}{J-1}$$

$$= \frac{\sum f_i (\mu_j - \mu)^2}{J-1}, 其中，f_i 是该列或该分类组的观察点出现的频次。$$

$$MSE = = \frac{\sum \sum (y_{i,j} - \mu_j)^2}{n-J}$$

【例2】一个研究人员想找到一种方法来降低患高血压人群的血压。实验的对象分为3个群体：第一组服药，第二组锻炼，第三组节食。在4周后，研究人员记录了每个人的血压。试问，以 $\alpha = 0.05$ 的水平，是否这3种方法对于降低血压的效果没有差别。数据如下：

服药	锻炼	节食
10	6	5
12	8	9
9	3	12
15	0	8
13	2	4
$\overline{x_1} = 11.8$	$\overline{x_2} = 3.8$	$\overline{x_3} = 7.6$
$s_1^2 = 5.7$	$s_1^2 = 10.2$	$s_1^2 = 10.3$

分析：
第一步，提出零假设。
$$H_0: \mu_1 = \mu_2 \cdots = \mu_J$$
$$H_1: 至少有两个总体均值不相等$$

第二步，找到临界值。因为 J=3，n=15。所以，

分子自由度为 3-1 = 2，分母自由度为 15-3 = 12。通过查表，它的临界值为 3.89。

第三步，计算各种检验需要的值。

（1）计算每个样本的均值和方差。见表下面的数据。

（2）计算总均值（grand mean）。

$$\bar{x}_{gm} = \frac{\sum x}{n} = \frac{10 + 12 + 9 + \cdots + 4}{15} = 7.73$$

（3）计算组间方差。

$$MSC = \frac{\sum f_i \tau_j^2}{J-1} = \frac{\sum f_i (\mu_j - \mu)^2}{J-1}$$

$$= \frac{5(7.8 - 7.73)^2 + 5(8 - 7.73)^2 + 5(7.6 - 7.73)^2}{3-1} = 80.07$$

（4）计算组内方差。

$$MSE = \frac{\sum\sum(y_{i,j} - \mu_j)^2}{n-J} = \frac{\sum(n_i - 1)s_i^2}{\sum(n_i - 1)} = \frac{(5-1)5.7 + (5-1)10.2 + (5-1)10.3}{(5-1) + (5-1) + (5-1)}$$
$$= 8.73$$

（5）计算 F 值。

$$F = \frac{MSC}{MSE} = \frac{MSB}{MSW} = \frac{80.07}{8.73} = 9.17$$

第四步，决断。因为 9.17>3.89，所以拒绝零假设。

第五步，总结。有足够的证据拒绝零假设，也就是说至少有一个均值与其他不等。

12.2 双因素方差分析

在单因素方差分析的基础上，添加一个能够影响被解释变量的变量，单因素方差分析就变成了双因素方差分析。这两个因素，我们可以称为因素 A 和因

素 B。在前面的案例中，调查者可能还希望对房产进行分类，如农村或城市；如果真的是如此，我们就可以用双因素方差分析来检验这两个因素（城镇，农村和城市）。假设调查者发现，在每个样本中，前面的 7 个房产属于城市，后面的 7 个属于农村，那么样本数据的表现就会不同，如表 12-3 所示。

表 12-3 按照城市城镇和农村城镇进行评估的结果

位置（因素 B）	样本点	城镇（因素 A） 1	2	3	均值
	城市	1.05	1.15	1.09	
		1.10	1.16	0.98	
		1.09	1.12	1.03	
		1.21	1.07	1.10	1.096
		1.07	1.18	1.03	
		1.14	1.22	1.00	
		1.11	1.15	0.97	
	农村	1.17	1.09	1.16	
		1.13	1.24	1.13	
		1.19	1.19	1.01	
		1.22	1.13	1.11	1.144
		1.13	1.17	1.15	
		1.22	1.25	1.08	
		1.01	1.16	1.13	
均值		1.131	1.159	1.069	1.120（总均值）

根据表 12-3，在双因素方差分析中，我们必须了解 3 个方面的不同影响。第一，以这种方式评估，不同的城镇之间是否存在差别（可以理解为列上的差别）？第二，按照城镇分布在城市和农村的分类，这种方法是否存在差别（可以理解为行上的差别）？这两种检验被称为主效应检验（main effects）。第三种检验是交互效应检验（interaction effects）。交互效应可以是任何一种对被解释变量的系统性的影响，这种影响没有被主效应所解释。

任何没有被主效应和交互效应解释的部分就是随机误差（random error）。简单来说，双因素方差模型可以由如下四个部分组成：

1. 行效应
2. 列效应 ⇒ 主效应
3. 交互效应
4. 随机误差

主效应涉及列效应和行效应。列效应，是对列（分类组）差异进行检验，类似于前面的单因素方差分析，它涉及如下假设：

H_0：所有的列均值都相等；

H_1：至少有两个列均值不相等。

为了检验这个假设，我们需要计算统计量 $F = MSC/MSE$。同样的道理，行效应，是对于行差异进行检验，它涉及如下假设：

H_0：所有的行均值都相等；

H_1：至少有两个行均值不相等。

在上面的例子中，仅仅只有两个行分类，分别是农村和城市。我们要确定的是它们各自的总体均值是否存在显著的差异。

交互效应是没有被主效应解释的任何作用于被解释变量的系统影响。例如，假设城镇1的评估师对农村的房产有偏见，他就会持续给它们更低的分。这个影响在针对因素B的主效应中可能不会显现出来（或许城镇2的评估师对城市房产有偏爱）。在主效应中，这两种偏见可能会相互抵消，但是它们会出现在交互影响中，并且会非常显著。由于交互影响是作用于被解释变量的任何系统影响，所以交互影响的出现会倾向于降低随机误差项。关于交互影响，它的假设是：

H_0：在任何单元格中不存在交互影响；

H_1：至少在一个单元格中存在交互影响。

交互影响的检验使用 $F = MSI/MSE$，其中 MSI（mean square of interaction）是交互影响的均方。在后面的内容中我们会介绍如何计算它。

对于双因素模型，我们要使用3个下标：字母 j 代表列，从1到J；字母 k 代表行，从1到K；字母 i 代表单元格中的观察点，从 i 到 n。为了简便，我们假定所有单元格有相同数量的观察点。具体如表12-4和12-5所示。

表12-4 双因素方差模型

		因素 A							
		1	2	3	---	j	---	J	
因素 B	1				---		---		μ_1
	2				---		---		μ_2
	3		$Y_{1.2.3}$ $Y_{2.2.3}$ $Y_{3.2.3}$		---		---		μ_3
	⋮ K				---		---		μ_K
	⋮ K								μ_K
	均值	μ_1	μ_2	μ_3		μ_j		μ_J	μ=总均值

表 12-5 双因素分析具体案例

样本点	城镇（因素A） 1	2	3	均值
城市	$y_{1.1.1}=1.05$ $y_{2.1.1}=1.10$ $y_{3.1.1}=1.09$ $y_{4.1.1}=1.21$ $y_{5.1.1}=1.07$ $y_{6.1.1}=1.14$ $y_{7.1.1}=1.11$	$y_{1.2.1}=1.15$ $y_{2.2.1}=1.16$ $y_{3.2.1}=1.12$ $y_{4.2.1}=1.07$ $y_{5.2.1}=1.18$ $y_{6.2.1}=1.22$ $y_{7.2.1}=1.15$	$y_{1.3.1}=1.09$ $y_{2.3.1}=0.98$ $y_{3.3.1}=1.03$ $y_{4.3.1}=1.10$ $y_{5.3.1}=1.03$ $y_{6.3.1}=1.00$ $y_{7.3.1}=0.97$	1.096
农村	$y_{1.1.2}=1.17$ $y_{2.1.2}=1.13$ $y_{3.1.2}=1.19$ $y_{4.1.2}=1.22$ $y_{5.1.2}=1.13$ $y_{6.1.2}=1.22$ $y_{7.1.2}=1.01$	$y_{1.2.2}=1.09$ $y_{2.2.2}=1.24$ $y_{3.2.2}=1.19$ $y_{4.2.2}=1.13$ $y_{5.2.2}=1.17$ $y_{6.2.2}=1.25$ $y_{7.2.2}=1.16$	$y_{1.3.2}=1.16$ $y_{2.3.2}=1.13$ $y_{3.3.2}=1.01$ $y_{4.3.2}=1.11$ $y_{5.3.2}=1.15$ $y_{6.3.2}=1.08$ $y_{7.3.2}=1.13$	1.144
均值	1.131	1.159	1.069	1.120（总均值）

位置（因素B）

以表 12-5 为例，我们可以说明双因素方差分析模型的参数说明。

$Y_{i,j,k}$ 为第 j 列、k 行的第 i 个观察值。

μ_j 为第 j 列的均值。

μ_k 为第 k 行的均值。

$\mu_{j,k}$ 为第 j 列、k 行单元格的均值；在表 12-4 中，k = 2，只有两行，分别为城市 =1，农村 =2；如此，单元格 1.1 的均值 $\mu_{j,k} = \mu_{1.1} = \frac{1.05+1.10+1.09+1.21+1.07+1.14+1.11}{7}$，它是所有阴影背景数值的共同单元格均值。

μ 为总均值（grand mean）。

τ_j 为第 j 列的处理效果（treatment effects），可以定义为 $\mu_j - \mu$。意味着某种处理方式对总均值带来的特有的效果。

λ_k 为第 k 行的处理效果（treatment effects），可以定义为 $\mu_k - \mu$。意味着某种处理方式对总均值带来的特有的效果。

$(\tau\lambda)_{j,k}$ 为 j 列 k 行的交互效应，可以定义为 $\mu_{j,k} - \mu_j - \mu_k + \mu$。

$\varepsilon_{i,j,k}$ 为 j 列 k 行第 i 个观察值的随机误差，定义为 $Y_{i,j,k} - \mu_{j,k}$。

在双因素方差模型中，$Y_{i,j,k}$的值由 5 个部分组成：（1）总均值μ；（2）列效应τ_j；（3）行效应λ_k；（4）交互效应$(\tau\lambda)_{j,k}$；（5）随机误差项$\varepsilon_{i,j,k}$。

所以，双因素方差模型可以表示为：

双因素方差分析模型	$Y_{i,j,k} = \mu + \tau_j + \lambda_k + (\tau\lambda)_{j,k} + \varepsilon_{i,j,k}$

双因素方差模型中，3 个零假设分别与 3 个 F 分布值有关。这三个零假设分别是：

1. 检验因素 A 的列效应：

$$H_0: \tau_1 = \tau_2 \cdots = \tau_J = 0$$
$$H_1: 至少有一个\tau_J \neq 0$$

F 检验：

$$F = \frac{MSC}{MSE}，分子自由度为 J-1，分母自由度为 JK（n-1）$$

2. 检验因素 B 的行效应：

$$H_0: \lambda_1 = \lambda_2 \cdots = \lambda_k = 0$$
$$H_1: 至少有一个\lambda_k \neq 0$$

F 检验：

$$F = \frac{MSR}{MSE}，分子自由度为 K-1，分母自由度为 JK（n-1）$$

3. 检验交互效应：

$$H_0: (\tau\lambda)_{j,k} = 0$$
$$H_1: 至少有一个(\tau\lambda)_{j,k} \neq 0$$

F 检验：

$$F = \frac{MSI}{MSE}，分子自由度为（J-1）（K-1），分母自由度为 JK（n-1）$$

双因素方差分析和前面的单因素一样，有 2 个假设条件是必要的：
1. 随机扰动项$\varepsilon_{i,j,k}$必须服从均值为零，方差恒定的正态分布；
2. 随机扰动项$\varepsilon_{i,j,k}$必须是独立的。

【例 3】见表 12-5 中的数据，计算第 2 列列效应、第 3 行行效应、第 2 列 3 行的交互效应以及用具体数据表示双因素分析模型。

		因素 A							
		1	2	3	---	j	---	J	
因素 B	1				---		---		μ_1
	2				---		---		μ_2
	3		$Y_{3.2.3}=1.15$ $\mu_{2.3}=1.07$		---		---		$\mu_3=1.06$
	⋮								
	κ								$\mu_κ$
	⋮								
	K								μ_K
均值		μ_1	$\mu_2=1.11$	μ_3		μ_j		μ_J	$\mu=1.09$

$$\tau_2 = \mu_2 - \mu = 1.11 - 1.09 = 0.02$$
$$\lambda_3 = \mu_3 - \mu = 1.06 - 1.09 = -0.03$$
$$(\tau\lambda)_{2.3} = \mu_{2.3} - \mu_2 - \mu_3 + \mu = 1.07 - 1.06 - 1.11 + 1.09 = -0.01$$
$$\varepsilon_{3,2.3} = Y_{3.2.3} - \mu_{2.3} = 1.15 - 1.08 = 0.08$$
$$Y_{3.2.3}(1.15) = \mu(1.09) + \tau_2(0.02) + \lambda_3(-0.03) + (\tau\lambda)_{2.3}(-0.01) + \varepsilon_{3,2.3}(0.08)$$

12.3 软件处理

我们以一个关于酒店能源消耗的调查为例，说明方差分析。例如，我们要了解不同星级酒店（3、4、5 星级）之间某一年（如 2006 年）单位面积的年均能源消耗是否相等，具体数据如图 12-1 所示。

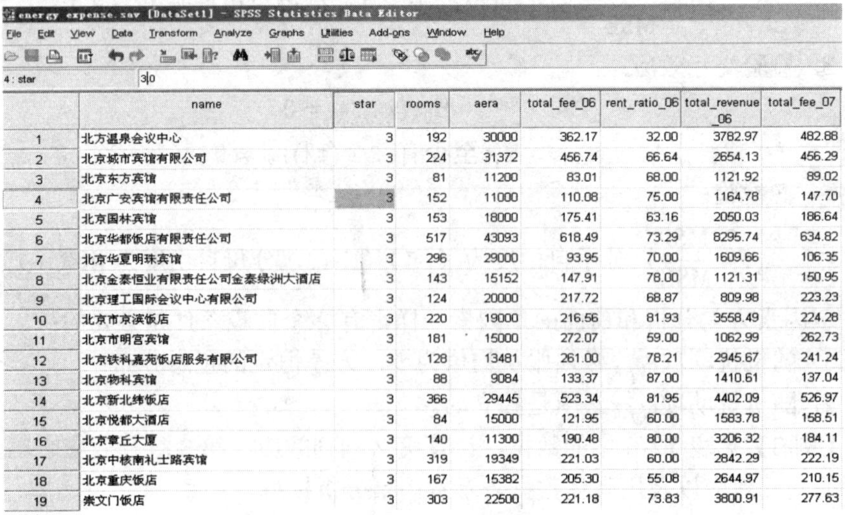

图 12-1

1. 单因素方差分析。

第一步，鼠标顺着 Analyze → Compare Means → One Way Anova 选中。如图 12-2 所示。

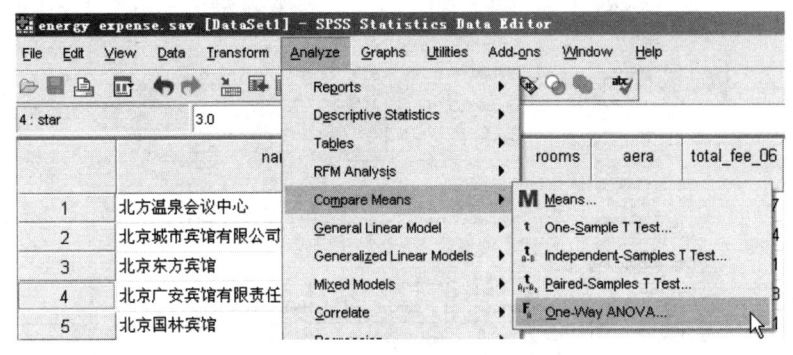

图 12-2

第二步，点击 One Way Anova，如图 12-3 所示。在下图对话框中，contrast 和 Post Hoc 是专门用来进行两两比较的，其中 Contrast 用来进行事前比较（计划好的比较，也就是说，在数据收集之前，研究人员已经决定了要进行比较）；Post Hoc 是事后的比较，只有在方差分析得到有统计学意义上的 F 值之后才进行。

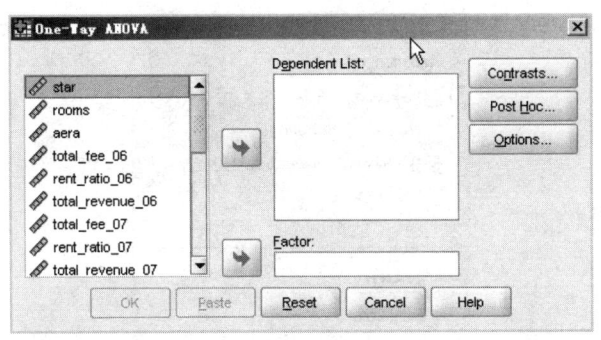

图 12-3

第三步，把 toatal_fee_06 放入 Dependent List，把 star 放入 Factor。点击 post hoc，如图 12-4 所示。

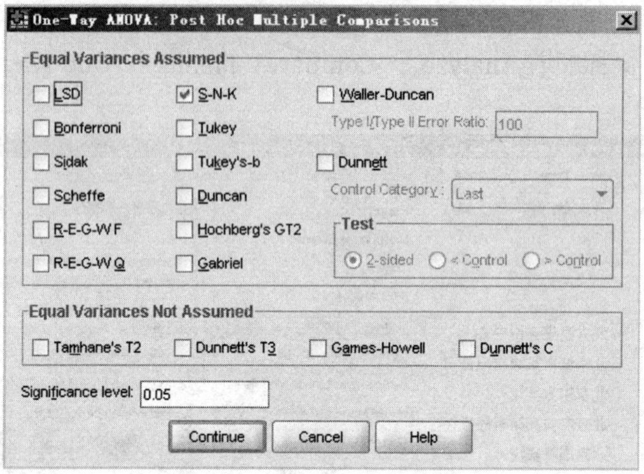

图 12-4

在 Equal Variance Assumed 框中，勾选 S-N-K 方法。下面的 Equal Variance Not Assumed 中不做任何选择，通常情况下，我们尽量不在方差不齐的情况下进行方差两两比较。点击 continue，回到主对话框。

第四步，点击 options，如图 12-5 所示。勾选 Homogeneity of variance test。点击 continue，回到主对话框。

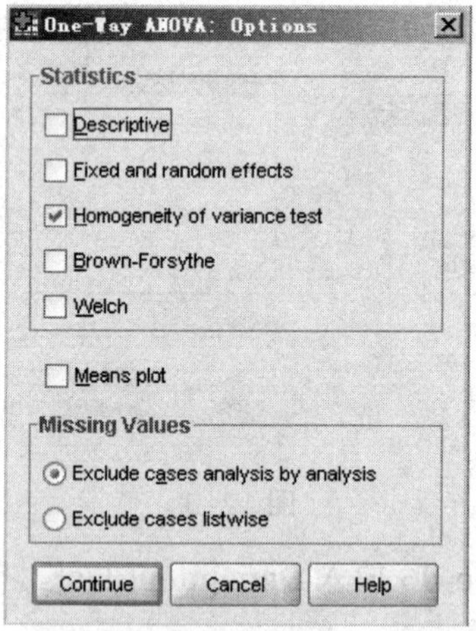

图 12-5

第五步，点击 ok，结果如图 12-6 和图 12-7 所示。

Test of Homogeneity of Variances

total_fee_06

Levene Statistic	df1	df2	Sig.
9.703	2	112	.000

ANOVA

total_fee_06

	Sum of Squares	df	Mean Square	F	Sig.
Between Groups	9725667.771	2	4862833.886	34.103	.000
Within Groups	1.597E7	112	142592.376		
Total	2.570E7	114			

图 12-6

total_fee_06

Student-Newman-Keuls[a,b]

star	N	Subset for alpha = 0.05		
		1	2	3
3	46	230.6820		
4	46		607.3663	
5	23			1011.6498
Sig.		1.000	1.000	1.000

Means for groups in homogeneous subsets are displayed.

a. Uses Harmonic Mean Sample Size = 34.500.

b. The group sizes are unequal. The harmonic mean of the group sizes is used. Type I error levels are not guaranteed.

图 12-7

第六步，结果解读。我们主要看第二个表，F 值为 34.103，对应的显著性水平为 0.000，拒绝方差相等的假设。这说明不同的星级水平导致了 3 种类型酒店 2006 年的能耗消耗水平存在差异。从 S–N–K 两两比较看，它们也应该分为 3 个不同的组。最后，我们回到第一个表，这个表给出的方差齐性检验结果是，方差是不齐的。从根本上来说，这个样本数据应该用 Nonparametric 方法来检验。

2. 双因素方差分析

我们选择了课本中关于城市房产评估师的案例进行说明。图 12-8 中给出的数据，只给出了其中的一部分。

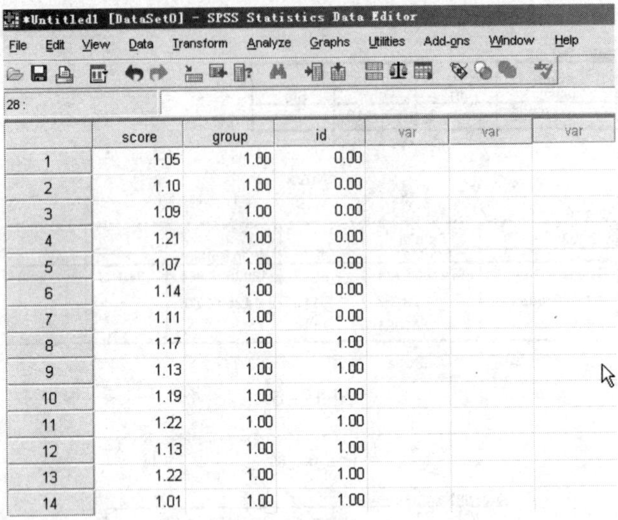

图 12-8

第一步，鼠标顺着 Analyze → General Linear Model → Univariate 选中。如图 12-9 所示。

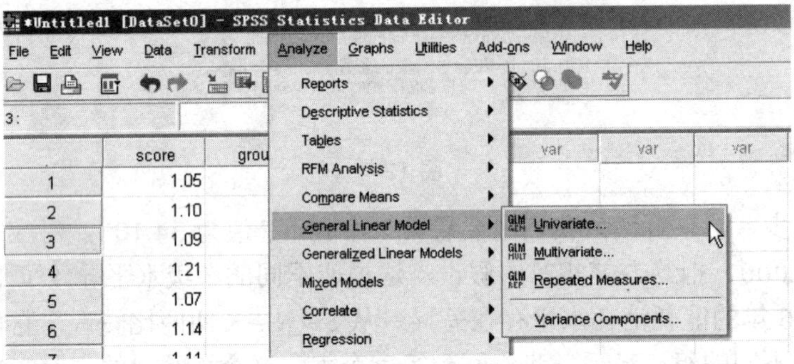

图 12-9

第二步，点击 Univariate，把 score、group 和 id 分别放入 Dependent Variable 和 Fixed Factors，如图 12-10 所示。当变量穷尽了所有的类别，可以作为固定因素；当变量只是一个样本时，作为随机因素。在本例中，两个变量基本上穷尽了类别，所以都有放在 Fixed factors 里面。

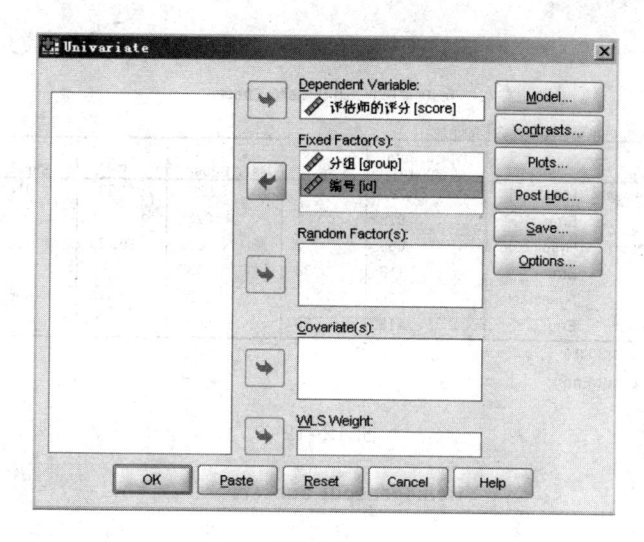

第十二章　F检验和方差分析　　201

图 12-10

第三步，点击 model。出现一个新的对话框，选择 custom（自定义），在 build term 下拉菜单中选择 main effects，把 group 和 id 放入到右边；如果考虑到有交互效应，可以再点击 build term，选择 interaction effects，把 group 和 id 两项的乘积放进去。本例不需要交互效应。其他按系统默认就可以了。注意，这个过程其实就是前面的理论中四个效应的分类构建。如图 12-11 所示。

图 12-11

第四步，点击 continue，回到主对话框，点击 ok。见结果，如图 12-12 和

图 12-13 所示。

Tests of Between-Subjects Effects

Dependent Variable:评估师的评分

Source		Type III Sum of Squares	df	Mean Square	F	Sig.
Intercept	Hypothesis	52.797	1	52.797	2011.309	.014
	Error	.026	1	.026[a]		
group	Hypothesis	.063	2	.032	10.180	.000
	Error	.118	38	.003[b]		
id	Hypothesis	.026	1	.026	8.418	.006
	Error	.118	38	.003[b]		

a. MS(id)
b. MS(Error)

图 12-12

Homogeneous Subsets

评估师的评分

Student-Newman-Keuls[a,b]

分组	N	Subset 1	Subset 2
3.00	14	1.0693	
1.00	14		1.1314
2.00	14		1.1629
Sig.		1.000	.145

Means for groups in homogeneous subsets are displayed.
Based on observed means.
The error term is Mean Square (Error) = .003.
a. Uses Harmonic Mean Sample Size = 14.000.
b. Alpha = 0.05.

图 12-13

第五步，结果解读。这是双因素方差分析结果中最重要的两个图。第一个表格告诉了我们 F 检验是否有意义，它在统计上是否显著。从结果中我们可以看出，F 值为 2011.3，显著性为 0.014；group 和 id 的显著性分别为 0.00 和 0.006，高度显著。这说明分析师对不同的城镇和不同的地区的房价评估存在明显的不同。根据第二个表格，第一类和第二类城镇的房子可以合并作为一类，第三类可以独立出来。

练习题

1. 什么检验被用来进行 3 个或 3 个以上的均值比较？
2. 为什么不能采用多次 t 检验来做 3 个或 3 个以上均值比较？

3. 方差分析的假定是什么？

4. 对组间方差（between group variance）和组内方差（within group variance）做出界定。

5. 进行3个或3个以上均值比较的公式是怎样的？

6. 在方差分析中检验的假设是什么？

7. 一个消费杂志对洗碗机的质量进行评定，分为3个等级：优秀、很好、好。研究人员想搞清楚不同等级的洗碗机，它们的平均价格是否存在明显的差异。以$\alpha = 0.10$的水平为标准，判定不同等级的洗碗机价格是否存在明显的差异？

评级	价格								
优秀	565	400	369	550	460	400	400		
很好	330	840	510	470	380	375	450	290	319
好	350	379	280	320					

8. 把一些工人随机分配到不同的生产线上，然后记录下4条生产线上每个工人一天生产的次品。以$\alpha = 0.05$的水平判定，每条生产线上的次品的均值是一样的吗？

生产线	次品数						
机器1	3	2	0	6	4	3	5
机器2	8	6	2	0	1	9	7
机器3	10	9	8	11	12	15	17
机器4	9	15	3	0	2	0	1

9. 双因素方差分析和单因素方差分析的差别在哪里？

10. 主效应和交互效应的含义是什么？

11. F检验值是如何计算的？

12. 一个公司想测验它的产品广告的效果。这家公司选择了一种产品，为它匹配了两条广告，一条严肃，一条幽默。这两条广告分别通过电视和广播投放。公司随机选择了16个不同的潜在消费者，并且把他们随机分配到四个不同的组（见下表）。在这些消费者看了或听了该产品的广告后，让他们给广告打分，从1到20。每一个分值对应不同的评定。以$\alpha = 0.01$的显著性水平，分析广告的有效性。

广告类型	电台	电视
幽默	6,10,11,9	15,18,14,16
严肃	8,13,12,10	19,20,13,17

第十三章 统计指数

主要内容
- 指数的概念和种类
- 综合指数
  拉氏数量/质量指数，派氏数量/质量指数，马歇尔－艾奇沃斯指数，费雪理想指数
- 平均指标指数
  加权算术平均数指数，调和算术平均数指数，居民消费价格指数（CPI）
- 平均指标对比指数
- 指数体系与因素分解

13.1 指数的概念

统计指数概念产生于 18 世纪后半期，在这两百年多的历史中，指数的运用在发展，指数的理论在发展，关于指数的概念也在发展。同时，由于对事物观察的角度不同，统计学家对指数的解释也有所不同。

指数的编制是从物价的变动产生的。1675 年，英国经济学家伏亨（Rice Vaughan）在其所著《铸货币及其货币铸造论》一书中，为了测定当时劳资双方对于货币交换的比例，采用谷物、家畜、鱼类、布帛与皮革等样品，以 1352 年为基期，将 1650 年的价格与之作比较。这是价格指数的首创。

1707 年，英国主教佛里特伍德（Bishop Fleetwood）出于和伏亨同样的目的，为了计算货币交换价值，将 1440~1480 年间五英镑货币所购上列物品的数量加以比较，以研究这些物品数百年间价格的变动。

1738 年，法国学者杜托（Dutot）在其《从政治上考虑财政和商业》中，把路易十四（1638~1715）与路易十二（1462~1515）时代的价格，从总数上加以比较，即把两期价格单纯地加在一起，来对产品的价格变动加以综合说明，这是简单综合法的初端。

1764年，意大利贵族卡里（Giovanni Rinaldo Carli）在其《铸币金属的价值与比例》中，用1750年的粮食、葡萄酒和植物油三类消费品的价格与1500年同样的三种产品的价格对比，再把计算出来的百分数（即分类指数）相加除以3，这就是简单算术平均指数法。这种方法在各种产品价比基础上平均的方法，超脱了价格的总量形态，比杜托的简单综合法前进了一步。

1863年，英国经济学家杰文斯（W. S. Jevons）在一篇《金价的暴跌》的论文中，提出了计算价格指数的简单几何平均法。为了证实这种方法的优越性，他编制了一种英国价格指数，并且通过对价格指数的分析研究而概括出金价跌落是由于1849年起黄金产量增加的缘故。

现在，物价指数编制已运用到我们生活的各个方面。

指数的含义有广义和狭义两种。广义的指数是指一切说明社会经济现象数量变动或差异程度的相对数，如动态相对数、比较相对数、计划完成相对数等都可称为指数。狭义的指数是一种特殊的相对数，也即专指不能直接相加和对比的复杂社会经济现象综合变动程度的相对数。例如，零售物价指数，是说明全部零售产品价格总变动的相对数，等等。统计指数理论主要是探讨复杂现象总体综合变动状况和对比关系。本章所述的指数，主要指这种狭义概念的指数。

狭义的指数具有以下特点：

1．综合性。狭义指数不是反映一种事物的变动，而是综合反映多种事物构成的总体的变动，所以它是一种综合性的指数。如股票价格指数是综合反映所有上市公司股票交易的价格变动，而不是某一上市公司股票价格的变动。

2．平均性。由于各个个体的变动是参差不齐的，狭义指数所反映的总体的变动只能是一种平均意义上的变动，即表示各个个体变动的一般程度。例如，上海证券交易所综合指数当天与昨天比股票指数上涨了1.2%，表示平均来说上海证券交易所挂牌交易的上市公司平均股票价格今天比昨天上涨了1.2%，但有的上市公司上涨10%，也有的上市公司下跌了10%。

13.2 旅游指数的种类

由于着眼点不同，统计指数可以划分成不同的种类。

一、按照说明现象的范围不同，分为旅游个体指数和旅游总指数

说明单项事物动态的比较指标称为个体指数，也叫单项指数。例如，说明饭店一间客房价格动态的个体价格指数，说明一个城市旅游接待人数的个体接待量指数，以及饭店客房销售量指数等。

说明多种旅游事物综合动态的比较指标称为旅游总指数。例如，工业生产中说明多种产品价格综合变动的批发价格指数、零售价格指数，说明多种产品生产量综合变动的工业产品生产量总指数，以及产品销售量总指数、成本总指数等。在旅游中，一条线路就是一个综合产品，食、住、行、游、购、娱众多环节，对于旅游业的分析，可以通过编制线路价格指数进行分析。对于旅游批发商而言，他们的线路价格指数就相当于工业企业中的批发价格指数。

总指数的特点是多种事物计量单位不相同，不能够直接相加，为了解决这个问题产生了多种方法。

计算旅游统计指标时，可以同时使用旅游要素分组的方法，即对包含的多项事物的种类进行分类或分组，按每个类或组计算统计指数。这样在个体指数和总指数之间又产生了一个类指数。以我国零售产品分类来解释，零售产品分成：

Ⅰ．食品类

（1）粮食

①细粮

②粗粮

（2）肉禽及其制品

（3）蛋

（4）水产品

（5）鲜菜

（6）在外用餐

Ⅱ．衣着类

（略）

零售产品价格指数为总指数，细粮、粗粮等小类指数称为个体指数，那么食品类、衣着类指数就是类指数。类指数实质上也是总指数，因为它包含了不能直接相加的多种事物，只是它比总指数所包含的范围小而已。

对于旅游业而言，线路产品分为食、住、行、游、购、娱六个大类，在每个大类中又可以分为许多小类。然后按照统计指数的计算方法进行编制。在《中国旅游统计年鉴》上还没有关于产品和收入等方面的指数。下面，我们以一个假想的成熟的 10 人团队线路产品为例设计一个线路产品指数，这个线路指数可以包括如下几类：

1．饮食

（1）6 菜 1 汤

（2）8 菜 1 汤

(3) 10 菜 1 汤

(4) 酒水饮料：10 瓶酒（以一个酒类品牌为标准）

　　　　　　　10 饮料（以一个饮料类品牌为标准）

　　　　　　　5 瓶酒 5 瓶饮料（以一个品牌为标准）

2．住宿

(1) 二星级标准间

(2) 三星级标准间

(3) 四星级标准间

(4) 五星级标准间

3．行程

(1) 铁路

① 硬座

② 硬卧（上、中、下铺）

③ 软卧（上、下铺）

(2) 公路

① 豪华长途巴士（可以用巴士品牌来表示）

② 普通长途巴士（可以用巴士品牌来表示）

(3) 水路

① 轮船

② 游艇

(略)

二、按照统计指标的内容不同，分为旅游数量指标指数和旅游质量指标指数

旅游数量指标指数说明旅游总体规模变动情况的指数。例如，入境旅游收入指数、旅游业职工人数指数等。

旅游质量指标指数说明旅游总体内涵数量变动情况的指数。例如，旅游价格指数、旅游业工资水平指数、线路成本指数等。

这种分类和指数的计算方法有关系，要把这两个概念分清楚。

三、按照指数表现形式不同，可分为旅游综合指数、旅游平均指标指数和旅游平均指标对比指数

旅游综合指数是通过两个有联系的旅游综合总量指标的对比计算的总指数；旅游平均指标指数是用加权平均的方法计算出来的指数，分为算术平均数指数和调和平均数指数；旅游平均指标对比指数则是通过两个有联系的加权算术平均指标对比来计算的总指数。这三类指数之间既有区别，又有密切联系，

各适用于说明不同的问题。

四、按照指数所说明的因素多少，可分为旅游两因素指数和旅游多因素指数

旅游两因素指数反映旅游要素中由两个因素构成的总体变动情况，旅游多因素指数则反映由三个以上旅游因素构成的总体变动情况。两因素指数原理是基本的，多因素指数是两因素指数的推广。

五、按照在一个指数数列中所采用的基期不同，指数可以分为旅游定基指数和旅游环比指数

指数时常是连续编制的，形成在时间上前后衔接的指数数列。凡是在一个指数数列中的各个指数都是以某一固定时期作为基期，叫定基指数。凡是各个指数都是以前一期作为基期的，就是环比指数。

本章各节将以各种旅游数量指标指数和旅游质量指标指数为例，着重介绍旅游综合指数、旅游平均指标指数、旅游平均指标对比指数的编制方法及其在统计分析中的作用。

13.3 旅游综合指数

旅游总指数的计算形式有两种：旅游综合指数和旅游平均数指数。旅游综合指数是总指数的基本形式。

旅游综合指数的重要意义，在于它能最完整地显示出旅游现象的经济内容，即不仅在相对量方面反映，而且能在绝对量方面反映。

如何设计旅游综合指数的形式，关键是在旅游经济联系中寻找同度量因素，而后再把它固定不变，用以反映我们所要研究的旅游总体的某种现象的变化情况。归纳起来要解决以下两个问题：

（1）把什么因素作为同度量因素是合理的？

（2）同度量因素应该固定在哪个时期是恰当的？

旅游同度量因素是把不能直接相加的指标过渡为可以相加的因素。例如旅游线路产品零售价格总指数，由于饭店的单价与交通、景点景区不能相加而无法计算，用同度量因素把单价过渡为销售额就可以相加了。又如，旅游纪念品销售量指数，由于实物量计量单位不同不能相加，用同度量因素把它过渡为销售额就可以相加了。同度量因素不是随意选定的，而是从它们的经济联系要考虑的，这个假设就是从下面的经济关系式出发的，即：

旅游产品销售额＝旅游产品销售量×旅游产品销售价格

计算旅游产品销售价格总指数时，以产品销售量为同度量因素；计算产品销售量总指数时，以产品销售价格为同度量因素。经济关系式中的三个指标各自独立而又互相联系。既可以把销售额作为销售量与销售价格的综合，又可以把销售量、销售价格视为销售额的分解。

旅游综合指数有两种，旅游数量指标综合指数和旅游质量指标综合指数。两种综合指数在计算形式上基本道理是一样的，但是在处理方法上有联系也有区别。

13.4 旅游数量指标综合指数

旅游数量指标综合指数是说明旅游总体规模变动情况的相对指标指数。例如，旅游纪念品销售量指数、线路产品销售量指数、旅游职工人数指数等。

以旅游产品销售量指数为例来说明旅游数量指标综合指数计算公式的形成过程。例如，表13-1为三种旅游纪念品的销售量资料。

表 13-1 三种旅游纪念品的销售量资料

产品	计量单位	基期销售量 q_0	报告期销售量 q_1	基期价格/元 p_0	报告期价格/元 p_1
甲	件	480	600	25	25
乙	千克	500	600	40	36
丙	米	200	180	50	70

用 k 代表个体指数，上述产品销售量的个体指数为：

$$k_{甲} = \frac{q_1}{q_0} = \frac{600}{480} = 125\%$$

$$k_{乙} = \frac{q_1}{q_0} = \frac{600}{500} = 120\%$$

$$k_{丙} = \frac{q_1}{q_0} = \frac{180}{200} = 90\%$$

计算结果表明，甲种纪念品的销售量增加了25%，乙种纪念品的销售量增加了20%，丙种纪念品的销售量减少了10%。

旅游产品销售量指数并非某种具体产品的个体指数，而是反映多种产品销售量的总指数。在编制旅游数量指标综合指数中要注意以下几个问题：

第一，各种产品的度量单位不相同，它们的产品销售量不能够直接相加。拿基期的产品销售量来讲，甲种产品销售量480件，乙种产品销售量500千克，丙种产品销售量200米，这三种产品销售量是无法直接相加的。

第二，使用同度量因素，使不能直接相加的指标过渡到能够相加的指标。我们将各个产品销售量乘以产品价格就可以得到产品销售额，即：

$$产品价格 \times 产品销售量 = 产品销售额$$

也即： $$q \times p = qp$$

这里，产品价格就是同度量因素，它起着媒介作用，将不能相加的产品销售量过渡到能够相加的产品销售额，因而可以形成总销售额 $\sum qp$。为了比较，需要分别计算两个时期的总销售额。

第三，为了说明产品销售量的变动，同度量因素必须使用同一时期的，即假定两个时期的产品销售额是按同一个时期的价格计算的。用公式表示为：

$$\bar{K}_q = \frac{\sum q_1 p}{\sum q_0 p}$$

式中，$\bar{K}$ 为销售量总指数；

p 为同一时期的价格。

第四，同度量因素（价格）用哪一时期的，是报告期、基期还是用另外一个时期的价格？使用不同时期的价格会得到不同的结果，具有不同的经济内容。既然为了突出产量的变动就必须把价格固定下来，也就是分子分母所乘的价格必须是相同的。那么，三种价格究竟用哪种为好呢？对于这个问题统计学界一向有不同的看法和主张，因而就产生了采用不同的同度量因素的各种指数公式。

1. 用基期价格作为同度量因素的旅游综合指数

例如，表13-2为旅游纪念品销售量综合指数计算表。

表13-2 旅游纪念品销售量综合指数计算表

产品	计量单位	基期销售量 q_0	报告期销售量 q_1	基期价格/元 p_0	报告期价格/元 p_1
甲	件	480	600	25	25
乙	千克	500	600	40	36
丙	米	200	180	50	70

$$\bar{K}_q = \frac{\sum q_1 p_0}{\sum q_0 p_0} = \frac{600 \times 25 + 600 \times 40 + 180 \times 50}{480 \times 25 + 500 \times 40 + 200 \times 50} = \frac{48000}{42000} = 114.29\%$$

$$\sum q_1p_0 - \sum q_0p_0 = 48000 - 42000 = 6000$$

计算结果表明,产品销售量总指数为 114.29%。

产品销售量综合指数的经济内容十分明显,它是两个产品销售额之比,两个产品销售额的数值不同只有一个原因,即各种产品销售量不同。因此,这个公式及其计算结果说明:

(1)多种产品销售量综合变动的方向和程度。例中有三个产品,销售量有增有减,程度不同,总的来讲,产品销售量增长了 114.29%。

(2)产品销售量变动对产品销售额的影响程度。例中产品销售量增长了 14.29%,也就是说,它的变动使产品销售额增长了 14.29%。

(3)分子和分母相减的差额说明由于产品销售量变动对销售额绝对值的影响。例中差额为 6000 元,即商业企业由于多销售了产品使销售额增加了 6000 元。

2. 用报告期价格作为同度量因素的旅游综合指数

如果不用基期价格作为同度量因素,而用报告期价格作为同度量因素,结果就不同。

$$\overline{K}_q = \frac{\sum q_1p_1}{\sum q_0p_1} = \frac{49200}{44000} = 118.81\%$$

$$\sum q_1p_1 - \sum q_0p_1 = 49200 - 44000 = 5200(元)$$

计算结果表明,无论是产品销售量的增长程度和对销售额的影响都小于用基期价格作为同度量因素的销售量指数。在另外的条件下,也可能产生大于前一个指数的情况。

3. 用不变价格作为同度量因素的旅游综合指数

如用固定价格(不变价格)作为同度量因素,公式为:

$$\overline{K}_q = \frac{\sum q_1p_n}{\sum q_0p_n}$$

式中,p_n 为某一时期的固定价格(不变价格)。

用固定价格编制的销售量指数,这种价格是汇总多种产品销售量并进行分析的有效工具,可利用其作各种不同的换算。即:各个环比指数的连乘积等于相应的定基指数,相邻的两个定基指数相除等于相应的环比指数,据此换算可节省计算的工作量。

通过以上三个指数公式的运算产生了这样一个问题:同样三种产品,为什么计算出来的产品销售量指数可能各不相同呢?于是就产生了如何正确选用权数的问题。这个问题比较复杂,现逐一具体分析如下。

先研究下述公式：

$$\bar{K}_q = \frac{\sum q_1 p_0}{\sum q_0 p_0}$$

这个公式是 1864 年由德国经济学家埃蒂恩·拉斯贝尔（Etienne Laspeyres）提出的，故称拉斯贝尔数量指标指数。

这个公式的优点在于用基期的价格 p_0 作权数，也就是假定价格未变动，使产品产量指数在计算过程中不受价格变动的影响，从而可以确切地只反映数量的变化。但这个公式也有缺点，就是容易脱离实际。因为随着生产技术的发展和劳动生产率的提高，新产品不断涌现，老产品常被淘汰或降价，公式中的分子 $\sum q_1 p_0$ 是将报告期产品销售量用基期价格来计算，不但脱离了报告期价格的实际情况，而且有的新产品基期尚未问世，根本就没有基期价格，只能用比价的办法计算，而估算终究是不准确的，这就影响了指数的准确性。

再看看下面的公式：

$$\bar{K}_q = \frac{\sum q_1 p_1}{\sum q_0 p_1}$$

这个公式是 1874 年由德国经济学家哈曼·派许（Herman Paasche）提出的，因此称为派许数量指标指数。

这个公式以报告期的价格 p_1 作为权数，避免了上述用基期价格作为权数、脱离报告期实际的缺点。然而这个公式的主要问题也就产生在采用报告期价格 p_1 作为权数的问题上。采用 p_1 作为权数，就把价格 p_0 变化到 p_1 这个变动影响带到指数中去了，因此所计算出来的指数数值和拉斯贝尔数量指标指数的值不相等。

13.5 旅游质量指标综合指数

旅游质量指标综合指数是说明旅游总体内涵数量变动情况的比较指标指数。例如旅游产品价格指数、旅游业职工工资水平指数、饭店成本指数等。

我们以产品价格指数为例来说明旅游质量指标综合指数的编制方法。如表 13-3 所示。

表 13-3 质量指数计算表

产品	计量单位	基期销售量 q_0	报告期销售量 q_1	基期价格/元 p_0	报告期价格/元 p_1
甲	件	480	600	25	25
乙	千克	500	600	40	36
丙	米	200	180	50	70

根据表 13-3 的资料,如果计算产品价格的个体指数,按照前述方法计算可得:

$$k_{甲} = \frac{p_1}{p_0} = \frac{25}{25} = 100\%$$

$$k_{乙} = \frac{p_1}{p_0} = \frac{36}{40} = 90\%$$

$$k_{丙} = \frac{p_1}{p_0} = \frac{70}{50} = 140\%$$

计算结果表明,甲产品的价格保持不变,乙产品降价 10%,丙产品提价 40%。

1. 以基期销售量为同度量因素的综合指数

继续利用表 13-3 的资料,用公式表示如下:

$$\bar{K}_p = \frac{\sum p_1 q_0}{\sum p_0 q_0} = \frac{44000}{42000} = 104.76\%$$

$$\sum p_1 q_0 - \sum p_0 q_0 = 44000 - 42000 = 2000 \text{(元)}$$

这个公式是德国经济学家埃蒂恩·拉斯贝尔(Etienne Laspeyres)提出的,故称拉斯贝尔质量指标指数。

分子分母的差额表明,在维持基期生活水平不变的情况下,由于价格的上升,报告期生活支出比基期要多出 2000 元。

2. 以报告期销售量为同度量因素的旅游综合指数

继续利用表 13-3 的资料,用公式表示如下:

$$\bar{K}_p = \frac{\sum p_1 q_1}{\sum p_0 q_1} = \frac{49200}{48000} = 102.5\%$$

$$\sum p_1 q_1 - \sum p_0 q_1 = 49200 - 48000 = 1200 \text{(元)}$$

这个公式是 1874 年德国经济学家哈曼·派许(Herman Paasche)提出的,因此称为派许质量指标指数。

分子分母的差额表明,在维持报告期生活水平不变的情况下,由于价格的上升，报告期生活支出比基期要多出 1200 元。

3. 以固定期销售量/价格为同度量因素的综合指数

$$\bar{K}_q = \frac{\sum q_n p_1}{\sum q_n p_0}$$

式中，q_n 为某一时期的固定销售量（不变销售量）。

$$\bar{K}_q = \frac{\sum q_1 p_n}{\sum q_0 p_n}$$

式中，p_n 为某一时期的固定价格（不变价格）。

两个公式的用法与前面是一样的。同度量因素既不放在基期，也不放在报告期。

根据上面的讨论可见，无论是旅游数量指标指数，还是旅游质量指标指数，取报告期作为同度量因素，都要在指数中包含同度量因素变动的影响。因此，从这个观点出发，应当承认在综合指数中以采用基期指标作为同度量因素为好。

在上面讨论中，也不能因此认为使用报告期指标作同度量因素的综合公式都不能用。因为，除了上面考虑的因素之外，有时还要考虑研究的目的、资料的问题以及其他问题，因而，使用报告期指标作为同度量因素的综合指数公式，在某些情况下还是可以的。

4. 其他可以借用的综合指数

（1）马歇尔－艾奇沃斯指数公式

1887 年英国经济学家马歇尔（Alfred Marshall，1842～1924）提出以基期与报告期实物平均量作权数的综合物价指数，其计算公式为：

$$\frac{\sum p_1(q_0 + q_1)/2}{\sum p_0(q_0 + q_1)/2}$$

此公式又为英国统计学家艾奇沃斯（Francis Ysidro Edgeworth, 1845～1926）所推广，故被称为马歇尔—艾奇沃斯公式。此公式的思想又可用于计算综合物量指数，其计算公式为：

$$\frac{\sum q_1(p_0 + p_1)/2}{\sum q_0(p_0 + p_1)/2}$$

由此不难看出，用这组公式计算的指数数值在拉氏和派许指数公式之间。虽然在数量测定上似乎不偏不倚，但却失去了拉氏和派许公式的经济意义。

（2）费雪理想指数公式

1911 年美国统计学家费雪（Irving Fisher，1867～1947）提出了交叉计算指数的公式，即拉氏与派许公式的几何平均公式：

$$\sqrt{\frac{\sum p_1 q_0}{\sum p_0 q_0} \times \frac{\sum p_1 q_1}{\sum p_0 q_1}}$$

$$\sqrt{\frac{\sum q_1 p_0}{\sum q_0 p_0} \times \frac{\sum q_1 p_1}{\sum q_0 p_1}}$$

13.6 旅游平均指标指数

旅游综合指数是编制总指数的基本形式，它正确地反映了旅游经济现象总体动态变化的客观实际内容。但在实际统计工作中，有时由于受到统计资料的限制，不能直接利用旅游综合指数公式编制总指数。这时，必须改变公式形式，根据旅游综合指数公式推导出旅游平均指标形式来编制总指数。以旅游个体指数为基础采取平均指标形式编制的总指数，就是旅游平均指标指数（也称为旅游平均数指数）。从旅游综合指数公式推导出旅游平均数指数公式形式有两种：加权算术平均数指数形式和加权调和平均数指数形式。但是作为一种独立指数形式的平均数指数，不只是作为综合指数的变形来使用，它本身具有广泛的应用价值。

一、加权算术平均数指数

1. 数量指标指数。

$$\bar{K}_q = \frac{\sum k p_0 q_0}{\sum p_0 q_0} = \frac{\sum \frac{q_1}{q_0} \times p_0 q_0}{\sum p_0 q_0} = \frac{\sum p_0 q_1}{\sum p_0 q_0}$$

其中，k 为个体指数，以 $p_0 q_0$ 为权数的个体数量指标指数的加权算术平均数等于数量指标综合指数。

2. 质量指标指数。

$$\bar{K}_p = \frac{\sum k p_0 q_1}{\sum p_0 q_1} = \frac{\sum \frac{p_1}{p_0} \times p_0 q_1}{\sum p_0 q_1} = \frac{\sum p_1 q_1}{\sum p_0 q_1}$$

其中，k 为旅游个体指数，以 $p_0 q_1$ 为权数的旅游个体质量指标指数的加权算术平均数等于质量指标综合指数。

$p_0 q_1$ 是较难得到的资料，计算单位成本总指数时，$p_0 q_1$ 是由旅游企业计算出来上报的，只有拥有较健全的成本会计资料的国有大中型旅游企业，如中国国际旅行社等才能得到齐全的资料，但一般有齐全资料的旅游企业不用此方法，而是直接用综合指数变形形式进行计算。那么，是否可以就此认为这个公式是无用的呢？因为能得到 p_0q_1 资料的单位不用这个公式，想用这个公式的单位又得不到（或很难得到） p_0q_1 资料。

将表 13-1 的数据可以改成表 13-4 的数据。

表 13-4　加权平均数指数计算表

产品名称	销售量个体指数 $k_q = q_1/q_0$	基期销售额
甲	1.25	12000
乙	1.20	20000
丙	0.90	10000
合计	-	42000

利用数量指标指数公式，计算销售量总指数：

$$\bar{K}_q = \frac{\sum k_q p_0 q_0}{\sum p_0 q_0} = \frac{\sum \frac{q_1}{q_0} \times p_0 q_0}{\sum p_0 q_0}$$

$$= \frac{1.25 \times 12000 + 1.2 \times 20000 + 0.9 \times 10000}{42000}$$

$$= 114.29\%$$

$$\sum k_q p_0 q_0 - \sum p_0 q_0 = 48000 - 42000 = 6000(元)$$

这个结果与前面公式计算的结果完全一致。由此可见，当编制指数时只掌握个体指数基期资料，运用算术平均数公式编制总指数比较方便。

二、加权调和平均数指数

1. 数量指标指数。

$$\bar{K}_q = \frac{\sum p_0 q_1}{\sum \frac{1}{k} p_0 q_1} = \frac{\sum p_0 q_1}{\sum \frac{q_0}{q_1} p_0 q_1} = \frac{\sum p_0 q_1}{\sum p_0 q_0}$$

以 $p_0 q_1$ 为权数，个体指数为倒数的加权调和平均数等于综合指数。

2. 质量指标指数。

$$\bar{K}_p = \frac{\sum p_1 q_1}{\sum \frac{1}{k} p_1 q_1} = \frac{\sum p_1 q_1}{\sum \frac{p_0}{p_1} p_1 q_1} = \frac{\sum p_1 q_1}{\sum p_0 q_1}$$

以 $p_1 q_1$ 为权数，个体指数为倒数的加权调和平均数等于综合指数。

将表 13-1 资料改成表 13-5 资料。

表 13-5 调和平均数指数计算表

产品名称	销售量个体指数 $k_q = \dfrac{p_1}{p_0}$	报告期销售额
甲	1.00	15000
乙	0.90	21600
丙	1.40	12600
合计		49200

利用加权调和平均数公式，计算价格指数：

$$\bar{K}_p = \frac{\sum p_1 q_1}{\sum \dfrac{1}{k} p_1 q_1} = \frac{\sum p_1 q_1}{\sum \dfrac{p_0}{p_1} p_1 q_1}$$

$$= \frac{49200}{\dfrac{1}{1} \times 15000 + \dfrac{1}{0.9} \times 21600 + \dfrac{1}{1.40} \times 12600}$$

$$= \frac{49200}{48000} = 102.5\%$$

$$\sum p_1 q_1 - \sum \frac{1}{k_p} p_1 q_1 = 49200 - 48000 = 1200（元）$$

同样道理，利用调和平均数计算的这个结果与前面公式计算的结果完全一致。利用调和平均数指数公式计算的价格指数，与运用综合指数公式计算的价格指数，在经济内容和实际意义上是一样的。

三、居民消费价格指数的编制

上述加权算术平均数指数和加权调和平均数指数是综合指数的变形形式，除此之外，平均数指数还有一种独立形式。但在编制质量指标指数时，采用以报告期总量指标加权计算的调和平均数指数还是以基期总量指标加权计算的算术平均数指数，是值得加以具体考虑的。前者调和平均数指数，依据当前实际数量构成状态编制指数，较有优点，但取得当年资料难度较大；后者算术平均数指数，在应用资料条件上较为有利，如果两期数量指标没有明显变化，也能取得正确的结论，所以，平均数指数形式及其权数的应用，可以根据研究现象的实际情况以及资料条件，加以具体决定。平均数指数形式及其权数的应用与综合指数比较，表现出下面两点不同：

1. 综合指数主要适用于全面资料的编制，而平均数指数除了可以适用全面资料编制外，对于非全面资料的编制，更有其现实应用意义。以居民消费价格指数为例，市场上有成千上万种零售产品价格变动，不可能取得全面资料编制居民消费价格指数。我国居民消费价格调查在全国选择不同经济区域，以及有代表性的产品作为样本，对其市场价格进行经常性调查，以样本推断总体。目前我国抽选出的调查市、县 226 个。居民消费价格指数调查食品、衣着、服务项目等八大类，300 多种产品和服务项目的价格，计算权数根据 9 万多户城乡居民家庭消费支出构成确定。

2．综合指数一般采用实际资料作为同度量因素来编制。仍以上述居民消费价格指数为例，计算综合指数，要用 400 种代表规格品价格相对应的实际零售量资料，既有困难，也不恰当。用平均数指数编制，除了可用实际零售额为权数外，也可以在实际零售资料的基础上推算确定零售比重进行加权平均计算。因此编制质量指标指数，既可以节省不少调查工作量，又能够保证指数计算结论的准确性。

鉴于以上两点情况，在国内外广泛运用加权算术平均数指数和加权调和平均数指数来编制一些重要的经济指数。这些经济指数的编制往往使用重点产品或代表产品的个体指数，权数则根据实际资料作进一步推算确定。下面以我国居民消费价格指数为例加以说明。

居民消费价格，是指城乡居民支付生活消费品和服务项目消费的价格，是社会产品和服务项目的最终价格。它同人民生活密切相关，在整个国民经济价格体系中具有极为重要的地位。居民消费价格指数，是反映一定时期内居民消费价格变动趋势和变动程度的相对数。编制这一指数的目的，在于全面观察居民消费价格变动对居民生活的影响，为研究和制定居民消费政策、价格政策、工资政策、货币政策以及进行国民经济核算提供科学依据。居民消费价格指数还是反映通货膨胀的重要指标。

1．产品分类。编制居民消费价格指数的产品和服务项目基本是根据用途进行分类的。分类一般为大类和中类两个层次，少数中类下又分若干小类，如食品大类下的粮食又分为细粮和粗粮两个小类。

编制指数的全部产品和服务项目共分为 8 个大类，如食品、烟酒及用品、衣着、家庭设备用品及服务、医疗保健及个人用品、交通和通信、娱乐教育文化用品及服务、居住。食品类下设 6 个中类，如粮食、肉禽及其制品、蛋、水产品、鲜菜、在外用餐。其他大类也分别下设中、小类，一般在小类之下选择有代表性的产品和服务项目作为规格品编制指数。

2．选择代表品和服务项目。居民消费价格指数的编制首先要选择代表品和服务项目。国家根据 3 万户居民消费品和服务项目的消费支出情况，确定了

325 种必报产品和服务项目。国家允许各地区可根据当地实际情况适当地增加部分产品和服务项目，但增加部分不得超过 45 种。

在国家规定的必报产品和地方增加的产品确定之后，须进一步确定代表产品的具体规格、等级或品牌等。确定规格品的原则主要是：

（1）居民消费量大；

（2）生产和市场供应比较稳定；

（3）价格变动趋势和程度有较强的代表性。

随着科学技术的发展，产品的更新换代不断加快，选择代表规格品并保持其相对稳定性有一定难度。为使代表规格品更加科学并符合实际，必须经常注意掌握代表规格品的实际消费情况，一般每年根据居民的实际消费情况进行适当的调整，以确保代表规格品的代表性。

3. 价格的采集和平均价格的计算。全国采用抽样调查的方法，从省、自治区、直辖市抽选若干市县，进行经常性的价格调查。

（1）价格的采集

价格的采集方法主要是采用定点、定时、定人调查的方法。定点就是固定调查商店和农贸市场，以保障价格资料来源的稳定性和可比性。定时是指固定调查日期和时间。时间不同，产品价格也存在差异。以鲜菜价格为例，一年四季，价格变动频繁，在同一天内价格也不一样，因此，在采集价格时，变动频繁的产品或是鲜活产品，除采价日期固定外，采价时间也要固定。定人是调查人员所调查的商店、市场在一定时期内相对稳定。这主要是由于有些产品的规格、等级、牌号难以把握，不同调查员会采集不同的规格、等级、牌号的价格，从而影响价格资料的可比性，因此，定人是为了避免人为的认识差异导致的价格差异，以保证价格资料的稳定性和连续性。

（2）调查次数

代表规格品的调查次数是影响价格指数科学性、准确性的一个重要因素。目前我国编制产品零售价格指数的产品价格调查次数，是根据不同产品的价格变动规律来规定不同的调查次数。

① 对价格变动频繁，且与人民生活密切相关的生活必需品，如鲜菜、鲜果、肉禽蛋、水产品等价格，每月须采价 6 次，每逢 5、逢 10 采价，不得顺延。

② 对于价格比较固定的产品，一般每月可采 1~2 次价格，如中西药品、书报杂志、燃料等。

③ 对于衣着、家用电器等消费品的价格，每月调查 2~3 次。

（3）平均价格的计算

按照国家的统一规定，在同一类产品中，一般要求大中城市确定 5~8 个零售商店或农贸市场的价格来计算平均价格;小城市和县城也要确定3~6个调查点的价格来计算平均价格。

平均价格的计算方法很多,主要有简单算术平均法、序时平均法、按数量加权平均法和按价格执行日加权平均法。目前,我国各调查市县的平均价格计算方法如下:

① 调查日平均价格的计算。对于每一个调查产品,每个调查日都从若干个调查商店或市场分别采集价格,一般采用简单算术平均法计算平均价格。

② 月度平均价格的计算。将代表产品月内每个调查日的平均价格用简单算术平均法计算,但对于仍由国家或政府定价管理的产品,如果出现价格调整,月度平均价格则按执行日加权平均法计算。

③ 年度平均价格的计算。对于全年价格变动比较平稳的产品,用简单算术平均法计算;对年度中更换过代表规格品的产品,其年度平均价格根据新的代表规格品的月度价格,用简单算术平均法计算。

四、居民消费价格指数的编制

居民消费价格指数采用加权算术平均公式编制。年度指数的计算是以上年为基期的指数,月度指数分别计算以上年同期和上月为基期的同比和月环比两种指数。计算公式为:

$$\bar{K} = \frac{\sum kW}{\sum W}$$

式中,$\bar{K}$ 为居民消费价格总指数;

k 为产品(类)价格指数;

W 为权数,它是每一种商品或服务项目在居民该类消费商品和服务项目总支出中所占的比重。例如,居民消费价格指数编制见表13-6。

表13-6 居民消费价格指数的编制

产品的类别和名称	代表规格品的规格等级牌号	计量单位	平均牌价(元) 去年 p_0	平均牌价(元) 本年 p_1	权数	个体指数 $k_p = \frac{p_1}{p_0}$ (%)	个体指数乘权数 k_pW (%)
(甲)	(乙)	(丙)	(1)	(2)	(3)	$(4)=\frac{(2)}{(1)}$	$(5)=(4)\times(3)$
总指数					100		
(一)食品类					46	99.045	45.56
1. 粮食种类					18	94.620	17.03
(1)细粮小类					99	94.460	93.53

续表

产品的类别和名称	代表规格品的规格等级牌号	计量单位	平均牌价（元）去年 p_0	平均牌价（元）本年 p_1	权数	个体指数 $k_p = \dfrac{p_1}{p_0}(\%)$	个体指数乘权数 $k_pW(\%)$
大米	二等粳米	千克	1.2	1.13	95	94.170	89.46
面粉	标准粉	千克	1.7	1.7	5	100.000	5.00
（2）粗粮小类					1	110.380	1.10
2. 肉禽及其制品					36	101.000	36.36
3. 蛋					5	101.000	5.05
4. 水产品					10	98.120	9.81
5. 鲜菜					16	95.360	15.25
6. 在外用餐					15	103.620	15.54
（二）烟酒及用品					8	102.340	8.19
（三）衣着					12	102.000	12.24
（四）家庭设备用品及服务					8	98.420	7.87
（五）医疗保健及个人用品					6	104.280	6.26
（六）交通和通信					7	100.540	7.04
（七）娱乐教育文化用品及服务					8	110.840	8.87
（八）居住					5	101.870	5.09

计算步骤如下：

1. 计算各个代表规格品的个体零售价格指数。如大米的个体价格指数为：

$$\bar{k}_p = \frac{p_1}{p_0} = \frac{1.13}{1.20} = 94.17\%$$

2. 把各个个体物价指数乘上相应权数后相加，再计算其算术平均数，即得小类指数。如细粮小类指数为：

$$\bar{k}_p = \frac{\sum k_p p_0 q_0}{\sum p_0 q_0} = \sum k_p W$$
$$= 94.17\% \times 0.95 + 100\% \times 0.05 = 94.46\%$$

3. 把各个小类指数分别乘上相应的权数后，再计算其算术平均数，即得中类指数。如粮食中类指数为：

$$\bar{k}_p = \sum k_p W = 94.96\% \times 0.99 + 110.38\% \times 0.01$$
$$= 94.62\%$$

4. 把各中类的指数乘上相应的权数后计算其算术平均数，即得大类指数。如食品类指数为：

$$\bar{k}_p = \sum k_p W$$
$$= 94.62\% \times 0.18 + 101\% \times 0.36 + 101\% \times 0.05 +$$
$$98.12\% \times 0.1 + 95.36\% \times 0.16 + 103.62\% \times 0.15$$
$$= 99.045\%$$

5. 把各大类指数乘上相应的权数后计算其算术平均数，即得总指数：

$$\bar{k}_p = \sum k_p W$$
$$= 99.045\% \times 0.46 + 102.34 \times 0.08 + 102\% \times 0.12$$
$$+ 98.42\% \times 0.08 + 104.28\% \times 0.06 + 100.54\% \times 0.07$$
$$+ 110.84\% \times 0.08 + 101.87 \times 0.05$$
$$= 101.2\%$$

在实际工作中，编制职工生活费用指数、产品零售物价指数也采用加权算术平均数指数。

13.7 旅游平均指标对比指数

旅游平均指标对比指数是两个平均指标在不同时间上对比的相对指标指数。平均指标对比指数的中心内容是平均指标对比指数的分解。

1. 平均指标对比指数的分解

我们知道，加权算术平均数受变量和权数两个因素的影响：

$$\bar{x} = \frac{\sum xf}{\sum f} = \sum x \cdot \frac{f}{\sum f}$$

两个时期的加权算术平均数进行对比时，仍然存在着这两个因素的影响。平均指标对比指数的分解，是把两个因素分开编制成两个独立的指数。

一般指数公式的产生关键在于确定同度量因素。同度量因素不同，指数的类型就不同。同度量因素放在数量上，指数就是质量指标；同度量因素放在质量上，指数就是数量指标。

在公式 $\bar{x} = \dfrac{\sum xf}{\sum f} = \sum x \cdot \dfrac{f}{\sum f}$ 中，我们可以把 $\dfrac{f}{\sum f}$ 看成一个质量指标，因为它反映了事物内部的结构。事物的内部结构决定了事物的质量。把 $\sum x$ 看成一个数量指标。当我们把上面的公式运用到平均指标对比指数中时，上面的数量指标和质量指标的指定仍然保持不变，只不过它们会变成比率的形式。平均指标对比指数的一般公式可以表示如下：

$$k = \dfrac{\bar{x}_1}{\bar{x}_0}$$

式中，$\bar{x}_1$ 为报告期某经济量的平均指标；

$\bar{x}_0$ 为基期某经济量的平均指标。

上面的平均指标对比指数可以转化为拉氏数量（质量）指数或者派许数量（质量）指数的形式。它的转化方法仍然利用同度量因素，即：

$$k = \dfrac{\bar{x}_1}{\bar{x}_0} = \dfrac{\dfrac{\sum x_1 f_1}{\sum f_1}}{\dfrac{\sum x_0 f_0}{\sum f_0}}$$

上述平均指数可以改写成如下公式：

$$K_{\bar{x}} = \dfrac{\sum x_1 \cdot \dfrac{f_1}{\sum f_1}}{\sum x_0 \cdot \dfrac{f_0}{\sum f_0}}$$

将平均指标对比指数转化为拉氏数量指数与派许质量指数乘积的形式。公式如下：

$$k = \dfrac{\bar{x}_1}{\bar{x}_0} = \dfrac{\dfrac{\sum x_1 f_1}{\sum f_1}}{\dfrac{\sum x_0 f_0}{\sum f_0}} = \dfrac{\dfrac{\sum x_1 f_0}{\sum f_0}}{\dfrac{\sum x_0 f_0}{\sum f_0}} \times \dfrac{\dfrac{\sum x_1 f_1}{\sum f_1}}{\dfrac{\sum x_1 f_0}{\sum f_0}}$$

将平均指标对比指数转化为派许数量指数与拉氏质量指数的乘积形式。公式如下：

$$k = \frac{\overline{x}_1}{\overline{x}_0} = \frac{\dfrac{\sum x_1 f_1}{\sum f_1}}{\dfrac{\sum x_0 f_0}{\sum f_0}} = \frac{\dfrac{\sum x_1 f_1}{\sum f_1}}{\dfrac{\sum x_0 f_1}{\sum f_1}} \times \frac{\dfrac{\sum x_0 f_1}{\sum f_1}}{\dfrac{\sum x_0 f_0}{\sum f_0}}$$

对上面公式变化的解读仍然与拉氏数量（质量）指标指数或者派许数量（质量）指标指数的解读相同：平均指标对比指数反映两个因素的变动的影响，即数量变动的影响和质量（结构）变动的影响。当需要考察每一项因素单独带来的影响时，我们只需要控制同度量因素，逐项进行分解就可以了，分解方法与前面对拉氏数量（质量）指标指数或者派许数量（质量）指标指数的分解完全一样。

上面的两组公式如果换一个角度来看，以派许数量指数形式 $\dfrac{\sum x_1 f_1}{\sum f_1} \Big/ \dfrac{\sum x_0 f_1}{\sum f_1}$ 表现出来的平均指标对比指数可以称为固定构成指数；而以拉氏质量指数形式 $\dfrac{\sum x_0 f_1}{\sum f_1} \Big/ \dfrac{\sum x_0 f_0}{\sum f_0}$ 表现出来的平均指标对比指数可以称为结构构成指数。前者控制了事物报告期总体内部结构，看待"总数量"的变化带来的影响；后者控制了事物基期的总数量，看待"结构"的变化所带来的影响。这种分析方法应用于许多领域，如成本会计和企业管理等方面。

2. 旅游平均指标对比指数的分析

任何两个不同时期的同一经济内容的平均指标对比都可以形成一个平均指标对比指数。平均指标对比指数主要用于分析如表 13-7 所示。

表 13-7 平均指标因素分析表

旅行社	职工人数(人) 基期 (f_0)	职工人数(人) 报告期 (f_1)	月平均工资(元) 基期 (x_0)	月平均工资(元) 报告期 (x_1)	工资总额(元) 基期 $x_0 f_0$	工资总额(元) 报告期 $x_1 f_1$	$x_0 f_1$
甲旅行社	72	66	705	780	50760	51480	46530
乙旅行社	30	74	420	465	12600	34410	31080
合 计	102	140	621.18	613.5	63360	85890	77610

在表 13-7 中，我们要分析的问题是：总平均工资的变动情况、平均工资降低由哪些原因引起、各因素的影响程度多大。

分析：表中甲、乙两旅行社月平均工资均有不同程度的上升，对总的月平均工资起着提高的作用。而总的月平均工资仍然有所降低，原因在于高工资的甲旅行社人数比重由 70.59%下降至 47.14%，低工资的乙旅行社人数比重由 29.41%上升至 52.86%，即职工人数总体结构变化（质量）对总平均工资的影响。采用指数因素分析如下：

平均指标指数的总变动：

$$\frac{\sum x_1 f_1}{\sum f_1} \div \frac{\sum x_0 f_0}{\sum f_0} = \frac{\overline{x_1}}{\overline{x_0}} = \frac{613.50}{621.18} = 98.76\%$$

$$\frac{\sum x_1 f_1}{\sum f_1} - \frac{\sum x_0 f_0}{\sum f_0} = \overline{x_1} - \overline{x_0} = 613.5 - 621.18 = -7.68$$

从上面的计算可知，两个旅行社报告期的月平均工资是基期平均工资的 98.76%，平均每个工人减少工资 7.68 元。下面我们来对总的变动进行分解。

结构（质量）指数带来的变化：

$$\frac{\frac{\sum x_0 f_1}{\sum f_1}}{\frac{\sum x_0 f_0}{\sum f_0}} = \frac{\frac{77610}{140}}{\frac{63360}{102}} = \frac{544.36}{621.18} = 87.63\%$$

$$\frac{\sum x_0 f_1}{\sum f_1} - \frac{\sum x_0 f_0}{\sum f_0} = \frac{77610}{140} - \frac{63360}{102} = 544.36 - 621.18 = -76.82$$

上面计算表明，由于各旅行社工人的结构发生变动，使总平均工资报告期比基期降低了 12.37%，平均每人减少工资 76.82 元。

数量指数带来的变化：

$$\frac{\frac{\sum x_1 f_1}{\sum f_1}}{\frac{\sum x_0 f_1}{\sum f_1}} = \frac{\frac{85890}{140}}{\frac{77610}{140}} = \frac{613.5}{544.36} = 112.70\%$$

$$\frac{\sum x_1 f_1}{\sum f_1} - \frac{\sum x_0 f_1}{\sum f_1} = \frac{85890}{140} - \frac{77610}{140} = 613.5 - 544.36 = 69.14$$

上面计算表明，由于各旅行社平均工资的变动，使总平均工资报告期比基期增加了 12.70%，平均每人增加工资 69.14 元。综合以上计算结果，平均工资指数体系为：

$$98.76\% = 87.63\% \times 112.70\%$$
$$-7.68 = (-76.82) + 69.14$$

计算结果表明，该厂全体职工月平均工资报告期比基期下降 1.24%，减少了 7.68 元，是由于职工总体结构变化使之下降 12.37%，减少了 76.82 元，及两旅行社平均工资水平变化使之上升 12.70%，增加 69.14 元的结果。

13.8 旅游指数体系与因素分解

简单地说，旅游指数体系是由三个或三个以上有联系的旅游指数所组成的数学关系式。例如：

旅游销售额指数＝旅游销售量指数×旅游销售价格指数
旅游总产值指数＝旅游产量指数×旅游产品价格指数
旅游总成本指数＝旅游产量指数×旅游单位产品成本指数
旅游总产量（或总产值）指数＝旅游员工人数指数×旅游劳动生产率指数
旅游增加值指数＝旅游员工人数指数×旅游劳动生产率指数×旅游增加值率指数
旅游销售利润指数＝旅游销售量指数×旅游销售价格指数×旅游销售利润率指数

上面所列举的就是旅游指数体系。在旅游指数体系中，例如，产品销售量与产品销售价格两个指数成为产品销售额指数的两个因素，在上面的关系式中是作为因式出现的。

旅游指数体系的作用可以概括为两点：第一，可以用来推算体系中某一个未知的指数。如产品销售价格指数（物价指数）经常公布，可以用它来推算产品销售量指数。第二，可以用作因素分解的方法之一。

1. 旅游总量指标指数体系

由旅游总量指数及其若干个因素指数构成的数量关系式，称为旅游总量指标指数体系。对于指数体系的理解，需要把握以下两个问题：

（1）在指数体系中，总量指数与各因素指数之间的数量关系表现为两个方面：一是从相对量来看，总量指数等于各因素指数的乘积，如以上所举几个例子；二是从绝对量来看，总量的变动差额等于各因素指数变动差额之和。

（2）在加权指数体系中，为使总量指数等于各因素指数的乘积，两个因素指数中通常一个为数量指数，另一个为质量指数，而且各因素指数中权数必须是不同时期的，比如数量指数用基期权数加权，质量指数则必须用报告期权数加权，反之亦然。

加权综合指数由于所用权数所属时期的不同，可以形成不同的指数体系。但实际分析中比较常用的是基期权数加权的数量指数和报告期权数加权的质量指数形成的指数体系。也就是，通常所说的拉氏数量指数和派许质量指数。该指数体系可表示为：

$$\frac{\sum q_1 p_1}{\sum q_0 p_0} = \frac{\sum q_1 p_0}{\sum q_0 p_0} \times \frac{\sum q_1 p_1}{\sum q_1 p_0}$$

因素影响差额之间的关系为：

$$\sum q_1 p_1 - \sum q_0 p_0 = (\sum q_1 p_0 - \sum q_0 p_0) + (\sum q_1 p_1 - \sum q_1 p_0)$$

2. 总量指标的两因素分析

总量指标两因素分析，就是通过总量指标指数体系将影响总量指标变动的两个因素分离出来加以计算，从而对总量指标的变动作出解释。

现以表 13-8 的资料为例，说明总量指标两因素的分析方法。

表 13-8　某旅游景点小商品销售量和产品价格资料

产品名称	计量单位	销售量 基期	销售量 报告期	价格 基期	价格 报告期	销售额 $p_0 q_0$	销售额 $p_1 q_1$	销售额 $p_0 q_1$	销售额 $p_1 q_0$
甲	支	400	600	0.25	0.20	100	120	150	80
乙	件	500	600	0.40	0.36	200	216	240	180
丙	个	200	180	0.50	0.60	100	108	90	120
合计	-	-	-	-	-	400	444	480	380

第一步，计算出销售额的总变动，即：

销售额总指数为：

$$k_{qp} = \frac{\sum q_1 p_1}{\sum q_0 p_0} = \frac{444}{400} = 111\%$$

销售额增加数为：

$$\sum q_1 p_1 - \sum q_0 p_0 = 444 - 400 = 44(元)$$

它说明报告期三种产品的总销售额比基期增长了 11%，增加的金额为 44 元。

第二步，分析销售额总变动的具体原因。通过销售额指数体系，就是把销售额的变动归结为销售量和产品价格两个因素变动共同作用的结果。分析销售额总变动的具体原因，就是利用指数体系分离出销售量的变动和价格的变动对销售量变动的影响方向、程度和实际效果。分析过程如下：

（1）销售量变动影响。具体情况如下：

销售量指数为：

$$k_q = \frac{\sum q_1 p_0}{\sum q_0 p_0} = \frac{480}{400} = 120\%$$

对销售额的影响为：

$$\sum q_1 p_0 - \sum q_0 p_0 = 480 - 400 = 80(元)$$

它说明了由于报告期产品销售量的变动而使产品销售额增长 20%，由此引起的产品销售额增加的金额为 80 元。

（2）物价变动的影响。具体情况如下：

价格指数为：

$$k_p = \frac{\sum q_1 p_1}{\sum q_1 p_0} = \frac{444}{480} = 92.5\%$$

对销售额的影响为：

$$\sum q_1 p_1 - \sum q_1 p_0 = 444 - 480 = -36 (元)$$

它说明了由于物价的变动使报告期三种小商品的总销售额比基期下降了 7.5%，由此引起的产品销售额减少的绝对额为 36 元。

上述分析使用的指数体系，代入数据可表示如下：

$$111\% = 120\% \times 92.5\%$$

其因素影响的绝对值之间的关系为：

$$44 元 = 80 元 + （-36 元）$$

通过上述分析可以看出，该商店三种小商品的销售额报告期比基期增长 11%，是由销售量增长 20%与价格下降 7.5%共同引起的。小商品销售额增加 44 元，是由于销售量变动使其增加 80 元和价格变动使其减少 36 元共同影响的。在本资料的销售量和价格两因素中，前者对销售额影响是正的，后者对销售额影响是负的。

3. 旅游总量指标变动的多因素分析

在具体分析任务的要求下，总量指标指数体系可以由更多的指数组成，用以分析多因素变动对现象总体变动的影响程度，说明总体现象变动的具体原因。例如，线路产品价格指数可以分解为食、住、行、游、购、娱六个大类，每个大类又可以分为许多小类，每个小类下面要素支出总额的变动可以分解为要素产量、单位产品消耗量和单位要素价格三个因素的变动影响。因此，需要编制要素支出总额指数及其包括的三个因素指数形成的旅游总量指标指数体系，来进行多因素变动的分析。

多因素现象的指标体系，由于所包含的现象因素较多，因此指数的编制过程比较复杂。以下两点是编制多因素指数时需要加以注意的原则：

（1）在编制多因素指标所组成的综合指数时，为了测定某一因素指标的变动影响，要把其他所有因素都固定不变。

（2）综合指数中的各因素要按合理顺序排列，一般是数量指标在前，质量指标在后；主要指标在前，次要指标在后。总之，要根据旅游现象的经济内容，依据各因素之间的内在联系加以具体确定。例如，就饭店企业食品原材料支出总额的组成因素的排列顺序而言，要按产品产量、单位产品原材料消耗量（单耗）、单位原材料价格的顺序排列，如：

$$原材料支出总额 = 产量 \times 单耗 \times 单位原材料价格$$

上述公式中，产量与单耗的乘积为原材料消耗量，它具有经济意义；而单耗与单位原材料价格的乘积表示单位产品原材料的消耗额，也具有经济意义。可见上述公式中各因素的排列顺序，能够保持它们之间彼此适应和互相结合，因而是合理的。

设 q、m、p 分别代表产量、单耗和原材料单价，则原材料支出总额指数体系及绝对量关系式如下：

$$\frac{\sum q_1 m_1 p_1}{\sum q_0 m_0 p_0} = \frac{\sum q_1 m_0 p_0}{\sum q_0 m_0 p_0} \times \frac{\sum q_1 m_1 p_0}{\sum q_1 m_0 p_0} \times \frac{\sum q_1 m_1 p_1}{\sum q_1 m_1 p_0}$$

$$\sum q_1 m_1 p_1 - \sum q_0 m_0 p_0 = (\sum q_1 m_0 p_0 - \sum q_0 m_0 p_0) + (\sum q_1 m_1 p_0 - \sum q_1 m_0 p_0) + (\sum q_1 m_1 p_1 - \sum q_1 m_1 p_0)$$

例如，某饭店生产三种糕点产品的产量、单耗和原材料单价的关系资料，以及原材料支出总额的计算资料分别如表 13-9 和表 13-10 所示。

表 13-9　三种糕点产品的产量和单耗情况

产品名称	产量（个）基期 q_0	产量（个）报告期 q_1	材料名称	单位产品原材料消耗量（公斤）基期 m_0	单位产品原材料消耗量（公斤）报告期 m_1	单位原材料价格（元）基期 p_0	单位原材料价格（元）报告期 p_1
甲	50	60	A	150	145	3.0	3.20
乙	50	50	B	62	65	1.5	1.80
丙	150	200	C	90	90	0.5	0.85

表 13-10 三种糕点产品原材料支出总额计算表

产品名称	原材料支出总额（元）			
	$q_0m_0p_0$	$q_1m_1p_1$	$q_1m_0p_0$	$q_1m_1p_0$
甲	22500	27840	27000	26100
乙	4650	5850	4650	4875
丙	10800	15300	9000	9000
合计	37950	48990	46050	39975

根据表 13-9 和表 13-10 资料，可以分析原材料支出总额的变动情况及其原因。

第一，原材料支出总额的变动情况，即：

原材料支出总额指数为：

$$I_{qmp} = \frac{\sum q_1m_1p_1}{\sum q_0m_0p_0} = \frac{48990}{37950} = 129.09\%$$

原材料支出实际总差额为：

$$\sum q_1m_1p_0 - \sum q_0m_0p_0 = 48990 - 37950 = 11040（元）$$

它说明该饭店报告期原材料支出总额比基期增长 29.09%，增加金额即多用 11040 元。

第二，产量变动影响情况，即：

产量指数为：

$$I_q = \frac{\sum q_1m_0p_0}{\sum q_0m_0p_0} = \frac{46050}{37950} = 121.34\%$$

产量影响差额为：

$$\sum q_1m_0p_1 - \sum q_0m_0p_0 = 46050 - 37950 = 8100(元)$$

它说明由于产量增加使原材料支出额增长 21.34%，多支出费用 8100 元。

第三，单位产品原材料消耗量变动影响，即：

产品单耗指数为：

$$I_m = \frac{\sum q_1m_1p_0}{\sum q_1m_0p_0} = \frac{39975}{46050} = 86.81\%$$

产品单耗影响差额为：

$$\sum q_1m_1p_0 - \sum q_1m_0p_0 = 39975 - 46050 = -6075(元)$$

它说明由于单位产品原材料消耗量的降低使原材料支出额下降 13.19%，少支出 6075 元。

第四，单位原材料价格变动影响，即：

原材料价格指数为：

$$I_p = \frac{\sum q_1 m_1 p_1}{\sum q_1 m_1 p_0} = \frac{48990}{39975} = 122.55\%$$

原材料价格影响差额：

$$\sum q_1 m_1 p_1 - \sum q_1 m_1 p_0 = 48990 - 39975 = 9015（元）$$

它说明由于原材料价格提高，使原材料支出额增加 22.55%，绝对额增加 9015 元。

以上各指数之间的关系如下：

129.09% =121.34%×86.81%×122.55%

其因素影响差额之间的关系为：

11040（元）=8100（元）+（-6075）（元）+9015（元）

可见，原材料支出总额增加 29.09%（绝对额为 11040 元）是由于产量、单耗、原材料价格三个因素分别影响增支 21.34%（或 8100 元）-86.81%（或 -6075 元）22.55%（或 9015 元）共同变动共同作用而造成的。

通过相对数和绝对数两个方面的分析，影响超支的因素一目了然，便于管理者找出控制成本费用的方法，改善企业的经营管理。事实上，因素分析作为一个非常有用的统计分析方法，可以被引入企业财务分析等诸多领域。

多因素指数分析方法和前面的两因素分析方法基本类似，只是由于研究目的和要求不同，对影响现象的因素分解的程度不同。因此，通过因素之间的合并，多因素指数体系可以变成两因素指数体系。如上例，若把单位原材料消耗量与单位原材料价格合并，上述指数体系则变成了单位产品原材料消耗额和产量两因素构成的指数体系。相反，我们也可根据实际经济分析的需要把两因素进一步分解为多个因素。明确了这个道理，也就掌握了多因素指数体系的应用。

13.9　定基指数、环比指数和综合指数的软件处理

本节主要讲述如何利用 excel 软件编制定基指数、环比指数和综合指数。我们以表 13-11 中的数据为例进行讲述。

表 13-11　指数编制原始资料

年　份	旅游收入（亿元）	城镇居民（百万人次）	农村居民（百万人次）
1994	1023.51	205	319
1995	1375.7	246	383
1996	1638.38	256	383
1997	2112.7	259	385
1998	2391.18	250	445
1999	2831.92	284	435
2000	3175.54	329	415
2001	3522.37	375	409
2002	3878.36	385	493
2003	3442.27	351	519
2004	4710.71	459	643
2005	5285.86	496	716
2006	6229.7	576	818

资料来源：《中国统计年鉴》，2007 年。

一、环比指数的计算编制（以农村居民出游人次数为例）

第一步，将数据导入 excel。在单元格 E3 中，输入=(D3/D2)*100（将上一年的数据看成 100），回车，得到 1995 年的环比指数。见图 13-1。

C	D	E
城镇居民（百万人次）	农村居民（百万人次）	农村居民出游指数
205	319	100
246	383	=D3/D2*100
256	383	
259	385	
250	445	
284	435	
329	415	
375	409	
385	493	
351	519	
459	643	
496	716	
576	818	

图 13-1

第二步，将鼠标移到单元格 E3 的右下角，出现黑色十字号，按住左键，向下拖动，环比指数就自动计算出来了。见图 13-2 和图 13-3。

C	D	E	F
城镇居民(百万人次)	农村居民(百万人次)	农村居民出游指数	
205	319	100	
246	383	120.0626959	
256	383		
259	385		
250	445		
284	435		
329	415		
375	409		
385	493		
351	519		
459	643		
496	716		
576	818		

图 13-2

C	D	E	F
城镇居民(百万人次)	农村居民(百万人次)	农村居民出游指数	
205	319	100	
246	383	120.0626959	
256	383	100	
259	385	100.5221932	
250	445	115.5844156	
284	435	97.75280899	
329	415	95.40229885	
375	409	98.55421687	
385	493	120.5378973	
351	519	105.2738337	
459	643	123.8921002	
496	716	111.3530327	
576	818	114.2458101	

图 13-3

二、定基指数的计算和编制

定基指数的编制基本上与环比指数一样，只是在第一步公式处理上不同。需要将=(D3/D2)*100 公式改成=(D3/$D$2)*100 就可以了。见图 13-4 和图 13-5。

C	D	E	F
城镇居民(百万人次)	农村居民(百万人次)	农村居民出游指数	
205	319	100	
246	383	=(D3/$D$2)*100	
256	383		
259	385		
250	445		
284	435		
329	415		
375	409		
385	493		
351	519		
459	643		
496	716		
576	818		

图 13-4

C	D	E	F
城镇居民(百万人次)	农村居民(百万人次)	农村居民出游指数	
205	319	100	
246	383	120.0626959	
256	383	120.0626959	
259	385	120.6896552	
250	445	139.4984326	
284	435	136.3636364	
329	415	130.0940439	
375	409	128.2131661	
385	493	154.5454545	
351	519	162.6959248	
459	643	201.5673981	
496	716	224.4514107	
576	818	256.4263323	

图 13-5

三、综合指数的计算和编制

综合指数的编制过程与定基指数和环比指数的程序大体相同，差别是，综合指数增加了一个求和的过程，比前面两种指数麻烦。用表 13-12 的数据作例子。

表 13-12 综合指数编制资料

产品	价格			数量		
	2005	2006	2007	2005	2006	2007
甲（个）	4	5	7	10	8	12
乙（米）	3	5	6	9	11	13
丙（件）	5	5	6	6	11	12

1. 编制拉氏数量指数

第一步,计算 $\sum p_0 q_0$(把 2005 年作为基期)。在单元格 I5 中输入=C5*F5。出现黑色十字号,按住鼠标左键,向下拖动,然后求和(点击求和按钮 $\sum$)。见图 13-6 和图 13-7。

		=C5*F5							
B	C	D	E	F	G	H	I		J
产品	价格			数量			$\sum P_0 Q_0$		
	2005	2006	2007	2005	2006	2007			
甲(个)	4	5	7	10	8	12	=C5*F5		
乙(米)	3	5	6	9	11	13			
丙(件)	5	5	6	6	11	12			

图 13-6

		=C5*F5						
B	C	D	E	F	G	H	I	
产品	价格			数量			$\sum P_0 Q_0$	
	2005	2006	2007	2005	2006	2007		
甲(个)	4	5	7	10	8	12	40	
乙(米)	3	5	6	9	11	13	27	
丙(件)	5	5	6	6	11	12	30	
							97	

图 13-7

第二步,用同样的方法计算 $\sum p_0 q_1$(注意,这里 2006 年的数量数据就是 q_1)。见图 13-8。

		=C5*G5						
B	C	D	E	F	G	H	I	J
产品	价格			数量			$\sum P_0 Q_0$	$\sum P_0 Q_1$
	2005	2006	2007	2005	2006	2007		
甲(个)	4	5	7	10	8	12	40	32
乙(米)	3	5	6	9	11	13	27	33
丙(件)	5	5	6	6	11	12	30	55
							97	120

图 13-8

第三步，计算 $\bar{K}_q = \dfrac{\sum p_0 q_1}{\sum p_0 q_0} = \dfrac{120}{97} = 123\%$。任选一个空白单元格，输入 =J8/I8*100。如果要计算 2007 年的指数，方法与此类似。见图 13-9。

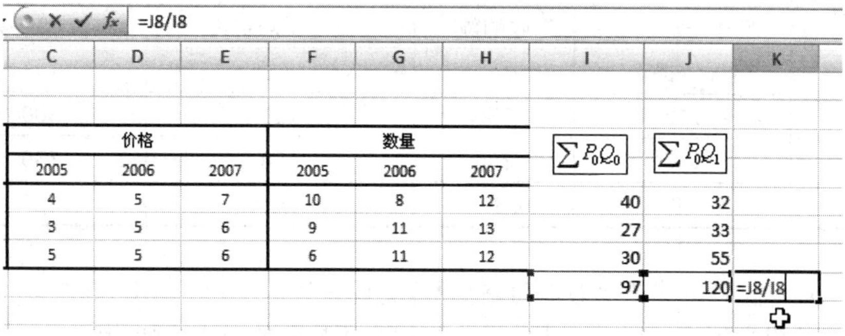

图 13-9

练习题

1. 同度量因素的作用是什么？
2. 与综合指数相比，平均指数有什么特殊的意义？
3. 指数体系的作用是什么？
4. 某市几种主要副食品调整价格前后资料如下：

	调整前		调整后	
	零售价 （元/500 克）	销售量 （万担）	辆售价 （元/500 克）	销售量 （万担）
蔬菜	0.30	5.00	0.40	5.20
猪肉	2.20	4.46	2.44	5.52
鲜蛋	1.80	1.22	1.92	1.15
水产品	6.80	1.15	7.60	1.30

试计算：
（1）各产品零售物价和销售量的个体指数；
（2）四种产品物价和销售量的总指数；

(3) 每种产品和全部产品价格变动使该市居民增加支出的金额。

5. 某饭店 2007~2008 年三种水果收购资料如下表所示。

	2007 年		2008 年	
	旺季平均价格（元/担）	收购额（万元）	旺季平均价格（元/担）	收购额（万元）
芦柑	110	250	118	300
香蕉	120	300	128	330
鲜桃	98	80	106	120

试计算三种鲜果产品收购价格指数，说明该饭店 2008 年比 2007 年水果收购价格的提高程度，以及由于收购价格提高所导致的成本增加额度。

6. 旅游集团公司三条线路产品收入和接待人数增长量的资料如下表所示，试计算三种产品产量总指数，以及由于产量增加使企业所增加的产值。

产品	实际产值（万元）		2008 年比 2007 年接待人数增长（%）
	2007 年	2008 年	
甲	4000	4260	74
乙	1024	1135	10
丙	1246	1432	40

7. 某企业资料如下表所示。

产品名称	总产值（万元）		报告期出厂价格比基期增长（%）
	基期	报告期	
甲	145	168	12
乙	220	276	15
丙	350	378	5

要求：
(1) 计算出厂价格指数和由于价格变化而增加的总产值；
(2) 计算总产值指数和产品产量指数；
(3) 试从相对数和绝对数两方面简要分析总产值变动所受的因素影响。

8. 某饭店全员劳动生产率资料如下表所示。

旅行社	平均职工人数（人）		全员劳动生产率（元/人）	
	一季度	二季度	一季度	二季度
甲	800	700	1500	2000
乙	1000	1200	2800	3400

要求：试从相对数和绝对数两方面简要分析该饭店全员劳动生产率二季度比一季度变动所受的因素影响。

9. 某旅行社报告期生产的甲、乙、丙三条线路产品的总收入分别是 80 万元、32 万元、150 万元，线路产品价格报告期和基期相比分别为 105%、100%、98%，该旅行社总收入报告期比基期增长了 8.5%。试计算三种线路产品价格总指数以及对总收入的影响。

10. 某地区社会产品零售额报告期为 9.89 亿元，比基期增加 1.29 亿元，零售物价指数涨了 3%，试分析报告期比基期的产品销售量的变动情况。

11. 某地区市场销售额，报告期为 40 万元，比上年增加了 5 万元，销售量与上年相比上升 3%，试计算：

（1）市场销售量总指数；

（2）市场销售价格指数；

（3）由于销售量变动对销售额的影响。

12. 某地区，甲、乙、丙、丁四种产品的个体零售价格指数分别为 110%、104%、108.5%、118%，它们的固定权数分别为 11%、29%、35%、25%，试计算这四类产品的零售物价指数。

第十四章 相关关系和回归

主要内容
- 相关关系
  散点图　相关系数的含义　相关系数的计算
- 回归
  回归方程　拟合优度　参数估计　模型转换
- 软件处理

14.1 相关关系

在旅游中存在的许多事物或现象具有一定的联系，一种现象的变化往往伴随着另一种现象的变化。两种现象之间的相互联系，可以通过图形反映出来。最佳的图形是散点图。

图 14-1 是旅游接待人数与旅游收入的散点图。我们可以对图 14-1 进行简化，如图 14-2。通过观察图 14-2，我们发现，在旅游接待人数和旅游收入之间有一个正的关系。

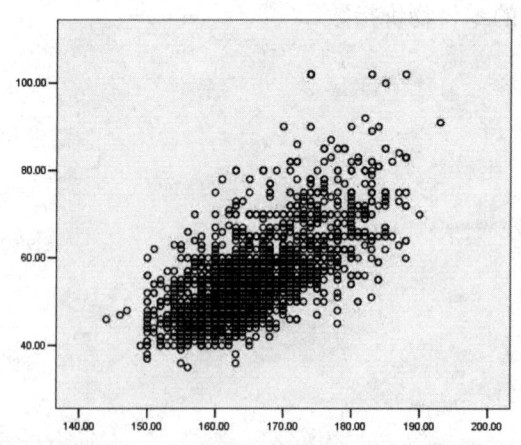

图 14-1 旅游接待人数（横轴）与旅游收入（纵轴）的关系

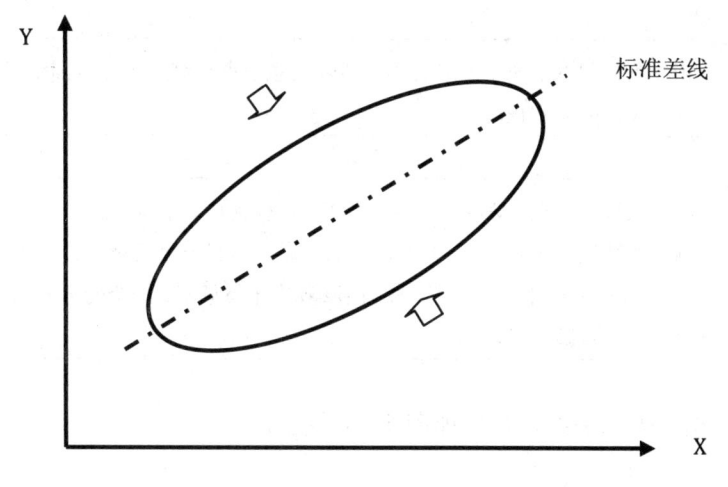

图 14-2　散点图的简化

根据图 14-2，我们可以发现，当图形中的散点离虚线越近，两个变量的关系越大，直至完全呈线性关系；当图形中的散点离虚线越远时，两个变量的关系越小，直至完全没有关系。

因此，怎样衡量散点与虚线之间的关系是紧凑还是松散呢？如下图 14-3a 和 14-3b，这两个图反映了两个变量之间的关系。一个变量的变化能够帮助我们预测另一个变量的变化，但是效果却有差别。为了说明它们之间的差别，我们用相关系数来描述两者之间的差异。

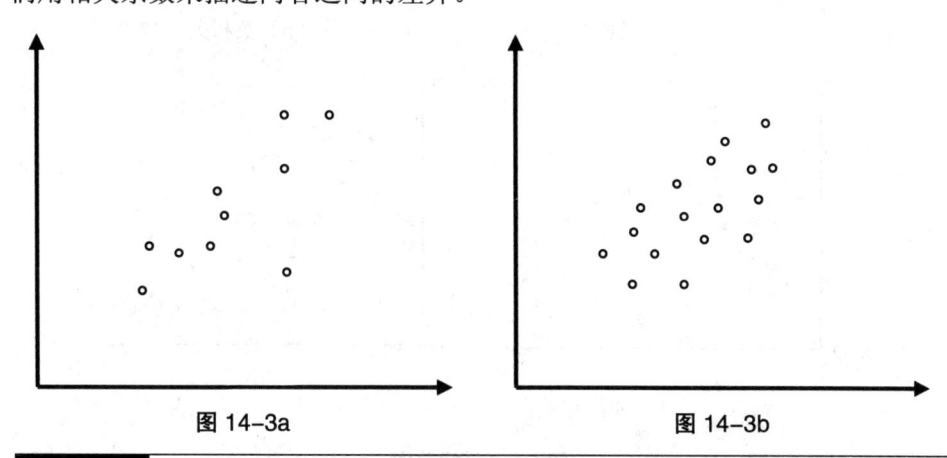

图 14-3a　　　　　　　　　　　图 14-3b

| 相关关系 | 如果两个变量之间有很强的关系，那么，了解其中的一个变量能够极大地帮助我们预测另一个变量。但是，当这种关系很弱时，关于一个变量的信息无助于我们推测另一个变量。 |

相关系数	相关系数测度了两个变量之间的线性关系或者说测度了散点围绕虚线（标准差线）的紧密程度。

相关系数	相关系数总是在-1和+1之间，取其中的任何值。正相关意味着散点束（椭圆形）朝右上方倾斜，一个变量增加（减少），另一个变量也会随着增加（减少）；负相关意味着散点束（椭圆形）朝右下方倾斜，一个变量增加（减少），另一个变量减少（增加）。

以上相关关系种类，可以如图14-4所示。

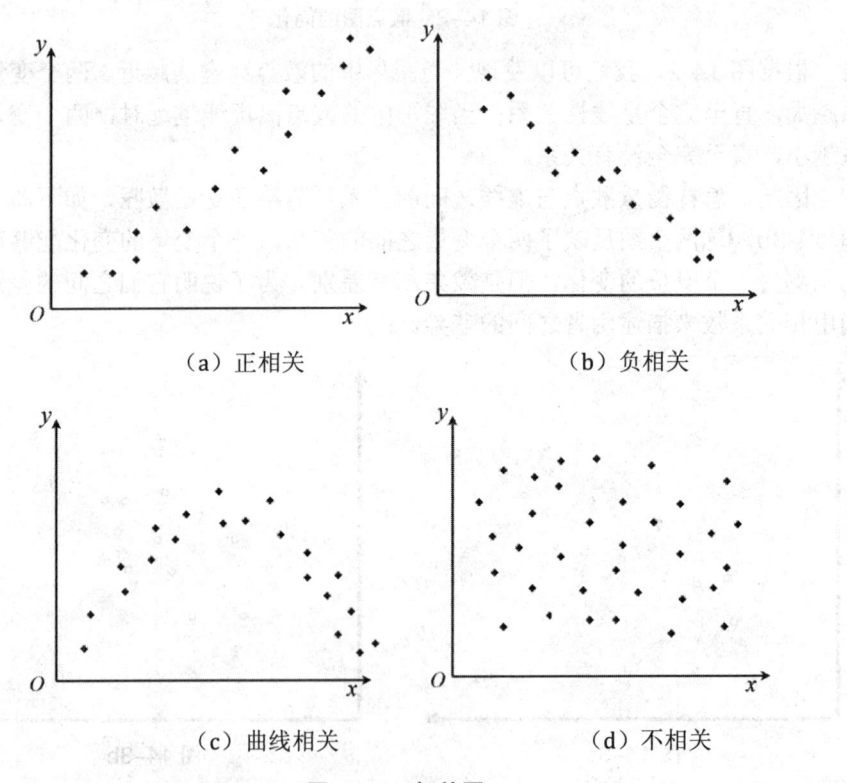

（a）正相关　　　　　　　　　（b）负相关

（c）曲线相关　　　　　　　　　（d）不相关

图14-4　相关图

散点图对了解现象之间的相关关系是有用的，但这只是初步的判断，是相关分析的开始，为了说明现象之间的密切程度，可以计算相关系数。

相关系数的计算	$r = \dfrac{\sigma_{xy}^2}{\sigma_x \sigma_y}$

式中，r 为相关系数；σ_{xy}^2 为自变量数列和因变量数列的协方差。

$$\sigma_{xy}^2 = \dfrac{\sum(x-\bar{x})(y-\bar{y})}{n} = \dfrac{1}{n}\sum(x-\bar{x})(y-\bar{y})$$

式中，σ_x、σ_y 为自变量数列和因变量数列的标准差。

$$\sigma_x = \sqrt{\dfrac{\sum(x-\bar{x})^2}{n}} = \sqrt{\dfrac{1}{n}\sum(x-\bar{x})^2}$$

$$\sigma_y = \sqrt{\dfrac{\sum(y-\bar{y})^2}{n}} = \sqrt{\dfrac{1}{n}\sum(y-\bar{y})^2}$$

所以，相关系数也可以写成：

$$r = \dfrac{\sigma_{xy}^2}{\sigma_x \sigma_y} = \dfrac{\sum(x-\bar{x})(y-\bar{y})}{\sqrt{\sum(x-\bar{x})^2 \cdot \sum(y-\bar{y})^2}}$$

根据相关表的资料，相关系数（r）的计算方法如表 14-1 所示。

表 14-1 相关系数计算表

可支配收入（千元）x	消费支出（千元）y	$x-\bar{x}$	$y-\bar{y}$	$(x-\bar{x})^2$	$(y-\bar{y})^2$	$(x-\bar{x})(y-\bar{y})$
18	15	-48.2	-32.3	2323.24	1043.29	1556.86
25	20	-41.2	-27.3	1697.44	745.29	1124.76
45	30	-21.2	-17.3	449.44	299.29	366.76
60	40	-6.2	-7.3	38.44	53.29	45.26
62	42	-4.2	-5.3	17.64	28.09	22.26
75	53	8.8	5.7	77.44	32.49	50.16
88	60	21.8	12.7	475.24	161.29	276.86
92	65	25.8	17.7	665.64	313.29	456.66
98	78	32.8	22.7	1075.84	515.29	744.56
99	70	31.8	30.7	1011.24	942.49	976.26
662	473	—	—	7831.60	4134.10	5620.40

自变量数列的平均值 $\bar{x} = \dfrac{\sum x}{n} = \dfrac{662}{10} = 66.2$

因变量数列的平均值 $\bar{y} = \dfrac{\sum y}{n} = \dfrac{473}{10} = 47.3$

将表中计算结果代入公式可得：

$$r = \dfrac{\sum(x-\bar{x})(y-\bar{y})}{\sqrt{\sum(x-\bar{x})^2} \times \sqrt{\sum(y-\bar{y})^2}} = \dfrac{5620.4}{\sqrt{7831.6} \times \sqrt{4134.1}} = \dfrac{5620.4}{5690.6} = 0.988$$

计算结果说明居民的消费支出与可支配收入之间存在着高度的相关关系。相关系数的具体含义表现在四个方面：

1. 相关系数的取值范围在 −1 和 +1 之间，即：$-1 \leqslant r \leqslant 1$。

2. 计算结果，若 r 为正，则表明两变量为正相关；若 r 为负，则表明两变量为负相关。

3. 相关系数 r 的数值越接近于 1（−1 或 +1），表示相关系数越强；越接近于 0，表示相关系数越弱。如果 $r=1$ 或 −1，则表示两个现象完全线性相关。如果 $r=0$，则表示两个现象完全不相关。

4. 判断两变量线性相关密切程度的具体标准为：$0 \leqslant |r| < 0.3$，称为微弱相关；$0.3 \leqslant |r| < 0.5$，称为低度相关；$0.5 \leqslant |r| < 0.8$，称为显著相关；$0.8 \leqslant |r| < 1$ 称为高度相关。

按照上述分类标准进行判断，计算相关系数的原始根据要比较多，例如在 50 个以上。计算时根据的材料多，关系程度是可以相信的；如果材料太少则可信度会降低。判断有相关关系的起点值要提高，要以 0.4 或 0.5 为起点。

14.2 回归分析

回归分析可以追溯到 19 世纪，当时英国的遗传学家高尔顿（Galton）研究父亲身高和儿子身高之间的关系。他发现，父亲的身高能够预测儿子的身高：父亲身材比较高的人（超过了平均身高的人），儿子身高通常会比父亲低；父亲身材比较低的人（低于平均身高的人），儿子的身材通常会比父亲高。似乎有一种力量会把儿子的身高拉向平均身高。高尔顿把这种现象叫做向均值的回归，回归由此而得名。

在回归分析中，被预测的变量叫因变量（dependent variable），用来预测因变量的变量叫自变量（independent variable）。在高尔顿的分析中，父亲的身高是自变量，儿子的身高是因变量。

在现代统计学中，回归的基本方法通常是最小平方法（least square），它是最常用的求解回归线方程参数的一种方法。回归方程的最基本的形式是：

> **回归方程的最基本形式**
>
> $$y_c = a + bx$$
>
> 其中，a 是直线的截距；b 是直线的回归系数；a、b 都是待定参数。

估计这些参数有不同的方法，统计中使用最多的是最小平方法。具体来讲则是：

$$\sum(y - y_c)^2 = 最小值$$

这里讨论的最小平方法与动态数列一章中长期趋势测定的最小平方法是同一方法。实际上，长期趋势测定也是回归法的一种，那是把时间作为自变量，动态指标作为因变量计算的。因此，那里讲的有关公式，这里都适用，只要把时间变量 t 改为自变量 x 即可。

$$\sum(y - y_c)^2 = 最小值$$

可以写成

$$Q = \sum(y - a - bx)^2 = 最小值$$

利用数学求极值的方法，可知：当 $\dfrac{\partial Q}{\partial b} = 0$ 时，函数有极小值。

即

$$\frac{\partial Q}{\partial a} = -2\sum(y - a - bx) = 0$$

$$\frac{\partial Q}{\partial b} = -2\sum(y - a - bx)x = 0$$

得到方程组：

$$\sum y = na + b\sum x$$
$$\sum xy = a\sum x + b\sum x^2$$

从以上一对联立方程组中，我们可以解出 a 和 b：

$$b = \frac{n\sum xy - \sum x \sum y}{n\sum x^2 - (\sum x)^2}$$
$$a = \bar{y} - b\bar{x}$$

我们可以利用这两个公式算出 a 和 b，从而得出回归方程：

$$y_c = a + bx$$

如果已经用积差法计算了相关系数，有相应的资料，也可以用如下的方法求解：

$$b = \frac{\sum(x-\bar{x})(y-\bar{y})}{\sum(x-\bar{x})^2}$$

$$a = \bar{y} - b\bar{x}$$

一旦回归线被找到,那么,就有一个很自然的问题出现了。那就是,这条线对样本数据拟合得怎样?如果拟合得好的话,我们就有更多的信息保证自变量的变化能够更有助于解释因变量的变化。

测量回归线拟合样本数据的一个重要的方法是计算,因变量变化,有多大比例被自变量解释了,或者因变量的变化有多大比例与自变量相关。因变量 y 的变化可以通过 y 的方差来测量,这里我们叫总变差(SST, sum of squares total)。具体形式为:

总变差(SST)	$SST = \sum(y_i - \bar{y})^2$

总变差是因变量需要解释的总变异。

通过上面的回归,我们知道,回归能够解释的部分为(SSR, sum of squares regression):

回归解释的变差(SSR)	$SSR = \sum(y_c - \bar{y})^2$

任何回归,自变量都不可能百分之百地完全解释因变量,因此总会有一部分无法被解释,这一部分是误差(残差)部分(SSE, sum of squares error)。

未被回归解释的变差(SSE)	$SSE = \sum(y_i - y_c)^2$

在上述三者之间,存在以下的数学关系:

三者关系	$SST = SSR + SSE$

因此，当我们要判断，回归线对样本数据的拟合程度时，我们只需要看回归对总变差解释了多少。拟合优度又叫可决系数（R）：

| 拟合优度
/可决系数 | $r^2 = \dfrac{SSR}{SST} = 1 - \dfrac{SSE}{SST}$
拟合优度总是在 0 和 1 之间。它表明因变量能够被自变量解释的程度。 |

一、方程的参数估计

在前面的回归中，我们除了可以计算出截距 a 和斜率 b 的值之外，还可以计算出它们各自的方差和标准差，分别如下：

| 参数的方差和标准差 | $Var_a = \dfrac{\sum X_i^2}{n \sum x_i^2} \sigma^2$, $Var_b = \dfrac{1}{\sum x_i^2} \sigma^2$
$Se_a = \sqrt{Var_a}$, $Se_b = \sqrt{Var_b}$
其中，$x_i = X_i - \bar{X}$，σ 是总体的标准差。由于总体方差 σ^2 无法获得，所以用样本方差 SSE 代替。 |

在回归中，我们要了解 y 和 x 之间的关系，事实上，它涉及参数的验证；在两变量回归中，涉及斜率 b 是否等于 0 的问题。如果 b=0，说明 y 和 x 没有任何关系；反之，则有关系。这本质上是一个假设，原假设（零假设）是 b=0。

$H_0 : b=0, x 和 y 没有有关系。$
$H_1 : b \neq 0, x 和 y 有关系。$
$H_1 : b < 0, x 和 y 负相关。$
$H_1 : b > 0, x 和 y 正相关。$

如果没有明确的理论指示 x 和 y 关系的方向，我们就选择双边检验，$H_1 : b \neq 0$。具体检验的方法与前面章节中假设检验类似，因为涉及自由度，我们通常采用 t 检验。具体的计算公式为：

| 参数估计 | 参数 b 的 t 统计量为：
$t = \dfrac{b - \beta_b}{se(\beta_b)}$
其中，t 统计量的自由度为 $n-2$, $se(\beta_b) = \sqrt{\dfrac{SSE/n-2}{\sum x_i^2}}$ |

现实经济活动复杂多变，并不能都抽象为线性形式。非线性计量经济学模型的理论与方法的研究是计量经济学理论与方法研究中的另一个广泛领域。在20世纪70年代末，非线性模型理论与方法已经形成了一个与线性模型相对应的体系，不过，这并不能难倒我们，我们可以将那些具有复杂形式的变量进行转化。

二、模型变量的直接代换

直接代换法适用于变量之间关系虽然是非线性的，但被解释变量与参数之间关系却是线性的模型。这时可以利用变量直接代换的方法将模型线性化。对于以下形式的非线性方程我们可以直接进行变量代换转换为线性方程：

$$Y = \beta_0 + \beta_1 \frac{1}{X} + u$$

$$Y = \beta_0 + \beta_1 \sqrt{X} + u$$

$$Y = \beta_0 + \beta_1 \log X + u$$

$$\log Y = \beta_0 + \beta_1 X + u$$

$$\log Y = \beta_0 + \beta_1 \log X + u$$

我们可以分别令 $X^* = \frac{1}{X}$、$X^* = \sqrt{X}$、$X^* = \log X$、$Y^* = \log Y$，以及 $X^* = \log X$、$Y^* = \log Y$，则上述几个模型就变换为相同的一种形式：

$$Y = \beta_0 + \beta_1 X^* + u$$

直接代换法一般步骤是：

第一步，根据有关理论或变量之间的散点图判断回归模型形式。

第二步，根据模型本身特点对模型或数据进行变量变换，使变换后的模型或数据具有线性回归模型形式。

第三步，对变换后的线性模型进行拟合，并进行回归检验。

第四步，对检验符合要求的模型用原变量写出回归模型，并用于预测或控制，对检验不符合要求的模型重新拟合，直到符合要求为止。

在以上的这几类模型形式中尤其应该指出的是双曲线模型 $Y = \beta_0 + \beta_1 \frac{1}{X} + u$，它是一条双曲线，常用于考察产量与平均固定成本、失业率与通货膨胀率之间的关系，由于该模型对 X 作倒数变换后转化为标准形式的线性回归模型，所以有时也称为倒数模型。

在对经济变量进行配合回归方程时，常遇到的问题是因变量和自变量间的关系并不是直线型，而是曲线型。这时通常采用变量代换法将非线形模型线形化，再按照线形模型的方法处理。

三、模型变量的间接代换

在某些经济问题中，经济变量之间的非线性关系，不能通过直接变量代换转化为线性形式，需要先通过方程形式的变形后再进行变量代换，转化为线性形式，这种代换方法称为间接代换法。进行变量间接代换应用最广泛的模型就是指数模型与幂函数模型。

1. 指数模型

$$Y = \beta_0 X^{\beta_1} e^u$$

由于 $\beta_1 = \dfrac{dY}{Y} \Big/ \dfrac{dX}{X}$，所以 β_1 称为 Y 对 X 的弹性系数，它表示 X 变化 1% 所引起的 Y 变化的百分比。

对上式取对数，则有：

$$\ln Y = \ln \beta_0 + \beta_1 \ln X + u$$

令 $Y^* = \ln Y$、$X^* = \ln X$、$\beta_0^* = \ln \beta_0$，变换后有：

$$Y^* = \beta_0^* + \beta_1 X^* + u$$

由于该模型同时对 X 和 Y 作对数变换，所以有时也称该模型为双对数线性模型。

对上述变换后的模型，利用 OLS 估计可得到参数估计值 $\hat{\beta}_0^*$、$\hat{\beta}_1$。由此可得到原模型的样本回归方程：

$$\hat{Y} = \hat{\beta}_0 X^{\hat{\beta}_1} = e^{\hat{\beta}_0^*} X^{\hat{\beta}_1}$$

2. 幂函数模型

幂函数模型常用于人口增长、产值或利润增长、劳动生产率以及就业等问题。这类模型的一般形式为：

$$Y = \alpha_0 \alpha_1^X e^u$$

对上述模型两边同时取对数，则有：

$$\ln Y = \ln \alpha_0 + X \ln \alpha_1 + u$$

令 $Y^* = \ln Y$、$\beta_0 = \ln \alpha_0$、$\beta_1 = \ln \alpha_1$，则变换后有：

$$Y^* = \beta_0 + \beta_1 X + u$$

由于该模型只对 Y 作对数变换而对 X 不变，所以有时也称该模型为半对数线性模型。

我们以幂函数为例来演示这种方法的使用。设：

$$y_c = ab^x$$

其中，a、b均为未定参数。

进行指数曲线拟合时，我们通常会将它取对数转化为直线方程，然后按照直线方程确定出参数，最后对直线求得的结果查反对数得到 a、b 的值。先对上面的方程取对数，得到：

$$\log y_c = \log a + x \log b$$

设：
$$Y = \log y_c$$
$$A = \log a$$
$$B = \log b$$

那么，方程可以重新写成：$Y = A + Bx$

经过代换之后转化成为线性关系的形式，这就可以按照前面求直线回归方程中参数的方法求得 a、b 的值。根据最小平方原理，上式中的 A、B 应满足下列一组方程：

$$\sum Y = nA + B \sum x$$
$$\sum xY = A \sum x + B \sum x^2$$

例如，我们以一个旅行社数据为例子说明上述方法的运用。具体数据见表14-2。

表14-2　12个旅行社的月收入与单位成本曲线回归计算表

企业编号	x	y	x^2	$Y = \log y$	xY	$Y = \log y_c$	y_c
1	10	160	100	2.204	22.04	2.178	150.66
2	16	151	256	2.178	34.86	2.128	134.32
3	20	114	400	2.056	41.13	2.094	124.42
4	25	128	625	2.107	52.68	2.053	113.07
5	31	85	961	1.929	59.81	2.003	100.81
6	36	91	1296	1.959	70.52	1.961	91.61
7	40	75	1600	1.875	75	1.928	84.86
8	45	76	2025	1.88	84.63	1.887	77.12
9	51	66	2601	1.819	92.79	1.837	68.76
10	56	60	3136	1.778	99.57	1.795	62.49
11	60	61	3600	1.785	107.11	1.762	57.88
12	65	60	4225	1.778	115.57	1.721	52.6
合计	455	1127	20825	23.348	855.71	23.347	/

根据表14-2 计算得到的数据 $n=12$、$\sum x = 455$、$\sum x^2 = 20825$、$\sum xY = 855.71$，将它们代入上述方程组得：

$$12A + 455B = 23.35$$
$$455A + 20825B = 855.71$$

解得：　　$A = 2.26$
　　　　　$B = -0.0083$
　　　　　$Y = A + Bx$
　　　　　$\quad = 2.26 - 0.0083x$

然后，可以分别求 A、B 的反对数，由 $\log a = A$、$\log b = B$ 得到：

$$\begin{cases} a = 182.43 \\ b = 0.98 \end{cases}$$

这样，指数曲线回归方程可以表达为：

$$y_c = ab^x = 182.43 \times 0.98^x$$

14.3　相关关系和回归分析的软件处理

本节主要运用 excel、eviews 进行相关分析和回归分析的处理。我们以表 14-3 的数据为例进行说明。

表 14-3　软件处理的原始数据

年份	旅游收入（亿元）	城镇居民（百万人次）	农村居民（百万人次）
1994	1023.51	205	319
1995	1375.7	246	383
1996	1638.38	256	383
1997	2112.7	259	385
1998	2391.18	250	445
1999	2831.92	284	435
2000	3175.54	329	415
2001	3522.37	375	409
2002	3878.36	385	493
2003	3442.27	351	519
2004	4710.71	459	643
2005	5285.86	496	716
2006	6229.7	576	818

一、相关分析

第一步，将数据导入 excel。

第二步，点击"工具"→"数据分析"。见图 14-5。

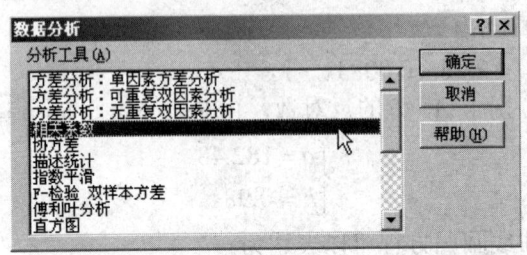

图 14-5

第三步，选择分析工具中的"相关系数"，点击"确定"，在"输入区域"对话框输入$C$1:$D$14。勾选"逐列"（变量以列的形式出现），勾选"标志位于第一行"（序列的名称，本例中分别是：旅游收入（亿元），城镇居民（百万人次），农村居民（百万人次））。点选"输出区域"为$F$1。见图 14-6。

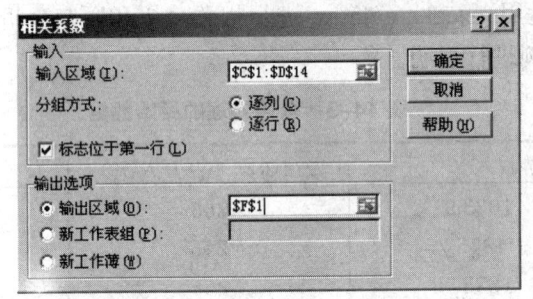

图 14-6

第四步，点击"确定"。旅游收入和城镇居民的相关系数就计算出来了。它们的相关关系是 0.98。见图 14-7。

F	G	H
	旅游收入（亿元）	城镇居民（百万人次）
旅游收入	1	
城镇居民	0.982928035	1

图 14-7

二、对方差、标准差、均值（算术平均数）以及协方差的计算

均值（算术平均数）、方差、标准差以及协方差的计算是在统计分析中最常

见的，也是在统计中经常要运用到的。我们通过简单的 excel 函数调用就可以实现。对于均值（算术平均数）、方差、标准差，excel 中对应的函数是：

average(*number*1,*number*2)

var(*number*1,*number*2)

stdev(*number*1,*number*2)

以方差的计算为例。在单元格输入"=var(D2:D14)"，回车后就可以得到方差的值。单元格 D2 到 D14 的数据选择可以通过鼠标拖动选择。见图 14-8。

年份	旅游收入（亿元）	城镇居民（百万人次）	农村居民（百万人次）
1994	1023.51	205	319
1995	1375.7	246	383
1996	1638.38	256	383
1997	2112.7	259	385
1998	2391.18	250	445
1999	2831.92	284	435
2000	3175.54	329	415
2001	3522.37	375	409
2002	3878.36	385	493
2003	3442.27	351	519
2004	4710.71	459	643
2005	5285.86	496	716
2006	6229.7	576	818

=var(D2:D14)
VAR(**number1**, [number2], ...)

图 14-8

协方差的计算相对麻烦一点，需要利用鼠标拖动选择两列数据（array1，array2）。在本例中，=COVAR（C2:C14，D2:D14），然后回车就可以得到协方差。见图 14-9。

年份	旅游收入（亿元）	城镇居民（百万人次）	农村居民（百万人次）
1994	1023.51	205	319
1995	1375.7	246	383
1996	1638.38	256	383
1997	2112.7	259	385
1998	2391.18	250	445
1999	2831.92	284	435
2000	3175.54	329	415
2001	3522.37	375	409
2002	3878.36	385	493
2003	3442.27	351	519
2004	4710.71	459	643
2005	5285.86	496	716
2006	6229.7	576	818

=covar(C2:C14,D2:D14)
COVAR(**array1**, **array2**)

图 14-9

三、回归分析

我们用两个软件 excel、SPSS 来说明回归分析，excel 只能用来作简单的二元回归，多元回归我们用 SPSS 来说明。我们继续使用上面表格中提供的数据。把旅游收入作为被解释变量（y），把城镇居民旅游人次数作为解释变量（x）。

1. 用 excel 来作二元回归分析

第一步，点击"工具"→"数据分析"，然后选择对话中的"回归"。出现下面图 14-10 所示的"回归"对话框。

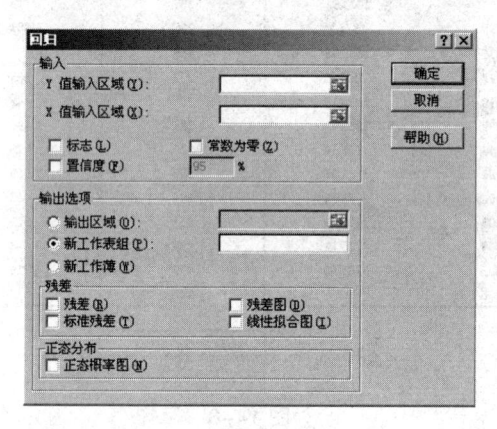

图 14-10

第二步，在图 14-11 "输入"对话框里分别用鼠标拖动选择被解释变量和解释变量序列。勾选标志，点选输出区域，选择一个空白的单元格（本例中选择$A$16）。勾选线性拟合图（其他内容可以选择，也可以不选。如果选中，就会输出相应的结果）

图 14-11

第三步，点击"确定"。结果和输出见图 14-12、图 14-13、图 14-14、图 14-15 和图 14-16。输出结果包括五个部分：回归统计、方差分析、回归参数、残差结果和线性拟合图。

回归统计	
Multiple R	0.982928035
R Square	0.966147522
Adjusted R Square	0.963070024
标准误差	298.2855289
观测值	13

图 14-12　回归统计

	df	SS	MS	F	Significance F
回归分析	1	27932514.38	27932514	313.9393	1.95186E-09
残差	11	978716.8242	88974.26		
总计	12	28911231.21			

图 14-13　方差分析

	Coefficients	标准误差	t Stat	P-value	Lower 95%	Upper 95%	下限 95.0%	上限 95.0%
Intercept	-1501.249378	278.0062019	-5.40006	0.000217	-2113.136902	-889.362	-2113.14	-889.362
X Variable 1	13.67354997	0.771717682	17.71833	1.95E-09	11.97501081	15.37209	11.97501	15.37209

图 14-14　回归参数

观测值	预测 Y	残差
1	1301.828366	-278.3183659
2	1862.443915	-486.7439146
3	1999.179414	-360.7994143
4	2040.200064	72.49993582
5	1917.138114	474.0418855
6	2382.038813	449.8811866
7	2997.348562	178.191438
8	3626.331861	-103.9618606
9	3763.06736	115.2926397
10	3298.166661	144.1033387
11	4774.910058	-64.20005797
12	5280.831407	5.028593183
13	6374.715404	-145.0154043

图 14-15　残差结果

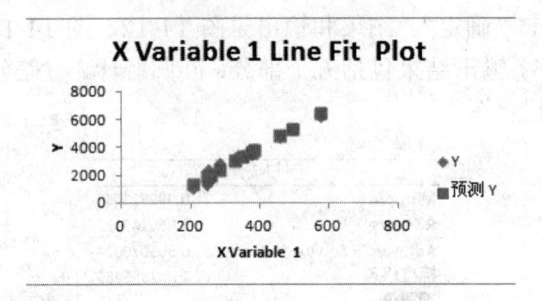

图 14-16 线性拟合图

对于回归结果的解读，我们主要通过图 14-14 "回归参数"来分析。从回归参数来看，城镇居民出游的次数在高度显著（低于 1%）的水平下，拒绝了零假设，说明城镇居民出游的次数显著影响旅游收入。每增加一百万人次的出游，旅游收入会提高 13.67 亿元。

它的方程式可以写成：
$$y（旅游收入）=-1498.78+13.67x（城镇居民出游人次数）$$

2．用 eviews 作多元回归（以三元回归为例）

第一步，将数据导入 SPSS，在变量视图中对每一个变量命名建立工作文件。如图 14-17 所示。

图 14-17

第二步，鼠标顺着 Analyze → Regression → Linear 选择。见图 14-18。

第十四章 相关关系和回归

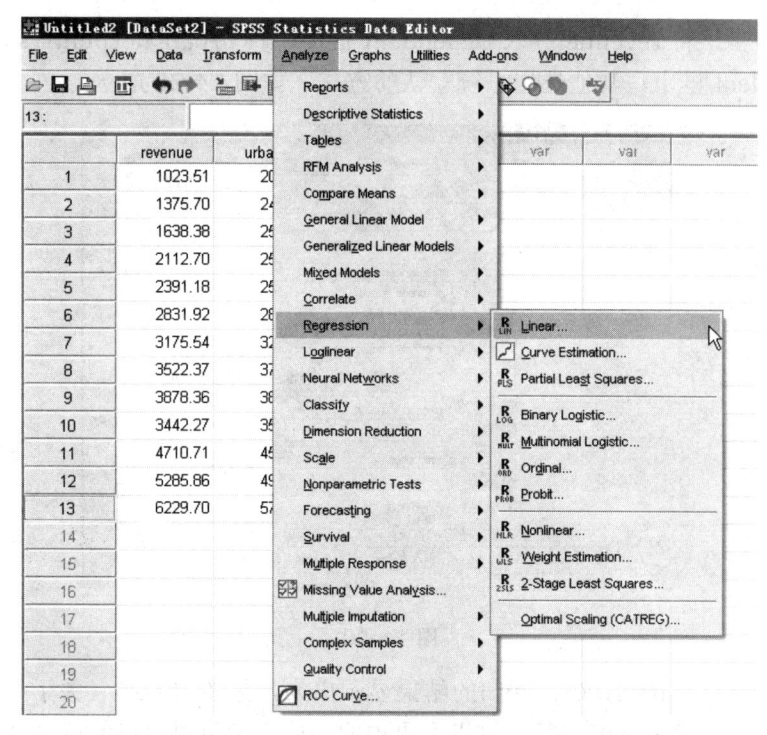

图 14-18

第三步，点击 Linear。出现对话框。见图 14-19。

图 14-19

第四步，将 revenue 放入 Dependent 框中，将 urban 和 countryside 放入 independent 框中。其他选用系统默认的方式。如图 14-20 所示。

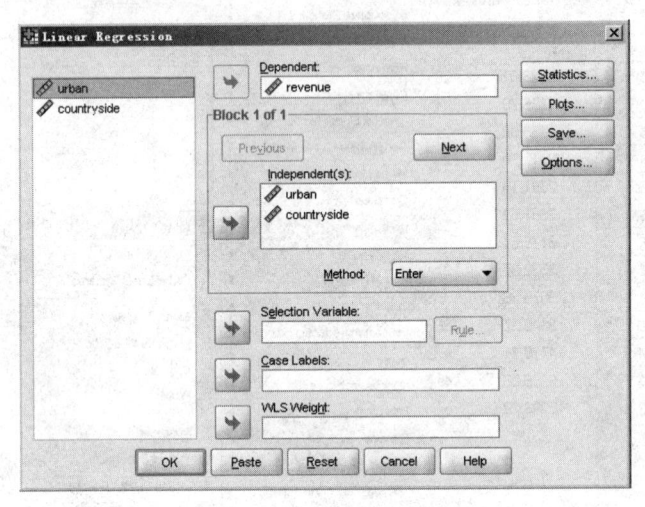

图 14-20

第五步，点击"OK"，回归的结果显示出来，见图 14-21（关于结果的具体解读，可以参考其他书籍，这里不再说明，同学们可以自己解读试试看）。

Coefficients[a]

Model		Unstandardized Coefficients B	Std. Error	Standardized Coefficients Beta	t	Sig.
1	(Constant)	-1557.837	306.607		-5.081	.000
	urban	12.467	2.406	.896	5.182	.000
	countryside	.964	1.812	.092	.532	.607

a. Dependent Variable: revenue

图 14-21

练习题

1. 什么是相关关系？相关关系有什么特点？
2. 简述相关关系的种类，相关关系的主要内容包括哪些？
3. 简述回归分析的概念与特点。
4. 如何构建直线模型？
5. 什么是估计标准误差？其作用如何？

6. 判析题

（1）相关系数是测定两个变量之间关系密切程度的唯一方法。（　　）

（2）甲产品产量与单位成本的相关系数是-0.9，乙产品的产量与单位成本的相关系数是 0.8，因此，乙比甲的相关程度高。（　　）

（3）零相关就是不相关。（　　）

（4）两个变量中不论假定哪个变量为自变量 x，哪个为因变量 y，都只能计算一个相关系数。（　　）

（5）相关系数 r 等于 0，说明两变量之间不存在相关关系。（　　）

（6）如两组资料的协方差相同，则说明这两组资料的相关程度也相同。（　　）

（7）积差法相关系数 r 实质上就是两变量离差系数乘积的平均数。（　　）

（8）由直线回归方程 $Y_c = -450 + 2.5x$，可知变量 x 与 y 之间存在正相关关系。（　　）

（9）回归系数 b 大于 0 或小于 0 时，则相关系数 r 也是大于 0 或小于 0。（　　）

（10）当变量 x 与 y 之间存在严格的函数关系时，x 倚 y 回归直线和 y 倚 x 的回归直线才能重合。（　　）

7. 根据 50 个学生的中文成绩和英文成绩进行计算，中文成绩的标准差为 9.75 分，英文成绩的标准差为 7.9 分，两种成绩的协方差为 72 分，由上述资料计算相关系数，并对中文成绩和英文成绩的相关方向和相关程度做出说明。

8. 某饭店客房销售量与单位成本的资料如下：

产量	单位成本
2	75
3	73
4	72
3	73
4	69
5	68

要求：

（1）计算相关系数 r，判断其相关方向和相关程度；

（2）建立直线回归方程。

9. 有 8 个企业的可比产品成本降低率和销售利润资料如下表：

企业编号	可比产品成本降低率	销售利润（万元）
1	2.1	4.0
2	2.0	4.5
3	3.0	7.6
4	3.2	10.5
5	4.1	20.0
6	4.2	21.0
7	4.0	23.0
8	3.8	25.0

要求计算：

（1）相关系数 r；

（2）直线回归方程；

（3）说明回归系数 b 的经济含义；

（4）估计标准误差。

10. 某饭店某种客房销售量与单位成本资料如下：

年份	2001	2002	2003	2004	2005	2006	2007	2008
客房销售量	20	30	40	30	40	50	60	70
单位成本	73	72	71	73	69	68	66	65

要求：

（1）根据上述资料，绘制相关图，判别该数列相关与回归的种类；

（2）配合适当的回归方程；

（3）根据回归方程，指出每当产品产量增加 1 万件时，单位成本的变化情况；

（4）计算相关系数和估计标准误差；

（5）产量为 8 万件时，在 95.45% 的概率保证程度下，对单位成本作区间估计。

第十五章 旅游卫星账户

主要内容
- 旅游卫星账户介绍
- 旅游卫星账户基本概念和定义
- 访问者和旅游行程的特点
- 旅游卫星账户中的旅游支出
- 旅游产品和旅游活动的分类

15.1 旅游卫星账户介绍

卫星账户是联合国（United Nations）提出的，用来测度那些在国民账户中没有被作为产业进行定义的经济部门的规模。例如，旅游业是一些产业的混合体，这些产业包括运输业、住宿业、食品饮料业、休闲娱乐业和旅行社等。

当站在访问者（visitor）的角度来定义旅游时，旅游业是一种非常独特的现象。旅游者购买物品和劳务，这些物品和劳务既与旅游相关，也与旅游不相关。旅游产出测度的关键是把旅游者购买的物品和劳务与一个国家内这些产品的供给联系起来。

卫星账户是一种新的统计工具，它按照国际通行的概念、定义和分类标准来测度物品和劳务的产出。它能够让国家之间的不同行业进行有效的比较。这种测度也可以和国际上其他经济统计进行比较。

一、旅游卫星账户（TSA：Tourism Satellite Account）的背景与发展历程

在过去数十年，估算旅游业所带来的经济作用引起了世界各地的广泛重视。旅游业与其他经济活动的不同之处，在于它涉及多个经济产业的众多领域。因此，在国民经济账户（National Accounts）里不能界定旅游业为一个单一的产

业。基于此，旅游业的经济产值不能直接展示出来，详细而具体的旅游业数据也因此很大程度上在主流的统计体系里并不存在。以上种种原因促使人们开始谋求一些国际认可的方法来估算旅游业的经济效用。

卫星账户是联合国提出的一个术语。它利用国民经济账户里的数据，以及基于国民经济核算的会计准则来估算包含在国民经济账户里，但并不能明确地鉴别出来的经济价值或活动。它们的运用主要是能够使一个经济体系里传统明确的产业（例如农业或制造业）和非传统明确的产业（如旅游业）在经济规模和重要性方面可以有所比较。再者，这些卫星账户的资料有助于提升政策规划和发展的功效。

旅游卫星账户（TSA）是从这种概念最先发展出来的一套卫星账户。这种统计工具包含了概念、定义、加总和分类，以及提供一个指导性的过程来辅助各国建立它们本身的旅游业统计体系。

旅游卫星账户提供了一个框架来整合货币性（Monetary）与非货币性（Non-monetary）的数据，特别是对提升旅游业分析，以及确定经济作用分析方面尤其有用。

在1993年修订的国民账户核算体系（System of National Accounts）里，最后的章节记载了有关编制国民经济账户的最新建议，即所谓的"功能导向的卫星账户"（Functionally-Oriented Satellite Accounts），作为日后纳入核算体系新发展的参考。这些账户将会扩大国民经济核算体系在某一特定领域的分析范围，而不会使当前的核心架构负荷过重。它们可以应用在多个不同的领域方面，例如文化、教育、保健、旅游、环境、研发、运输、房屋和通信等。

事实上，具有实质意义的旅游统计工作始于1937年，当时国际联盟理事会为了统计目的而提出了一个"国际旅游者"的定义。然而，编制关于旅游业的卫星账户的工作，只能追溯到20世纪70年代后期，那时，法国开展了关于旅游业经济作用的计量研究。紧随其后，世界旅游组织（World Tourism Organization）于1983年根据1968年联合国采用的国民经济核算体系框架的概念，描述了旅游业的概况，并借此推动旅游业统计的国际可比性。

其后，加拿大统计局在1991年于渥太华举办的国际旅游及观光统计会议期间，提出了一项评估旅游经济活动与国内其他行业关系的计划，而该项计划是根据其工作组在1987年5月份发表的报告中所提出的关于旅游卫星账户的构想。另一方面，经济合作与发展组织（Organisation for Economic Co-operation and Development）也尝试就旅游业对其成员国的经济作用进行了探讨，并且在1991年出版了具有指导性的《旅游经济账户手册》。

在1994年，联合国统计委员会出版了《旅游统计建议》及《旅游业活动的国际标准分类》。在 1998 年，世界旅游组织统计程序委员会通过了《旅游卫星账户：概念与框架》。此后，在 2000 年统计委员会第三十一届会议上，联合国统计委员会通过了经由欧洲共同体（European Communities）、经济合作与发展组织、联合国和世界旅游组织共同草拟并修订的《旅游卫星账户：建议的方法框架》。

另外，世界旅游及观光协会也在量化旅游及观光事业的经济作用方面作了大量的研究工作。他们的方法着重于通过建构经济模型，对游客消费（旅游及观光产业）的经济作用以及总需求（旅游及观光经济）进行量化。世界旅游及观光协会倾向用一种以需求的方法来量化旅游业；而他们所定义的范围较广，几乎包括所有旅游及观光相关产业。

旅游卫星账户的发展历程可以简略概括如下：

1983 年，世界旅游组织提出了"在国民经济核算体系的框架内中估算影响旅游经济活动的重要性"。

1991 年，世界旅游组织在渥太华（Ottawa）召开了旅游与旅行统计的国际会议。

1992 年，世界经济开发与合作组织（OECD）推出了旅游经济账户。

1993 年，联合国采取了最新的国民账户体系（System of National Accounts：SNA）。

1994 年，联合国（UN）和世界旅游组织（WTO）通过并出版了《旅游统计建议》；同年，加拿大宣布建立了第一个国家旅游卫星账户。

1995 年，世界经济开发与合作组织（OECD）出版了首个建立旅游卫星账户（TSA）指引；同年，欧盟统计署（Eurostat）确立了一个法定的系统框架，整合旅游业供求的基本信息。

1999 年，世界旅游组织在尼斯（Nice）举办 Enzo Paci "衡量旅游业经济作用的"国际性会议。

1999 年，为发展编制旅游卫星账户的方法设计制定共同的概念框架，由世界旅游组织（WTO）、世界经济开发与合作组织（OECD），以及欧盟统计署（Eurostat）共同成立了常务秘书处工作小组。

2000 年，联合国统计委员会通过并采用了《旅游卫星账户：方法与框架》。

二、编制旅游卫星账户的目的

在世界范围内，旅游业在一个国家的经济中扮演着越来越重要的角色，然而，我们严重缺乏这方面的信息。因此，我们需要利用一个与其他产业一样的定义、概念和测量方法来为旅游业的重要性和规模提供可靠的数据。有了旅游卫星账户，政府、企业家和居民能够更科学地制定旅游发展的政策、规划旅游商业战略、评估旅游的效果和效率。

旅游卫星账户以联合国所采用的会计记账为框架，其设计的目的是依照国际的标准、概念、分类和定义来估算旅游业所涉及的物品及服务贸易活动情况。由于旅游业是一个经济现象，它的各个层面大都涵盖在国民经济账户内。虽然如此，旅游业并没有在国民经济账户中被界定为单一的经济活动，而且并不容易清晰地加以区分。因此，旅游卫星账户的目的是把国民经济账户里的资料加以重组，并辅以一些附加的概念及数据，从而编辑成相对可靠的并且能够反映旅游业不同层面的量化数值。建构旅游卫星账户能达到多个目标，其中较为重要的分别列示如下（UN et al. 2001）：

　　能提供一组清晰及可靠的旅游业账户供各国进行比较。
　　可量化估算旅游业的增加值，从而分析旅游业对经济的重要性。
　　可界定现时旅游产业的就业情况，以及旅游业在创造就业方面所扮演着的角色。
　　通过界定旅游产业与其余经济体系的相互关系，可提供一个建立旅游业的经济活动和就业影响模型的框架。
　　为设计更有效的旅游产业和就业政策等方面提供一个工具。
　　让不同的直接或间接参与旅游的人认识到旅游经济活动的重要性，更进一步，让所有为旅游者提供物品和劳务的产业认识到旅游业的重要。

三、旅游卫星账户的概念与范围

卫星账户的起始点是国民经济核算体系，而核算体系是一组指引，能够把经济体内的资料编列成实用的数据。国民经济核算体系规范了基本概念、定义、分类以及会计准则，以此提供了一个可以分析经济体内的产量、投资、收入以及金融和非金融资产的库存与流动情况的全面性框架。

国民经济核算体系基本上由三个账户所组成，包括经常账户（Current Accounts）、累积账户（Accumulation Accounts）和资产负债表（Balance Sheets），其中经常账户是这里所探讨的重点部分。经常账户也依次由生产账户（Production Account）、收益分配账户（Distribution of Income Account）和收益使用账户（Use of Income Account）构成。本地生产总值可以反映在以上三个账户里，即所有增加值的总额，或最终物品及服务消费的总和，或是所有经济体内产生第一次收益的加总。

卫星账户与国民经济核算体系的区别在于，前者主要集中在交易的功能或目的方面。在核算体系内，经济体系里发生的交易在开始时是依照其属性分析的，然而，某些形式的交易（例如旅游业、保健和环境）均按支出方面来分析。但在卫星账户里，分类所使用的分析单位并非产业活动的基层单位（Establishment），而是以交易（Transaction）或成组交易（Groups of Transactions）来估算的。

需要为旅游业建立卫星账户的原因之一，是因为旅游业并非国民经济核算体系所定义的单一产业。旅游是一种需求方的概念，它是以使用（Use）而并非产出（Output）来定义的（UN et al. 2001）。例如，在国民经济账户中包括的航空运输、酒店和餐饮业，不论是本地居民或游客所消费，它们所生产的均被视为产出。虽然这些产业的总产出通常都能够被国民经济账户所涵盖，但其实只是旅游经济所定义的游客消费而已（旅游活动增加值总额的一部分）。因此，旅游业事实上只是一个经济现象，因为要满足旅游需求，其中所牵涉的物品及服务（包括生产和消耗），通常都被国民经济核心账户里的其他要素所覆盖；纵使它已经包含在国民经济账户内，但也未能显示出来。无论如何，旅游卫星账户提供了一种方法，它不但能够合理地划出旅游业涉及的多个经济层面，并且能独立分析，而且其结果与国民经济账户其他部分相互关联。

四、旅游卫星账户的框架及其图表

如果依据联合国及世界旅游组织的统计方法，旅游卫星账户设有一组共十个图表。前三个图表是按产品和旅游种类识别的最终旅游消费情况（入境、本地和出境）。第四个图表综合了全部的最终旅游消费（包括以非货币性交易的旅游消费），通过它来估算境内旅游消费（Internal Tourism Consumption）和旅游境内消费（Tourism Internal Consumption）。第五个图表采用以境内旅游消费作为比较的形式，列示具有旅游特征的产业和其他产业（与旅游业有联系的产业）的生产账户。第六个图表是旅游卫星账户的核心部分，它将旅游业的供给面和需求面作系统比较，由此，可以推算旅游业的增加值和旅游业的本地生产总值，所得出的结果有助于编制旅游业的经济总量和其对总体经济的重要程度。再者，由于其中列示出游客消费的分类资料和所消费的商品情况（即究竟是属于本地产品还是进口产品），因此也可评估在经济体内联系（Linkages）和外溢（Leakages）效应的程度。

第七个图表主要是关于估算旅游业的就业情况和一些与旅游业相关的就业指标。第八个图表列示了旅游业和旅游相关产业的固定资本形成总额。第九个图表展示按政府职能和级别编制旅游业的公共非市场服务（Collective Non-Market Service）。最后的一个图表显示一些非货币性的定量指标，其中有些资料已经被前几个图表所引用，例如，旅游种类、停留时间统计、入境人次、关于住宿形式的指标、入境旅客所使用交通工具的情况以及那些具有旅游业特征、从事相关活动的基层单位数目和规模。

构建这十个图表需要大量的资料，但其中很多资料往往难以搜集。联合国与世界旅游组织建议世界各国或地区，在开始时应该集中利用前六个图表来估算旅游业的增加值，并利用第七个图表计算旅游业的就业情况。沿用联合国与世界旅游组织所建议方法的好处是，图表的构建可以视资料的多寡以循序渐进方式进行。

五、旅游卫星账户的种类

现在有两个旅游卫星账户的不同版本，虽然它们的主体资料接近，但仍然存在相当部分的差异。所指的版本是：

联合国与世界旅游组织的版本；

世界旅游及观光协会的版本。

联合国与世界旅游组织的版本是以标准的国民经济账户里的"供给和使用表"（由此推算投入产出表）作为基础，稍作改良以适用于解读旅游业的情况。透过消费调查可把旅客购买的商品货物鉴别出来，因此，提供相关物品或服务的产业也可以清楚地获得确认。一些产业（如采矿）因为较少提供涉及旅游业的产品或服务而不被纳入分析范围，而一些产业被认为提供了物品或服务给旅客时，所涉及旅客的商品比例可以通过旅游需求与本地总需求的比例计算出来。

世界旅游及观光协会的版本也是利用国民经济账户作为一个分析架构的基础，但它主要集中于旅游需求与以支出法估算的本地生产总值之间的比例，并且能分析旅游产业的生产总值。两个版本之间主要的差异在于世界旅游及观光协会采用了一个较为广泛的旅游需求定义。例如，世界旅游及观光协会认为当一个单独的个体从使用其汽车作度假或商务旅游开始，其中涉及汽车一定比例的资本成本（如折旧）和在行程中的实际费用应被视为与旅游业相关。再者，某些出远门的人士，诸如边境地区的工人、移民、难民和学生等均包括在世界旅游及观光协会的旅游及观光定义之内（Smith，1997）。

本章主要从需求的角度对旅游卫星账户进行介绍，并附以相关的一些图表加以说明。

15.2 旅游卫星账户基本概念和定义

旅游是一种综合现象，由于它的特殊性，旅游统计具有特别的挑战性。大多数传统的旅游统计指标都是非货币性的，集中在与入境旅游相关的旅游人数的测度和描述上。如果不低估旅游信息的重要性，下面的建议能够极大地拓展旅游的范围和视野。

要对旅游进行明确的统计，第一步就是要对旅游的相关概念进行明确的可操作性的定义。因此，本节主要介绍：把旅游定义为旅行的一个子集；完善旅游者和行程（Tourism Trips）的概念背景；确定不同的旅游类型；就旅游人数的测定提供建议。

一、旅游卫星账户的基本概念

1. 旅行和旅游

旅行是旅行者的一种活动。旅行者是一个人因任何目的在不同的地域之间进行移动，并且可以在任何地方滞留任意长的时间。

当地居民（或定居者）（Residents）在本国进行的旅行称为国内旅行（Domestic Travel）。外国居民（或非定居者）（Non-Residents）旅行到另一个国家称为入境旅行（Inbound Travel）。本国居民旅行到国外成为出境旅行（Out-Bound Travel）。相应地，做出上述行为的人，可以分别称为国内旅行者、入境旅行者和出境旅行者。

行程（Trip）指的是一种特定的旅行，它是某人离开常住地（Usual Residence），然后返回：它是一个环程旅程（来回旅程）（Round Trip）。一个行程由不同的访问地组成。

入境行程（Inbound Trip）指的是到达一个国家后的旅行。国内行程（Domestic Trip）指的是离开常住地然后返回的旅行（在常住国）。出境行程（Out-Bound Trip）离开常住地到另一个国家的旅行。

一个访问者（Visitor）是指一个旅行者，他/她利用一个行程；因任何主要目的（商务、休闲或其他个人目的）离开他/她的惯常环境（Usual Environment），少于一年；在这一段时间里，他/她不会被他/她所访问的地方或国家的某个实体（Resident Entity）所雇佣。这个访问者所经历的这个行程才能称为旅游行程（Tourism Trip）。旅游指的就是访问者（Visitor）的活动。

同样地，在一个旅游行程中的国内、入境或者出境旅行者就被分别称为国内、入境和出境访问者。更进一步，国内、入境或者出境访问者的旅行就被分别称为国内、入境和出境旅游。

因此，旅游是旅行的一个子集，访问者是旅行者的一个子集。这样进行区分的关键是为了对旅游者和旅行者的数据进行汇编，同时也是为了旅游统计的可信性。

一个访问者（国内、入境和出境），如果他/她的行程包含过夜停留，可以看作旅游者（Tourist）或者过夜访问者（Overnight Visitor）；否则，他/她就应该归类为一日访问者（Same-Day Visitor 或者 Excursionist）。

2. 住地（Residence）：常住国（Country of Residence）、常住地（Place of Usual Residence）

根据访问者的原住地，住地的概念可以解释访问者的分类、目的地的特点；依靠这些，可以区分不同的旅游形式。

家庭常住地的定义和国际收支（Balance Of Payment）以及国民账户体系（System Of National Accounts）中的定义是一样的。在旅游统计中，所有的例外和特别情形也都要考虑到。这样，关于国际旅行者和访问者的支出、国际旅行者和访问者数量的测度、不同的数据来源等问题可以进行协调处理。

例如，关于国内旅游（Domestic Tourism）的测量，常住民是一个重要的概念，可行的方法是，在一个给定的国家，常住民应该根据他的常住地进行分类；至于是否是常住地，这由家庭住户调查决定。常住地的决定以及家庭主要住所（Principal Dwelling）并不总是清楚明白，因为一些人可能不止在一个地方呆很长时间（例如，退休人员）。

3. 个人的惯常环境（Usual Environment）

个人的惯常环境，是旅游统计中的一个关键概念，是指个体从事日常生活事务的地理区域。这个概念是对常住国概念和常住地概念的一个补充。常住国概念来自国民账户和国际收支，常住地概念来自家庭住户统计。

引入惯常环境这个概念的目的是排除一些在常住地和其他地方之间有规律往返的旅行者：它们主要包括常住地和工作或学习地之间，常住地与亲戚朋友家庭之间，甚至是购物中心、宗教、康复中心等机构之间。这些地方和常住地具有切实的距离或者在另一个管理地区，但是个人可以有规律地频繁访问。

根据主流运动习惯，可行的方法是，在旅游统计中，每个国家都要根据具体的环境给"规律"（Regular）和"频繁"（Frequent）做出精确的定义。

个体的惯常环境包括家庭常住地、工作或学习的地方以及任何其他的有规律地频繁访问的地方，即使这个地方距离他们的常住地很远。不过，这不包括家庭别墅（Vacation Home）。

每个家庭（住户）都有一个主要住所（Principal Dwelling），它的定义通常与住在那儿的时间有关，主要住所的位置也限定了住户和所有家庭成员的常住国和常住地。所有其他的住所（自有的或租用的）都是第二住所（Secondary Dwellings）。

家庭别墅（有时也用 Holiday Home）是第二住所，它是家庭成员们进行度假或休闲用的地方。家庭成员行程不会太频繁，呆的时间也不会太长，否则就可能会把第二住所变成主要住所。

通往家庭别墅的行程通常是旅游行程。越来越多的国家认识到这种行程的重要性，也因为相应的旅游支出和活动的明确性，旅游统计汇编者更是有责任出于分析和国家之间进行比较的目的对它们进行单独的测算。在分时度假（Timeshare）的制度下，家庭别墅产权的创新性采用，对于旅游统计的分类、测度和分析都提出了额外的挑战；正是认识到这一点，许多国家用专门的文件说明如何处理家庭别墅的旅游行程，并把它作为旅游统计的一部分。

4. 旅游行程和访问

访问者采用的行程叫旅游行程。国内旅游行程或出境旅游行程是指访问者离开他/她的常住地然后返回的整个旅行。因此，它是一个环程旅程（来回旅程）。入境旅游行程是指一个访问者到达另一个国家旅游，然后离开的整个旅行。在旅游行程的所有特点中，首要目的地（Main Destination）是最主要的。

旅游行程的首要目的地指访问的地方是访问者做出行程决定的核心原因。如果无法鉴别首要目的地，那么，就用他/她花费时间最长的地方来代替；又或者，用离常住地最远的地方来代替。

国内行程是指访问者常住国的一个首要目的地，入境行程或出境行程都指常住国之外的一个首要目的地。一个出境旅游行程或许还会包括访问常住国内的其他地方；国内旅游行程或许还会包括访问常住国外的其他地方；而入境旅游行程，无论怎样，只包括对相关国家（Country of Reference）的访问。

术语"旅游访问"是指在旅游行程中停留在访问的地方。停留并需要过夜才可以称为旅游访问。不过，停留的含义必须以停止逗留为前提。进入一个地理区域而没有逗留就不能称为访问这个地区。可行的方法是，每个国家都要定义一个最短停留时间，有了这个最短停留时间，就可以确定旅游访问。

对旅游行程和访问的考察与对访问者的考察不一样。在三种旅游类型的统计中，术语访问者通常被用来代替旅游访问（Tourism Visit）或者旅游行程（Tourism Trip）。因此，明晰地定义这些概念，并且在统计运作和信息展示中区分它们。

5. 旅游类型（Forms of Tourism）

有三种基本的旅游类型要区分：

◆ 国内旅游（Domestic Tourism），它包括相关国家（Country of Reference）定居访问者（Resident Visitor）的活动，它要么是作为国内行程的一部分，要么是作为出境行程的一部分。

◆ 入境旅游（Inbound Tourism），它包括入境行程中相关国家非定居访问者（Non-Resident Visitor）的活动。
- 出境旅游（Outbound Tourism），它包括定居访问者在相关国家之外的活动，它要么是出境行程的一部分，要么是国内行程的一部分。

上述三种类型的旅游可以各种方式结合起来，衍生出其他类型的旅游。在这种情况下，有三种定义会被使用到：

- 境内旅游（Internal Tourism），它包括国内旅游和入境旅游，也就是说，相关国家定居访问者和非定居访问者的活动可以作为国内旅行或国际行程的一部分。
- 国民旅游（National Tourism），包括国内旅游和出境旅游，也就是说，定居访问者在相关国家之内和之外的活动要么是国内旅程的一部分，要么是出境旅程的一部分。
- 国际旅游（International Tourism），它包括入境旅游和出境旅游，也就是说，定居访问者在相关国家之外的活动要么是国内旅程的一部分，要么是出境旅程的一部分；而非定居访问者在相关国家内的活动也是如此。

6. 国际访问者

国际旅行（International Travel）由入境旅行和出境旅行构成，主要是指旅行者的常住国与访问国不同。进行国际旅行的人称为国际旅行者（International Travelers）。从相关国的角度看，国际旅行者要么是入境旅行者，要么是出境旅行者。

站在相关国家的角度看，一个国际旅行者要成为国际访问者（International Visitors）必须具备两个条件：（1）他/她正在旅游行程中；（2）他/她是一个非定居访问者在相关国家旅行或是定居访问者在常住国之外旅行。

因此，从进入边境来看，国际旅行者包括两类：（1）国际访问者（International Visitors），主要包括作为定居者返回的出境访问者和作为非定居者到达的入境访问者；（2）其他的国际旅行者，他们不被包括在旅游者之列。

根据行程的首要目的，国际旅行者可以从国际访问者中区分出来：（1）构成雇佣－被雇佣的关系，例如边境工作人员、季节性和其他短期工人等；（2）仍然处于惯常环境中。满足上面任何一个条件，都是国际旅行者，而不是国际访问者。考虑到个体会变更他们的常住国，这部分人应该从旅游中排除掉。原则上，国际访问者是指那些合法前往其他国家的人和未经法律许可前往其他国家的人，后者虽然应该被识别，但是几乎不可能被识别。

依据国际收支账户和国民账户的原则，外交官、领事、外国政府的军事人员以及随行或陪同人员不被认为进入了另一个国家的经济地域。他们不能被视为访问者。

流浪者和难民比较特别，应该另外考虑。对于流浪者，根据惯例，他们访问的所有地方都是他们的惯常环境的一部分，因此，毫无疑问，这种情形决定了访问的地方就是他们的常住国。他们不能被看作访问者。对于难民或被迫离开常住国的人，他们没有常住地，他们当前所居住的地方就可以看作他们的惯常环境，因此，他们也不能被看作为访问者。

同样道理，按照国际收支账户的准则，演习中的武装部队也应该被排除出访问者之列。

7. 国内访问者

站在相关国家的角度，一个国内旅行者要成为国内访问者必须满足两个条件：（1）他/她处在旅游行程中；（2）他/她作为定居者在相关国家旅行。

入境旅行者分类见图 15-1。

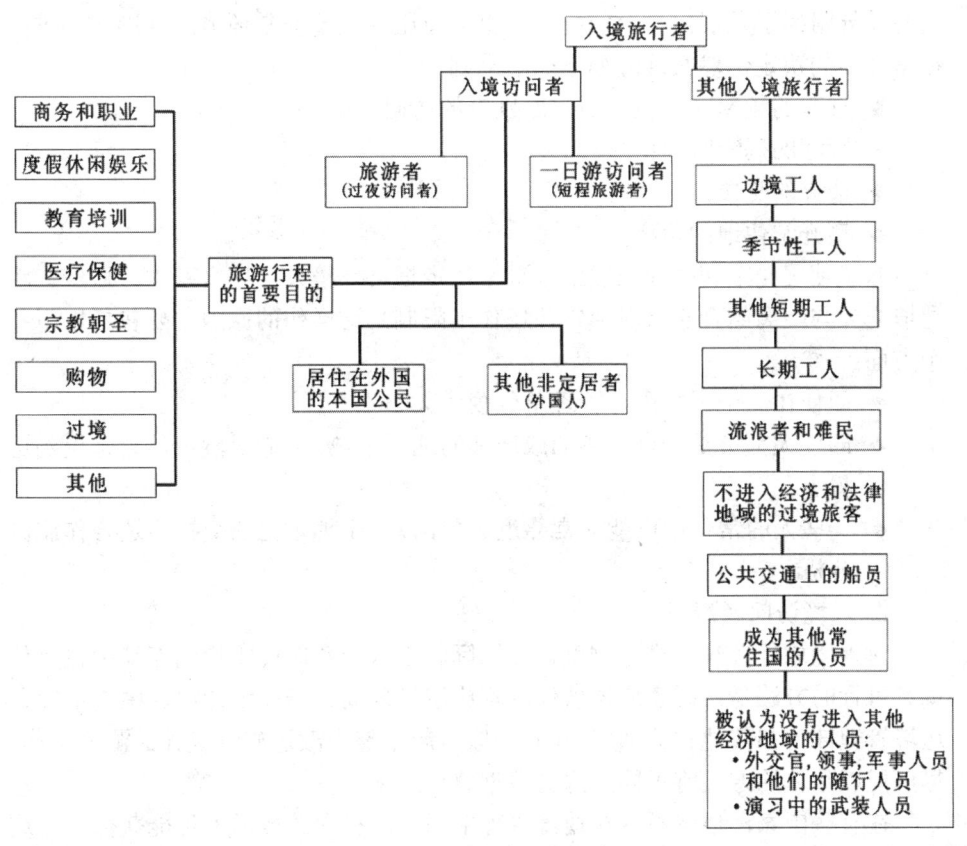

图 15-1 入境旅行者分类

二、访问者流量的测度

1. 惯常环境（The Usual Environment）：一个建议的准则

一个行程是否可以被看作旅游行程，这个问题，很多国家把它扔给相关部门去解决。无论怎样，为了确保数据在时间上、在国家之间的可比性，一个可行的方法是，国家统计局、旅游部门和其他与旅游统计直接相关的机构应该合作建立一个国家标准，使惯常环境的这个概念具有更好的可操作性。

因为旅游访问者流量和相关变量的测度，对惯常环境的定义具有高度敏感性，因此，建议相邻国家或者隶属于同一个跨国界组织的国家互相协商，确保统计数据的可比性以及进行汇编。

国家之间由于人口密度、交通可进入性、文化行为和边境距离等存在差异，这些差异阻碍了发展出一个统一的、世界范围内关于惯常环境的标准。不过，惯常环境的决定仍然必须遵循下面的准则：

- 行程的频率（不包括对家庭别墅的访问）；
- 行程的延续时间；
- 边界的交接；
- 离开常住地的距离。

除了使用频率和时间长短的标准来决定惯常环境外，在实践中，还应该将边境交界与距离结合起来对惯常环境作出限制。这样作的原因主要包括以下几个方面：

- 即使在一个国家内，管理单位规模大小不一样；
- 即使大都市是一个紧凑的或连续的地理区域，它们仍然可能会延展到边界上；
- 一些人的常住地可能非常靠近边界，以至于地理上的交接不适合作旅游分析。

2. 入境访问者流量

对入境旅行者流量进行测度，在国际收支账户和国民账户的汇编中也有体现。可行的方法是，国家应该敦促国家旅游管理局、国家统计局、中央银行、边境管理部门和其他相关部门，让它们联合起来努力改进旅游统计的测度工作，尽可能以整体的方式将不同来源的数据整合起来。

在有些国家，根本不存在边境管理部门，旅行者的数据不可能获得。在这种情况下，应该在旅行者的住宿地进行调查，这种调查还要与其他数据调查并行（例如，在热门的景点、景区或其他目的地调查）。

如果边境旅行的测度可以进行，建议将出入境卡管理办法与边境调查结合起来，尤其在旅行者离开目的地国家的时刻，效果更好。

旅游统计的主要目的是将访问者从旅行者的其他子集中区分开来。由于这个目的，一些非定居旅行者的类别与统计数据汇编和分析具有很大的关联性：

- ◆ 定居在国外的本国公民；
- ◆ 过境旅客；
- ◆ 船员；
- ◆ 航游旅客和游艇旅客；
- ◆ 频繁跨越边境的人员。

定居在国外的本国公民：从相关国家的角度看，这些人属于非定居者，应该包含在非定居旅行者之列。出于分析的目的，这些旅行者中的部分访问者应该单独进行识别。

过境旅客：这些人中，停留时间没有超过一夜的，是短程旅游者（Excursionist）；停留超过至少一夜的，是旅游者。

船员：不管是有规律性还是没有规律性地出现在公共交通工具上，都应该认为是在他们的惯常环境中，不能称为访问者；如果出现在私人交通工具上（协和式喷气机、游艇等），就应该称为访问者。

航游旅客和游艇旅客：在许多国家，航游旅客和游艇旅客代表着一个很大的旅游市场。由于要与国民账户和国际收支中的常住地和经济地域的概念相一致，这种情况在旅游统计中的处理，就取决于这些概念对游艇到达和离开的适用性。

频繁跨越边境的人员：根据旅游活动的定义，这种行为的测度体现了理论和实际操作的困难。从概念的角度看，应该惯常环境与边境共享国家结合起来；从实际操作角度看，那些生活在边境的人们可能不需要边境出入卡，或者他们穿越边境根本不与海关和移民局打交道。结果是，这种人员流动的数据非常贫乏，容易导致错误的分类。如果这种行为真的与旅游相关，出于分析的目的，这部分人应该作为备忘项目进行单独记录。

除了上述类别外，还有其他类别也需要仔细考虑。

学生：那些选择短期课程（少于一年）的学生可以归类为访问者；而超过一年的学生，他/她学习的地方应该被认为是他/她的常住地，这样，他/她就不能称为访问者。当移民管理局的数据不能识别外国学生的真实情况，尤其当这些学生仅仅只有一个可更换的一年期签证时，就需要更多的数据来进行识别。

病人：因为长期病人才出现了这类问题。在国际收支账户和国民账户中，这类的旅行者被认为是原住国的定居者，而不管他在接受治疗的地方呆的时间有多长。在旅游统计中，那些超过一年的病人，接受治疗的地方就被当成他的惯常环境，那些少于一年的病人才被当作访问者。这种情形的识别应该获得移民局的帮助。

商务和职业访问者：识别他们主要根据工作目的。那些不能作为访问者看待的人，通常需要收集更多的信息，而不仅仅只是根据出入境管理卡。根据边境跨越的频率首先要识别边境工人。短期工人则根据雇佣－被雇佣的关系识别。

国际到访者和访问者与其他旅行者分类之间的关系如图 15-2 所示。

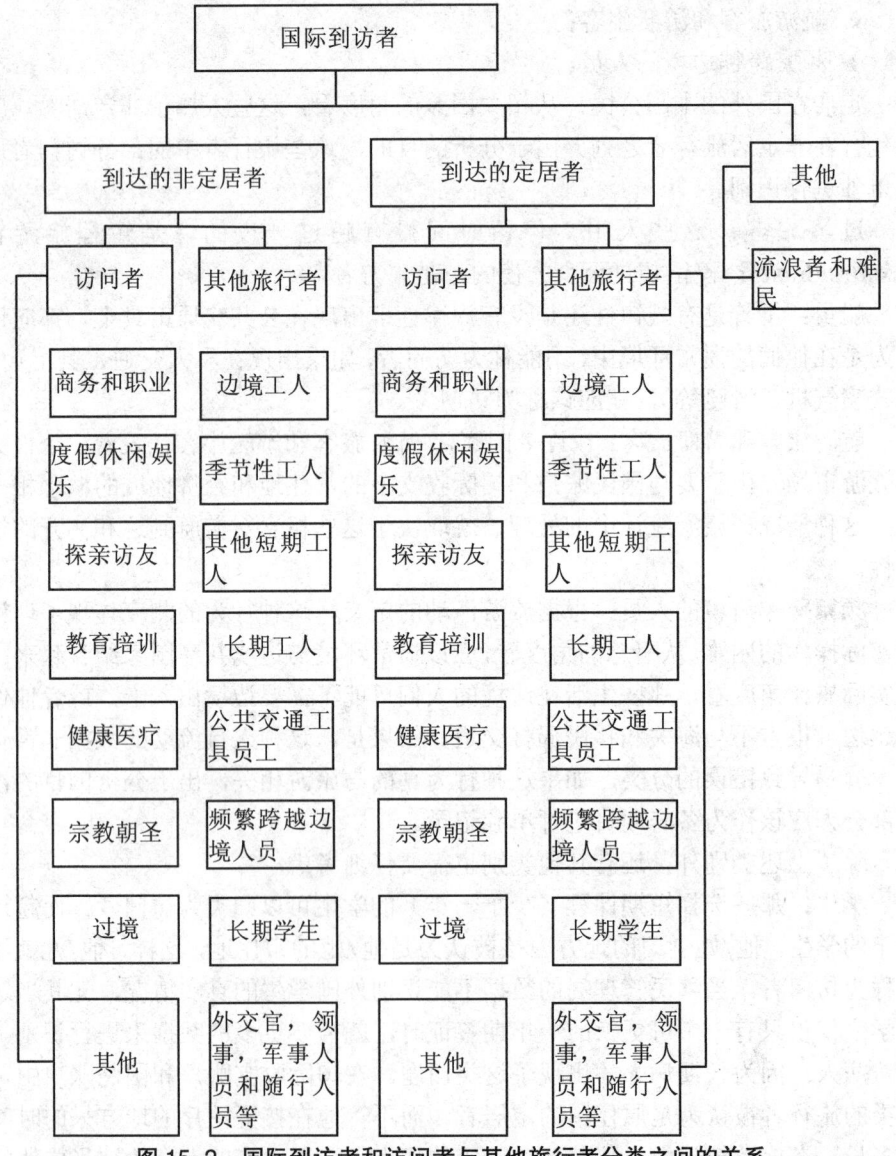

```
                        国际到访者
           ┌───────────────┼───────────────┐
      到达的非定居者      到达的定居者       其他
       ┌────┴────┐        ┌────┴────┐        │
      访问者  其他旅行者  访问者  其他旅行者  流浪者和难民
      
      商务和职业  边境工人     商务和职业  边境工人
      度假休闲娱乐 季节性工人   度假休闲娱乐 季节性工人
      探亲访友   其他短期工人  探亲访友   其他短期工人
      教育培训   长期工人     教育培训   长期工人
      健康医疗   公共交通工具员工 健康医疗  公共交通工具员工
      宗教朝圣   频繁跨越边境人员 宗教朝圣  频繁跨越边境人员
      过境      长期学生     过境      长期学生
      其他      外交官，领事，军事人员和随行人员等  其他  外交官，领事，军事人员和随行人员等
```

图 15-2　国际到访者和访问者与其他旅行者分类之间的关系

三、国内访问者流量的测度

近年来，国内旅游经济重要性日益显现。许多国家对国内旅游的统计测度已经达到一个新的阶段。正如旅游卫星账户显示的那样，国内旅游的经济贡献已经超过了入境旅游。

由于没有边境，国内旅游流量的测度需要不同的统计程序。就过夜旅游（Overnight Tourism）而言，住宿统计是国内访问者和入境访问者的一个重要的信息统计源头。要在统计上将访问者与旅行者分开，国内访问者与入境访问者分开，面临着不小的挑战。不过，通过在某个时期，和人们访谈旅游行程获得家庭住户这方面的资料，可以解决一点这方面的问题。

建立在分层样本上的家庭住户调查，采用了空间的、人口学的、社会经济的准则，是一种有效的、合适的工具，它可以测度国内旅游活动和相关的支出，它也能够提供关于一日游和过夜访问者的广泛的信息。

样本的规模和设计与待测度的变量的显著性和准确性具有强烈的关联度。在设计国内调查分析旅游时，需要考虑两个不同的问题：旅游的不均衡分布和旅游行为的人口异质性程度。

从一个广泛的家庭住户调查角度来看，观察访问者的返回行程是可能的；不仅行程中的访问，甚至某一点上移动都可以观察到。这为访问者行为的考察提供了更为广阔的视角。

在旅游的家庭住户调查中，行程（Trip）是一个核心概念。关于住宿统计，过夜数是一个必须测度的变量，并且是一个国家旅行规模的重要变量，它不仅反映了访问本身，同时也反映了停留时间的长度。

住宿统计通常以人口普查为基础，覆盖了所有提供支付食宿的网点，它通常使用一个基准点来计算特定的床位数或房间数。部分过夜旅行可以归于非住宿支付旅行，这部分应该排除（例如，和朋友亲戚呆在一起，或者在自家的别墅度过）。

住宿统计为国内过夜旅行和入境过夜旅行提供了一个重要的短期指标，这个指标很容易快速获得。由于它是基于人口普查的，因此，对于获得更深度的地区分类数据是可能的。住宿数据不需要调查者额外的工作负荷，就可以从现存的旅行者注册中获得，然后，把这些数据与住宿网点所在地联系起来，那么，关于旅行发生的地方类型等附加信息就可以收集起来了。

用下述三种方法中的一种，或者结合三种方法就可以测度出境旅游的流量：

◆ 出入境管理卡；

◆ 边境特别调查；

◆ 家庭住户的观察和调查。

在最后一个方法中，对于出境行程的信息，其收集方法通常和国内行程的方法是一样的。

15.3 访问者和旅游行程的特点

行程可以根据访问者的社会经济特点或者自身的特色进行分类。访问者是旅游观察的核心。不过，访问者并不总是单独旅行：他们会组成团体，在团体中，他们共享或者分享活动、参观，甚至是与行程相关的支出。一个旅行团体（Travel Party）是指一个旅程中一起旅行的访问者，他们的支出不分彼此。

虽然一个旅行团体中的许多访问者的特点能够单独识别出来，但是其他一些却不行；一些经济变量更是如此。由于这个原因，一个旅行团体中的个体访问者的身份以及团体的规模应该进行清楚地识别。

一、访问者的特征

访问者的个人特征通过4种方式收集：（1）管理过程（例如，出入境管理卡或者住宿网点）；（2）家庭住户调查；（3）边境调查；（4）与行程相关的地点或特别场合。旅游者特征如下：

◆ 性别；
◆ 年龄；
◆ 经济活动状态；
◆ 职业；
◆ 家庭或个人每年收入；
◆ 教育。

只要与旅游相关，其他的一些特征也应该包括进来，例如，常住地的人口总量、离开边境的距离等，因为这些因素都可能影响旅游的倾向。

考虑到社会人口学特征，国际劳动组织（International Labor Organization，ILO）和联合国教科文组织（United Nations Educational Scientific And Cultural Organization，UNESCO）的标准也应该采用，然后根据各个国家的具体情况进行适度调整。

二、旅游行程的特征

行程与不同的旅游形式相联系，它的特征主要从以下几个方面进行归纳：

- 首要目的；
- 旅游产品的类型；
- 旅程/访问/停留时间的长短；
- 客源地和目的地；
- 交通方式；
- 食宿的类型。

1. 旅游行程的首要目的

行程的首要目的是指缺少了这个目的，该行程不会发生。

行程的首要目的有助于判定该行程是否属于旅游行程，旅行者是否属于访问者。例如，只要访问者在旅程中，在他/她停留期间，获得收入是一种次要的附带的行为，他/她仍然可以算作旅游者（访问者，例如年轻人的背包旅游）。不过，如果首要目的是通过受雇而获得收入，那么，行程就不再是旅游行程，他/她就不能被看作旅游者，而是其他旅行者。

关于旅游行程首要的目的的信息，对于描述旅游支出模式非常有用；在判断细分旅游需求上也很重要，是计划、营销和促销的依据。

至于旅游团体，其中的成员可能具有不同的个人目的；但行程的首要目的只能是一个，它是所有人做出决定的核心原因。

行程的分类主要依据旅程的首要目的，而首要目的又与行程中的主要活动相关。根据这个原则，由雇主组织和支付，作为雇员奖励的激励性行程应该包括在旅游之内。

虽然访问者在行程中可能进行其他次要的活动，但是每个旅游行程有且仅有一个首要目的。每个首要目的都和旅程中的一组主要活动相关，见图 15-3。

1. 私人目的
    1.1 度假、休闲和娱乐
    1.2 走亲访友
    1.3 教育和培训
    1.4 保健和医疗
    1.5 宗教/朝圣
    1.6 购物
    1.7 过境
    1.8 其他
2. 商务和职业的目的

图 15-3 根据首要目的做出的旅游行程分类

2. 旅游产品的类型

一个旅游产品代表着访问地、交通、住宿、特定活动等不同方面围绕一个利益中心如历史文化遗址、运动、海滩等的结合。旅游产品的含义与经济统计中"产品"的概念没有联系，而是与旅游商务中的专业人员所使用的用来进行营销的产品概念相关。这样，我们可以谈论旅游产品的特别类型，例如生态旅游、城市旅游、农业旅游、保健旅游等。这种情况出现的越来越多，并且被作为旅游利益相关者进行营销的一种工具。

因为这些"产品"还不足以用统一的方式描述其中的特点，因此，对于分类的运用国际上还没有建议的标准。

3. 停留的时间

旅游的总量特征可以通过线程数量和过夜数量进行描述。行程上停留时间长短是评估旅游服务需求水平的一个重要的投入指标，例如过夜住宿服务。另外，在停留时间和总支出之间具有很高的相关性，因此，停留时间在估算旅游支出上具有重要的作用。

除去花费在不同地方进行往返的时间，访问者报告和感知的行程上停留的时间会与访问地停留的总时间有出入。

包含过夜的行程时间按照过夜数进行计算，从出发的第一天到回来的最后一天，没有必要进行任何调整。不包含过夜停留的旅程只能是一日游，不管访问者在旅程上花费了多少小时。

根据停留时间的长短，过夜旅程可以进行分组。每个国家（区域组织）应该根据自己的情况决定它的类别。例如，一些国家把停留 4 夜及以上的作为长行程，反之，则为短行程。至于国际旅游，长行程可以进一步细分，以与移民局公布的停留类型相匹配，确保信息上的合作和交换。在一些国家，特别是国内旅游方面，长短行程与长短周末相关，涉及 1、2 甚至 3 个晚上的停留。在另一些国家，退休旅游访问家庭别墅是很重要的，可能要建立一些特别长的行程类别才能解决问题。

4. 客源地和目的地

对于入境行程，基本的要件是根据常住国而不是国籍来进行分类。因为如果考虑到行程的组织和安排，访问者是在自己的常住国作出决策并付诸实施的。至于出境行程，应该根据旅程的目的地对离境进行分类。

国家和地域的分类也可以运用到常住地和出境目的地中，不过，所有这些分类都应该基于联合国统计署（United Nations Statistics Division）的《统计运用中的国家和地区标准代码》（Standard Country And Area Codes for Statistical Use）。

对于国内旅游的分析，根据访问者的常住地、个人特征和行程的主要目的地找出行程的特点是必要的。这些信息，通常通过家庭住户调查获得，以矩阵的方式显示出依据客源地和目的地统计的行程数量和停留时间。

5. 交通方式

交通方式是指访问者在行程中所使用的最主要的交通。主要交通方式按照不同的方法建立并且基于下面的情形：

◆ 最长里程所采用的方式；

◆ 花费最多时间的方式；

◆ 总成本中份额最高的方式；

◆ 其他方式。

以国际旅行为例，交通的主要方式通常是以跨越的距离为基础，或者以跨越国家边界为基础，这种情形对于海岛国家更为适用。参见图15-4。

主要分组　　　　次要分组

1. 航空　　　1.1　列入日程安排的飞行

　　　　　　1.2　没有列入日程安排的飞行

　　　　　　1.3　私人飞机

　　　　　　1.4　其他飞行模式

2. 水路　　　2.1　轮渡航线

　　　　　　2.2　航游轮船

　　　　　　2.3　游艇

　　　　　　2.4　其他水上交通工具

3. 陆地　　　3.1　铁路

　　　　　　3.2　长途公共汽车和其他公共道路交通工具

　　　　　　3.3　带司机的其他出租工具

　　　　　　　　　A. 出租车、小型巴士和私人出租

　　　　　　　　　B. 人力出租或畜力运载工具

　　　　　　3.4　私人拥有的运载工具（可容8人或以上）

　　　　　　3.5　无司机的出租运载工具

　　　　　　3.6　其他陆地运载工具：马拉、自行车、摩托车等

　　　　　　3.7　步行

图15-4　交通方式的标准分类

6. 住宿类型

过夜访问者通常需要不同的住宿类型，并且住宿代表了行程总支出中非常重要的一个份额。旅游政策的一个重要领域与酒店业和其他类型的住宿业的发展相关。旅游局需要关于住宿类型的不同数据，以便对未来的住宿需求做出预测。

短期住宿的供给有三种方式：（1）通常由市场提供，这是一种有偿服务（Paid Service），即使这种支付会得到补贴；（2）非市场提供，通常表现为没有收费的亲戚或朋友；（3）自己支付，主要表现为在家庭别墅度假。访问者也可能不选择任何住宿，例如，背包旅游者可以睡在野外的帐篷里。

近年来，许多新的家庭别墅的交易方式出现了，例如租赁。这些形式中包括了分时度假、产权酒店等其他形式的共享方式，这些方式模糊了有偿住宿和地产所有权或家庭别墅之间的界限。由于这些方式的复杂性和性质，访问者也很难识别他们究竟接受的是一种什么样的住宿服务。

联合国最近修改了经济活动与国际标准产业分类（ISIC and CPC；International Standard Industrial Classification of All Economics，Central Product Classification），这个分类是旅游特色产品和活动分类的基础；而旅游特色产品和活动主要包括了旅游住宿服务。因此，1993年推出的旅游住宿标准分类也需要修正。国家统计局、国家旅游局和国际性组织应该行动起来，共同协商对旅游住宿分类进行修正。

三、访问者和旅游行程特征的测度

在所有关于访问者和旅游行程的调查和程序中，收集的数据应该提供关于访问者的详细信息，这些信息主要用于分析和识别不同目标群体或市场的性质和特征。数据收集之后，还要进行分类，例如，住宿业的类型、交通方式、客源国等，必须与同一访问者调查范围内的旅游支出和产品供给相一致。

在许多国家，行程和访问者的特征是建立在问卷调查基础上的，这些问卷调查包括出入境管理卡、边境调查、目的地住宿调查以及部分家庭住户调查。对于入境旅游，世界旅游组织曾经建立了一个边境调查的模型。在模型中，访问者停留时间长短作为重点问题出现。

通过出入境管理卡，移民管理局能够获得入境和出境访问者的基本信息，包括性别、年龄、国籍、当前住址、到达日期等。通常移民管理局是基于访问者的到达日期收集数据的，在这种情况下，对于入境旅行者，管理卡上显示的是他/她期望停留的时间。为了反映真实的停留时间，一些国家对入境和出境进行调整，使数据相互匹配。

一些国家，在边境上缺乏有效措施对入境旅行者进行控制。作为一种替代方法，他们通常对集体宿舍的游客进行调查。数据的使用者如果没有其他的方法弥补这种缺陷，必须记住以下几点：首先，不是所有的访问者都会住在集体宿舍；其次，访问者可能不会只呆在一个集体宿舍，这样会导致对访问者人数的过高估计而对行程停留的过低估计。

一个到访者是否与定居者或非定居者之间有关系，如果是非定居者，他是否是一个访问者。这些问题的回答主要根据到访者停留时间的长短。在一些情况下，一些国家有数量众多的外国退休定居者，当他们频繁地从一个地方移动到另一个地方，并且没有对某个固定的地方作深度访问时，很难判定某些旅行者的主要常住地。对这些人进行分类是一个很特别的挑战，因为移民局所获得的信息不足以作出正确的决定。

在某些国家中，这种情况非常普遍，因此，国家有理由允许一个"灰色"类别存在，在这个类别中对个体进行分类，并且将这个类别扩展到旅游支出领域。

同样的情形在其他领域仍然会存在。例如，学生或者病人访问的地方，在他们访问期间被短期滞留等原因打断，该地仍然会被作为他们的惯常居住地。在这种情况下，长期学生或者病人的识别就应该依据学生接受的课程长短或病人接受的治疗时间长短来决定。

15.4 旅游卫星账户中的旅游支出

一、旅游支出的定义和范围

旅游支出是指为了旅游或在旅游行程中，个人为了自身使用或赠与（买回去送给别人）等原因，为购买的消费品、贵重物品和服务等做出的支付数量。它包括旅游者自身的支付，也包括旅游者支付给他人或他人对旅游者的赔偿。

除了旅游者购买消费品和服务的直接货币支出外，旅游支出还包括：
- 雇主为员工的商务旅行所购买的消费品和服务的直接货币支出。
- 旅游者的货币支出，但是因为"产品问题"由第三方团体，要么是雇主（商业机构、政府、NPISH: Non-Profit Institutions Serving Households），要么是其他住户或者社会保险机构（Social Insurance Scheme）对旅游者做出了退款补偿（Refund）。
- 旅游者的货币支付，但是，这部分费用得到了政府提供的补贴和支助；

政府提供补贴和支助的领域有教育、健康和艺术表演等。
- 行程中不需要员工及其家人支付的服务（Out of Pocket Payments），主要由雇主支付。这些内容包括：交通补贴、住宿、在雇主自己拥有的度假地休憩或者其他服务等。
- 追加的支出（Supplementary Payments），这些支出主要包括访问者受邀参加体育运动或文化活动等。这些费用主要由商业机构、政府或NPISH支付。

旅游支出不包括那些与物品和服务不相一致的购买支出。例如，税负、利息、金融资产或非金融资产的购买等。
- 不属于访问者购买的产品价格的税收和关税。
- 行程期间和准备行程时支付的各类利息，包括那些旅游支出所带来的利息。
- 金融资产和非金融资产的购买，包括土地和房地产，但是不包括贵重物品。
- 不管是第三方或者自己支付，出于再次出售的目的而购买的物品。
- 所有现金转移支付，如慈善捐款或捐给其他人。

购买住宅和房地产、与房屋修缮相关的所有支出，根据1993年的国民账户体系（SNA1993）和国际收支平衡账户，它们都属于资本支出，因此，必须从消费的概念中剔除掉。同样，也要从旅游支出中剔除掉。

二、旅游支出的类别

与旅游的三种形式相对应，旅游支出的三种类别是以交易者常住国为基础的，它可以定义为：
- 国内旅游支出。它是定居访问者（Resident Visitor）在相关经济体（Economy of Reference）内的旅游支出。
- 入境旅游支出。它是非定居访问者（Non-Resident Visitor）在相关经济体内的旅游支出。
- 出境旅游支出。它是定居访问者在相关经济体之外的旅游支出。

并不是所有的特定行程的支出都属于同一旅游支出类别，而且国内旅游支出和入境旅游支出都包括从另一个经济体引进的物品。但是，这些物品需要从相关国家的供应商手上购买才能成为国内旅游或国际旅游支出。

一个特别的例子是交通运输服务产生的旅游支出，它可能是由非定居国企业在相关经济地域内发送给定居者。现在这种情况在公共领空出现得越来越多，国际收支账户也曾经特别提到过。另一个有问题的例子是，在互联网上通过国际供应商为国内旅游行程购买物品，在这种情况下，由非定居者提供的购买服务本能地被看作国内旅游支出的一部分，因为没有发生经济地域之外的访问。出于概念一致的需要，这些支出，由定居者到非定居者的交易，被计算在出境旅游的支出中，虽然访问者没有跨越地理边界。

入境旅游支出仅仅包括发生在相关经济体内的购买行为。把一个行程上的入境旅游支出与其他经济体相同行程上的旅游支出相加，也可以把同一行程上不同经济体内的旅游支出进行比较，最后的结果对政策制定具有意义。

出境旅游支出并不包括出境访问者购买的所有物品和劳务，只包括发生在相关经济体之外的所有购买支出。出境访问者在常住国购买的所有物品和服务都只能计算在国内旅游支出中。

利用已经定义的旅游方式，旅游支出的类别还可以分为下面的两种类型：

◆ 境内旅游支出（Internal Tourism Expenditure）。它包括访问者的所有旅游支出，即定居者和非定居者在相关经济体内的全部支出。它是国内旅游支出和入境旅游支出的总和。它包括从常住国外进口的卖给旅游者的物品和服务。这一指标对旅游者在相关经济体内的旅游支出提供最广泛的测度。

◆ 国民旅游（National Tourism Expenditure）。它包括定居者在相关经济体内外所有的旅游支出。它是国内旅游和出境旅游支出的总和。

国际旅游支出也可以定义，但是它的经济意义不大。它把相关经济体内非定居访问者的旅游支出（出口）和定居访问者经济体之外的旅游支出（进口）结合起来了。

旅游支出的评价取决于相关物品和劳务的购买方式。在市场交易中，市场价格与访问者支付的单位商品的价值是一致的。这个价格既是含税价，也包含了住宿和饮食服务中流行的自愿小费和强制性消费。对非定居者进行折扣和销售税或者抵扣增值税（VAT,Value Added Tax），即使这些物品在边境制造，如果与旅游支出相关，也应该考虑，因为它们降低了访问者实际支付的价格。

三、分类

为了把访问者的旅游需求和经济体的旅游供给结合起来，不仅要收集旅游支出的总量价值，也要收集总体构成。

把特定物品和服务的旅游需求与供给结合起来，需要一个中介。在需求和供给统计中，物品和服务的普通分类可以满足这个要求。在工业统计和国民账户中，产品通常通过分类来进行分析，这一点可以参见联合国的核心产品分类（CPC）。

不过，旅游支出的产品分类通常是以访问者提供的直接信息为基础，因此产品分类必须尽可能容易让访问者理解和申报。

其结果是，为了旅游支出的数据收集，产品分类主要按照访问者的目的来安排。识别访问者支出的最普通的方法是，让访问者按照他们的出游目的对支出进行分组。这样作的原因也是为了与个人消费的国际分类（International Classification of Individual Consumption By Purpose）和联合国的核心产品分类进行对接。后两个国际标准大多适用于居民统计调查中的个人消费描述。至于旅游分析，通常使用的分类和建议如下：

- 包价旅行、包价旅游和包价休假。
- 住宿。
- 食物和酒水。
- 地方交通。
- 国际交通。
- 娱乐、文化和体育活动。
- 购物。
- 其他。

无论在哪里，调查都会把支出分解成不同的物品和服务。但是，收集的信息必须按照与访问者或旅行团体的行程等相关特征进行交叉分类，根据样本的大小设计。这种要求可能过于苛刻，但它是我们充分利用所收集的信息的关键。

四、旅游支出的测度

在对入境旅游访问者的调查中，不管是在边境还是在其他任何可观察的地方，国家应该有一个特定的支出调查单元。

边境调查要么以月、季度或年为单位持续进行，要么在特定的某个时点进行（淡季或旺季）。一些国家的调查可能是间歇性的，但是他们通过大样本容量和良好的设计，利用获得的数据进行推断。同样地，也可以精心设计一些固定的调查点来开展这项工作。

在开放的陆地边界中，很难进行边境调查，一些国家将住宿地的访客调查和客源国非定居访问者的出境旅游支出与出境访客的统计结合起来进行。这还可以利用信用卡数据等其他来源数据进行补充。

至于国内旅游和出境旅游支出，要么采用特定的家庭住户调查，要么对总体家庭支出进行周期性调查。这种调查可以持续进行。无论怎样，从短期来看，如果消费模式是相对稳定的，调查没有必要太频繁，但必须与利用模型进行的测算程序相关，这在入境旅游支出中应用普遍。

对国内旅游支出的测度，为了分配计算访问者流动对相关地方经济的影响，要识别服务和物品接受自哪一个经济体。任何一种测算方式都必须考虑到不同类型的数据。

要求访问者详细申报与特定行程和访问相关的支出，需要专家的特别关注以确保数据足够的准确性，当参考期限很长或时间很远时，这点特别重要。

在一些国家，信息按照一个很简洁的分类数目进行收集，并且将按照目的的类别与支付方式结合起来。例如，访问者可能会被问到酒店账单的总值和支付的方式；访问者的账单，除了住宿之外，可能还包括食物和其他服务如衣服干洗、电话、商业设施设备的使用、氧吧和其他在同一个地方提供的娱乐服务。其结果是，单独把这些项目分开来是不可行的。这样，需要另外的估算程序。

相关的一些有争议的测度以概要的方式列在下面：

- 清楚地识别访问者和他们的行程的关键性特征至关重要，用这种方法可以将信息与在其他统计调查程序中观察到的访问者范围对接起来；同时，还可以将收集到的数据进行合理的扩展。
- 访问者购买的物品和服务可以按照入境旅游、国内旅游或出境旅游支出进行分类，而这种分类是根据访问者或供给者的常住国进行。因此，访问者和供给者的常住国必须能够被准确识别。这对于旅游行程开始之前的国际交通服务的购买进行判别非常重要。
- 对于选择报价旅游的访问者，信息收集可以按照集中方法展开：（1）总支付费用；（2）包价的组成部分和推出包价的旅行社或旅游经营的常住国；（3）访问者和不同供应商的常住国。
- 到达目的地时采用的交通方式、在相关国家旅行和离开时的交通方式，包括部分包价服务，应该清楚明白地陈述。
- 为了估算旅游支出，一些国家可能发现经常统计访问者人数和他们的特征非常有用，但是这仅仅限于对旅游支出的不经常调查（每 2 年或 5 年）。利用以往的访问者消费模型可以估算当前时期旅游者的消费支出，利用相关的总量数据（例如，访问者流量、人数）和价格指数可以推断出总的价值。
- 清楚地确定旅游者利用自身的资源做出的旅游消费很重要，同时，了解其他人因为受益而做出的消费支出也非常重要。
- 旅游支出中的多数项目都是家庭最终消费的一部分。不过，一些支出不是，例如访问者因为商务和职业行程对住宿和交通的支付不算在内。国民账户体系把它作为中间消费的一部分。贵重物品也是如此，它不被看作是家庭住户最终消费支出的部分，而是对应于最终需求的非消费种类。

这些旅游支出应该单独列出来，以促进其他宏观经济框架的比较。
- ◆ 访问者在行程中购买的贵重物品和消费耐用品，不管它的单位价值如何，它都是旅游支出。与此相对照，那些价值超过国家海关规定标准的物品，根据国际收支账户和国民账户，被作为商业贸易看待，从非定居者旅行支出中排除。既然这类物品会影响到上述框架的可比性，那么，这类消费支出也应该单独列出来。
- ◆ 上面提到的旅行团体也应引起特别的注意，原因是：(1)在旅行团体中，部分或全部的支出都是相关联的，因此，支出调查报告中的不同数据都是针对团体而不是每个成员。(2)一些国家发现同等规模的部分或全部旅游支出是互相关联的，当前在家庭预算分析中就是如此。在住宿（多人共享一个房间）和交通中，比较团体旅行和个人旅行中的个体支出，可以发现，支出共享会导致每个人的支出下降。
- ◆ 应该在访问地收集旅游信息，并且搞清楚在每个地方的停留时间。

15.5　旅游产品和旅游活动的分类

本节对旅游产品和旅游活动的分类提出一些建议。这些分类主要用于进行旅游测度和旅游分析，这样作的目的包括两个方面：(1)数据的国际可比性；(2)在国内与其他统计数据可以对接。这些分类主要是指属于旅游支出的产品和用来定义旅游产业的生产性活动。

旅游产品和旅游活动的分类主要集中于两个方面：第一，访问者直接购买的物品和服务，它是家庭住户实现的个人消费支出的一部分（属于目的性的个人消费分类：Classification of Individual Consumption By Purpose）；第二，与访问者直接相关、为访问者服务的生产性活动。它把旅游投资、为生产提供支持的服务、促销、管理和咨询等推进旅游发展与旅游强烈相关但不被访问者直接获取的服务排除在外。

旅游卫星账户是全面理解与旅游供给和需求相关的旅游数据的一个概念性框架，它能够思考更全面的旅游需求，这些需求不仅可以包括个体旅游消费，也包括旅游集体消费和旅游总固定资本的形成。由于这个原因，可以看出，现行的分类满足了两个不同类型的要求：一是旅游消费的测度；二是更广泛的旅游需求概念的测度。有了这样的想法，旅游产品和活动的分类，除了消费产品外，还包括相关经济体中所有与旅游相关联的其他产品。因此，产品分类还包含两个子类：旅游消费产品和非旅游消费产品。

联合国的核心产品分类（CPC）也服从上述两个要求，可以作为分类的参考。另外，使用联合国的核心产品分类（CPC）的分类产品和使用经济活动的与国际标准产业分类（ISIC and CPC；International Standard Industrial Classification of All Economics，Central Product Classification）的生产性活动分类之间要保持良好的协调和一致。旅游产品和旅游活动的分类是以联合国统计署 2006 年通过的上述两个标准的近期修订版本为基础的。

一、基本原则

旅游卫星账户在一个更广的国民经济统计框架内为旅游统计与其他产业统计的对接提供了概念框架和组织结构。因为旅游卫星账户在结构上是与 1993 年的国民账户相对接的，应该遵守卫星账户设置的建议。

按照 1993 年的国民账户第 21 节的内容，建立旅游卫星账户应该以"旅游联系产品"（Tourism-Related Products）的识别为起点。它由两个子类组成：旅游特征产品（Tourism Characteristic Products）和旅游关联产品（Tourism Connected Products）。这两类产品是根据它们在世界范围内或者相关经济体内与旅游链接的紧密程度来确定的。这两个子类毫无疑义地指消费产品。

对于旅游特色产品，搞清楚它们是如何生产的，描述它们的生产过程、资本投入和中间消费以及所需要的劳动力，在不同国家跨时比较产品的使用和生产是特别有意思的。旅游的国际可比性应该被限制在旅游特色产品和与之相联系的活动中。

旅游特色产品必须能够满足下面一个或者两个原则：

◆ 在产品上的旅游支出应该代表总体旅游支出一个最显著的份额（支出份额/需求份额条件）。

◆ 在产品上的旅游支出应该代表经济体在产品供给上最显著的份额（供给份额条件）。这个原则意味着在缺乏访问者时，旅游特色产品一个有意义的数量不再存在。

旅游特色活动是典型的生产旅游特色产品的活动。在类似的核心产品分类（CPC）中，产品的产业源头并不适合于总体产品，在产品和生产该产业主要产品之间，并不存在严格的一一对应关系。由两个不同的 ISIC 产业生产的两款相似的特色产品并不会被分在 CPC 的同一个产品分类中。

至于旅游关联产品，尽管它们与旅游的联系是在一个有限的范围内，但是，在相关经济体中的旅游分析的重要性已经被认识到了。其结果是，许多这类产品都具有特定国家（Country-Specific）的性质。

一些消费产品，虽然被访问者购买，但并不与该行程相关而落在两类产品之外。这样，它们只能被归于其他种类之中。

二、旅游产品和活动的分类

在目的性的个人消费分类（COICOP：Classification of Individual Consumption By Purpose）定义中，属于家庭住户消费支出的个人消费应该称为消费产品；所有其他的物品和服务都是非消费产品，这两者之间有明确的区别。但是，必须观察到，当一个产品被生产者获得，而这个产品又属于这个分类，那么，它可以是中间消费品，或者总的固定资本形成。

这些分类会被发展，它的基本要素被定义如下：

1. 消费产品

1.1 旅游特色产品。由两个子类组成：

1.1.1 国际上可以进行比较的旅游特色产品，它代表着旅游支出国际比较的核心产品。

1.1.2 特定国家的旅游特色产品。对于这类产品，它们的生产活动具有旅游特色，这种主要生产活动具有旅游特色的产业称为旅游产业。

1.2 其他消费产品。由两个子类组成，它们都由特定国家决定。

1.2.1 旅游关联产品。由其他与旅游分析具有关联的产品组成。

1.2.2 非旅游联系产品。不属于上面提到的所有其他消费物品和服务。

2. 非消费产品。按照它们的性质，不是消费物品和服务的所有产品，既不是旅游支出的一部分，也不是旅游消费的一部分。不过，访问者在行程中购买的贵重物品要排除在外，它可以分为两类：

2.1 贵重物品。

2.2 其他非消费产品。包括所有与旅游总固定资本形成和集体消费相关的产品。

旅游特色活动是指旅游特色产品中的两个子类。运用上面提到的一些原则，一些产品可以分类为特色产品，这些产品和相应的活动支持了联合国的核心产品分类（CPC）和经济活动的国际标准产业分类（ISIC）中的产品可比性的要求。

表 15-1 把旅游特色消费产品进行了分类，一共 12 类。从第 1 类到第 10 类包含了国际可比的旅游核心产品，这些类别也可以在联合国的核心产品分类（CPC）和经济活动的国际标准产业分类（ISIC）中找到。其他两类是特定国家的旅游特色产品，其中第 11 类覆盖了旅游特色物品和相应的零售交易活动，第 12 类是旅游特色服务和活动。

表 15-1　旅游特色消费产品和旅游分类活动列表

产品	活动
1. 提供给访问者的住宿服务	1. 对访问者的食宿提供
2. 食物和酒水服务	2. 食物和酒水服务活动
3. 铁路旅客运输服务	3. 铁路旅客运输
4. 陆路旅客运输服务	4. 陆路旅客运输
5. 水路旅客运输服务	5. 水路旅客运输
6. 航空旅客运输服务	6. 航空旅客运输
7. 运输设备出租服务	7. 运输设备出租
8. 旅行社和其他预订服务	8. 旅行社和其他预订活动
9. 文化服务	9. 文化活动
10. 运动和休闲服务	10. 运动和休闲活动
11. 特定国家旅游特色产品	11. 特定国家旅游特色产品零售交易
12. 特定国家旅游特色服务	12. 特定国家旅游特色活动

三、识别旅游消费产品和活动

访问者关于旅游支出的信息是以建议的分类标准为基础进行收集的。总体来说，可以分为如下几组：

包价旅行、包价旅游和包价休假；

住宿；

食物和酒水；

地方交通；

国际交通；

娱乐、文化和体育活动；

购物；

其他。

上面的每一组都包含物品和服务。组中的进一步分类根据支出的目的，不考虑生产方式和实体性质。

物品和服务按照访问者购买的目的进行分组。例如，油气和备用零件等属于"地方交通和国际交通"组里的交通服务；在旅游行程中购买设备进行户外活动就属于"娱乐、文化和体育活动"组；"食物和酒水"组就包含了食物和饮料服务以及消费用的食物购买。按照相似的原则，预订服务包括所卖出的服务：

如航游包价旅行，属"交通"组中的交通，"娱乐、文化和体育活动"组的表演和节目。卫星账户的建立，建议使用这些分类作为产品和活动分类选择的基础。

就核心产品分类（CPC）的次类而论，许多潜在的与旅游需求相关的服务可以在按照目的进行分组后，提取出来。对于旅游统计中消费物品和贵重物品的特别条款，将会在后面进行分析。

CPC 次类被包含在列表中并不意味着所有属于次类的产品都与旅游相关，只是说明它包含的产品属于旅游支出。例如，CPC 67190 "其他货物与装卸服务"在列是因为访问者支付装卸服务费用给包裹装卸工人；类别中剩下的其他基本产品通常是由生产购买的。类似地，CPC 85961 "会议辅助和组织服务"和 CPC 85962 "交易展示辅助和组织服务"也被包括在内是因为访问者可能会直接支付其入场费。

列表中某些层面的 CPC 内含条款还需要进一步考虑以保证其准确性：

◆ CPC 第 66 条提到"经营商交通工具的出租服务"。因为包价旅行按照最后结果来计算，所以，与"经营上长途公共汽车出租服务"（CPC 66011）对应的部分事实上是由旅游运营商购买，然后作为旅游支出分派。

◆ 包含在第 67 条"支持与辅助交通服务"要么指在火车站、汽车站、机场、高速公路等地方提供给旅客的服务，要么指私人业主提供给访问者的交通服务。

◆ CPC 859 类提到"其他支持服务"，主要包括两类：第一，由酒店商务中心或者独立机构提供给商务访问者或其他访问者的服务（CPC 85953 "文案准备和其他特别办公支持服务"）；第二，由访问者支付的注册费，如会费、展销会等（CPC 85961 "会议辅助和组织服务"）。

◆ 包含在第 92 条中的项目（"教育服务"）和第 93 条（"身心健康与社会看护服务"）提到访问者在教育和健康方面支付的费用。一般来说，短期教育和身心治疗可以构成行程的主要目的。

四、旅游特色产品和活动的国际可比性

与"其他"组不同，所有的 CPC 次类都归属于按目的分组的旅游支出组，这些次类都应该被包括在按产品计算的旅游支出的测度中。遵循 1993 年的国民账户体系原则，这些产品可以作为国际可比的旅游特色产品。因此，一个建议是，国家应该单独把物品从服务中区分开来。

不过，唯一的能够被作为世界性的旅游特色服务的是那些能够满足前面提出的原则的服务。那些产业会把这些服务作为它们的主要产出。

在国际可比的旅游特色产品中，CPC 分类内涵的一些条款需要作一些解释：

- CPC 63399 "其他食品供应服务"与食物的提供相关。这些供给点包括无座的快餐店、茶点摊、冰淇淋室等。
- 第 72 条"房地产服务"包括与家庭别墅相关的服务，租给短期访问者的主要住所和分时度假产权等，如 CPC 72111"涉及自身或契约型住所产权的租赁服务"，CPC 72123"分时度假产权的交易服务"，还有 CPC 7221 基于契约的"产权管理服务"。

还有一些 CPC 次类之外的类型需要进行辨析：

- 例如，访问者消费了不同类型的产品，典型的如 ISIC 4921"城市与郊区旅游陆地交通"，CPC 64111"城市与郊区旅客铁路运输服务"，CPC 64113"城市与郊区旅客交通服务的混合方式"。无论怎样，这些访问者消费的服务与常住地总人口的消费的服务相比是非常小的。把这些旅游特色服务囊括进来很显然没有什么兴趣。这解释了为什么这些产品不被认为具有旅游特色。与此相对，典型产品 ISIC 4922"其他旅客陆地交通"在所有国家大多数都被访问者消费，因此，这些产品被认为具有旅游特色。
- 同样的论据也被用来排除第 68 条"邮递和急件服务"，第 84 条"电信"等，以及第 97 条"其他服务"的组成部分，这些服务中都提到了商业和个人服务，访问者使用的服务，酒店、独立机构单独提供的发票服务，远离家乡时的邮件接收和邮政服务等。

国际可比的旅游特色活动在 10 个主要类别中分组，这些分组与经济活动的国际标准产业分类（ISIC）相关。由于核心产品分类（CPC）直接联系着供给分析，因此，比之于产品和活动目的分类，生产和供给更加重要。例如，与预订和类似服务相关的所有产品和活动，都被分组在一个单一的目录下。还有，远距离旅客交通按照交通方式进行分组。核心产品分类（CPC）在旅游卫星账户中也被使用到。

五、建立特定国家旅游特色产品和旅游相关产品的分类

每个国家都可以用特定国家的旅游特色产品对国际可比的旅游特色产品进行补充完善。所以，任何国家都可以分别把物品从服务中区分出来。

部分 CPC 次类暂时性地可以作为潜在旅游消费产品对待。那些以前没有国际比较基础的类别可以构成一个体系，任何国家可以利用这个体系来决定国家类别的旅游特色产品和旅游相关产品。当时机成熟时，联合国世界旅游组织会回顾这些国家特定分类列表，决定是否修改国际可比的旅游特色产品和活动。

选择特定国家旅游特色产品的建议标准依据有如下两点：

- 在产品上的旅游支出应该代表总体旅游支出一个最显著的份额（支出份额/需求份额条件）；
- 在产品上的旅游支出应该代表经济体在产品供给上最显著的份额（供给份额条件）。这个原则意味着在缺乏访问者时，旅游特色产品一个有意义的数量不再存在。

在每个国家，这个准则应该被最大限度地利用。

特定国家的旅游特色产品和特定国家的旅游特色活动构成了旅游特色产品和活动中详细分类的 12 个类别。它们包括按目的分类的所有产品和活动。每个国家都会决定旅游相关产品的分类列表，这些分类列表都以它们对旅游理解的重要性为基础。参见表 15-2、表 15-3 和表 15-4。

表 15-2 按目的分组的消费产品列表，国际可比的旅游特色产品分类

CPC Ver.2	描述	类别	相应的活动 ISIC Rev.4
次类			
包价旅行、包价度假和包价旅游（a）			
64122	旅客内陆航游水运服务	X	5021
64232	旅客游船滨海跨洋水运服务	X	5011
85524	包价旅游预订服务	X	7911，7920
85540	旅游经营商服务	X	7912
85523	航游预订服务	X	7911，7920
住宿			
63111	提供给访问者的带每日家务客房住宿	X	5510
63112	提供给访问者的不带每日家务客房住宿	X	5510
63113	以分时产权提供给访问者的客房住宿	X	5510
63114	提供给访问者的客房具有多用途	X	5510
63120	综合服务	X	5520
63130	休闲度假营地服务	X	5520
63210	学生宿舍提供的客房服务	X	5590
63290	所有其他客房住宿服务	X	5590
72111	自居或住宅产权租用的出租服务（b）	X	6810
72123	分时度假产权的交易服务	X	6810
72211	缴费或契约型住宅产权管理服务（b）	X	6820
72213	缴费或契约型分时度假产权管理服务	X	6820
72221	缴费或契约型住宅销售服务（b）	X	6820
72223	缴费或契约型的分时度假产权销售服务	X	6820
85521	住宿预订服务（b）	X	7911，7920
85522	分时度假交易服务	X	7920
食品和饮料（c）			
63310	全餐馆式的进餐服务	X	5610

续表

CPC Ver.2	描述	类别	相应的活动 ISIC Rev.4
63320	有限服务的进餐服务	X	5610
63399	其他食品服务	X	5610，5629
63400	酒水服务	X	5630
地方和国际交通（d）			
64111	旅客城市和郊区铁路交通服务		4921
64112	按日程安排旅客城市和郊区铁路交通服务		4921
64113	混合方式的旅客城市和郊区铁路交通服务		4921
64114	按日程安排的具有特别目的的旅客城市和郊区道路交通服务		4921
64115	出租车服务	X	4922
64116	带司机的旅客轿车出租服务	X	4922
64117	旅客人力或畜力运载道路出租服务	X	4922
64118	非日程安排的地方公汽和长途汽车服务	X	4922
64119	其他陆地旅客运输服务	X	4922
64121	旅客内河轮渡运输服务	X	5021
64129	所有其他内河水运运输服务	X	5021
64131	铁路观光服务	X	4911
64132	陆路观光服务（不包括铁路）	X	4922
64133	水路观光服务	X	5021
64134	航空观光服务	X	5110
64210	城市之间旅客交通服务	X	4911
64221	城市之间按日程安排的旅客交通服务	X	4922
64222	城市之间按日程安排的特别目的的旅客交通服务	X	4922
64223	非日程安排长距离公汽或长途汽车服务	X	4922
64231	滨海和跨洋轮渡水运服务	X	5011
64239	所有其他滨海和跨洋旅客水运服务	X	5011
64241	按日程安排的旅客国内航空运输服务	X	5110
64242	没有按日程安排的旅客国内航空运输服务	X	5110
64243	按日程安排的旅客国际航空运输服务	X	5110
64244	没有按日程安排的旅客国际航空运输服务	X	5110
64250	旅客太空运输服务	X	5110
66011	带司机的巴士和长途汽车运输出租服务		4922
66021	带司机的滨海轮船出租服务和跨洋水运出租服务		5011，5012
66022	带司机的内河轮船运输出租服务		5011，5012
66031	带司机的飞机旅客出租服务		5110
67190	其他货物包裹装卸服务		5224
67309	其他铁路运输支持服务		5221
67410	巴士车站服务		5221
67420	高速公路，桥梁和隧道经营服务		5221
67430	停车货品服务		5221
67440	商业和私人车辆的牵引服务		5221

续表

CPC Ver.2	描述	类别	相应的活动 ISIC Rev.4
67511	滨海和跨洋水域港口和航道服务		5221
67512	内河航道经营服务		5222
67521	滨海和跨洋水域领航和停泊服务		5222
67522	内河领航和停泊服务		5222
67531	滨海和跨洋水域沉船打捞和浮起服务		5222
67532	内河沉船打捞和浮起服务		5222
67610	航空运营服务		5223
67620	航空交通管制服务		5223
67730	航空交通其他支持服务		5223
73111	与轿车相关的租赁服务和不带司机的小型货车租赁	X	7710
73114	不带司机的与陆地运输设备相关的租赁服务		7730
73115	不带司机的与船舰相关的租赁服务		7730
73116	不带司机的与航空器相关的租赁服务		7730
85511	航空运输预订服务		7911，7920
85512	铁路运输预订服务		7911，7920
85513	汽车运输预订服务		7911，7920
85514	车辆预订服务		7911，7920
85519	其他交通安排和预订服务		7911，7920
87141	机动车辆维修和保养服务		4520
87142	摩托车和雪车维修和保养服务		4540
87143	拖车、半拖车和其他机动车辆机维修和保养服务		4520
87149	其他运输设备的维修和保养服务		3315
休闲文化与体育活动（e）			
73240	与身心休闲设备出租相关的服务		7721
85539	项目订票服务和娱乐休闲服务	X	7920
85550	导游服务	X	7912
85562	访问者信息服务	X	7920
96151	电影放映服务		5914
96152	录像带放映服务		5914
96220	艺术生产和展示服务	X	9000
96310	艺术表演服务	X	9000
96411	博物馆服务，不包括历史文物景点和建筑物	X	9102
96412	历史遗迹和建筑保护服务	X	9102
96421	植物和动物公园服务	X	9103
96422	自然保护区服务包括野生动物保护服务	X	9103
96511	运动和休闲运动项目的促销服务		9319
96512	运动俱乐部服务		9312
96520	运动和休闲运动设施经营服务	X	9311
96590	其他运动和休闲运动服务	X	9319
96620	与运动和休闲相关的支持服务		9319
96910	娱乐公园和类似吸引物服务	X	9321

续表

CPC Ver.2	描述	类别	相应的活动 ISIC Rev.4
96929	其他赌博服务	X	9200
96930	投币式娱乐机械服务	X	9329
96990	其他休闲和娱乐服务	X	9329
购物（f）			
	购物活动中访问者购买的物品		
其他			
71134	信用卡服务		6492
71131	机动车辆保险服务		6512
71134	其他财产保险服务		6512
71137	旅行保险服务		6512
71592	外汇交易服务		6512
73260	与纺织、服装鞋类相关的出租服务		7729
73290	与其他物品相关的出租服务		7729
83811	画像拍照服务		7420
83820	照片处理服务		7420
85953	文案准备和其他特别办公支持服务		8219
85961	会议辅助和组织服务		8230
85962	交易展示和组织服务		8230
87290	其他物品的维修保养服务		9529
92330	高中教育服务		8521
92340	普通高中教育服务、技校和职校教育服务		8522
92410	普通大学预科非高等教育服务		8521
92420	普通大学预科非高等教育服务，技校和职校教育服务		8522
92510	高等教育第一阶段服务		8530
92520	高等教育第二阶段服务		8530
92911	文化教育服务		8542
92912	运动和休闲教育服务		8541
92920	其他教育和培训服务		8549
93111	病人医疗服务		8550
93112	妇科和妇产科病人服务		8610
93119	其他病人服务		8610
93121	普遍医疗服务		8610
93122	特别医疗服务		8610
93123	牙科服务		8620
93191	投递及相关服务		8620
93192	护理服务		8620
93193	物理治疗服务		8690
93194	救护车服务		8690
93195	医疗实验室服务		8690
93196	图像诊断服务		8690
93199	其他身心健康服务		8690

续表

CPC Ver.2	描述	类别	相应的活动 ISIC Rev.4
	其他难以识别的服务		
	其他难以识别物品		

注释：没有 X 的类别意味着产品没有被作为国际可比的旅游特色产品，但可以作为其他任何类型看待。国家不同，分类可能也不同。

（a）包裹的组成部分的价值也包含在内。（b）仅指家庭别墅。（c）也包括消费直接购买和之前作准备时的购买。（d）包括物品购买如汽油、备用零件等。（e）包括与目的相关的物品。（f）仅包括物品：单一目的的消费贵重物品；纪念品、手工艺品和任何其他主要带回家的物品。

表 15-3　旅游特色活动列表（旅游产业）和根据 ISIC Rev.4 主要分类做出的分组

	旅游产业	ISIC Rev.4	描述
1	供给访问者的住宿业	5510	短期住宿活动
		5520	休闲泊车、拖车停靠、帐篷营地
		5590	其他住宿
		6810	自有或出租产权的房地产活动*
		6820	缴费和契约基础的房地产活动*
2	食品和酒水服务活动	5610	餐馆和送餐服务活动
		5629	其他食品服务活动
		5630	酒水服务活动
3	铁路旅客运输	4911	旅客铁路运输
4	陆地旅客运输	4922	其他旅客陆地运输
5	水路旅客运输	5011	海洋和滨海旅客水上运输
		5021	内陆旅客水上运输
6	航空旅客运输	5110	旅客航空运输
7	交通设备出租	7710	机动车辆出租
8	旅行社和其他预订服务活动	7911	旅行社服务活动
		7912	旅游经营商活动
		7920	其他预订服务活动
9	文化活动	9000	创新性、艺术与娱乐活动
		9102	博物馆活动和历史遗迹与建筑经营
		9103	植物园和动物园与自然保护区活动
10	运动和休闲活动	7721	休闲与运动物品出租
		9200	博彩活动
		9311	运动器材经营活动
		9319	其他运动活动
		9321	娱乐公园和主题公园的运营
		9329	其他娱乐和休闲活动
11	特定国家旅游特色物品零售交易		免税商店**
			特别零售纪念品**
			特别零售手工艺品**
			其他特别零售旅游特色物品交易**
12	特定国家旅游特色活动		

注释：* 部分与第二住所和分时度假产权相关。

** 不是 4 位的 ISIC。

表 15-4　旅游特色产品列表和按照 CPC Ver.2 分类做出的分组

1	提供给访问者的住宿服务	4	陆地旅客运输服务
	63111 提供给访问者的带每日家务客房住宿		64115 出租车服务
			64116 带司机的旅客轿车出租服务
	63112 提供给访问者的不带每日家务客房住宿		64117 旅客人力或畜力运载道路出租服务
	63113 以分时产权提供给访问者的客房住宿		64118 非日程安排的地方公汽和长途汽车服务
	63114 提供给访问者的客房具有多用途		64119 其他陆地旅客运输服务
			64221 城市之间按日程安排的旅客交通服务
	63120 综合服务		
	63130 休闲度假营地服务		64222 城市之间按日程安排的特别目的的旅客交通服务
	63210 学生宿舍提供的客房服务		
	63290 所有其他客房住宿服务		64223 非日程安排长距离公汽或长途汽车服务
	72111 自居或住宅产权租用的出租服务（b）		
			64132 陆路观光服务（不包括铁路）
	72123 分时度假产权的交易服务	5	水路旅客运输服务
	72211 缴费或契约型住宅产权管理服务（b）		64121 旅客内河轮渡运输服务
			64129 所有其他内河水运服务
	72213 缴费或契约型分时度假产权管理服务		64133 水路观光服务
			64231 滨海和跨洋轮渡水运服务
	72221 缴费或契约型住宅销售服务(b)	6	航空旅客运输服务
	72223 缴费或契约型的分时度假产权销售服务		64134 航空观光服务
			64241 按日程安排的旅客国内航空运输服务
2	食物和酒水服务		
	63310 全餐馆式的进餐服务		64242 没有按日程安排的旅客国内航空运输服务
	63320 有限服务的进餐服务		
	63399 其他食品服务		64243 按日程安排的旅客国际航空运输服务
	63400 酒水服务		
3	铁路旅客运输服务		64244 没有按日程安排的旅客国际航空运输服务
	64131 铁路观光服务		
	64210 城市之间旅客交通服务		64250 旅客太空运输服务

7	交通设备出租		96411 博物馆服务，不包括历史文物景点和建筑物
	73111 与轿车相关的租赁服务和不带司机的小型货车租赁		96412 历史遗迹和建筑保护服务
8	旅行社和其他预订服务		96421 植物和动物公园服务
	85511 航空运输预订服务		96422 自然保护区服务包括野生动物保护服务
	85512 铁路运输预订服务	10	运动和休闲服务
	85513 汽车运输预订服务		
	85514 车辆预订服务		96520 运动和休闲运动设施经营服务
	85519 其他交通安排和预订服务		96590 其他运动和休闲运动服务
	85539 项目订票服务和娱乐休闲服务		96620 与运动和休闲相关的支持服务
	85550 导游服务		96910 娱乐公园和类似吸引物服务
	85562 访问者信息服务		96929 其他赌博服务
9	文化服务		96930 投币式娱乐机械服务
			96990 其他休闲和娱乐服务
	96220 艺术生产和展示服务	11	特定国家旅游特色物品
	96310 艺术表演服务	12	特定国家旅游特色服务

练习题

1. 什么是卫星账户和旅游卫星账户？
2. 在旅游卫星账户中，旅游者包括哪些类别？
3. 什么是旅游特色产品？
4. 什么是特定国家的旅游特色产品？
5. 旅游支出的定义是什么？
6. 试述旅游的核心产品分类。

参考答案

第一章

略。

第二章

第一题：第一种方法；将数据录入 excel，然后进行分组，记录每组的频数，然后做出柱状图。柱状图就是直方图。第二种方法，将数据录入 excel，在 excel 表的空白处输入分组标志值；点击数据分析，选中直方图，点击确定。在输入区域把原始数据选中，在接受区域把标志值选中，在新工作表组中输入 sheet2/3，勾选图表输出。确定。第三种方法，第一步，完全按照图 1 操作。

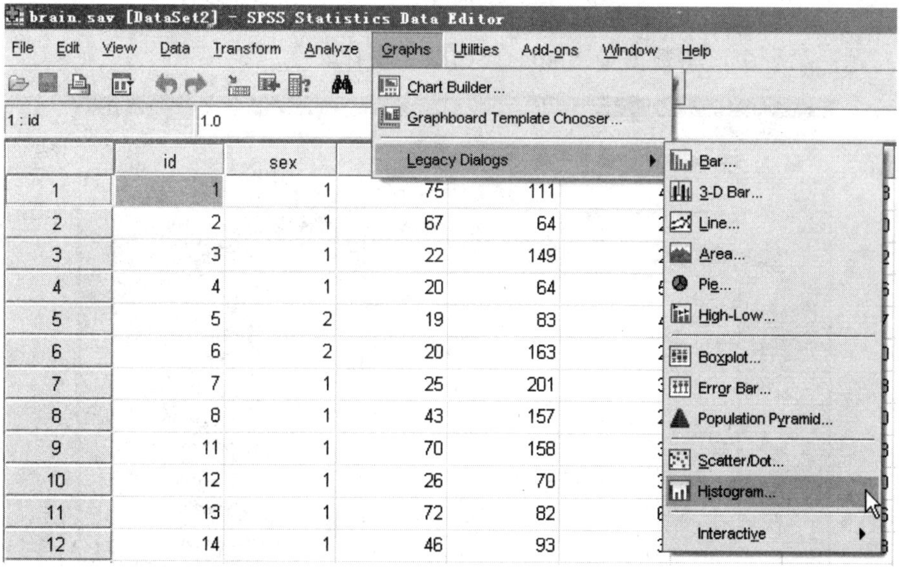

图 1

第二步，把变量放入 variable，勾选 display normal curve。确定。见图 2。

旅游统计学：原理与方法

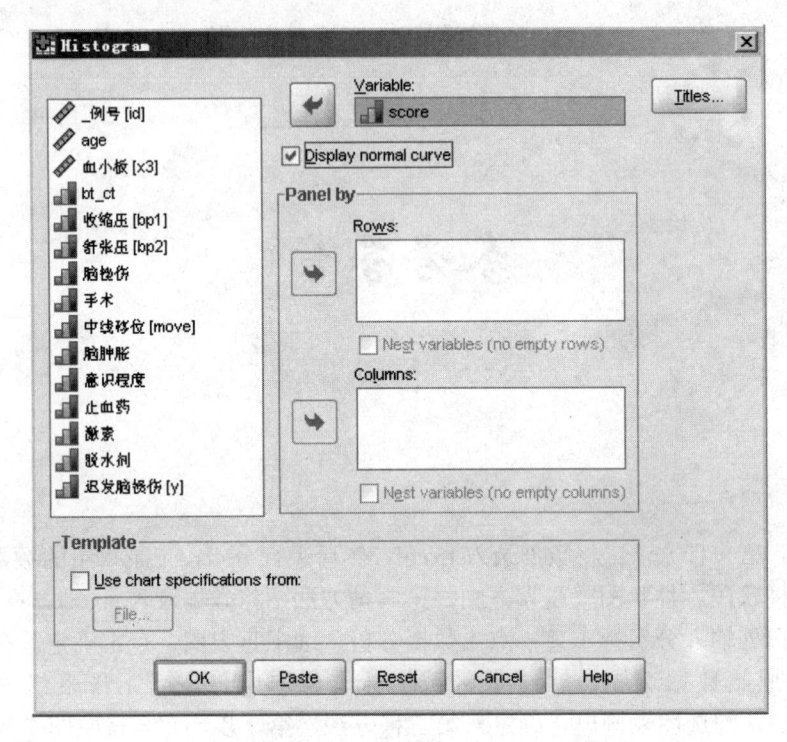

图 2

第二题：第一步，将数据导入 spss，如图 3 操作。

图 3

第二步，如图 4。

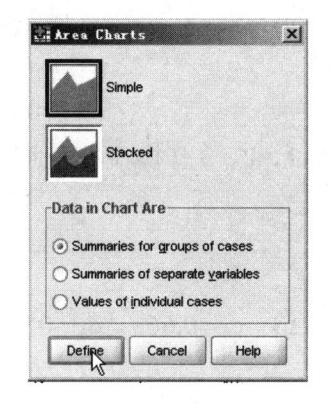

图 4

第三步，把数据变量放入 category axis。勾选 cum.%。确定。
第三题，答案同第一题。

第三章
第一题到第四题，略。可以直接参考书本中的方法。
第五题：可以直接用 analyze 中的 descriptive 来做。

第四章
第一题：a.1/6　b.1/2　c.1/3　d.1　e.1　f.5/6　g.1/6
第二题：A.5/36　b.1/6　c.2/9　d.1/6　e.1/6
第三题：A.1/13　b.1/4　c.1/52　d.2/13　e.4/13　f.4/13　g.1/2　h.1/26　i.7/13　j.1/26
第四题：A.1/2　b.3/10　c.7/10　d.7/10　e.1/2
第五题：9/16
第六题：47%
第七题：9000*86%
第八题：A.1/8　b.1/4　c.3/4　d.3/4
第九题：1/9
第十题：186/350
第十一题：A.9/19　b.11/38　c.7/19
第十二题：A.38/45　b.22/45　c.2/3
第十三题：方法同上，略。
第十四题：0.06

第十五题：略。

第五章
第一题：利用 excel，把 0、1、2、3 作横轴，其他数据做纵轴，利用 bar 图就可以了。
第二题：略。
第三题：0.267
第四题 I.A. 0.346 b. 0.913 c. 0.663 d. 0.683

第六章
第一题：略
第二题：略。
第三题：(53-56)/4，(59-56)/4，计算出值。查表。另一题相同。
第四题：同上。略。
第五题：同上。略。

第七章
第一题：$126 - t_{0.025} * \frac{4}{\sqrt{10}}, 126 + t_{0.025} * \frac{4}{\sqrt{10}}$
第二题：同上。
第三题：$1593 - t_{0.05} * \frac{4}{\sqrt{10}}, 1593 + t_{0.05} * \frac{4}{\sqrt{10}}$，然后确定 1667 是否落在构造的区间。
第四题：同上。
第五题：先求出均值，然后用同样的方法构造区间。

第八章
第一题：略。
第二题：略
第三题：a.(77~87) b.(75~89) c.99%的置信区间更大，因为概率更高。
第四题：(18.13~18.87)
第五题：$t_{0.025} * \frac{1050}{\sqrt{n}} = 200$，解出 n 就可以了。
第六题：略。
第七题：略。
第八题：略。

第九题：$\frac{85}{100} - t_{0.05} * \sqrt{\frac{0.85*0.15}{100}}, \frac{85}{100} + t_{0.05} * \sqrt{\frac{0.85*0.15}{100}}$

第九章
第一题第一问：利用组中值计算加权平均值，利用加权平均值和 0.05（1-0.95）构造一个区间。
第一题第二问：方法同上。

第十章
第一题：是，吸烟者的脉搏频率高于非吸烟者的脉搏频率。
第二题：否，没有足够的证据证明题目的假设。
第三题：查表可知，在 0.01 的水平下，不支持假设。
第四题：接受零假设，两者照射时间相等。
第五题：在 0.05 的水平上拒绝男护士比女护士挣得多的结论。
第六题：利用 excel 数据分析中的均值比较即可完成。
第七题：$-0.098 < p_1 - p_2 < 0.298$

第十一章
第一题：有偏好，消费者明显更偏爱蓝色和白色。
第二题：统计不显著，该商场的消费者与前述现象吻合。
第三题：有关系，高中教育的人更多地倾向于通过电视获得信息。
第四题：不一致。

第十二章
第一题：F 检验。
第二题：略。
第三题：抽样总体正态分布，样本彼此独立，同方差。
第四题：略。
第五题：略。
第六题：组内方差和组间方差相等。
第七题：不能确定他们之间存在显著的差异。
第八题：略。
第九题：略。
第十题：主效应是两个因素各自独立的影响，交互效应是两个因素共同的影响。

第十一题：略。
第十二题：略。

第十三章
第一题：略。
第二题：略。
第三题：略。
第四题：略。
第五题：第一小题，个体价格指数：1.33；1.10；1.06；1.11；销售量指数：1.04；1.23；0.94；1.13。第二小题，总指数为129%。第三小题，采用因素分解的方法计算即可。
第六题：略。
第七题：略。
第八题：略。
第九题：100.2%。0.75万元。
第十题：0.93。
第十一题：略。
第十二题：109.7%

第十四章
第一题到第五题：略。
第六题：1. 错。2. 对。3. 对。4. 对。5. 错。6. 错。7. 错。8. 错。9. 对。10. 错。
第七题：0.93。
第八题：第一小题，-0.93。方向相反。第二小题，方程为：产量（y）=29.8-0.36*成本（x）
第九题：利用excel2007版本中的数据分析中的回归即可。
第十题：方法同第九题。

第十五章
答案略。

附录1 我国旅游统计调查

——以深圳市为例

第一节 旅游统计调查的总则

一、为了有效、科学地组织全市旅游统计工作，了解和掌握我市旅游业的基本情况，保证旅游统计资料的准确性、及时性和全面性，为市政府制定政策和进行宏观经济管理提供依据，根据《中华人民共和国统计法》及其实施细则和《旅游统计管理办法》的有关规定，制定本制度。

二、本调查制度是国家统计调查的一个组成部分，是我国国民经济与社会发展统计体系的一部分，也是国家政府综合统计机关对国务院有关部门和各省、自治区、直辖市旅游局的综合要求。各区旅游局、各旅游企事业单位应按照本制度的统计范围、统计方法、统计口径认真组织实施，按时报送。

三、本调查制度由基层统计报表、部门统计报表、专业统计报表、旅游抽样调查、旅游统计分析和附录等六部分组成。基层统计报表主要包括：旅游单位基本情况、旅行社外联和接待情况、旅行社接待国内游客情况、旅行社组团国内旅游情况、旅行社经营出境旅游情况、旅游住宿设施接待情况、旅游景区（点）基本情况、旅游企业经营情况、旅游企业主要财务指标等；部门统计报表主要包括：入境旅游人员情况、入境外国游客情况、中国（大陆）公民出境情况和入境游客花费构成情况等；专业统计报表主要包括：旅游院校基本情况和旅游行业职工教育培训情况等；旅游抽样调查主要包括：入境游客花费情况、国内居民旅游及花费情况、地方接待国内游客情况等；统计分析主要包括：对旅游统计分析报告的内容和报送时间的要求；附录为旅游统计基本概念和主要指标解释、统计法及实施细则、旅游统计管理办法和各区旅游局通讯录。

四、本调查制度的资料来源和报送方式。

1. 基层统计报表

由各旅游住宿设施、旅行社、旅游景区（点）及其他旅游企事业单位（独立核算服务企业），根据制度统一要求，将报告期内单位的有关接待和经营情况上报本辖区旅游局。各旅游企业登陆深圳市旅游局政务网 www.szta.gov.cn 填报。

2.部门统计报表

入境旅游人员情况、入境外国游客情况、中国（大陆）公民出境情况等资料来源于深圳出入境边防检查总站，其有关资料按制度要求，报市统计局并抄送市旅游局。

3.专业统计报表

旅游院校和旅游行业职工教育培训情况，由各区旅游局负责收集、审核、汇总后，报市旅游局。

4.旅游抽样调查

全市性的对入境游客花费、国内居民出游和花费情况的抽样调查，每年由市旅游局统一组织实施。

五、市旅游局将汇总后的全市旅游统计资料报市统计局。各区旅游局将基础数据资料报市旅游局的同时，送各区统计局。

六、各项统计调查的报告期别、报送单位、报达单位、报送日期和报送方式均按《旅游统计调查制度》的要求严格执行。

七、本调查制度从2005年12月起实施，有效期至2008年3月。

第二节 旅游统计调查目录

表号	表名	期别	表别	报送单位	报达单位	统计范围	报送日期 各区旅游局	报送日期 各企业报出
一、基层统计报表								
SD-FLY001表	旅游单位基本情况表	年报	全面调查	所有旅游企事业单位和旅游行政管理部门	本辖区旅游局	辖区内所有旅游企事业单位和旅游行政管理部门	年后3日前	年后1日前
SD-FLY002表	旅行社外联、接待情况基层月报表	月报	全面调查	国际旅行社、国内旅行社	本辖区旅游局	辖区内所有旅行社	月（年）后5日前	5月（年）后3日前
SD-FLY003表	旅行社接待国内游客情况基层月报表	月报	全面调查	国际旅行社、国内旅行社	本辖区旅游局	辖区内所有旅行社辖	月（年）后5日前	5月（年）后3日前
SD-FLY004表	旅行社组团国内旅游者情况基层月报表	月报	全面调查	国际旅行社、国内旅行社	本辖区旅游局本	区内所有旅行社	月（年）后5日前	5月（年）后3日前
SD-FLY005表	旅游企业经营情况基层季报表	季报	全面调查	所有旅游企业	辖区旅游局	辖区内所有旅游企业	季（年）后18日前	季（年）后15日前
SD-FLY006表	旅行社经营出境旅游情况基层月报表	月报	全面调查	经国家旅游局批准经营中国公民出国旅游和赴港澳地区旅游业务的旅行社	本辖区旅游局	辖区内所有经国家旅游局批准经营中国公民出国旅游和赴港澳地区旅游业务的旅行社	月（年）后日前	5月（年）后3日前
SD-FLY007表	旅行社经营出境旅游情况基层月报表	月报	全面调查	经国家旅游局批准经营中国公民出国旅游和赴港澳地区旅游业务的旅行社饭店、公寓、招待所等旅游住宿设施	本辖区旅游局	辖区内所有经国家旅游局批准经营中国公民出国旅游和赴港澳地区旅游业务的旅行社	月（年）后日前	5月（年）后3日前

附录1 我国旅游统计调查

表号	表名	期别	表别	报送单位	报达单位	统计范围	报送日期 各区旅游局	报送日期 各企业报出
SD-FLY008表	旅游住宿设施接待情况基层月报	月报	全面调查	所有旅游企事业单位和旅游行政管理部门	本辖区旅游局	辖区内一定档次规模旅游住宿设施	月(年)后日前	5月(年)后3日前
SD-FLY009表	旅游企业主要财务指标基层年报表	年报	全面调查	旅游景区(点)包括高尔夫球场、旅游娱乐设施	本辖区旅游局	辖区内所有企业单位	年后30日前	年后15日前
SD-FLY010表	旅游景区(点)统计报表	月报	全面调查		本辖区旅游局	辖区内景区(点)、高尔夫球场、对游客开放的宗教场所、博物馆、旅游娱乐设施	月(年)后日前	5月(年)后3日前
二、部门统计报表								
旅统综1表	入境游客情况	月报	全面调查	边防检查总站	市旅游局	在深圳口岸出境的海外旅游者	月15日以前	
旅统综2表	入境外国游客情况	月报	全面调查	边防检查总站	市旅游局	在深圳口岸入出境的海外旅游者	月15日以前	
旅统综3表	中国(大陆)公民出境情况	月报	全面调查	边防检查总站	市旅游局	在深圳口岸出境的中国(大陆)公民	月15日以前	
旅统综4表	海外旅游者花费构成情况	年报	全面调查	市旅游局	上级主管部门	本市接待的海外旅游者		
三、专业统计报表								
旅统专1表	全国旅游院校基本情况年报表	年报	全面调查	旅游院校	本辖区旅游局	辖区内开办旅游专业的高中等院校	年后20日	年后20日
旅统专2表	全国旅游行业职工教育培训情况年报表	年报	全面调查	所有旅游企事业单位和旅游行政管理部门	本辖区旅游局	辖区内所有旅游企事业单位和旅游行政管理部门	年后5日	年后1日
四、旅游抽样调查								
SD-FLY011表	入境游客在深圳花费情况调查表	月报	全面调查	定点调查单位	市旅游局	本市接待的入境游客		
SD-FLY012表	旅行社外联(接待)入境游客收入调查表	月报	全面调查	定点调查单位	市旅游局	本市接待的入境游客		
SD-FLY013表	国内游客抽样调查问卷(A)	月报	全面调查	定点调查单位	市旅游局	接待的国内游客		
SD-FLY014表	国内游客抽样调查问卷(B)	月报	全面调查	定点调查单位	市旅游局	接待的国内游客	各区旅游局、旅游企业单位	
五、统计分析	旅游统计分析	季报		各区旅游局、旅游企业				
	旅游统计报表说明	月报		各区旅游局、旅游企业		各区旅游局、旅游企业单位		
六、附录1	旅游统计基本概念和指标解释							
附录2	中华人民共和国统计法							
附录3	中华人民共和国统计法实施细则							
附录4	旅游统计管理办法							
附录5	各区旅游局通讯录						季(年)后15日前 月(年)后15日前	季(年)后12日前 月(年)后12日前

第三节　基层统计报表

基层统计报表（一）：旅游单位基本情况表

表　　号：SD-FLY001 表
制表机关：深圳市旅游局
200×年　　批准机关：深圳市统计局
批准文号：深统法字〔2005〕10 号
有效期至：2008 年 3 月
填报单位名称（盖章）：

序号	项目	单位基本情况
甲	乙	丙
01	法人单位编码	□□□□□□□□-□
02	法定代表人（负责人）	＿＿＿＿＿＿＿＿＿＿
03	单位所在地（地址）	＿＿＿＿＿＿＿＿＿＿
04	邮政编码	□□□□□□
05	行政区划码	□□□□□□
06	电话号码	□□□□□□□□
07	传真号码	□□□□□□□□
08	互联网网址	http://＿＿＿＿＿＿＿＿＿＿＿＿＿＿
09	电子邮件信箱	E-mail＿＿＿＿＿＿＿＿＿＿＿＿＿＿
10	企业登记注册类型	内资企业：国有企业□、集体企业□、股份合作企业□、联营企业□、有限责任公司□、股份有限公司□、私营企业□、其他企业□ 港澳台投资企业：合资经营企业（港或澳、台资）□、合作经营企业（港或澳、台资）□、港、澳、台商独资经营企业□、港、澳、台商投资股份有限公司□ 外商投资企业：中外合资经营企业□、中外合作经营企业□、外资企业□、外商投资股份有限公司□
11	单位类别	企业单位□　　事业单位□　　行政单位□
12	开业时间	□□□□年□□月
13	饭店星级	5 星□　4 星□　3 星□　2 星□　1 星□　未评星级□ 国际□　　国内□
14	旅行社类别	AAAAA 级□、AAAA 级□、AAA 级□、AA 级□、A 级□、未评
15	旅游区（点）等级	定 A 级□

宾馆酒店填报单位补充资料：拥有客房＿＿＿＿＿＿间，床位＿＿＿＿＿＿张。
单位负责人：＿＿＿＿＿＿　填表人：＿＿＿＿＿＿　电话：＿＿＿＿＿＿
填表日期：　　　年　　月　　日

基层统计报表（二）：旅行社外联和接待情况基层月报表

表　　号：SD-FLY002 表
制表机关：深圳市旅游局
批准机关：深圳市统计局
批准文号：深统法字〔2005〕10 号

填报企业（盖章）：　　　　　年　月　　有效期至：2008 年 3 月

		序号	人数（人）						人天数（人天）					
			入境游					国内游客	入境游					国内游客
			客小计	外国人	香港	澳门	台湾		客小计	外国人	香港	澳门	台湾	
	甲	乙	01	02	03	04	05	06	07	08	09	10	11	12
本期	外联（组团）合计	01												
	旅游者（过夜）	02												
	一日游游客	03							–	–	–	–	–	–
	接待合计	04												
	旅游者（过夜）	05												
	一日游游客	06							–	–	–	–	–	–
	提供单项服务人数	07							–	–	–	–	–	–
累计	外联（组团）合计	08												
	旅游者（过夜）	09												
	一日游游客	10							–	–	–	–	–	–
	接待合计	11												
	旅游者（过夜）	12												
	一日游游客	13							–	–	–	–	–	–
	提供单项服务人数	14							–	–	–	–	–	–

单位负责人：　　　　　　　　填表人：
电话：　　　　　　　　　　　填表日期：　　　年　　月　　日
填表说明：1. 统计旅行社接待人数（人天数）时，只计算由本社派地陪接待的人数（人天数）；一日游游客不计算人天数。
　　　　　2. 外联（组团）人天数是指旅行社外联（组团）的旅游者实际停留的人夜数。
　　　　　3. 单项服务是指旅行社为散客提供的各项服务。
上报时间：本表由旅行社于月（年）后 3 日前登录深圳市旅游局政务网填报。

基层统计报表（三）：旅行社接待国内游客情况基层月报表

表　　号：SD-FLY003 表
制表机关：深圳市旅游局
批准机关：深圳市统计局
批准文号：深统法字〔2005〕10 号

填报企业（盖章）：　　　　　　年　　月　　有效期至：2008 年 3 月

序号	甲	本月 人数合计	本月 过夜人数	本月 一日游人数	本月 人天数	本月止累计 人数合计	本月止累计 过夜人数	本月止累计 一日游人数	本月止累计 人天数	序号	甲	本月 人数合计	本月 过夜人数	本月 一日游人数	本月 人天数	本月止累计 人数合计	本月止累计 过夜人数	本月止累计 一日游人数	本月止累计 人天数	序号	甲	本月 人数合计	本月 过夜人数	本月 一日游人数	本月 人天数	本月止累计 人数合计	本月止累计 过夜人数	本月止累计 一日游人数	本月止累计 人天数
1	国内团合计									23	重庆									45	省内团合计								
2	省外团合计									24	四川									46	广州								
3	北京									25	云南									47	深圳								
4	天津									26	贵州									48	珠海								
5	河北									27	西藏									49	汕头								
6	内蒙古									28	陕西									50	韶关								
7	山西									29	甘肃									51	河源								
8	辽宁									30	宁夏									52	梅州								
9	吉林									31	青海									53	惠州								
10	黑龙江									32	新疆									54	汕尾								
11	上海									33										55	东莞								
12	江苏									34										56	中山								
13	浙江									35										57	江门								
14	山东									36										58	佛山								
15	安徽									37										59	阳江								
16	福建									38										60	湛江								
17	河南									39										61	茂名								
18	湖北									40										62	肇庆								
19	湖南									41										63	清远								
20	广西									42										64	潮州								
21	海南									43										65	揭阳								
22	江西									44										66	云浮								

企业负责人：　　　　　　　　　填表人：
电话：　　　　　　　　　　　　填表日期：　　　年　　月　　日

填表说明：1. 一日游游客不计算人天数。
　　　　　2. 本表为旅行社接待国内游客人数按来源地分地区统计,本表由旅行社于月（年）后 3 日前登录深圳市旅游局政务网 www.szta.gov.cn 填报。
　　　　　3. 指标关系：1=2+45　2=3+4+…+32　45=46+47+…+66。

基层统计报表（四）：旅行社组团国内游情况基层月报表

表　　号：SD-FLY004 表
制表机关：深圳市旅游局
批准机关：深圳市统计局
批准文号：深统法字〔2005〕10 号

填报企业（盖章）：　　　　年　　月　　有效期至：2008 年 3 月

序号	甲	本月 批次	本月 人数合计	本月 过夜人数	本月 一日游人数	本月 人天数	本月止累计 批次	本月止累计 人数合计	本月止累计 过夜人数	本月止累计 一日游人数	本月止累计 人天数	序号	甲	本月 批次	本月 人数合计	本月 过夜人数	本月 一日游人数	本月 人天数	本月止累计 批次	本月止累计 人数合计	本月止累计 过夜人数	本月止累计 一日游人数	本月止累计 人天数
1	组团国内人数合计											26	省内组团人数										
2	组团省外人数											27	广州										
3	北京											28	深圳										
4	天津											29	珠海										
5	河北、内蒙											30	汕头										
6	黑龙江、吉林、辽宁											31	韶关										
7	山东											32	河源										
8	上海											33	梅州										
9	安徽											34	惠州										
10	浙江											35	汕尾										
11	江苏											36	东莞										
12	福建											37	中山										
13	江西											38	江门										
14	四川											39	佛山										
15	重庆											40	阳江										
16	陕西											41	湛江										
17	河南											42	茂名										
18	湖南											43	肇庆										
19	广西											44	清远										
20	海南											45	潮州										
21	云南											46	揭阳										
22	贵州											47	云浮										
23	甘肃、宁夏、青海											48	其他										
24	新疆											49											
25	其他											50											

企业负责人：　　　　　　　　　填表人：
电话：　　　　　　　　　　　　填表日期：　　　年　　月　　日

填表说明：1. 一日游游客不计算人天数；
　　　　　2. 填报企业请按表中相同的线路填上，由旅行社于月（年）后 3 日前登录深圳市旅游局政务网 www.szta.gov.cn 填报。
　　　　　3. 指标关系：1=2+26　2=3+4+…+25　26=27+28+…+48。

基层统计报表（五）：旅游企业经营情况基层季报表

表　　号：SD-FLY005 表
制表机关：深圳市旅游局
批准机关：深圳市统计局
批准文号：深统法字〔2005〕10 号
有效期至：2008 年 3 月

　　　年　　　季

填报单位名称（盖章）：

序号	项目	计量单位	本季	本年本期止累计
	（甲）	（乙）	1	2
	一、营业收入构成			
01	营业收入总额	万元		
02	客房收入	万元		
03	餐饮收入	万元		
04	商品销售收入	万元		
05	景点门票收入	万元		
06	其他收入	万元		
	二、主要经济指标			
07	营业成本	万元		
08	营业费用	万元		
09	营业税金及附加	万元		
10	经营利润	万元		
11	管理费用	万元		
12	#税金	万元		
13	#劳动待业保险费	万元		
14	#财产保险费	万元		
15	财务费用	万元		
16	#利息支出	万元		
17	营业利润	万元		
18	投资收益	万元		
19	营业外收支差	万元		
20	利润总额	万元		

企业负责人：　　　　　　　　　　　　填表人：
联系电话：　　　　　　　　　　　　　填表日期：　　　年　　月　　日
填表说明：1. 平衡关系：01=02+03+04+05+06，01-07-08-09=10，10-11-15=17，17+18+19=20，指标平衡关系要绝对平衡，不能差 0.01。
　　　　　2. 本表有关数字保留两位小数。本表由旅行社、宾馆酒店及景点填报，旅行社在"营业收入构成"中填"营业收入总额"和"商品销售收入"（或"其他收入"）栏。
上报时间：本表由旅游企事业于季(年)后 15 日前登录深圳市旅游局政务网www.szta.gov.cn填报。

基层统计报表（六）：旅行社经营出境旅游情况基层月报表

表　　号：SD-FLY006 表
制表机关：深圳市旅游局
批准机关：深圳市统计局
批准文号：深统法字〔2005〕10 号

填报企业（盖章）：　　　　年　　月　　有效期至：2008 年 3 月

序号	项目	人数（人） 本月	人数（人） 本月止累计	序号	项目	人数（人） 本月	人数（人） 本月止累计
1	出境旅游总人数			19	印度尼西亚		
2	其中：出国游			20	马耳他		
3	香港游			21	土耳其		
4	澳门游			22	埃及		
5	首站前往国家（地区）			23	德国		
6	泰国			24	印度		
7	新加坡			25	马尔代夫		
8	马来西亚			26	斯里兰卡		
9	菲律宾			27	南非		
10	澳大利亚			28	克罗地亚		
11	新西兰			29	匈牙利		
12	韩国			30	巴基斯坦		
13	日本			31	古巴		
14	越南			32	其他		
15	柬埔寨			33			
16	缅甸			34			
17	文莱			35			
18	尼泊尔			36			

企业负责人：　　　　　　　　　　　填表人：
电话：　　　　　　　　　　　　　　填表日期：　　　年　　月　　日

填表说明：1. 此表由经国家旅游局批准经营中国公民出国旅游和赴港澳地区旅游业务的旅行社填报。
　　　　　2. 按旅游者的首站目的地进行统计：出境旅游总人数=出国游人数+香港游人数+澳门游人数；出国游人数=首站前往国家人数之和。

上报时间：本表由旅行社于月（年）后 3 日前登录深圳市旅游局政务网 www.szta.gov.cn 填报。

基层统计报表（七）：旅行社经营出境旅游情况基层月报表

表　　号：SD-FLY007 表
制表机关：深圳市旅游局
批准机关：深圳市统计局
批准文号：深统法字〔2005〕10 号

填报单位名称（盖章）：　　　　年　　月　　有效期至：2008 年 3 月

序号	线路	本月人数	本月止累计人数	序号	线路	本月人数	本月止累计人数
1	合计			20	澳大利亚、新西兰、香港		
2	香港游			21	美国、香港		
3	澳门游			22	美、加、香港		
4	香港、澳门			23	美、加、日、港		
5	泰国			24	法国、瑞士、香港		
6	泰港			25	法、荷、卢、比、香港		
7	泰港澳			26	法、荷、意、卢、比、荷、港		
8	新马港			27	瑞、德、法、卢、比、荷、港		
9	新泰港			28	丹麦、挪威、瑞典、芬兰、港		
10	新马泰港			29	南非、埃及、以色列、港		
11	新马港澳			30	南非、港		
12	韩国			31	马耳他		
13	韩港			32	土耳其		
14	菲律宾			33	印度		
15	菲律宾、香港			34	马尔代夫		
16	印尼、香港			35	斯里兰卡		
17	澳大利亚			36	南非		
18	澳大利亚、香港			37	日本		
19	澳大利亚、新西兰			38	其他		

企业负责人：　　　　　　　　　　填表人：
电话：　　　　　　　　　　　　　填表日期：　　　年　　月　　日

填表说明：1. 此表由经国家旅游局批准特准经营出国旅游业务，特许经营港澳旅游业务的组团社、代办社填报。
　　　　　2. 从 21 项起是旅行社代办探亲、商务等业务项目的统计。

上报时间：本表由旅行社于月（年）后 3 日前登录深圳市旅游局政务网 www.szta.gov.cn 填报。

基层统计报表（八）：旅游住宿设施接待情况基层月报表

表　号：SD-FLY008 表
制表机关：深圳市旅游局
批准机关：深圳市统计局
批准文号：深统法字[2005]10 号
有效期至：2008 年 3 月

年　　月

填报单位（盖章）：

序号	甲	人数 本期 01	人数 累计 02	人天数 本期 03	人天数 累计 04	序号	甲	人数 本期 01	人数 累计 02	序号	甲	人数 本期 01	人数 累计 02
01	总人数					18	越南			35	加拿大		
02	国内旅游者					19	缅甸			36	其他		
03	入境旅游者					20	朝鲜			37	大洋洲小计		
04	台湾同胞					21	巴基斯坦			38	澳大利亚		
05	澳门同胞					22	其他			39	新西兰		
06	香港同胞					23	欧洲小计			40	其他		
07	外国人					24	英国			41	非洲小计		
08	亚洲小计			—	—	25	法国			42	实际出租间天数		
09	日本			—	—	26	德国			43	核定出租间天数		
10	韩国			—	—	27	意大利			44	客房出租率（%）		
11	蒙古			—	—	28	瑞士			45	平均房价（元/天）		
12	印度尼西亚			—	—	29	瑞典			46	营业收入（万元）		
13	马来西亚			—	—	30	俄罗斯			47	#客房收入（万元）		
14	菲律宾			—	—	31	西班牙			48	#餐饮收入（万元）		
15	新加坡			—	—	32	其他			49	#商品销售收入（万元）		
16	泰国			—	—	33	美洲小计			50	#其他收入（万元）		
17	印度					34	美国						

企业负责人：　　　　　　　　　　填表人：
电话：　　　　　　　　　　　　　填表日期：　　　年　　月　　日
填表说明：1. 本表为旅游住宿设施接待旅游者情况基层月、年报表。
　　　　　2. 人数（人天数）不包括常住一年以上的人数（人天数）。
　　　　　3. 本表的统计不包括一日游游客。
上报时间：本表由旅游企业于月（年）后 3 日前登录深圳市旅游局政务网 www.szta.gov.cn 填报。

基层统计报表（九）：旅游企业主要财务指标基层年报表

　　　　　　　　　　　　　　　　　　　　表　　号：SD-FLY009 表
　　　　　　　　年　　　　　　　　　　　制表机关：深圳市旅游局
　　　　　　　　　　　　　　　　　　　　批准机关：深圳市统计局
　　　　　　　　　　　　　　　　　　　　批准文号：深统法字〔2005〕10 号
填报单位（盖章）：　　　　　　　　　　　有效期至：2008 年 3 月

序号	项目	计量单位	本年数	序号	项目	计量单位	本年数
	甲	乙	01		甲	乙	01
	一、年末资产负债			16	#法人资本	万元	
01	流动资产小计	万元		17	#个人资本	万元	
02	#存货	万元		18	二、其他指标		
03	长期投资	万元		19	本年应付工资（贷方累计发生额）	万元	
04	固定资产小计	万元		20	本年应付福利费（贷方累计发生额）	万元	
05	固定资产原值	万元		21	本年差旅费	万元	
06	#累计折旧	万元		22	本年工会经费	万元	
07	其中：#本年折旧	万元		23	本年住房公积金和住房补贴	万元	
08	资产合计	万元		24	年末从业人员	人	
09	负债合计	万元		25	#吸纳下岗职工	人	
10	所有者权益合计	万元		26	#转移农村劳动力	人	
11	实收资本	万元		27	客房数	间	
12	其中:#国家资本	万元		28	床位数	张	
13	#港澳台资本	万元		29	公寓数	套	
14	#外商资本	万元		30	餐饮营业面积	平方米	
15	#集体资本	万元		31	餐饮拥有餐位数	位	

补充指标：宾馆酒店租赁物业的固定资产原值_____万元，本年折旧_____万元，累计折旧_____万元。

企业负责人：　　　　　　　　　　　填表人：
电话：　　　　　　　　　　　　　　填表日期：　　年　月　日
填表说明：表中平衡关系 01＞02；04≥05-06；06≥07；10=08-09；11=12+13+14+15+16+17；允许 10 为负数。
上报时间：**本表由旅游企事业单位于年后 15 日前登录深圳市旅游局政务网 www.szta.gov.cn 填报。**

基层统计报表（十）：旅游景区（景点）统计月报表

表　　号：SD-FLY0010 表
制表机关：深圳市旅游局
批准机关：深圳市统计局
批准文号：深统法字〔2005〕10 号

填报单位名称（盖章）：　　　　年　　月　　有效期至：2008 年 3 月

一、基本情况			项目	单位	本月	本月止累计
地　　址			三、接待人数	人次		
邮　　编		开业时间	#境外游客	人次		
电　　话		传　　真	#旅行社组织	人次		
负责人		负责人电话	#单位组织	人次		
占地面积（公顷）		上级主管部门	#散客	人次		
建筑面积（平方米）			四、本年投入资金	万元		
二、旅游景区（点）类型			新增用地	平方米		
地文景观类			招商合同项目	项		
水域风景类			招商合同项目金额	万美元		
生物景观类			在建项目名称			
古物与建筑类			五、年末职工总人数	人		
休闲求知健身类			#吸引下岗职工	人		
购物类			#转移农村劳动力	人		
			六、全年工资总额	万元		

企业负责人：　　　　　　　　　填表人：
电话：　　　　　　　　　　　　填表日期：　　　年　　月　　日
填表说明：1. 第一项至第二项只需每年 1 月份 12 月份填报，第三项为月报，第四、五、六项为年报，在 12 月份填报。
　　　　　2. 本表由辖区内的各类旅游区（点）填报，被国家旅游局授予 A 级的旅游区（点）必须填报。
　　　　　3. 年末从业人员指年度末由单位支付工资的各类职工（包括正式职工、合同制职工、临时工、计划外用工等）的人数。
上报时间：本表由各类旅游区（点）于月（年）后 3 日前登录深圳市旅游局政务网 www.szta.gov.cn 填报。

第四节 部门统计报表

部门统计报表（一）：入境游客情况

表　　号：旅统综 1 表
制表机关：国家旅游局
批准机关：国家统计局
批准文号：国统函〔2005〕188 号
　　年　月　　有效期至：2007 年 10 月

	本月入境人数					1 至本月累计入境人数				
	合计	外国人	香港同胞	澳门同胞	台湾同胞	合计	外国人	香港同胞	澳门同胞	台湾同胞
甲	01	02	03	04	05	06	07	08	09	10
合　　计										
乘坐飞机										
乘坐船舶										
乘坐火车										
乘坐汽车										
徒　　步										

单位负责人：　　　　　　　填表人：
电话：　　　　　　　　　　报出日期：　　　年　月　日

说明：本表及旅统综 2、3 表由深圳出入境边防检查总站于月后 15 日前报深圳市旅游局。

部门统计报表（二）：入境外国游客情况

表　　号：旅统综 2 表
制表机关：国家旅游局
批准机关：国家统计局
批准文号：国统函〔2005〕188 号
　　年　月　　有效期至：2007 年 10 月

	本月入境人数	1 至本月累计入境人数
甲	01	02
合　　计		
1. 按性别分组		
男		
女		
2. 按年龄分组		
14 岁及以下		
15-25 岁		

26-44 岁		
45-64 岁		
65 岁以上		
3. 按目的分组		
会议/商务		
观光休闲		
探亲访友		
服务员工		
其他		
4. 按国别、地区分组		

单位负责人：　　　　　　填表人：

电话：　　　　　　　　　报出日期：　　年　　月　　日

部门统计报表（三）：中国（大陆）公民出境情况

　　　　　　　　　　表　　号：旅统综 3 表
　　　　　　　　　　制表机关：国家旅游局
　　　　　　　　　　批准机关：国家统计局
　　　　　　　　　　批准文号：国统函〔2005〕188 号
　　年　　月　　　　有效期至：2007 年 10 月

	本月出境人数			1 至本月累计出境人数		
	合计	因公	因私	合计	因公	因私
合　　计						
1. 按出境方式分组						
乘坐飞机						
乘坐船舶						
乘坐火车						
乘坐汽车						
徒　　步						
2. 按国别、地区分组						
亚洲						
……						
欧洲						
……						
美洲						
……						
大洋洲						
……						
非洲						
其他地区						

单位负责人：　　　　　　填表人：

电话：　　　　　　　　　报出日期：　　年　　月　　日

部门统计报表（四）：入境游客花费构成情况

表　　号：旅统综 4 表
制表机关：国家旅游局
批准机关：国家统计局
批准文号：国统函〔2005〕188 号
　　　　　　　年　　　　　　　　有效期至：2007 年 10 月

	接待入境游客（人天数、人次数）	人均天花费（美元/人天）（美元/人）	人均天花费构成（%）											
			长途交通	飞机	火车	汽车	轮船	游览	住宿	餐饮	娱乐	购物	邮电通讯	市内交通	其它
甲	01	02	03	04	05	06	07	08	09	10	11	12	13	14	15
合　计															
入境旅游者合计															
外国人															
香港同胞															
澳门同胞															
台湾同胞															
入境一日游游客合计															
外国人															
香港同胞															
澳门同胞															
台湾同胞															

单位负责人：　　　　　　　填表人：

电话：　　　　　　　　　报出日期：　　　　年　　月　　日

说明：1. 本表由旅游管理机构填报，主要用于测算各地国际旅游（外汇）收入。
　　　2. 入境旅游者人天数应由基 5 表直接取得，一日游人次数由综合汇总机关根据本地接待的一日游人次数录入，本辖区范围内不得重复计算。
　　　3. 国际海员、游船游客等均按一日游游客统计，在其停泊期间，不论上岸次数多少，只统计一次。
　　　4. "接待入境游客"指标的计量单位："入境旅游者"的计量单位为"人天数"；"入境一日游游客"的计量单位为"人次数"。
　　　5. "人均天花费"指标的计量单位："入境旅游者"的计量单位为"美元/人天"；"入境一日游游客"的计量单位为"美元/人"。

第五节　专业统计报表

专业统计报表（一）：全国旅游院校基本情况年报表

表　　号：旅统专1表
制表机关：国家旅游局
批准机关：国家统计局
批准文号：国统函〔2005〕188号

填报单位名称（盖章）：　　　年　　　有效期至：2007年10月

序号	项目	当年招生数（人）				当年毕业生数（人）				当年在校生数（人）				当年专业教师数（人）
		小计	研究生	本科	专科	小计	研究生	本科	专科	小计	研究生	本科	专科	
甲	乙	01	02	03	04	05	06	07	08	09	10	11	12	13
01	总人数		—				—				—			
02	旅游高等院校 小计													
03	旅游管理													
04	旅游外语													
05	其他													
06	旅游中等职业学校 小计		—	—			—	—			—	—		
07	饭店服务与管理		—	—			—	—			—	—		
08	旅行社服务与管理		—	—			—	—			—	—		
09	烹饪		—	—			—	—			—	—		
10	其他		—	—			—	—			—	—		

单位负责人：　　　　　　　　　填表人：
电话：　　　　　　　　　　　　填表日期：　　年　月　日

填表说明：1. 于年后15日前报本辖区旅游局管理部门。

2. "其他"指旅游高等院校和旅游中等职业学校中已列出专业以外的其他所有专业。

3. "饭店服务与管理"包括饭店管理、饭店服务、餐饮服务、客房服务、餐饮管理、客房管理等专业。

4. "旅行社服务与管理"包括旅行社管理、旅行社服务、导游服务等专业。

5. 表中平衡：列01=02+03+04；05=06+07+08；09=10+11+12；行01=02+06；02=03+04+05；06=07+08+09+10。

专业统计报表（二）：全国旅游行业职工教育培训情况年报表

表　　号：旅统专 2 表
制表机关：国家旅游局
批准机关：国家统计局
批准文号：国统函〔2005〕188 号

填报单位名称（盖章）：　　　　200　年　　有效期至：2007 年 10 月

序号	项目		总计（人）	旅游饭店（人）					旅行社（人）					旅游区（点）（人）					其他旅游企业（人）				旅行行政部门（人）				其他人员（人）
				小计	正副总经理	部门经理	服务员	厨师	其他人员	小计	正副总经理	部门经理	导游人员	其他人员	小计	正副总经理	部门经理	服务员	其他人员	小计	正副总经理	部门经理	司机	其他人员	小计	局处级干部	科级干部	其他人员	
甲	乙		01	02	03	04	05	06	07	08	09	10	11	12	13	14	15	16	17	18	19	20	21	22	23	24	25	26	27	28
01	总计																												
02	岗位培训	小计																											
03		管理人员岗位资格培训			-	-						-					-					-					-	-	
04		工人技术等级培训			-							-					-					-					-	-	
05		适应性培训																											
06		国外培训																											
07	成人学历教育	小计																											
08		高等教育																											
09		中等教育																											

单位负责人：　　　　　　　　　　　　填表人：
电话：　　　　　　　　　　　　　　　填表日期：　　年　　月　　日

填表说明：1. 旅游饭店、旅行社、旅游区（点）、旅游车船公司、旅游行政管理部门各栏中的"其他人员"是指除各栏前面所列人员之外的其他所有管理人员和一般员工。

2. 平衡关系：列：01=02+09+14+19+24+28；02=03+04+05+06+07+08；09=10+11+12+13；14=15+16+17+18；19=20+21+22+23；24=25+26+27。
行：01=02+07；02=03+04+05+06；07=08+09。

3. 本表由旅游企事业单位于年后 3 日前登录深圳市旅游局政务网 www.szta.gov.cn 填报。

第六节 旅游抽样调查

案例一：入境游客在深圳花费情况抽样调查实施方案

一、调查目的

全面准确地了解来深入境旅游者和一日游游客在深圳停留期间行、游、住、食、购、娱等方面的花费情况及其他有关情况，测算我市国际旅游（外汇）收入，为市政府制定旅游业发展方针政策提供统计依据。

二、调查范围及对象

到深圳境内的所有入境游客（包括外国人、华侨、港澳同胞和台湾同胞），其停留时间不超过3个月。

三、调查内容

（一）游客基本情况：包括游客的国籍（或地区）、居住国（或地区）、性别、年龄、职业及旅游目的；
（二）旅游时间、游览方式；
（三）旅游花费及构成；
（四）旅游购物的种类；
（五）对深圳住宿设施的选择及停留时间；
（六）旅游服务质量评价；
（七）旅游次数和对中国旅游产品的兴趣；
（八）游览城市个数及旅游流向。

四、调查方式

入境游客在深圳花费情况抽样调查采用现场发放问卷、现场回收的方式进行。即由调查员向海外游客发放问卷，请被调查者亲自填写后，由调查员收回填好的问卷，或由调查员向游客询问，根据游客的答复当场填写。旅行社调查问卷由旅行社的统计人员填写，调查员回收。

五、抽样方法及样本的确定

（一）为保证调查有较高的代表性，降低误差率，本次调查的样本总量为35000人，按分层次随机调查的方法计算，宾馆酒店调查样本量为2200人，旅行社2000人，旅游景点2000人，口岸、直通巴士28800人。

	合计	口岸直通巴士	宾馆酒店	旅行社	旅游景点
合　计	35000	28800	2200	2000	2000
外国人（含华侨）	3650	1200	1050	800	600
港澳同胞	29240	26160	800	1000	1280
台湾同胞	2110	1440	350	200	120

（二）月定期在口岸、宾馆酒店、旅行社和旅游景点调查2900人。调查的口岸主要是罗湖口岸、皇岗口岸（直通巴士），调查时间为每个月第二个星期（7天）。

（三）在国际社中抽15家按不同接待量分外联团、接待团、长线团、短线团、豪华团、经济团以及不同包价形式和国籍分别填写15个团队，按财务收费台账填写海外旅游者费用情况调查表。

（四）按接待入境游客量的大小分配宾馆酒店调查样本量如下：

序号	酒店名称	合计
一	酒店	2200
1	富临大酒店	400
2	南海酒店	300
3	骏豪酒店	300
4	新都酒店	300
5	威尼斯酒店	200
6	香格里拉大酒店	200
7	富丽华大酒店	150
8	廷苑酒店	150
9	广信酒店	100
10	老地方酒店	100

(五）按接待入境游客量大小分配旅游景点调查样本量如下：

序号	景点名称	合计
二	景点	2000
1	观澜高尔夫球会	1000
2	世界之窗	500
3	民俗村	500

（六）按接待入境游客大小分配旅行社调查样本量如下：

序号	旅行社名称	合计
三	旅行社	2000
1	深圳市旅游（集团）公司海外旅游部	400
2	深圳特区华侨城中国旅行社	400
3	深圳市宝安中国旅行社有限公司	300
4	深圳市世纪假日国际旅行社有限公司	300
5	深圳市航空国际旅行社有限公司	200
6	深圳招商国际旅游有限公司	200
7	深圳市海外国际旅行社有限公司	200

六、调查组织实施

与专业抽样调查公司合作，每月定期到口岸、景点进行游客调查，宾馆酒店由抽样定点酒店的前台服务员或楼层服务员负责，旅行社的调查由统计人员负责。在实施调查期间，我局将派专人到各调查现场，了解调查情况。各调查定点单位也要负责督导好调查问卷的现场审核和问卷回收工作。

七、质量控制

（一）抽样调查有效卷回收率应保持100%。在审核和录入有效问卷时要严格控制调查项目自身的界值范围和调查项目之间的平衡关系，排除非法数值对调查结果的影响，要求调查问卷录入差错率控制在0.5%以内。

（二）年底所有调查问卷录入整理后，请专家论证调查结果，增加调查结果的可信度和真实性。

（三）调查人员应在调查前统一接受培训，对入境旅游抽样调查的目的、意义、内容、指标解释和调查表中的逻辑关系有明确的认识。

（四）在调查现场，调查人员要认真记录，督导员应在现场指导。

（五）调查员对回收的调查表要认真核对，保证被调查者对前后问题回答的一致性，然后交督导员统一复核。

（六）在实施调查方案时，应根据实际情况，明确注明排除不合理问卷，以提高抽样样本的代表性。

八、国际旅游（外汇）收入的测算方法

（一）全市国际旅游（外汇）收入的测算方法。

全市国际（外汇）收入按以下方法测算得出初步结果后，还需经省旅游局、市旅游局、市统计局、市外汇管理局等有关方面专家进行论证。为使调查结果更加精确，在论证中还要参考以下数据：

1. 当年深圳市社会居民消费价格指数、服务消费价格指数、旅游价格指数与上年同期对比变化情况；

2. 市外汇管理部门统计的海外旅游者在深货币兑换情况。

（二）测算公式。

本市国际旅游（外汇）收入的测算方法：

1. 本市国际旅游（外汇）收入 = 本地接待的一日游游客的总花费 + 本地接待的（过夜）旅游者总花费；

2. 本市接待的一日游游客总花费 = 一日游游客在本地区人均花费×本地接待一日游游客人数；

3. 本市接待的（过夜）旅游者总花费 =（过夜）旅游者在本地区的人均天花费×本地接待的（过夜）旅游者人天数。

（三）在计算本市的国际旅游（外汇）收入时，按外国人、香港同胞、澳门同胞、台湾同胞分别测算后再加总，并按报告期（年、月）进行统计。

说明：1. 本市接待的一日游游客人数、（过夜）旅游者人天数来源于市旅游局的统计报表和统计调查。

2. 一日游游客在本地区的人均花费、（过夜）旅游者在本地区的人均天花费来源于抽样调查资料。

附件：1. 入境游客在深圳花费情况调查表

2. 旅行社外联（接待）入境游客收入调查表

附件 1

入境游客在深圳花费情况调查表
QUESTIONNAIRE ON EXPENDITURE IN SHENZHEN BY ENTRY TOURISTS

表　　号：SD-FLY011 表
制表机关：深圳市旅游局
批准机关：深圳市统计局
批准文号：深统法字〔2005〕10 号
有效期至：2008 年 3 月

尊敬的女士、先生：

　　为了不断提高我市的旅游接待水平，了解您对我市旅游业的要求和意见，使您在我市的旅游花费得到质价相符的服务，请您协助我们填写这张调查表，非常感谢您的协助，欢迎您再次来深圳旅游。

深圳市旅游局

Dear madam/sir:

　　To improve our hospitality, we need your cooperation to better understand your requirements and suggestions, which will ensure that the quality of service you enjoyed in Shenzhen matches your expenditure. Please be kindly help fill in the following questionnaire and you are warmly welcome to Shenzhen again.

Tourism Administration of Shenzhen Municipality

以下由调查员填写：
样本编码：　　　调查时间　　　　　调查途径　　　　　督导员
　　　　　　　　年　月　日　　　　口　　岸　　　　　调查员
　　　　　　　　　　　　　　　　　宾　　馆

谢谢您的合作，请在符合您的情况的序号上打"√"或在右边的横线填写数字。
Please tick a "√"on the number you choose or put the number on the right line.

1. 您的国籍（或地区）Your nationality (or region)

　　（001）香港特别行政区　　（002）澳门特别行政区　　（003）台湾地区
　　　　　Hong Kong SAR　　　　　　Macao SAR　　　　　　　　Taiwan
　　（004）日　本　　　　　　（005）菲律宾　　　　　　（006）泰　国
　　　　　Japan　　　　　　　　　　Philippines　　　　　　　　Thailand

（007）新加坡　　　　　（008）印度尼西亚　　　（009）马来西亚
　　　 Singapore　　　　　　　 Indonesia　　　　　　　 Malaysia
（010）韩　国　　　　　（011）朝　鲜　　　　　（012）蒙　古
　　　 R.O.K.　　　　　　　　 D.P.R.K.　　　　　　　　Mongolia
（013）印　度　　　　　（014）英　国　　　　　（015）法　国
　　　 India　　　　　　　　　United Kingdom　　　　　France
（016）德　国　　　　　（017）意大利　　　　　（018）荷　兰
　　　 Germany　　　　　　　　Italy　　　　　　　　　　Netherlands
（019）瑞　典　　　　　（020）俄罗斯　　　　　（021）瑞　士
　　　 Sweden　　　　　　　　 Russia　　　　　　　　　Switzerland
（022）美　国　　　　　（023）加拿大　　　　　（024）澳大利亚
　　　 U.S.A　　　　　　　　　Canada　　　　　　　　　Australia
（025）非洲国家　　　　（026）中南美洲国家　　（027）其他国家
　　　 Africa　　　　　　　　 Middle South America　　Others

2. 您的居住国（请按第一问项列出的国家（地区）名称填写居住国的序号）

   Your country (or region) of residence_____ (Please put the appropriate number on the line according to the countries (regions) given under item 1.)

3. 您的性别 Sex

   （1）男 Male　　　　　（2）女 Female

4. 您的年龄 Age

   （1）65 岁及以上　（2）45～64 岁　（3）35～44 岁　（4）25～34 岁
   　　　65 or over　　　　45～64　　　　　35～44　　　　　25～34
   （5）15～24 岁　　（6）14 岁及以下
   　　　15～24　　　　　 14 or under

5. 您的职业 Occupation

   （01）政府工作人员　　　（02）专业技术人员　　　（03）职　员
   　　　Government official　　Scientific engineer　　 Office worker
   （04）技工/工人　　　　　（05）商贸人员　　　　　（06）服务员/推销员
   　　　Technician/worker　　　Businessman　　　　　　Waiter/salesman
   （07）退休人员　　　　　（08）家庭妇女　　　　　（09）军人
   　　　The retired　　　　　　Housewife　　　　　　　Soldier
   （10）学生　　　　　　　（11）其他
   　　　Student　　　　　　　　Others

6. 您到深圳旅游最主要的目的是：Your purpose in visiting Shenzhen：

 （1）休闲/度假   （2）观光/浏览   （3）探亲访友
  leisure/ holiday   sightseeing   Visiting relatives and friends
 （4）商务/会议   （5）健康/疗养   （6）宗教/朝拜
  Business/ Meeting   Health/recuperation   Religion/pilgrimage
 （7）文化/体育/科技交流 （8）其他
  Culture, sports or science   Others
  exchange program

7. 您此次在深圳旅游是否过夜？Did you stay overnight in Shenzhen?

 （1）是 Yes   （2）否 No
 （如果"否"，请跳至 9 项继续填写） (If no, please skip to item 9 to continue.)

8. 您在深圳住宿的天数（夜）：Number of days in following places:_____

 其中：宾馆饭店 Hotels_____
   公 寓 Apartments_____
   院校或企事业招待所 Guesthouses of colleges or companies_____
   私人住所 Private lodgings_____
   其他住宿设施 others_____

9. 您此次来深圳旅游是否参加旅行团？Are you with a group?

 （1）是 Yes   （2）否 No
 （如果"否"，请跳至 11 项继续填写） (If no, please skip to item 11 to continue.)

下面是两个比较重要的问题，目的在于了解深圳国际旅游的收入情况，希望您能与我们合作，回答这个问题，我们表示感谢。

Your cooperation will be highly appreciated if you answer the following two important questions, which will give us some ideas about international tourism revenue of Shenzhen.

10. 如果您参加旅行团，此次在深圳旅游的花费（不包括入境前付给旅行社的费用）（人民币）。

  If you are with a group, please state the amount of your expenditure (in RMB) in Shenzhen excluding payment to your travel agency outside of China for the visit.

 （a）购物 Shopping_____
 （b）邮电通讯 Post and telecommunication_____
 （c）其他 Others_____
 （e）以上在深圳旅游花费合计 Total expenditure in Shenzhen_____
 （f）以上花费包括的人数 How many persons did the above expenditure cover_____
 （请跳至 12 项继续填写） (Please skip to item 12 to continue.)

11. 如果您没有参加旅行团，此次在深圳旅游花费（人民币）。

If you are not with a group, please state of the amount of your expenditure (in RMB) in Shenzhen.

（a）乘坐飞机 Air ticket_____

（b）乘坐火车 Train ticket_____

（c）乘长途汽车 Coach_____

（d）乘坐海轮或内河轮船 Sea cruise or river cruise_____

（e）住宿 Lodging_____

（f）餐饮 Food and beverage_____

（g）景区游览 Sightseeing_____

（h）娱乐 Recreation_____

（i）购物 Shopping_____

（j）市内交通 Local transportation_____

（k）邮电通讯 Post and telecommunication_____

（l）其他 Others_____

（m）以上在深圳旅游花费合计 Total expenditure in Shenzhen_____

（n）以上花费包括的人数 How many persons did the above expenditure cover_____

如果你此行没有购物则跳问 14 项（If you didn't go shopping, please skip to item 14 to continue.）

12. 您此次在深圳购买了哪些商品？（可以选择多项）

During your current visit to Shenzhen what commodities have you bought? (Multiple choices if needed)

（01）丝绸/服装　　　　　　　　（02）中药/保健品
　　　Silk/clothes　　　　　　　　　Chinese medicine/health food

（03）茶叶/食品　　　　　　　　（04）酒类/香烟
　　　Tea/food　　　　　　　　　　Liquor/cigarette

（05）景泰蓝　　　　　　　　　（06）瓷器/陶器
　　　Cloisonne　　　　　　　　　　Ceramics

（07）纪念品/手工艺品　　　　　（08）文物复制品/收藏品
　　　Souvenior/arts and crafts　　　Imitation of relics/goods for collection

（09）地毯/挂毯　　　　　　　　（10）字画/文房四宝
　　　Carpet/tapestry　　　　　　　　Calligraphy and painting/
　　　　　　　　　　　　　　　　　　four treasures of the study

（11）玩具　　　　　　　　　　（12）首饰/珍珠

　　　　　Toy　　　　　　　　　　　　Jewelry/pearl
　（13）电器　　　　　　　　　（14）书籍/音像制品
　　　　　Electric appliances　　　　　Book/CD, VCD, tap
　（15）其他商品
　　　　　Others

13. 您此次在哪类商店购置商品？（可以选择多项）
During your current visit to Shenzhen what commodities have you bought? (Multiple choices if needed)
　（1）免税店　　　　　　　　（2）旅游定点商店
　　　　Duty-free shop　　　　　　 Fixed tourism shop
　（3）宾馆/饭店商品部　　　　（4）综合商店
　　　　Hotel shopping arcade　　　　Market
　（5）景点　　　　　　　　　（6）集贸市场
　　　　Tourist attraction　　　　　　Trade fair

14. 您对深圳商品质量的评价。Your appraisal for the quality of goods in Shenzhen.
　（1）很好　　　（2）好　　　（3）一般　　　（4）差
　　　Very good　　　Good　　　So so　　　　Bad

15-1. 您在深圳购置商品的愿望是否实现？ Have you purchased what you wanted in Shenzhen?
　（1）实现 Yes　　（2）未实现 No　　（3）没有购买的需求 No requirement

15-2. 您还想要买什么商品呢？What did you want to purchase？_____
　（请按 12 项所列出的答案填写）（Please fill in the blank with the answer(s) available in item 12.)

16. 您对深圳旅游服务质量的评价。（请用 5 分制表示，5 分表示"最好"，1 分表示"最差"）
　Your comments on the quality of service for tourists in this city.
　(5 points for "very good", 1 point for "very poor")
　（a）宾馆/饭店 Hotels____　　（b）餐饮 Food and beverage____
　（c）交通 Transportation____　（d）景点秩序 Order at scenic spots____
　（e）厕所卫生 Condition of toilets____　（f）文化娱乐 Recreation____
　（g）购物 Shopping____　　（h）导游服务 Tour guides____
　（I）城市旅游环境 Tourism circumstance of the city____

17. 您对深圳旅游接待设施的评价。（请用 5 分制表示，5 分表示"最好"，1 分表示"最差"）
　Your comments on the reception facility of tourism. (5 points for "very good", 1 point for "very poor")

（a）宾馆/饭店 Hotels____　　（b）餐饮 Food and beverage____

（c）交通 Transportation____　　（d）文化娱乐 Recreation____

（e）购物 Shopping____　　（f）浏览/参观点 visit / assist spots ____

（g）景区（点）厕所 scenic spots of toilets____

18. 您通过哪种途径了解深圳或获得信息？From what kind of media do you know of Shenzhen?

（1）电视台　　　（2）报纸　　　（3）互联网　　　（4）亲戚朋友

　　TV station　　　Newspaper　　　Internet　　　Friends

（5）电台　　　（6）旅游杂志　　　（7）旅游宣传资料　　　（8）电话

　　Broadcasting station　　Journal　　　Throwaway　　　Telephone

（9）其他

　　others

19. 您对深圳哪些旅游资源感兴趣？（最多可选 3 项）

Why did you choose Shenzhen as your destination? (Choose 3 items at most.)

（01）山水风光　　　（02）文物古迹　　　（03）民俗风情

　　Natural scenery　　　Cultural relics　　　Folk art and customs

（04）文化艺术　　　（05）饮食烹调　　　（06）医疗保健

　　Culture and art　　　Food and cuisine　　　Medical treatment

（07）旅游购物　　　（08）海滩　　　（09）节庆活动

　　Shopping　　　Beaches　　　Festivals

（10）商务　　　（11）其他

　　Business　　　Others

20. 您此次来深圳是否到景点游览？ Have you visited only one scenic spot?

（1）否 No　　（2）是 Yes　　游览 Which one _____景点

21. 您是第几次来深圳旅游?How many times have you visited Shenzhen?

（1）第 1 次 （The 1st time）　　（2）第 2～3 次 （The 2nd or 3rd time）

（3）第 4 次及以上 （The 4th time or above）

22. 您此次旅游的流向。Your itinerary.

（1）入深圳前您由哪个城市（或国家）来_____

　　The last Chinese city (or country) you come from_____

（2）离开本城市后将去哪个城市（或国家）_____

　　The next Chinese city (or country) you will go to_____

（3）您此次旅游到过广东省别的旅游城市吗？Besides Shenzhen, did you visit any other city in Guangdong this time?

(a) 无，只有深圳　No, only Shenzhen_____

(b) 有　Yes

(A)广　州　Guangzhou	(H)惠　州　Huizhou	(O)湛　江　Zhanjiang
(B)深　圳　Shenzhen	(I)汕　尾　Shanwei	(P)茂　名　Maoming
(C)珠　海　Zhuhai	(J)东　莞　Dongguan	(Q)肇　庆　Zhaoqing
(D)汕　头　Shantou	(K)中　山　Zhongshan	(R)清　远　Qingyuan
(E)韶　关　Shaoguan	(L)江　门　Jiangmen	(S)潮　州　Chaozhou
(F)河　源　Heyuan	(M)佛　山　Foshan	(T)揭　阳　Jieyang
(G)梅　州　Meizhou	(N)阳　江　Yangjiang	(U)云　浮　Yunfu

23. 您此次旅游在深圳哪些区域停留过？（可多项选择）

During your current visit to Shenzhen what district(s) have you settled? (Multiple choices if needed)

（1）罗湖　　（2）福田　　（3）南山　　（4）宝安　　（5）龙岗
　　Luohu　　　Futian　　　Nanshan　　　Baoan　　　Longgang

（6）盐田　　（7）不清楚
　　Yantian　　　I don't know.

24. 您对进一步搞好我市旅游业的建议。Your advice about Shenzhen's tourism.

_____

附件 2

旅行社外联（接待）入境游客收入调查表

表　　号：SD-FLY012 表
制表机关：深圳市旅游局
批准机关：深圳市统计局
批准文号：深统法字〔2005〕10 号
有效期至：2008 年 3 月

样本编码（调查员填写）（101）_____

项目	项目编码	计量单位	旅行团人员类别			
			外国团	香港团	澳门团	台湾团
一、旅行团类别	102	编码				
二、团队人数	103	人				
三、停留时间	104	天				
四、全团收费合计	105	元				
（一）代收费用	106	元				
1.住宿费	107	元				

续表

项目	项目编码	计量单位	旅行团人员类别			
			外国团	香港团	澳门团	台湾团
2.餐饮费	108	元				
3.长途交通费	109	元				
其中：飞机	110	元				
火车	111	元				
汽车	112	元				
轮船	113	元				
4.市内交通费	114	元				
5.文化娱乐费	115	元				
6.游览门票费	116	元				
7.其他费用	117	元				
（二）旅行社劳务费及其他	118	元				

单位负责人： 填表人：
填表日期： 年 月 日
填表说明：
1. 本表由抽中的经营国际旅游业务的旅行社填写。表中所列各项费用可从旅行社的财务账中取得。
2. 旅行团类别分为外联团和接待团，外联团用"1"表示，接待团用"2"表示。

案例二：国内游客在深圳花费情况抽样调查方案

一、调查目的

全面准确地了解国内游客在深圳停留期间行、游、住、吃、购、娱等方面的花费情况及其他有关情况，测算我市的国内旅游收入。为加强国内旅游业的宏观管理，帮助旅游企业拓展国内旅游市场提供决策依据和信息资料，促进本地区国内旅游业持续、快速、健康的发展。

二、调查对象

调查的对象为来本地旅游的国内游客。

国内游客是指不以谋求职业、获取报酬为目的，离开惯常居住环境，到国内其他地方从事参观、游览、度假等旅游活动（包括外出探亲、疗养、考察、参加会议和从事商务、科技、文化、教育、宗教活动过程中的旅游活动），出行距离超过10公里，出游时间超过6小时，但不超过12个月的我国大陆居民。

国内游客包括过夜旅游者和一日游游客两部分。

惯常居住环境是指居民日常生活、居住和工作中经常涉及的地方。包括居住地、工作单位附近的公共场所和经常往来的亲朋好友家。

三、调查内容

（一）游客的基本情况：包括游客的居住地、性别、年龄、职业及旅游目的；

（二）旅游时间、游览方式；

（三）旅游花费及构成；

（四）对深圳住宿设施的选择及停留时间；

（五）旅游服务及质量评价。

四、调查方式

国内旅游抽样调查的方法，主要采取以在旅游住宿设施调查过夜旅游者情况为主、以在景点调查一日游游客和在亲友家过夜的旅游者情况为补充的方式进行。国内游客在深圳花费情况抽样调查采用现场发放问卷现场回收的方式进行，即由调查员向国内游客持卷访问，调查员根据客人回答如实填写后，回收审核填好的问卷。

五、调查样本量的确定

（一）为保证该项调查有较高的代表性，降低调查误差率，本次调查样本量为 15000 人，分别是在住宿设施、旅游景点、火车站/汽车站、旅行社、商业街区开展调查，按分层次随机的调查方法。调查样本量分配如下：

合计	汽车站/火车站		商业街区	宾馆酒店	旅行社	旅游景点	
	调查公司	旅游局	调查公司	旅游局	旅游局	调查公司	旅游局
15000	2000	2500	2000	3500	1000	2000	2000

每月定期调查 1250 人。三个黄金周各完成 1000 份。

（二）按接待国内游客量大小分配宾馆酒店调查样本量如下：

序号	单位名称	合计
一	酒店	3500
1	威尼斯酒店	300
2	圣廷苑酒店	300
3	阳光酒店	300
4	晶都酒店	300
5	华侨城海景酒店	300
6	花园格兰云天酒店	300
7	东方银座酒店	300
8	深航锦江国际大酒店	300
9	粤海酒店	300
10	迪富宾馆	300
11	华侨酒店	100

续表

序号	单位名称	合计
12	永安大酒店	100
13	广信酒店	100
14	新安酒店	100
15	和平酒店	100

（三）按接待量大小分配旅游景点调查样本量如下：

序号	单位名称	合计
二	景点	2000
1	青青世界	500
2	地王观光	500
3	国际园林花卉博览园	500
4	海洋世界	500

（四）按接待量大小分配旅行社调查样本量如下：

序号	单位名称	合计
1	深圳招商国际旅游有限公司	200
2	深圳市沙头角旅游有限公司	200
3	深圳市口岸中国旅行社有限公司	200
4	深圳市建南旅行社有限公司	200
5	深圳市假日旅行社有限公司	200
6	合计	1000

六、抽样方法

（一）在旅游住宿设施开展抽样调查的方法

1．在旅游住宿设施开展过夜旅游者调查时，应以本辖区的所有旅游住宿设施为调查总体，在准确掌握本地区旅游住宿设施总数、总规模、档次、出租率等情况的基础上，按随机抽样的要求科学抽样。

2．在旅游住宿设施过夜的人数包括三类：

（1）国内旅游者人数。又分为两部分：

① 去景点的国内旅游者人数；

② 不去景点的国内旅游者人数；

（2）国内非旅游者人数。

（3）外宾人数（包括入境旅游者和常住中国的境外人员）。

在调查和推算总体时，应不包括（2）和（3）这两部分的人数。

3．采用分类、分层、多阶段和随机等距的抽样方法，调查准备离店的国内客人。由调查员向准备离开本地的离店客人发放问卷，了解旅游者在本地区游览的有关情况。

（二）在景点开展抽样调查的方法

1．在选择景点调查单位时，应选择各自有代表性的景点为调查单位。

2．景点游览人数（门票人数）包括六类：

（1）在旅游住宿设施过夜的国内旅游者人数；

（2）外地来本地的一日游游客人数；

（3）本地一日游游客人数；

（4）住亲友家的国内旅游者人数；

（5）国内非旅游者人数（如：持景点月票者，在惯常生活环境内活动者，出行距离不超过10公里、出游时间少于6小时的出行者等）；

（6）海外旅游者人数。

3．在抽中的景点（区）同时采取等距抽样调查法，按门票间隔抽选国内游客进行调查。

七、调查组织实施

与专业抽样调查公司合作，每月定期到火车站、汽车站及旅游景点和商业街区进行游客调查，宾馆酒店和旅行社的调查由抽样定点企业的调查员负责。主要采取在调查点向国内游客进行抽样调查，现场发放问卷，请国内游客填写并收回的方式进行。在实施调查期间，我局将派专人到各调查现场，了解调查情况。各调查定点单位也要负责督导调查问卷的现场审核和问卷回收工作。

八、质量控制

（一）抽样调查有效问卷回收率应保持在90%以上。在审核和录入有效问卷时严格控制调查项目自身的界值范围和调查项目之间的平衡关系，排除非法数值对调查结果的影响，调查问卷录入差错率控制在0.5%以内。

（二）调查人员应在调查前统一接受培训，对国内旅游抽样调查的目的、意义、内容、指标解释和调查表中的逻辑关系有明确的认识。

（三）在调查现场，调查人员要认真记录，督导员应在现场指导。

（四）调查员对回收的调查表要认真核对，保证被调查者对前后问题回答的一致性，然后交督导员统一复核。

（五）在实施调查方案时，应根据实际情况，明确注明排除不合理问卷，以提高抽样样本的代表性。

九、本市国内旅游收入测算

（一）旅游城市国内旅游接待人数的测算

旅游城市国内旅游接待人数

＝过夜旅游者人数＋一日游游客人数

1．过夜旅游者人数＝在旅游住宿设施过夜的国内旅游者人数＋住亲友家的国内旅游者人数；

住亲友家的国内旅游者人数＝（景点接待总人数×去景点而住亲友家的国内旅游者比重）／住亲友家的国内旅游者平均游览景点数；

2．一日游游客人数＝景点接待外地来本地的一日游游客人数＋景点接待本地一日游游客人数；

景点接待外地来本地的一日游游客人数＝（景点接待总人数×外地来本地的一日游游客比重）／外地来本地的一日游游客平均游览景点数；

景点接待本地一日游游客人数＝（景点接待总人数×本地一日游游客比重）／本地一日游游客平均游览景点数。

（二）旅游城市国内旅游收入的测算

旅游城市国内旅游收入

＝接待过夜旅游者收入＋接待一日游游客收入

1．接待过夜旅游者收入＝在旅游住宿设施过夜的国内旅游者人数×其人均花费＋住亲友家的国内旅游者人数×其人均花费

2．接待一日游游客收入＝景点接待外地来本地的一日游人数×其人均花费＋景点接待本地一日游人数×其人均花费

附件：1．国内游客抽样调查问卷（A）
　　　2．国内游客抽样调查问卷（B）

附件1

国内游客抽样调查问卷（A）

本资料"属于私人的单项调查资料，非经本人同意不得泄露"　《统计法》第十五条	表　　号：SD-FLY013 表 制表机关：深圳市旅游局 批准机关：深圳市统计局 批准文号：深统法字〔2005〕10 号 有效期至：2008 年 3 月

尊敬的女士、先生：

为了不断提高我市的旅游接待水平，使您得到质价相符的服务，请您协助我们填写这张调查表，在符合您情况的项目内填写或用"√"表示。

谢谢您的协助！

深圳市旅游局

1. 您来自_____省（自治区、直辖市）_____市（县）

    A.您来本市前在_____省_____市（县）逗留

    B.您离开本市后下站将前往_____省_____市（县）

2. 您此次出游共度过_____（夜），其中在本市共度过_____（夜），其中：

    A.住在本市的旅馆/招待所_____天（夜）

    B.住在本市的饭店/宾馆_____天（夜）

    C.住在本市的亲友家中_____天（夜）

    D.住在本市的其他住宿设施_____天（夜）

3. 您在本市是否到景点游览：

    A.否　B.是，游览_____、_____、_____、_____。

4. 您此次来本市旅游的方式是：

    A.单位组织　　B.家庭或与亲朋结伴　　C.旅行社组织

    D.个人旅行　　E.其他

5. 如果您是自己驾车或乘单位公车来，路程大约是_____公里

6. 您此行在本市花费总额是_____元（包括已经花费和计划花费的费用）

    A.在本市购票的长途交通费

    其中：A1.飞　机_____元　　A2.火　车_____元

    A3.长途汽车_____元　　A4.轮　船_____元

    A5.路桥收费和停车费_____（元）（限自驾车游客填）

    A6.租车费_____（元）（指自驾车游客在汽车租赁市场租车）

    B.住　宿_____元

    C.餐　饮_____元

    D.景区游览_____元

    E.娱　乐_____元

    F.购　物_____元

    G.市内交通_____元

    H.邮电通讯_____元

    I.其　他_____元

    J.以上花费所包括的人数_____人

7. 您的性别：A.男　　B.女
8. 您的年龄：A.65岁及以上　　B.45～64岁　　C.35～44岁
　　　　　　 D.25～34岁　　　E.15～24岁　　F.14岁及以下
9. 您的职业：A.公务员　　　B.企事业管理人员　C.专业/文教科技人员
　　　　　　 D.服务销售人员　E.工人　　F.军人　　G.农民
　　　　　　 H.离退休人员　　I.学生　　J.其他
10. 您来本市的目的（单选）：☐
　　A.休闲/度假　　B.观光/游览　　C.探亲访友　　D.商务　　E.会议
　　F.宗教/朝拜　　G.文化/体育/科技交流　　H.健康/疗养　　I.其他
11. 您对本市旅游印象如何？（请用5分制表示，5分表示最好，1分表示最差）
　　A.住　　宿＿＿＿　　B.餐　　饮＿＿＿　　C.长途交通＿＿＿
　　D.市内交通＿＿＿　　E.游　　览＿＿＿　　F.娱　　乐＿＿＿
　　G.购　　物＿＿＿　　H.导游服务＿＿＿　　I.景区（点）厕所＿＿＿
　　J.总体印象＿＿＿
12. 您是通过哪种交通工具来深圳的？
　　A.飞机　　　　　　B.火车　　　　　　C.社会上城际长途汽车
　　D.单位或私人汽车　E.船　　　　　　　F.步行及其他
13. 您是如何了解深圳和获得深圳旅游信息的？
　　A.电视　　　　B.当地报纸　　C.互联网　　D.亲戚朋友　　E.电台
　　F.杂志　　　　G.旅游宣传资料　　H.电话　　I.其他
14. 您对深圳哪些旅游资源感兴趣？
　　（1）山水风光　（2）文物古迹　（3）民俗民情　（4）文化艺术
　　（5）饮食烹调　（6）医疗保健　（7）旅游购物　（8）海滩
　　（9）节庆活动　（10）商务/会展　（11）其他
15. 您此次在深圳购买了哪些商品？
　　（1）丝绸/服装/棉毛织品　（2）中药/保健品　（3）茶叶/食品
　　（4）酒类/香烟　　　　　　（5）景泰蓝　　　（6）瓷器/陶器
　　（7）纪念品/手工艺品　　　（8）文物复制品/收藏品　（9）地毯/挂毯
　　（10）字画/文房四宝　　　　（11）玩具　　　（12）首饰/珍珠
　　（13）电器/胶卷　　　　　　（14）书籍/音像制品　（15）其他商品
16. 您认为深圳应重点打造何种旅游品牌（最多选3项）
　　（1）海滨风光（大小梅沙、海上世界等）
　　（2）商务之都（会议、展览、洽谈、商贸等）
　　（3）娱乐之都（东部华侨城、欢乐谷等）

（4）观光猎奇 （世界之窗、航母世界、海上世界、海洋公园等）

（5）都市风情 （帝王观光、民俗村、莲花山等）

（6）客家文化 （大鹏古城等）

17．您对进一步搞好深圳市旅游业的建议：

_____

以下由调查员填写：

样本编码　　　　　　调查时间　　　　　　住宿设施名称

□□□□□□□　　　督导员　　　　　　　调查员

说明：
本问卷是为在旅游住宿设施开展国内旅游抽样调查而设计的。

附件 2

国内游客抽样调查问卷（B）

本资料"属于私人的单项调查资料，　　表　　号：SD-FLY014 表
非经本人同意不得泄露"　　　　　　　　制表机关：深圳市旅游局
　　　《统计法》第十五条　　　　　　　批准机关：深圳市统计局
　　　　　　　　　　　　　　　　　　　批准文号：深统法字〔2005〕10 号
　　　　　　　　　　　　　　　　　　　有效期至：2008 年 3 月

尊敬的女士、先生：

　　为了不断提高我市的旅游接待水平，使您得到质价相符的服务，请您协助我们填写这张调查表，在符合您情况的项目内填写或用"√"表示。

　　谢谢您的协助！

深圳市旅游局

1．您来自_____省（自治区、直辖市）_____市（县）

　　A.您来本市前在_____省_____市（县）逗留

　　B.您离开本市后下站将前往_____省_____市（县）

　　C.您此次的出游时间是否在 6 小时以上：否　　　是

　　D.本景点距离您的住所是否在 10 公里以上：否　　　是

2．您此次旅行是否在外过夜：

　　A. 否

　　B. 是，共在外度过_____天（夜），其中：

　　　　B1.住在本市的旅馆/招待所＿＿＿＿＿＿天（夜）
　　　　B2.住在本市的饭店/宾馆＿＿＿＿＿＿天（夜）
　　　　B3.住在本市的亲友家庭＿＿＿＿＿＿天（夜）
　　　　B4.住在本市的其他住宿设施＿＿＿＿天（夜）
　　　　B5.不在本市共＿＿＿＿天（夜）
3. 您在本市是否到景点游览：
　　　A.无　B.有，是＿＿＿＿、＿＿＿＿＿、＿＿＿＿＿、＿＿＿＿＿。
4. 您此次来本市旅游的方式是：
　　　A.单位组织　　　B.家庭或与亲朋结伴　　　C.旅行社组织
　　　D.个人旅行　　　E.其他
5. 如果您是自己驾车或乘单位公车来，路程大约是＿＿＿＿＿公里
6. 您此行在本市花费总额是＿＿＿＿＿元（包括已经花费和计划花费的费用）
　　A.在本市购票的长途交通费＿＿＿＿＿＿元
　　其中：A1.飞　　机＿＿＿＿元　　A2.火　车＿＿＿＿元
　　　　　A3.长途汽车＿＿＿＿元　　A4.轮　船＿＿＿＿元
　　　　　A5.路桥收费和停车费＿＿＿＿（元）（限自驾车游客填）
　　　　　A6.租车费＿＿＿＿（元）（指自驾车游客在汽车租赁市场租车）
　　B.住　　宿＿＿＿＿元
　　C.餐　　饮＿＿＿＿元
　　D.景区游览＿＿＿＿元
　　E.娱　　乐＿＿＿＿元
　　F.购　　物＿＿＿＿元
　　G.市内交通＿＿＿＿元
　　H.邮电通讯＿＿＿＿元
　　I.其　　他＿＿＿＿元
　　J.以上花费所包括的人数＿＿＿＿人
7. 您的性别：A.男　　B.女
8. 您的年龄：A.65岁及以上　　B.45～64岁　　C.35～44岁
　　　　　　D.25～34岁　　　E.15～24岁　　F.14岁及以下
9. 您的职业：A.公务员　　　B.企事业管理人员　　C.专业/文教科技人员
　　　　　　D.服务销售人员　E.工人　　　F.军人　　　G.农民
　　　　　　H.离退休人员　　I.学生　　　J.其他
10. 您来本市的目的（单选）：
　　　A.休闲/度假　　B.观光/游览　　C. 探亲访友　　D.商务　　E.会议
　　　F.宗教/朝拜　　G.文化/体育/科技交流　　H.健康/疗养　　I.其他

11. 您对本市旅游印象如何？（请用5分制表示，5分表示最好，1分表示最差）
 A.住　　宿_____　　　B.餐　饮_____　　　C.长途交通_____
 D.市内交通_____　　　E.游　览_____　　　F.娱　乐_____
 G.购　　物_____　　　H.导游服务_____　　I.景区（点）厕所_____
 J.总体印象_____
12. 您是通过哪种交通工具来深圳的？
 A.飞机　　　　　　　B.火车　　　　　　　C.社会上城际长途汽车
 D.单位或私人汽车　　E.船　　　　　　　　F.步行及其他
13. 您是如何了解深圳和获得深圳旅游信息的？
 A.电视　　　B.当地报纸　　　C.互联网　　　D.亲戚朋友　　　E.电台
 F.杂志　　　G.旅游宣传资料　H.电话　　　　I.其他
14. 您对深圳哪些旅游资源感兴趣？
 （1）山水风光　　（2）文物古迹　　（3）民俗民情　　（4）文化艺术
 （5）饮食烹调　　（6）医疗保健　　（7）旅游购物　　（8）海滩
 （9）节庆活动　　（10）商务/会展　（11）其他
15. 您此次在深圳购买了哪些商品？
 （1）丝绸/服装/棉毛织品　（2）中药/保健品　　　（3）茶叶/食品
 （4）酒类/香烟　　　　　　（5）景泰蓝　　　　　　（6）瓷器/陶器
 （7）纪念品/手工艺品　　　（8）文物复制品/收藏品 （9）地毯/挂毯
 （10）字画/文房四宝　　　 （11）玩具　　　　　　 （12）首饰/珍珠
 （13）电器/胶卷　　　　　 （14）书籍/音像制品　　 （15）其他商品
16. 您认为深圳应重点打造何种旅游品牌（最多选3项）
 （1）海滨风光（大小梅沙、海上世界等）
 （2）商务之都（会议、展览、洽谈、商贸等）
 （3）娱乐之都（东部华侨城、欢乐谷等）
 （4）观光猎奇（世界之窗、航母世界、海上世界、海洋公园等）
 （5）都市风情（帝王观光、民俗村、莲花山等）
 （6）客家文化（大鹏古城等）
17. 您对进一步搞好深圳市旅游业的建议：
_____
_____

以下由调查员填写：
样本编码　　　　　　　调查时间　　　　　　　调查途径
□□□□□□□　　　　督导员　　　　　　　　调查员

说明：
本问卷是为在旅游区（点）、交通口和商业街区开展国内旅游抽样调查而设计的。

第七节　旅游统计分析报告及旅游统计报表说明要求

一、旅游企业统计分析报告要求

（一）各区旅游局应按季度、半年、年度报送旅游统计分析报告

（二）旅游统计分析报告的主要内容

1．旅游业发展动态情况分析，同期对比情况分析；

2．统计预测；

3．提出改进旅游宏观经济管理的建议。

（三）旅游统计分析报告报送时间

1．季度分析报告：季后 20 日前；

2．半年分析报告：7 月 20 日前；

3．年度分析报告：年后 30 日前。

二、旅游统计报表说明

（一）旅游统计报表说明的主要内容

1．统计数据质量如何，可信度有多高（包括本期企业缺报情况）；

2．与基期相比，对总体影响较大的企业或项目有哪些；

3．如实反映基层提供的具有实质性和可操作性并与统计数据密切相关的情况；

4．本期内本地区带有突出性的旅游动态。

（二）旅游统计报表说明上报时间

各区旅游局在上报旅游统计报表的同时，上报旅游统计报表说明。

附录2 标准正态分布函数数值表

标准正态分布函数数值表（一）

Z	0.00	0.01	0.02	0.03	0.04
0.0	0.5000	0.5040	0.5080	0.5120	0.5160
0.1	0.5398	0.5438	0.5478	0.5517	0.5557
0.2	0.5793	0.5832	0.5871	0.5910	0.5948
0.3	0.6179	0.6217	0.6255	0.6293	0.6331
0.4	0.6554	0.6591	0.6628	0.6664	0.6700
0.5	0.6915	0.6950	0.6985	0.7019	0.7054
0.6	0.7257	0.7291	0.7324	0.7357	0.7389
0.7	0.7580	0.7611	0.7642	0.7673	0.7703
0.8	0.7881	0.7910	0.7939	0.7967	0.7995
0.9	0.8159	0.8186	0.8212	0.8238	0.8264
1.0	0.8413	0.8438	0.8461	0.8485	0.8508
1.1	0.8643	0.8665	0.8686	0.8708	0.8729
1.2	0.8849	0.8869	0.8888	0.8907	0.8925
1.3	0.9032	0.9049	0.9066	0.9082	0.9099
1.4	0.9192	0.9207	0.9222	0.9236	0.9251
1.5	0.9332	0.9345	0.9357	0.9370	0.9382
1.6	0.9452	0.9463	0.9474	0.9484	0.9495
1.7	0.9554	0.9564	0.9573	0.9582	0.9591
1.8	0.9641	0.9648	0.9656	0.9664	0.9671
1.9	0.9713	0.9719	0.9726	0.9732	0.9738
2.0	0.9772	0.9778	0.9783	0.9788	0.9793
2.1	0.9821	0.9826	0.9830	0.9834	0.9838
2.2	0.9861	0.9864	0.9868	0.9871	0.9874
2.3	0.9893	0.9896	0.9898	0.9901	0.9904
2.4	0.9918	0.9920	0.9922	0.9925	0.9927
2.5	0.9938	0.9940	0.9941	0.9943	0.9945
2.6	0.9953	0.9955	0.9956	0.9957	0.9959
2.7	0.9965	0.9966	0.9967	0.9968	0.9969
2.8	0.9974	0.9975	0.9976	0.9977	0.9977
2.9	0.9981	0.9982	0.9982	0.9983	0.9984
3.0	0.9987	0.9990	0.9993	0.9995	0.9997

标准正态分布函数数值表（二）

Z	0.05	0.06	0.07	0.08	0.09
0.0	0.5199	0.5239	0.5279	0.5319	0.5359
0.1	0.5596	0.5636	0.5675	0.5714	0.5753
0.2	0.5987	0.6026	0.6064	0.6103	0.6141
0.3	0.6368	0.6406	0.6443	0.6480	0.6517
0.4	0.6736	0.6772	0.6808	0.6844	0.6879
0.5	0.7088	0.7123	0.7157	0.7190	0.7224
0.6	0.7422	0.7454	0.7486	0.7517	0.7549
0.7	0.7734	0.7764	0.7794	0.7823	0.7852
0.8	0.8023	0.8051	0.8078	0.8106	0.8133
0.9	0.8289	0.8315	0.8340	0.8365	0.8389
1.0	0.8531	0.8554	0.8577	0.8599	0.8621
1.1	0.8749	0.8770	0.8790	0.8810	0.8830
1.2	0.8944	0.8962	0.8980	0.8997	0.9015
1.3	0.9115	0.9131	0.9147	0.9162	0.9177
1.4	0.9265	0.9278	0.9292	0.9306	0.9319
1.5	0.9394	0.9406	0.9418	0.9430	0.9441
1.6	0.9505	0.9515	0.9525	0.9535	0.9545
1.7	0.9599	0.9608	0.9616	0.9625	0.9633
1.8	0.9678	0.9686	0.9693	0.9700	0.9706
1.9	0.9744	0.9750	0.9756	0.9762	0.9767
2.0	0.9798	0.9803	0.9808	0.9812	0.9817
2.1	0.9842	0.9846	0.9850	0.9854	0.9857
2.2	0.9878	0.9881	0.9884	0.9887	0.9890
2.3	0.9906	0.9909	0.9911	0.9913	0.9916
2.4	0.9929	0.9931	0.9932	0.9934	0.9936
2.5	0.9946	0.9948	0.9949	0.9951	0.9952
2.6	0.9960	0.9961	0.9962	0.9963	0.9964
2.7	0.9970	0.9971	0.9972	0.9973	0.9974
2.8	0.9978	0.9979	0.9979	0.9980	0.9981
2.9	0.9984	0.9985	0.9985	0.9986	0.9986
3.0	0.9998	0.9998	0.9999	0.9999	1.0000

附录3 旅游统计基本概念和主要指标解释

1. 游客：指任何为休闲、娱乐、观光、度假、探亲访友、就医疗养、购物、参加会议或从事经济、文化、体育、宗教活动，离开常住国（或常住地）到其他国家（或地方），其连续停留时间不超过12个月，并且在其他国家（或其他地方）的主要目的不是通过所从事的活动获取报酬的人。游客不包括因工作或学习在两地有规律往返的人。游客按出游地分入境游客和国内游客。按出游时间分旅游者（过夜游客）和一日游游客（不过夜游客）。

2. 常住国：指一个人在近一年的大部分时间所居住的国家（或地区）或在这个国家（或地区）只居住了较短的时间，但在12个月内仍将返回的这个国家（或地区）。

3. 常住地：指一个常住国的居民，在近一年的大部分时间所居住的城镇或在这个城镇只居住了较短的时期，但在12个月内仍将返回的这个城镇。判定一个游客是国际游客还是国内游客不是根据这个游客的国籍而是根据他的常住国或常住地而定。

4. 入境游客：指报告期内来中国（大陆）观光、度假、探亲访友、就医疗养、购物、参加会议或从事经济、文化、体育、宗教活动的外国人、港澳台同胞等游客（即入境旅游人数）。统计时，入境游客按每入境一次统计1人次。入境游客包括入境旅游者和入境一日游游客。

5. 入境旅游者：指入境游客中在中国（大陆）的旅游住宿设施内至少停留一夜的外国人、港澳台同胞。入境旅游者不包括下列人员：① 应邀来华访问的政府部长以上官员及其随行人员；② 外国驻华使领官员、外交人员以及随行的家庭服务人员和受赡养者；③ 常驻中国（大陆）一年以上的外国专家、留学生、记者、商务机构人员等；④ 乘坐国际航班过境不需要通过护照检查进入中国（大陆）口岸的中转旅客；⑤ 边境地区往来的边民；⑥ 回大陆定居的港澳台同胞；⑦ 已在中国（大陆）定居的外国人和原已出境又返回在中国（大陆）定居的外国侨民；⑧ 归国的中国（大陆）出国人员。

6. 入境一日游游客：指入境游客中，未在中国（大陆）旅游住宿设施内过夜的外国人、港澳台同胞。入境一日游游客应包括乘坐游船、游艇、火车、汽车入境旅游，在车（船）上过夜的游客和机、车、船上乘务人员，但不包括在中国（大陆）境外（内）居住而在中国（大陆）境内（外）工作，当天往返的港澳同胞和周边国家的边民。

7. 国内游客：指报告期内在中国（大陆）观光游览、度假、探亲访友、就医疗养、购物、参加会议或从事经济、文化、体育、宗教活动的中国（大陆）居民，其出游的目的不是通过所从事的活动谋取报酬。统计时，国内游客按每出游一次统计 1 人次。

8. 国内旅游者：指中国（大陆）居民离开惯常居住地在境内其他地方的旅游住宿设施内至少停留一夜，最长不超过 12 个月的国内游客。国内旅游者应包括在中国（大陆）境内常住一年以上的外国人、港澳台同胞。但不包括到各地巡视工作的部以上领导、驻外地办事机构的临时工作人员、调遣的武装人员、到外地学习的学生、到基层锻炼的干部、到境内其他地区定居的人员和无固定居住地的无业游民。

9. 国内一日游游客：指国内居民离开惯常居住地 10 公里以上，出游时间超过 6 小时，不足 24 小时，并未在境内其他地方的旅游住宿设施过夜的国内游客。

10. 国籍：指给游客颁发护照（或其他身份文件）的政府所在的国家。

11. 外国人：指属外国国籍的人，加入外国国籍的中国血统华人也计入外国人。

12. 港澳台同胞：指居住在中国香港特别行政区、澳门特别行政区和台湾省的中国同胞。

13. 职业：旅游者在本次旅游前所从事的职业。

14. 出境人数（出境游客）：指中国（大陆）公民因公或因私出境前往其他国家、中国香港特别行政区、澳门特别行政区和台湾省观光、度假、探亲访友、就医疗养、购物、参加会议或从事经济、文化、体育、宗教活动的人数（即出境游客）。统计时，出境游客按每出境一次统计 1 人次。

15. 出境旅游者：指中国大陆居民出境旅游，并在境外其他国家、中国香港特别行政区、澳门特别行政区和台湾省的旅游住宿设施至少停留一夜的游客。

16. 出境一日游游客：指中国大陆居民出境旅游，在境外停留时间不超过 24 小时，并未在境外其他国家、中国香港特别行政区、澳门特别行政区和台湾省的旅游住宿设施内过夜的游客。

17. 旅游收入：游客（入境游客和国内游客）在旅游过程中（由游客或游客的代表为游客）支付的一切旅游支出就是国家（省、区、市）的旅游收入。旅游支出应包括（过夜）旅游者和一日游游客在整个游程中行、游、住、食、购、娱，以及为亲友、家人购买纪念品、礼品等方面的旅游支出，不包括为商业目的购物、购买房、地、车、船等资本性或交易性的投资、馈赠亲友的现金及给公共机构的捐赠。旅游收入包括国际旅游（外汇）收入和国内旅游收入。

国际旅游（外汇）收入：入境游客在中国（大陆）境内旅行、游览过程中用于交通、参观游览、住宿、餐饮、购物、娱乐等全部花费。国内旅游收入：指国内游客在国内旅行、游览过程中用于交通、参观游览、住宿、餐饮、购物、娱乐等全部花费。

18. 团体入境游客（简称"团队"）：指参加旅游团（例如采用综合包价、小包价、国际会议、海洋游船、应邀来访及临时组织的旅游团等形式）来中国大陆旅游的入境旅游者及入境一日游游客。

19. 单项服务：指旅行社为散客提供的各项服务。

20. 旅行社外联（组团）入境游客人数：指报告期内旅行社自组外联的入境游客人数，反映旅行社对外招徕的能力。旅行社按以下要求统计外联人数：①入境游客不论其在中国（大陆）停留时间多少、旅游线路长短，只统计一次；②旅行社只统计本社自主外联团的实到人数，非本社外联，仅由本社接受委托办理签证的人数不包括在内。

21. 旅行社外联（组团）入境游客人天数：指旅行社外联（组团）的入境游客实际停留的人夜数。

22. 旅行社接待入境人数（人天数）：指由本旅行社派地陪接待的入境人数（人天数）。

23. 国内旅游组团人数（人天数）：指报告期内旅行社招徕组织国内团队游客人数（人天数）。组团人数包括国内旅游者人数和国内一日游游客人数。

24. 国内旅游接待人数（人天数）：指报告期内旅行社接待国内团队游客人数（人天数）。接待人数（人天数）包括本社组团本社接待和其他旅行社组团本社接待的国内游客人数（人天数）。

25. 旅游住宿设施：指任何定期（或临时）为旅游者提供住宿条件的设施。旅游住宿设施包括旅游饭店、宾馆、公寓、旅店、招待所、江河及海洋游船、疗养院、度假村、假日营地、私人寓所、家庭住宅的出租客房及亲友提供的免费住宿设施等。

26. 旅游住宿设施接待人数（人天数）：指报告期内旅游者在旅游住宿设施住宿的人数（人天数）。不论旅游者住宿的夜数多少，每接待一位旅游者，只统计一次；一个旅游者住宿几夜，相应计算几个人天数。

27. 星级饭店：指设备、设施、服务符合《旅游饭店星级的划分与评定》（中华人民共和国国家标准），通过相关旅游管理部门评定，并取得星级饭店称号的饭店（含预备星级饭店）。

28. 客房出租率：指报告期内客房实际出租间天数除以报告期内客房核定出租间天数的百分数。其计算公式为：客房出租率（%）=客房实际出租间天

数（间天）/客房核定出租间天数（间天）*100

29. 客房、公寓实际平均价格：指报告期内旅游住宿设施实际出租客房、公寓的平均价格。其计算公式为：客房实际平均价格（元/间天）=客房收入（元）/客房实际出租间天数（间天）公寓实际平均价格（元/套天）=公寓收入（元）/公寓实际出租套天数（套天）

30. 营业收入：指企业各项经营业务的收入。该指标根据企业会计"利润表"中"营业收入"项的数值填列。

31. 营业成本：指企业经营业务的实际成本。该指标根据企业会计"利润表"中"营业成本"项的数值填列。

32. 营业费用：指企业在主营业务活动中所发生的各种费用。该指标根据企业会计"利润表"中"营业费用"项的数值填列。

33. 营业税金及附加：指企业从事主营业务应负担的营业税、城市维护建设税、教育费附加等。该指标根据企业会计"利润表"中"营业税金及附加"项的数值填列。

34. 经营利润：指企业从事主营业务所产生的利润。该指标根据企业会计"利润表"中"经营利润"项的数值填列。

35. 管理费用：指企业为组织和管理经营活动而发生的各项。该指标根据企业会计"利润表"中"管理费用"项的数值填列。该指标根据会计"管理费用"科目归纳计算填列。

36. 税金：指企业按规定从管理费用中支付的各种税金，包括房产税、车船使用税、土地使用税、印花税等。

37. 财产保险费（税）：指企业向保险公司投保所支付的财产保险费用。该指标根据会计"管理费用"科目归纳计算填列。

38. 劳动、待业保险费：指企业向保险公司投保所支付的劳动保险、待业保险的费用。该指标根据会计"管理费用"科目归纳计算填列。

39. 财务费用：指企业为筹集生产经营所需资金等而发生的费用，包括利息净支出、汇兑净损失、金融机构手续费等。该指标根据企业会计"利润表"中"财务费用"项的数值填列。

40. 营业利润：指企业从事生产经营活动所产生的利润。该指标根据会计"利润表"中"营业利润"项的数值填列。

41. 利润总额：指企业在生产经营过程中各种收入扣除各种耗费后的盈余，反映企业在报告期内实现的盈亏总额，包括营业利润、补贴收入、投资净收益和营业外收支净额。该指标根据会计"损益表"中"利润总额"项的数值填列。

42. 应付工资总额：指企业在报告期内实际支付给职工的全部劳动报酬。

该指标根据企业会计"应付工资"科目的贷方发生额合计数归纳计算填列。

43．应付福利费总额：指企业在报告期内累计提取的职工福利费总额，它反映本期应付福利费的全部发生额，而不是会计"应付福利费"科目的余额。该指标根据会计"应付福利费"科目的贷方发生额合计数填列。

44．资产：指企业拥有或控制的能以货币计量的经济资源，包括各种财产、债权和其他权利。该指标根据会计"资产负债表"中"资产总计"项的期末数填列。

45．流动资产：指企业可以在一年内或者超过一年的一个营业周期内变现或者耗用的资产合计，包括现金及各种存款、短期投资，应收及预付款项、存货等。该指标根据会计"资产负债表"中"流动资产合计"项的期末数填列。

46．存货：指企业在生产经营过程中为销售或耗用而储备的各种资产，包括原材料、周转材料、包装物、低值易耗品、在产品、自制半成品、产成品等。该指标根据会计"资产负债表"中"存货"项的期末数填列。

47．长期投资：指企业直接向其他单位投资且回收期限在一年以上的现金、实物和无形资产，以及已购入并不准备在一年内变现的股票、债券等投资。该指标根据会计"资产负债表"中"长期投资"项的期末数填列。

48．固定资产：指使用年限在一年以上，单位价值在规定标准以上，并在使用过程中保持原来物质形态的资产。该指标根据会计"资产负债表"中"固定资产合计"项的期末数填列。

49．固定资产原价：指企业在建造、购置、安装、改建、扩建、技术改造某项固定资产时所支出的全部货币总额。该指标根据会计"资产负债表"中"固定资产原价"项的期末数填列。

50．累计折旧：指企业在报告期末提取的历年固定资产折旧累计数。该指标根据会计"资产负债表"中"累计折旧"项的期末数填列。

51．本年折旧：指企业在报告年度内提取的固定资产折旧合计数。该指标根据会计"财务状况变动表"中"固定资产折旧"项的数值填列。

52．负债：指企业所承担的能以货币计量，将以资产或劳务偿付的债务，偿还形式包括货币、资产或提供劳务。该指标根据会计"资产负债表"中有关项的期末数归纳填列。

53．所有者权益合计：指企业投资人对企业净资产的所有权。该指标根据会计"资产负债表"中"所有者权益"项的期末数填列。

54．实收资本：指企业投资者实际投入的资本（或股本），包括货币、实物、无形资产等各种形式的投入。

55．年末从业人员：指在本单位工作并取得劳动报酬的年末实有人员数。

从业人员包括在各单位工作的外方人员和港澳台方人员、兼职人员、再就业的离退休人员、民办教师、借用的外单位人员和第二职业者。但不包括离开本单位仍保留劳动关系的职工。

56. 企业登记注册类型：以企业在工商部门登记注册时的企业类型为依据，按国家统计局与国家工商行政管理局联合制定的《关于划分企业登记注册类型的规定》分为：内资企业、港澳台商投资企业、外商投资企业。内资企业包括：国有企业、集体企业、股份合作企业、联营企业、有限责任公司、股份有限公司、私营企业和其他企业。港澳台商投资企业包括：合资经营企业、合作经营企业、港澳台商独资经营企业和港澳台商投资经营企业。外商投资企业包括：中外合资经营企业、中外合作经营企业、外资企业、外商投资股份有限公司。

57. 旅游高等院校：指国家承认学历、开设旅游学院（系、专业）的普通高等院校和成人高等院校。

58. 旅游中等职业学校：指国家承认学历的旅游中等专业学校、旅游职业中学（高中）及开设旅游专业班的技校和普通中学。

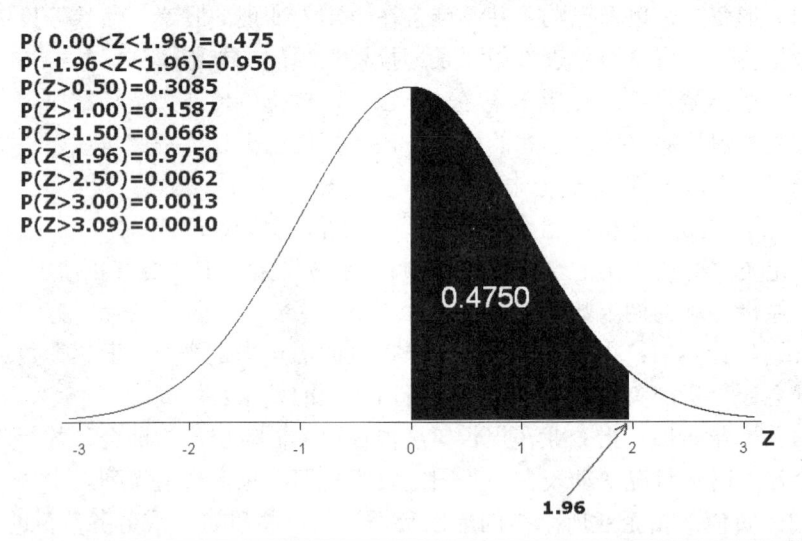

$P(0.00<Z<1.96)=0.475$
$P(-1.96<Z<1.96)=0.950$
$P(Z>0.50)=0.3085$
$P(Z>1.00)=0.1587$
$P(Z>1.50)=0.0668$
$P(Z<1.96)=0.9750$
$P(Z>2.50)=0.0062$
$P(Z>3.00)=0.0013$
$P(Z>3.09)=0.0010$

Z	0.00	0.01	0.02	0.03	0.04	0.05	0.06	0.07	0.08	0.09
0.0	0.0000	0.0040	0.0080	0.0120	0.0160	0.0199	0.0239	0.0279	0.0319	0.0359
0.1	0.0398	0.0438	0.0478	0.0517	0.0557	0.0596	0.0636	0.0675	0.0714	0.0753
0.2	0.0793	0.0832	0.0871	0.0910	0.0948	0.0987	0.1026	0.1064	0.1103	0.1141
0.3	0.1179	0.1217	0.1255	0.1293	0.1331	0.1368	0.1406	0.1443	0.1480	0.1517
0.4	0.1554	0.1591	0.1628	0.1664	0.1700	0.1736	0.1772	0.1808	0.1844	0.1879

续表

Z	0.00	0.01	0.02	0.03	0.04	0.05	0.06	0.07	0.08	0.09
0.5	0.1915	0.1950	0.1985	0.2019	0.2054	0.2088	0.2123	0.2157	0.2190	0.2224
0.6	0.2257	0.2291	0.2324	0.2357	0.2389	0.2422	0.2454	0.2486	0.2517	0.2549
0.7	0.2580	0.2611	0.2642	0.2673	0.2704	0.2734	0.2764	0.2794	0.2823	0.2852
0.8	0.2881	0.2910	0.2939	0.2967	0.2995	0.3023	0.3051	0.3078	0.3106	0.3133
0.9	0.3159	0.3186	0.3212	0.3238	0.3264	0.3289	0.3315	0.3340	0.3365	0.3389
1.0	**0.3413**	0.3438	0.3461	0.3485	0.3508	0.3531	0.3554	0.3577	0.3599	0.3621
1.1	0.3643	0.3665	0.3686	0.3708	0.3729	0.3749	0.3770	0.3790	0.3810	0.3830
1.2	0.3849	0.3869	0.3888	0.3907	0.3925	0.3944	0.3962	0.3980	0.3997	0.4015
1.3	0.4032	0.4049	0.4066	0.4082	0.4099	0.4115	0.4131	0.4147	0.4162	0.4177
1.4	0.4192	0.4207	0.4222	0.4236	0.4251	0.4265	0.4279	0.4292	0.4306	0.4319
1.5	0.4332	0.4345	0.4357	0.4370	0.4382	0.4394	0.4406	0.4418	0.4429	0.4441
1.6	0.4452	0.4463	0.4474	0.4484	0.4495	0.4505	0.4515	0.4525	0.4535	0.4545
1.7	0.4554	0.4564	0.4573	0.4582	0.4591	0.4599	0.4608	0.4616	0.4625	0.4633
1.8	0.4641	0.4649	0.4656	0.4664	0.4671	0.4678	0.4686	0.4693	0.4699	0.4706
1.9	0.4713	0.4719	0.4726	0.4732	0.4738	0.4744	0.4750	0.4756	0.4761	0.4767
2.0	**0.4772**	0.4778	0.4783	0.4788	0.4793	0.4798	0.4803	0.4808	0.4812	0.4817
2.1	0.4821	0.4826	0.4830	0.4834	0.4838	0.4842	0.4846	0.4850	0.4854	0.4857
2.2	0.4861	0.4864	0.4868	0.4871	0.4875	0.4878	0.4881	0.4884	0.4887	0.4890
2.3	0.4893	0.4896	0.4898	0.4901	0.4904	0.4906	0.4909	0.4911	0.4913	0.4916
2.4	0.4918	0.4920	0.4922	0.4925	0.4927	0.4929	0.4931	0.4932	0.4934	0.4936
2.5	0.4938	0.4940	0.4941	0.4943	0.4945	0.4946	0.4948	0.4949	0.4951	0.4952
2.6	0.4953	0.4955	0.4956	0.4957	0.4959	0.4960	0.4961	0.4962	0.4963	0.4964
2.7	0.4965	0.4966	0.4967	0.4968	0.4969	0.4970	0.4971	0.4972	0.4973	0.4974
2.8	0.4974	0.4975	0.4976	0.4977	0.4977	0.4978	0.4979	0.4979	0.4980	0.4981
2.9	0.4981	0.4982	0.4982	0.4983	0.4984	0.4984	0.4985	0.4985	0.4986	0.4986
3.0	**0.4987**	0.4987	0.4987	0.4988	0.4988	0.4989	0.4989	0.4989	0.4990	**0.4990**

T 分布表

df	0.2	0.1	0.05	0.02	0.01	0.001
1	3.078	6.314	12.706	31.821	63.657	636.619
2	1.886	2.92	4.303	6.965	9.925	31.598
3	1.638	2.353	3.182	4.541	5.841	12.941
4	1.533	2.132	2.776	3.747	4.604	8.610
5	1.476	2.015	2.571	3.365	4.032	6.859
6	1.440	1.943	2.447	3.143	3.707	5.959
7	1.415	1.895	2.365	2.998	3.499	5.405
8	1.397	1.86	2.306	2.896	3.355	5.041
9	1.383	1.833	2.262	2.821	3.25	4.781
10	1.372	1.812	2.228	2.764	3.169	4.587
11	1.363	1.796	2.201	2.718	3.106	4.437
12	1.356	1.782	2.179	2.681	3.055	4.318
13	1.350	1.771	2.16	2.65	3.012	4.221
14	1.345	1.761	2.145	2.624	2.977	4.140
15	1.341	1.753	2.131	2.602	2.947	4.073
16	1.337	1.746	2.12	2.583	2.921	4.015
17	1.333	1.74	2.11	2.567	2.898	3.965
18	1.33	1.734	2.101	2.552	2.878	3.922
19	1.328	1.729	2.093	2.539	2.861	3.883
20	1.325	1.725	2.086	2.528	2.845	3.85
21	1.323	1.721	2.08	2.518	2.831	3.819
22	1.321	1.717	2.074	2.508	2.819	3.792
23	1.319	1.714	2.069	2.5	2.807	3.767
24	1.318	1.711	2.064	2.492	2.797	3.745
25	1.316	1.708	2.06	2.485	2.787	3.725
26	1.315	1.706	2.056	2.479	2.779	3.707
27	1.314	1.703	2.052	2.473	2.771	3.69
28	1.313	1.701	2.048	2.467	2.763	3.674
29	1.311	1.699	2.045	2.462	2.756	3.659
30	1.31	1.697	2.042	2.457	2.75	3.646
40	1.303	1.684	2.021	2.423	2.704	3.551
60	1.296	1.671	2	2.39	2.66	3.46
120	1.289	1.658	1.98	2.358	2.617	3.373
(Z) ∞	1.282	1.645	1.96	2.326	2.576	3.291

	分子自由度									
分母自由度	1	2	3	4	5	6	8	12	24	∞
1	16211	20000	21615	22500	23056	23437	23925	24426	24940	25465
2	198.5	199	199.2	199.2	199.3	199.3	199.4	199.4	199.5	199.5
3	55.55	49.8	47.47	46.19	45.39	44.84	44.13	43.39	42.62	41.83
4	31.33	26.28	24.26	23.15	22.46	21.97	21.35	20.7	20.03	19.32
5	22.78	18.31	16.53	15.56	14.94	14.51	13.96	13.38	12.78	12.14
6	18.63	14.45	12.92	12.03	11.46	11.07	10.57	10.03	9.47	8.88
7	16.24	12.4	10.88	10.05	9.52	9.16	8.68	8.18	7.65	7.08
8	14.69	11.04	9.6	8.81	8.3	7.95	7.5	7.01	6.5	5.95
9	13.61	10.11	8.72	7.96	7.47	7.13	6.69	6.23	5.73	5.19
10	12.83	9.43	8.08	7.34	6.87	6.54	6.12	5.66	5.17	4.64
11	12.23	8.91	7.6	6.88	6.42	6.1	5.68	5.24	4.76	4.23
12	11.75	8.51	7.23	6.52	6.07	5.76	5.35	4.91	4.43	3.9
13	11.37	8.19	6.93	6.23	5.79	5.48	5.08	4.64	4.17	3.65
14	11.06	7.92	6.68	6	5.56	5.26	4.86	4.43	3.96	3.44
15	10.8	7.7	6.48	5.8	5.37	5.07	4.67	4.25	3.79	3.26
16	10.58	7.51	6.3	5.64	5.21	4.91	4.52	4.1	3.64	3.11
17	10.38	7.35	6.16	5.5	5.07	4.78	4.39	3.97	3.51	2.98
18	10.22	7.21	6.03	5.37	4.96	4.66	4.28	3.86	3.4	2.87
19	10.07	7.09	5.92	5.27	4.85	4.56	4.18	3.76	3.31	2.78
20	9.94	6.99	5.82	5.17	4.76	4.47	4.09	3.68	3.22	2.69
21	9.83	6.89	5.73	5.09	4.68	4.39	4.01	3.6	3.15	2.61
22	9.73	6.81	5.65	5.02	4.61	4.32	3.94	3.54	3.08	2.55
23	9.63	6.73	5.58	4.95	4.54	4.26	3.88	3.47	3.02	2.48
24	9.55	6.66	5.52	4.89	4.49	4.2	3.83	3.42	2.97	2.43
25	9.48	6.6	5.46	4.84	4.43	4.15	3.78	3.37	2.92	2.38
26	9.41	6.54	5.41	4.79	4.38	4.1	3.73	3.33	2.87	2.33
27	9.34	6.49	5.36	4.74	4.34	4.06	3.69	3.28	2.83	2.29
28	9.28	6.44	5.32	4.7	4.3	4.02	3.65	3.25	2.79	2.25
29	9.23	6.4	5.28	4.66	4.26	3.98	3.61	3.21	2.76	2.21
30	9.18	6.35	5.24	4.62	4.23	3.95	3.58	3.18	2.73	2.18
40	8.83	6.07	4.98	4.37	3.99	3.71	3.35	2.95	2.5	1.93
60	8.49	5.79	4.73	4.14	3.76	3.49	3.13	2.74	2.29	1.69
120	8.18	5.54	4.5	3.92	3.55	3.28	2.93	2.54	2.09	1.43

∝= 0.005

$\alpha = 0.01$

分母自由度	分子自由度									
	1	2	3	4	5	6	8	12	24	∞
1	4052	4999	5403	5625	5764	5859	5981	6106	6234	6366
2	98.49	99.01	99.17	99.25	99.3	99.33	99.36	99.42	99.46	99.5
3	34.12	30.81	29.46	28.71	28.24	27.91	27.49	27.05	26.6	26.12
4	21.2	18	16.69	15.98	15.52	15.21	14.8	14.37	13.93	13.46
5	16.26	13.27	12.06	11.39	10.97	10.67	10.29	9.89	9.47	9.02
6	13.74	10.92	9.78	9.15	8.75	8.47	8.1	7.72	7.31	6.88
7	12.25	9.55	8.45	7.85	7.46	7.19	6.84	6.47	6.07	5.65
8	11.26	8.65	7.59	7.01	6.63	6.37	6.03	5.67	5.28	4.86
9	10.56	8.02	6.99	6.42	6.06	5.8	5.47	5.11	4.73	4.31
10	10.04	7.56	6.55	5.99	5.64	5.39	5.06	4.71	4.33	3.91
11	9.65	7.2	6.22	5.67	5.32	5.07	4.74	4.4	4.02	3.6
12	9.33	6.93	5.95	5.41	5.06	4.82	4.5	4.16	3.78	3.36
13	9.07	6.7	5.74	5.2	4.86	4.62	4.3	3.96	3.59	3.16
14	8.86	6.51	5.56	5.03	4.69	4.46	4.14	3.8	3.43	3
15	8.68	6.36	5.42	4.89	4.56	4.32	4	3.67	3.29	2.87
16	8.53	6.23	5.29	4.77	4.44	4.2	3.89	3.55	3.18	2.75
17	8.4	6.11	5.18	4.67	4.34	4.1	3.79	3.45	3.08	2.65
18	8.28	6.01	5.09	4.58	4.25	4.01	3.71	3.37	3	2.57
19	8.18	5.93	5.01	4.5	4.17	3.94	3.63	3.3	2.92	2.49
20	8.1	5.85	4.94	4.43	4.1	3.87	3.56	3.23	2.86	2.42
21	8.02	5.78	4.87	4.37	4.04	3.81	3.51	3.17	2.8	2.36
22	7.94	5.72	4.82	4.31	3.99	3.76	3.45	3.12	2.75	2.31
23	7.88	5.66	4.76	4.26	3.94	3.71	3.41	3.07	2.7	2.26
24	7.82	5.61	4.72	4.22	3.9	3.67	3.36	3.03	2.66	2.21
25	7.77	5.57	4.68	4.18	3.86	3.63	3.32	2.99	2.62	2.17
26	7.72	5.53	4.64	4.14	3.82	3.59	3.29	2.96	2.58	2.13
27	7.68	5.49	4.6	4.11	3.78	3.56	3.26	2.93	2.55	2.1
28	7.64	5.45	4.57	4.07	3.75	3.53	3.23	2.9	2.52	2.06
29	7.6	5.42	4.54	4.04	3.73	3.5	3.2	2.87	2.49	2.03
30	7.56	5.39	4.51	4.02	3.7	3.47	3.17	2.84	2.47	2.01
40	7.31	5.18	4.31	3.83	3.51	3.29	2.99	2.66	2.29	1.8
60	7.08	4.98	4.13	3.65	3.34	3.12	2.82	2.5	2.12	1.6
120	6.85	4.79	3.95	3.48	3.17	2.96	2.66	2.34	1.95	1.38
∞	6.64	4.6	3.78	3.32	3.02	2.8	2.51	2.18	1.79	1

$\alpha = 0.025$

分母自由度	分子自由度									
	1	2	3	4	5	6	8	12	24	∞
1	647.8	799.5	864.2	899.6	921.8	937.1	956.7	976.7	997.2	1018
2	38.51	39	39.17	39.25	39.3	39.33	39.37	39.41	39.46	39.5
3	17.44	16.04	15.44	15.1	14.88	14.73	14.54	14.34	14.12	13.9
4	12.22	10.65	9.98	9.6	9.36	9.2	8.98	8.75	8.51	8.26
5	10.01	8.43	7.76	7.39	7.15	6.98	6.76	6.52	6.28	6.02
6	8.81	7.26	6.6	6.23	5.99	5.82	5.6	5.37	5.12	4.85
7	8.07	6.54	5.89	5.52	5.29	5.12	4.9	4.67	4.42	4.14
8	7.57	6.06	5.42	5.05	4.82	4.65	4.43	4.2	3.95	3.67
9	7.21	5.71	5.08	4.72	4.48	4.32	4.1	3.87	3.61	3.33
10	6.94	5.46	4.83	4.47	4.24	4.07	3.85	3.62	3.37	3.08
11	6.72	5.26	4.63	4.28	4.04	3.88	3.66	3.43	3.17	2.88
12	6.55	5.1	4.47	4.12	3.89	3.73	3.51	3.28	3.02	2.72
13	6.41	4.97	4.35	4	3.77	3.6	3.39	3.15	2.89	2.6
14	6.3	4.86	4.24	3.89	3.66	3.5	3.29	3.05	2.79	2.49
15	6.2	4.77	4.15	3.8	3.58	3.41	3.2	2.96	2.7	2.4
16	6.12	4.69	4.08	3.73	3.5	3.34	3.12	2.89	2.63	2.32
17	6.04	4.62	4.01	3.66	3.44	3.28	3.06	2.82	2.56	2.25
18	5.98	4.56	3.95	3.61	3.38	3.22	3.01	2.77	2.5	2.19
19	5.92	4.51	3.9	3.56	3.33	3.17	2.96	2.72	2.45	2.13
20	5.87	4.46	3.86	3.51	3.29	3.13	2.91	2.68	2.41	2.09
21	5.83	4.42	3.82	3.48	3.25	3.09	2.87	2.64	2.37	2.04
22	5.79	4.38	3.78	3.44	3.22	3.05	2.84	2.6	2.33	2
23	5.75	4.35	3.75	3.41	3.18	3.02	2.81	2.57	2.3	1.97
24	5.72	4.32	3.72	3.38	3.15	2.99	2.78	2.54	2.27	1.94
25	5.69	4.29	3.69	3.35	3.13	2.97	2.75	2.51	2.24	1.91
26	5.66	4.27	3.67	3.33	3.1	2.94	2.73	2.49	2.22	1.88
27	5.63	4.24	3.65	3.31	3.08	2.92	2.71	2.47	2.19	1.85
28	5.61	4.22	3.63	3.29	3.06	2.9	2.69	2.45	2.17	1.83
29	5.59	4.2	3.61	3.27	3.04	2.88	2.67	2.43	2.15	1.81
30	5.57	4.18	3.59	3.25	3.03	2.87	2.65	2.41	2.14	1.79
40	5.42	4.05	3.46	3.13	2.9	2.74	2.53	2.29	2.01	1.64
60	5.29	3.93	3.34	3.01	2.79	2.63	2.41	2.17	1.88	1.48
120	5.15	3.8	3.23	2.89	2.67	2.52	2.3	2.05	1.76	1.31
∞	5.02	3.69	3.12	2.79	2.57	2.41	2.19	1.94	1.64	1

∝= 0.05

分母自由度	\multicolumn{10}{c}{分子自由度}
	1	2	3	4	5	6	8	12	24	∞
1	161.4	199.5	215.7	224.6	230.2	234	238.9	243.9	249	254.3
2	18.51	19	19.16	19.25	19.3	19.33	19.37	19.41	19.45	19.5
3	10.13	9.55	9.28	9.12	9.01	8.94	8.84	8.74	8.64	8.53
4	7.71	6.94	6.59	6.39	6.26	6.16	6.04	5.91	5.77	5.63
5	6.61	5.79	5.41	5.19	5.05	4.95	4.82	4.68	4.53	4.36
6	5.99	5.14	4.76	4.53	4.39	4.28	4.15	4	3.84	3.67
7	5.59	4.74	4.35	4.12	3.97	3.87	3.73	3.57	3.41	3.23
8	5.32	4.46	4.07	3.84	3.69	3.58	3.44	3.28	3.12	2.93
9	5.12	4.26	3.86	3.63	3.48	3.37	3.23	3.07	2.9	2.71
10	4.96	4.1	3.71	3.48	3.33	3.22	3.07	2.91	2.74	2.54
11	4.84	3.98	3.59	3.36	3.2	3.09	2.95	2.79	2.61	2.4
12	4.75	3.88	3.49	3.26	3.11	3	2.85	2.69	2.5	2.3
13	4.67	3.8	3.41	3.18	3.02	2.92	2.77	2.6	2.42	2.21
14	4.6	3.74	3.34	3.11	2.96	2.85	2.7	2.53	2.35	2.13
15	4.54	3.68	3.29	3.06	2.9	2.79	2.64	2.48	2.29	2.07
16	4.49	3.63	3.24	3.01	2.85	2.74	2.59	2.42	2.24	2.01
17	4.45	3.59	3.2	2.96	2.81	2.7	2.55	2.38	2.19	1.96
18	4.41	3.55	3.16	2.93	2.77	2.66	2.51	2.34	2.15	1.92
19	4.38	3.52	3.13	2.9	2.74	2.63	2.48	2.31	2.11	1.88
20	4.35	3.49	3.1	2.87	2.71	2.6	2.45	2.28	2.08	1.84
21	4.32	3.47	3.07	2.84	2.68	2.57	2.42	2.25	2.05	1.81
22	4.3	3.44	3.05	2.82	2.66	2.55	2.4	2.23	2.03	1.78
23	4.28	3.42	3.03	2.8	2.64	2.53	2.38	2.2	2	1.76
24	4.26	3.4	3.01	2.78	2.62	2.51	2.36	2.18	1.98	1.73
25	4.24	3.38	2.99	2.76	2.6	2.49	2.34	2.16	1.96	1.71
26	4.22	3.37	2.98	2.74	2.59	2.47	2.32	2.15	1.95	1.69
27	4.21	3.35	2.96	2.73	2.57	2.46	2.3	2.13	1.93	1.67
28	4.2	3.34	2.95	2.71	2.56	2.44	2.29	2.12	1.91	1.65
29	4.18	3.33	2.93	2.7	2.54	2.43	2.28	2.1	1.9	1.64
30	4.17	3.32	2.92	2.69	2.53	2.42	2.27	2.09	1.89	1.62
40	4.08	3.23	2.84	2.61	2.45	2.34	2.18	2	1.79	1.51
60	4	3.15	2.76	2.52	2.37	2.25	2.1	1.92	1.7	1.39
120	3.92	3.07	2.68	2.45	2.29	2.17	2.02	1.83	1.61	1.25
∞	3.84	2.99	2.6	2.37	2.21	2.09	1.94	1.75	1.52	1

$\alpha = 0.10$

分母自由度	分子自由度									
	1	2	3	4	5	6	8	12	24	∞
1	39.86	49.5	53.59	55.83	57.24	58.2	59.44	60.71	62	63.33
2	8.53	9	9.16	9.24	9.29	9.33	9.37	9.41	9.45	9.49
3	5.54	5.46	5.36	5.32	5.31	5.28	5.25	5.22	5.18	5.13
4	4.54	4.32	4.19	4.11	4.05	4.01	3.95	3.9	3.83	3.76
5	4.06	3.78	3.62	3.52	3.45	3.4	3.34	3.27	3.19	3.1
6	3.78	3.46	3.29	3.18	3.11	3.05	2.98	2.9	2.82	2.72
7	3.59	3.26	3.07	2.96	2.88	2.83	2.75	2.67	2.58	2.47
8	3.46	3.11	2.92	2.81	2.73	2.67	2.59	2.5	2.4	2.29
9	3.36	3.01	2.81	2.69	2.61	2.55	2.47	2.38	2.28	2.16
10	3.29	2.92	2.73	2.61	2.52	2.46	2.38	2.28	2.18	2.06
11	3.23	2.86	2.66	2.54	2.45	2.39	2.3	2.21	2.1	1.97
12	3.18	2.81	2.61	2.48	2.39	2.33	2.24	2.15	2.04	1.9
13	3.14	2.76	2.56	2.43	2.35	2.28	2.2	2.1	1.98	1.85
14	3.1	2.73	2.52	2.39	2.31	2.24	2.15	2.05	1.94	1.8
15	3.07	2.7	2.49	2.36	2.27	2.21	2.12	2.02	1.9	1.76
16	3.05	2.67	2.46	2.33	2.24	2.18	2.09	1.99	1.87	1.72
17	3.03	2.64	2.44	2.31	2.22	2.15	2.06	1.96	1.84	1.69
18	3.01	2.62	2.42	2.29	2.2	2.13	2.04	1.93	1.81	1.66
19	2.99	2.61	2.4	2.27	2.18	2.11	2.02	1.91	1.79	1.63
20	2.97	2.59	2.38	2.25	2.16	2.09	2	1.89	1.77	1.61
21	2.96	2.57	2.36	2.23	2.14	2.08	1.98	1.87	1.75	1.59
22	2.95	2.56	2.35	2.22	2.13	2.06	1.97	1.86	1.73	1.57
23	2.94	2.55	2.34	2.21	2.11	2.05	1.95	1.84	1.72	1.55
24	2.93	2.54	2.33	2.19	2.1	2.04	1.94	1.83	1.7	1.53
25	2.92	2.53	2.32	2.18	2.09	2.02	1.93	1.82	1.69	1.52
26	2.91	2.52	2.31	2.17	2.08	2.01	1.92	1.81	1.68	1.5
27	2.9	2.51	2.3	2.17	2.07	2	1.91	1.8	1.67	1.49
28	2.89	2.5	2.29	2.16	2.06	2	1.9	1.79	1.66	1.48
29	2.89	2.5	2.28	2.15	2.06	1.99	1.89	1.78	1.65	1.47
30	2.88	2.49	2.28	2.14	2.05	1.98	1.88	1.77	1.64	1.46
40	2.84	2.44	2.23	2.09	2	1.93	1.83	1.71	1.57	1.38
60	2.79	2.39	2.18	2.04	1.95	1.87	1.77	1.66	1.51	1.29
120	2.75	2.35	2.13	1.99	1.9	1.82	1.72	1.6	1.45	1.19
∞	2.71	2.3	2.08	1.94	1.85	1.17	1.67	1.55	1.38	1

d.f	0.995	0.99	0.975	0.95	0.9	0.75	0.5	0.25	0.1	0.05	0.025	0.01	0.005
1	...	...	...	...	0.02	0.1	0.45	1.32	2.71	3.84	5.02	6.63	7.88
2	0.01	0.02	0.02	0.1	0.21	0.58	1.39	2.77	4.61	5.99	7.38	9.21	10.6
3	0.07	0.11	0.22	0.35	0.58	1.21	2.37	4.11	6.25	7.81	9.35	11.34	12.84
4	0.21	0.3	0.48	0.71	1.06	1.92	3.36	5.39	7.78	9.49	11.14	13.28	14.86
5	0.41	0.55	0.83	1.15	1.61	2.67	4.35	6.63	9.24	11.07	12.83	15.09	16.75
6	0.68	0.87	1.24	1.64	2.2	3.45	5.35	7.84	10.64	12.59	14.45	16.81	18.55
7	0.99	1.24	1.69	2.17	2.83	4.25	6.35	9.04	12.02	14.07	16.01	18.48	20.28
8	1.34	1.65	2.18	2.73	3.4	5.07	7.34	10.22	13.36	15.51	17.53	20.09	21.96
9	1.73	2.09	2.7	3.33	4.17	5.9	8.34	11.39	14.68	16.92	19.02	21.67	23.59
10	2.16	2.56	3.25	3.94	4.87	6.74	9.34	12.55	15.99	18.31	20.48	23.21	25.19
11	2.6	3.05	3.82	4.57	5.58	7.58	10.34	13.7	17.28	19.68	21.92	24.72	26.76
12	3.07	3.57	4.4	5.23	6.3	8.44	11.34	14.85	18.55	21.03	23.34	26.22	28.3
13	3.57	4.11	5.01	5.89	7.04	9.3	12.34	15.98	19.81	22.36	24.74	27.69	29.82
14	4.07	4.66	5.63	6.57	7.79	10.17	13.34	17.12	21.06	23.68	26.12	29.14	31.32
15	4.6	5.23	6.27	7.26	8.55	11.04	14.34	18.25	22.31	25	27.49	30.58	32.8
16	5.14	5.81	6.91	7.96	9.31	11.91	15.34	19.37	23.54	26.3	28.85	32	34.27
17	5.7	6.41	7.56	8.67	10.09	12.79	16.34	20.49	24.77	27.59	30.19	33.41	35.72
18	6.26	7.01	8.23	9.39	10.86	13.68	17.34	21.6	25.99	28.87	31.53	34.81	37.16
19	6.84	7.63	8.91	10.12	11.65	14.56	18.34	22.72	27.2	30.14	32.85	36.19	38.58
20	7.43	8.26	9.59	10.85	12.44	15.45	19.34	23.83	28.41	31.41	34.17	37.57	40
21	8.03	8.9	10.28	11.59	13.24	16.34	20.34	24.93	29.62	32.67	35.48	38.93	41.4
22	8.64	9.54	10.98	12.34	14.04	17.24	21.34	26.04	30.81	33.92	36.78	40.29	42.8
23	9.26	10.2	11.69	13.09	14.85	18.14	22.34	27.14	32.01	35.17	38.08	41.64	44.18
24	9.89	10.86	12.4	13.85	15.66	19.04	23.34	28.24	33.2	36.42	39.36	42.98	45.56
25	10.52	11.52	13.12	14.61	16.47	19.94	24.34	29.34	34.38	37.65	40.65	44.31	46.93
26	11.16	12.2	13.84	15.38	17.29	20.84	25.34	30.43	35.56	38.89	41.92	45.64	48.29
27	11.81	12.88	14.57	16.15	18.11	21.75	26.34	31.53	36.74	40.11	43.19	46.96	49.64
28	12.46	13.56	15.31	16.93	18.94	22.66	27.34	32.62	37.92	41.34	44.46	48.28	50.99
29	13.12	14.26	16.05	17.71	19.77	23.57	28.34	33.71	39.09	42.56	45.72	49.59	52.34
30	13.79	14.95	16.79	18.49	20.6	24.48	29.34	34.8	40.26	43.77	46.98	50.89	53.67
40	20.71	22.16	24.43	26.51	29.05	33.66	39.34	45.62	51.8	55.76	59.34	63.69	66.77
50	27.99	29.71	32.36	34.76	37.69	42.94	49.33	56.33	63.17	67.5	71.42	76.15	79.49
60	35.53	37.48	40.48	43.19	46.46	52.29	59.33	66.98	74.4	79.08	83.3	88.38	91.95
70	43.28	45.44	48.76	51.74	55.33	61.7	69.33	77.58	85.53	90.53	95.02	100.42	104.22
80	51.17	53.54	57.15	60.39	64.28	71.14	79.33	88.13	96.58	101.88	106.63	112.33	116.32
90	59.2	61.75	65.65	69.13	73.29	80.62	89.33	98.64	107.56	113.14	118.14	124.12	128.3
100	67.33	70.06	74.22	77.93	82.36	90.13	99.33	109.14	118.5	124.34	129.56	135.81	140.17

χ^2分布表

d.f：degree of freedom.自由度。

附录4　网络数据来源

国内学生有一个普遍的缺点，那就是，不喜欢也不擅长市场调查，他们喜欢百度关键词，然后把所能找到的数据"整合"起来，不管这些数据来源的真实性和权威性。

大学四年，临到写毕业论文时，喜欢东拼西凑，然后进行简单的归纳综合。在思辨逻辑和数据处理上无法体现一个大学生应该拥有的素养。

为了方便学生，也为了保证数据一定的权威性，笔者把国内主要发布旅游数据的网站列出来，以利于大家查找。

政府网站：

中华人民共和国国家统计局：http://www.stats.gov.cn/tjsj/

（你可以找到每一年的统计年鉴，然后找到关于旅游的统计。这里是最权威的数据）

国家旅游局：http://www.cnta.com/html/rjy/index.html

（有比较全面的旅游数据。有些数据，如饭店的数据会以文件附件的形式出现，需要你耐心查找）

北京市旅游发展委员会：http://www.bjta.gov.cn/xxgk/tjxx/index.htm

（数据汇总到了 2010 年，最早可以追溯到 1980 年的数据，是一个不错网站）

天津旅游政务网：http://www.tjtour.gov.cn/a/lvyouziliao/

（旅游数据以简报的形式出现。数据的录入和处理稍微有点麻烦，需要掌握一些数据录入的技巧）

河北旅游政务网：http://www.hebeitour.gov.cn/lytj/

（网站里有旅游统计栏目，但是找不到相应的数据，很奇怪）

山西旅游政务网：http://www.sxta.com.cn:8080/sxtag/zwgkList.action?id=2111

（统计信息不完全，只有黄金周的数据）

内蒙古旅游电子政务网：http://www.nmgtour.gov.cn/index.asp

（没有统计数据栏目，但如果你要去那里玩一玩，其中的一些信息可以借鉴）

辽宁旅游网：http://www.lntour.gov.cn/tourism/page/5005_1.html

（统计数据以通报和公告的形式出现，数据处理有点麻烦，需要转化格式或

是掌握一定的处理技巧）

吉林旅游网：http://www.jlta.gov.cn/govern/page/stat/catalog.do?method=getCatalog&forward=stat&catalogId=4028817e1b006796011b007d76850013

（数据主要是黄金周的统计信息，其他信息以文本形式给出，同样需要转化）

黑龙江旅游局政务网：http://www.hljtour.gov.cn/index.asp

（找不到具体的统计信息，但可以了解其他旅游方面的情况）

上海旅游局政务网：http://lyw.sh.gov.cn/shlyj%5Fwebsite/HTML/DefaultSite/lytj%5F2011/List/list_0.htm

（有每一年详细的统计信息，很不错的网站。可惜的是，数据是图片格式，处理起来有点麻烦）

江苏旅游政务网：http://www.jstour.gov.cn/col/col2867/index.html

（数据以月报的形式出现，比较齐全。可以用 excel 直接转化处理）

浙江旅游：http://www.tourzj.gov.cn/zww/lyzl/lytj_list1.aspx

（不错的网站，统计资料很齐全。适合本科生用来写毕业论文）

安徽旅游政务网：http://www.ahta.com.cn/News/0104.php

（数据放在统计规划栏目里，以分析的形式给出了数据，不是很专业，但可用）

福建旅游之窗：http://www.fjta.com/lytj/index.html

（数据分为两类，统计分析和统计数据，很方便查找和使用）

江西旅游网：http://www.jxta.gov.cn/Index.shtml

（网站比较难打开，里面找不到规范的统计数据）

山东旅游政务网：http://www.sdta.gov.cn/lyzl/lyzl-lytj.asp

（数据以旅游便览的形式出现，比较齐全）

河南旅游政务网：http://www.hnta.cn/Gov/lytj/

（内容繁多，很乱，只有一些节假日如国庆节和中秋节的统计数据，有点莫名其妙）

湖北旅游网：http://www.hubeitour.gov.cn/lytj/List/63_1.html

（网站简洁典雅，数据比较细致；但格式是文本的形式，不方便处理）

湖南旅游局：http://www.hnt.gov.cn/gov/zwgk_stats.aspx

（网站配有旅游统计栏目，可惜找不到数据）

广东省旅游局：http://www.gdta.gov.cn/xxgk/ghtj/

（很好的网站，数据以月报的形式出现，比较细）

广西壮族自治区旅游局：http://www.gxta.gov.cn/Public/Article/ListArt.asp?Class_ID=1646

（数据以文本的形式给出，不是很系统）

海南旅游政务网：http://tourism.hainan.gov.cn/goverment/lvyoutongji/

（非常好的旅游数据，数据可以直接转化到 excel 格式，方便处理）

重庆旅游政务网：http://www.cqta.gov.cn/cms/gov/

（没有相关的统计数据，但可以了解重庆旅游的其他一些信息）

四川旅游政务网：http://www.scta.gov.cn/web/main.jsp?go=news&pid=7

（不错的网站，既有四川的数据，还有国家的数据，数据分成了不同的类别，很好处理）

贵州省旅游局政务网：http://www.gztour.gov.cn/index.asp

（有统计调查的官方入口，但是没有统计数据）

云南旅游电子政务网：http://www.ynta.gov.cn/Category_1000/index.aspx

（统计数据以文本文档出现，不方便处理，数据也不是很齐全，与云南旅游的发展地位不相匹配）

西藏旅游电子政务网：http://www.xzta.gov.cn/zww/lytj/default.shtml

（有一些简单的统计指标数据，门类不全；不过，可以作为参考）

陕西省旅游局官方网站：http://www.sxtour.com/portal/zwgk/lytj.jsp

（有比较详细的统计数据，遗憾的是数据都是文本文档，需要处理技巧）

甘肃旅游政务网：http://www.gsta.gov.cn/pub/lyzw/lytj/index.html

（数据包含统计报表、专项统计和黄金周的统计，作为西部地区一个省份，数据的发布和规范令人欣喜）

宁夏旅游政务网：http://www.nxta.gov.cn/Html/News_Main.Asp?SortPath=0,21,&SortID=21

（其风格与甘肃类似，是个不错的获取旅游数据的网站）

青海旅游：http://www.qhly.gov.cn/index.html

（没有旅游数据，但网站配备许多旅游图片）

新疆天山天池风景名胜区——旅游商务（政务）网：http://www.xjtstc.com/index.asp

（是商务网和政务网合一的网站，不伦不类，没有数据）

香港旅游发展局网站：http://www.discoverhongkong.com/china/index.jsp

（没有数据，但是一个了解香港旅游的比较好的网站）

澳门特别行政区旅游局：http://www.macautourism.gov.mo/gb/index.php

（澳门官方网站，没有统计数据，但对澳门旅游资源做了比较详细的介绍）

中国台湾旅游网：http://www.taiwandao.org/h/d/
（有详细的关于台湾旅游的统计数据，方便从事学术研究）

书籍：
主要包括中国《统计年鉴》、《中国旅游年鉴》、《中国旅游统计年鉴》、《中国国内旅游抽样调查》。

论坛：
人大经济论坛：http://bbs.pinggu.org/
（你可以在这里的数据交流中心板块寻找，或者用论坛币求购。该板块数据交流的原则是人人为我，我为人人）

中国经济学教育科研网：http://www.cenet.org.cn/
（一个很好的经济学网站，内容丰富，没事可以来逛逛。在专门的板块和论坛里都能找到一些数据）

数据分析论坛：http://www.spsschina.cn/index.php
（专门的 SPSS 软件论坛，既教你软件，也有数据。里面有地区统计年鉴，也有行业统计年鉴，很不错的地方）

excel home 论坛：http://club.excelhome.net/forum.php
（excel 功能十分强大，但大多数人只是挖掘和利用其中的一点皮毛，这类的论坛百度一下可以找到很多。该论坛主要介绍 excel 软件使用，附带有 office 的其他软件介绍。当你需要用到 excel 进行分析而又不清楚功能时，可以来查查）

主要参考资料

1. 郑珍远主编. 统计学. 北京：机械工业出版社，2007
2. 高重生主编. 统计学. 北京：海洋出版社，1992
3. 郑德如主编. 统计学. 上海：立信会计出版社，1993
4. 王寿安主编. 统计学. 北京：中国统计出版社，1994
5. 陈湛匀著. 新编统计学：描述统计与推断统计. 上海：上海科学技术文献出版社，1994
6. 高嘉英，谭常杰主编. 新编统计学. 北京：机械工业出版社，1996
7. 颜世廉，涂光华主编. 新编统计学原理. 长沙：中南工业大学出版社，1995
8. 毛伟君主编. 新编统计学. 广州：中山大学出版社，1994
9. 张汉屏主编. 统计学. 徐州：中国矿业大学出版社，1998
10. (美)D.弗里德曼(David Freedman)等著. 魏宗舒等译. 统计学. 北京：中国统计出版社，1997
11. 王琪延，张卫红编著. 统计学. 北京：经济科学出版社，2001
12. 徐国祥等编著. 统计学. 上海：上海财经大学出版社，2001
13. 张彪编著. 统计学. 长沙：湖南出版社，2002
14. (美)M.R.斯皮格尔(Murray R.Spiegel)，(美)L.J.斯蒂芬斯(Larry J.Stephens)著. 杨纪龙等译. 统计学. 北京：科学出版社，2002
15. 王伯安主编. 统计学. 北京：中国时代经济出版社，2003
16. 贾俊平等编著. 统计学. 北京：中国人民大学出版社，2004
17. 郭凤艳主编. 统计学. 北京：经济管理出版社，2004
18. 凌洁主编. 统计学. 上海：上海财经大学出版社，2004
19. 贾俊平，金勇进编著. 统计学. 北京：中国人民大学出版社，2004
20. 樊锦淳，胡健颖主编. 简明统计学. 北京：北京大学出版社，1986
21. 王吉利主编. 统计学. 北京：全国统计教材编审委员会，2000
22. 游士兵主编. 统计学. 武汉：武汉大学出版社，2001
23. 王振龙，赵昌昌主编. 统计学. 西安：陕西人民出版社，2001

24. 徐建邦等主编. 统计学. 大连：东北财经大学出版社，2001
25. 卞毓宁主编. 统计学. 北京：科学出版社，2005
26. 王文博，赵昌昌主编. 统计学：经济社会统计. 西安：西安交通大学出版社，2005
27. （日）山根太郎著. 颜金锐译. 统计学. 福州：福建人民出版社，1983
28. 钱伯海，黄良文主编. 统计学. 成都：四川人民出版社，1992
29. （英）亚瑟·哈蒙德·霍尔著. 暴奉贤等译. 统计学入门. 上海：立信会计图书用品社，1988
30. 张德存主编. 统计学. 北京：科学出版社，2004
31. 张炜主编. 统计学. 北京：机械工业出版社，2001
32. 李国柱主编. 统计学. 北京：科学出版社，2004
33. 孙允午主编. 统计学：数据的搜集、整理和分析. 上海：上海财经大学出版社，2006
34. 林苍祥，黄大伟编著. 统计学. 台北：顺达出版社，1987
35. 符启勋，方晶晶主编. 实用统计学. 北京：国防工业出版社，2005
36. 葛新权主编. 统计学. 北京：机械工业出版社，2006
37. 袁卫等主编. 统计学. 北京：高等教育出版社，2000
38. （美）William Navidi 著. 杨文强，罗强译. 统计学：科学与工程应用. 北京：清华大学出版社，2007
39. 黄向阳，谢邦昌编著. 统计学：方法与应用. 北京：中国人民大学出版社，2009
40. （美）D.B.休茨(Daniel B.Suits)著. 张树宝译. 统计学：数量经济研究导论.上海：上海译文出版社，1991
41. 王云主编. 统计学. 成都：四川大学出版社，2010
42. （美）罗伯特 R. 强森(Robert R. Johnson)，（美）帕特里西亚 J. 库比(Patricia J. Kuby)著. 夏国风，姜爱萍等译. 统计学. 北京：机械工业出版社，2011
43. 卿松，王立凤，陶海映编著. 统计学. 北京：清华大学出版社，2010
44. 王者兴编. 统计学原理与经济统计. 长春：吉林大学出版社，1988
45. （苏）Н.И.谢德林(Н.И.Щедрин)，（苏）А.Н.卡尔霍夫(А.Н.Кархов)著. 王毓贤译. 统计学与控制论. 北京：中国统计出版社，1989
46. 何光瑶，张衍平编. 统计学原理. 北京：中国铁道出版社，1989
47. 庞素琳著. 信用评价与股市预测模型研究及应用：统计学、神经网络与支持向量机方法. 北京：科学出版社，2005

48. 吴喜之编著. 统计学：从数据到结论. 北京：中国统计出版社，2006

49. 董逢谷，朱荣明等编著. 统计学案例集. 上海：上海财经大学出版社，2002

50. 王庆石等编. 统计学案例教材. 大连：东北财经大学出版社，1999

51. 詹世煌，方世荣编著. 统计学导论. 北京：世界图书出版公司，1995

52. (美)韦斯(Weiss,N.A.)著. 统计学导论. 第6版. 北京：高等教育出版社，2004

53. (美)A.M.穆德(A.M.Mood)，(美)F.A.格雷比尔(F.A.Graybill)著. 史定华译. 统计学导论. 北京：科学出版社，1978

54. (美)戴维·S.穆尔(David S. Moore)著. 郑惟厚译. 统计学的世界. 北京：中信出版社，2003

55. (美)奥特，(美)朗格内克著. 张忠占等译. 统计学方法与数据分析引论.（上).北京：科学出版社，2003

56. (美)奥特，(美)朗格内克著. 张忠占等译. 统计学方法与数据分析引论.（下）. 北京：科学出版社，2003

57. (苏)А.Я.博亚尔斯基(А.Я. Боярский)等编著. 陈仁恩等译. 统计学概论. 北京：中国统计出版社，1990

58. 曾五一主编. 统计学概论. 北京：北京经济学院出版社，2000

59. 于声涛，全国林主编. 统计学基础. 北京：科学出版社，2006

60.《统计学基础》编写组编. 统计学基础. 北京：中国财政经济出版社，1990

61. 柴根象，钱伟民编著. 统计学教程. 上海：同济大学出版社，2004

62. 刘汉良主编. 统计学教程. 上海：上海财经大学出版社，1995

63. 胡波，宋文力，郭骊编著. 统计学教程. 北京：经济管理出版社，2005

64. 肯·布莱克(Ken Black)著. 李静萍等译. 商务统计学. 北京：中国人民大学出版社，2006

65. 陈希孺，苏淳编著. 统计学漫话. 北京：科学出版社，1987

66. (英)亚瑟·哈蒙德·霍尔著. 暴奉贤等译. 统计学入门. 上海：立信会计图书用品社，1988

67. (英)亚瑟·哈蒙德·霍尔著. 暴奉贤等译. 统计学入门. 上海：知识出版社，1983

68. (瑞典)H.克拉美著. 魏宗舒等译. 统计学数学方法. 上海：上海科学技术出版社，1966

69. (美)L. 沃塞曼(Larry Wasserman)著. 张波等译. 统计学完全教程. 北

京：科学出版社，2008

70. (美)Vladimir N. Vapnik 著. 许建华，张学工译. 统计学习理论. 北京：电子工业出版社，2009

71. (美)戴维·R.安德森(David R.Anderson)等著. 王峰等译. 商务与经济统计北京：中信出版社，2003